변호사시험 기록형문제 대비

Quality Tips는 '유익한 조언'이라는 뜻으로, 경험에서
얻은 생생한 노하우를 전하는 책입니다.

QT

형사법

reloaded | 정혜진

法文社

머리말

2014년 QT 최종판(3판)을 내면서 개정은 그만한다고 밝혔다. 그럼에도 3판이 쇄를 거듭할 때마다 눈에 보이는 대로 조금씩 개정하였다. 특히 3판 3쇄를 발간했을 때는 간통죄 위헌, 특가법(절도) 위헌 결정을 반영하여 상대적으로 많이 개정하기도 하였다.

이처럼 공식적인 입장과는 달리 비공식적으로는 QT 개정을 그만두지 못했다. QT를 집필할 때와는 달리 시중에 좋은 교재도 여럿 나와 있는데, 전문가도 아닌 내가 계속 수험서 개정 작업을 해야 할지 의문은 여전히 남아 있지만, '번의(飜意)'하여 일단 형사법 QT를 다시 낸다. '번의'는 먹었던 마음을 뒤집는다는 뜻으로 한자식 표현이라 좋은 말은 아니지만, 형사법정에서 자주 쓰는 말이다. 주로 공소사실을 부인했다가 인정할 때, 증거에 대해 부동의했다가 동의할 때 쓴다. 일관성이 없어 보이지만 좀 더 나은 결과를 위한 불가피한 선택이다. 과거의 입장을 뒤집는 부끄러움이 있지만, 나와 독자들에게 더 나은 일이 되기를 바라며 한 선택이다.

3년째 국선전담변호사로 활동하면서 형사특별법 개정에 조금이라도 역할을 했다는 점이 큰 보람이었다. 구 특가법(절도) 제5조의4 제1항에 대한 위헌심판제청신청에 이어 구 폭처법 상 흉기휴대 협박 및 흉기휴대 상해 조항에 대해서도 위헌심판제청신청을 했다. 흉기휴대 상해에 대해서는 합헌 결정이 나 아쉬웠지만, 형평성을 고려하여 폭처법과 형법 관련 조항이 정비되어 위로는 되었다.

이런저런 경험을 살려 이번 개정판에는 실무 이야기를 군데군데 넣었다. 시험과 실무가 어떻게 다른지 이해하면 실무뿐 아니라 당장 발등의 불인 시험에도 도움이 된다는 점을 강조하고 싶다. 이번 개정 작업에 큰 도움을 준 송미와 호춘이에게 감사의 말을 전한다.

2016. 8.
정혜진 씀

Quality Tips 시리즈를 내며

유익한   조언

　돌이켜보면, 로스쿨 1기의 3년은 시행착오의 연속이었다. 변호사시험의 이상(理想)은 실무형 법학 교육을 향해 있었지만, 현실은 막막했다. 커리큘럼부터 교재, 교수진에 이르기까지 실무 교육 인프라가 충분치 못한 상태였으니 그 현실은 새 제도의 첫 수혜자들이 감수해야 할, 예상된 혼란이기도 했다. 그런 점에서 1기의 시행착오는 개개인의 실패와 성공과 같은 사적인 수준에 머무는 것이 아니라 로스쿨 제도의 시행착오이기도 하지 않을까, 그렇다면 1기의 시행착오를 모아서 체계적으로 다듬으면 로스쿨 구성원들이 공유할 수 있는 자산이 되지 않을까 싶었다. 그래서 먼저 나 자신의 실수를 모으고, 주변 1기들의 사례를 모으고, 로스쿨 졸업생들이 인터넷 카페에 올린 수험 이야기들을 모았다. 변호사시험에 관한 모든 시행착오를 모을 수는 없어서, 새로운 유형이자 실무형 변호사시험의 최정점에 있어서 시행착오가 가장 많았던 기록형 시험에 관한 것으로 한정했다. 그것이 Quality Tips의 출발이 되었다.

　기록형 문제를 실체법과 소송법의 법리가 구체적 사실과 뒤섞여 있는 '숲'이라고 한다면, 개별 쟁점은 숲을 구성하는 '나무들'이라고 할 수 있을 것이다. 나무들을 많이 안다고 해도, 전체로서의 숲을 잘 안다고 장담할 수 없다. 각각의 나무들을 잘 아는 것과는 별개로 나무들이 조화를 이루며 살아가는 모습을 파악해야 숲을 이해할 수 있다. 개별 쟁점을 거의 다 이해한 후 실무 공부를 하면 문제될 것이 없지만, 필자와 같은 '생비법'(로스쿨에 들어오기 전에 법학 공부를 한 번도 한 적이 없는 비법학사 출신을 일컫는 로스쿨 속어)이 3년 만에 이론을 다 이해한 뒤 실무까지 배운다는 것은 불가능하다. 그래서 기초적인 이론의 뼈대를 어느 정도 세운 상태에서 이론 공부와 실무 공부를 '병행'해 나갈 수밖에 없다. 즉 나무를 다 알기 전까지 숲 구경을 뒤로 미루는 것이 아니라, 나무를 어느 정도 아는 상태에서 과감하게 숲으로 들어가 숲과 나무를 함께 이해하는 것이다.

　QT 시리즈에서는 개별 쟁점을 이루는 나무는 숲을 이해하는 최소한의 범위에서 설명하였다. 개별 쟁점에 대해 일일이 설명할 능력이 필자에게 없기도 하거니와, 교과서나 실무 교재를 찾아보면 자세히 나와 있는 설명을 이 책에 그대로 반복해서 써야 할 필요도 없기 때문이다. 대신 어떤 지점에서 어떤 쟁점이 왜 꼭 필요한지 설명하고, 필요한 개별 쟁

점은 압축하여 제시함으로써 숲을 헤쳐나가는 안내판 역할을 하는 데 주안점을 두었다. 요컨대 이 책은 시험에 단련된 저자의 세련된 수험서가 아니라, 어쩌다 '제1회' 시험의 수험자가 된 선배가 쓴 '조언집'이다. "직접 들어가 보니 숲이라는 건 이렇게 생겼더라", "(어떤 지점에서) 사람들이 우왕좌왕 많이 헤매더라", "지나고 보니 특히 이런 나무들을 알아 두는 게 좋겠더라" 등과 같은, 경험에서 나온 생생한 정보들에서 가릴 것은 가려내고 보충할 것은 보충하여 시리즈 제목 그대로 'Quality Tips'(유익한 조언)로 정리하였다. 출제자나 채점자가 아닌 수험자가 쓰는 것이다 보니 답안에 오류가 있을 수 있을 것이다. 정확한 답을 찾기 위해 판례와 실무 교재를 반복해서 확인하고 교수님들께도 여러 차례 조언을 구하였지만, 혹시라도 설명이나 답안에 잘못된 부분이 있다면 전적으로 필자의 책임이다.

법 공부 3년의 미천한 내공으로 수험서를 쓰다 보니 많은 분에게 신세를 지지 않을 수 없었다. 강원대 로스쿨 1기들의 아이디어는 이 책을 출발시킨 원동력이었고, 학교 안팎 교수님들의 가르침과 조언은 이 책을 마무리할 수 있게 해 준 저력이었다. 이 책의 곳곳에서 마치 필자의 독창적인 설명인 것처럼 쓴 많은 부분은 동기들과의 토론을 통해, 교수님들의 수업을 통해 깨달은 것을 수험자 눈높이에 맞게 살짝 변형만 한 것이다. 재판연구원 최종 합격이 결정 나기도 전에 원고만 보고 이름 없는 수험자의 책을 받아 주시고, 흩어져 있으면 별 쓸모없는 수험자들의 이야기를 번듯한 지식 자산으로 만들어주신 법문사 관계자께도 감사드린다. QT 시리즈가 단순히 시험 요령을 전수하는 수험서에 머물지 않고 로스쿨 실무교육 자료로 활용될 수 있다면 그것은 모두 필자가 신세진 분들 덕택이다.

2012. 7.
대한민국 로스쿨 1기의 자부심과 부담감을 안고
정 혜 진 씀

QT 시리즈의 공통적인 구성과 활용법

QT 시리즈 각 편의 장(章) 목차는 제1장부터 제4장까지로 다음과 같이 공통적으로 구성하였다.

제1장 숲에서 길찾기: 기록형 문제 다루기는 과목별 기록형 대비의 총론 격이다. 기록형 시험 입문자들에게 시험 대비의 나침반 같은 역할을 해 줄 것이다.

제2장 숲에서 나무 보기: 답안 작성의 단계에서는 단계별로 '논점에 대한 간단한 설명 → 논점에 해당하는 기출문제 제시 → 풀이과정 제시'의 순으로 서술하였다. 논점 자체에 대한 설명보다는 그 논점을 왜 거기에 써야 하는지, 오답은 왜 오답인지 해설하는 데 중점을 둔 까닭에 참고문헌을 거의 인용하지 않았다. 읽다가 이해가 안 되는 쟁점은 그때마다 반드시 교과서나 실무 교재를 보면서 보충하기 바란다.

기출문제는 변호사시험과 법학전문대학원협의회 주관 모의시험 및 법무부 주관 모의고사를 대상으로 하였다(사례형 문제는 필요에 따라 포함). 모의시험 및 모의고사 문제에 대한 답안은 학교 안팎의 교수님들의 강평 자료를 참고하여, 변호사시험 문제에 대한 답안은 시중에 나온 여러 해설을 참고하여 작성하였다.

제3장 익숙해져야 할 나무들: 전형적인 기재례는 법률 서면에서 전형적으로 쓰는 표현을 익히고, 자주 출제되는 핵심적인 법리를 정리할 수 있는 부분이다. 형사법과 민사법의 경우에는 사법연수원 1년차 형(민)사재판실무의 기재례 자료를 유형별로 분류하여 변호사시험에 맞게 적절히 변형하였다. 사법연수원 자료가 없는 공법의 경우에는 판례를 활용하여 전형적인 기재례로 만들었다. 변호사시험 마지막 정리용으로도 유용하게 활용할 수 있을 것이다.

제4장 숲을 헤쳐 나오는 실전연습: 기록 보면서 답안 작성하기에서는 기출 변호사시험 문제를 실제 시험을 치르면서 기록에 체크, 메모할 부분을 표시하여 수록하였다. 기록에 표시된 부분이 답안에 어떻게 현출되었는지 비교하면서 공부하면 매우 유익할 것으로 생각한다.

QT 시리즈는 기출 문제 해설을 중심으로 구성하였기 때문에 독자들이 기출 문제를 직접 풀어보면서 활용할 것을 권한다. 기록형에서 고득점할 수 있는 공부 방법은, '부지런히 찾고, 읽고, 써 본 뒤, 다시 찾고, 다시 읽고, 다시 써 보는 것'이다. 법령과 판례를 찾기 귀찮아하거나, 판례를 판결요지만 읽거나, 답안 쓰기를 게을리하는 공부 습관은 기록형 시험 대비에서 경계해야 할 최대의 적이다. 기출 문제 답안을 직접 써 보면서 막힐 때마다 QT 시리즈를 활용한다면 실무 공부뿐만 아니라 이론 공부에도 큰 진전이 있을 것이다.

차   례

제 3 장　　익숙해져야 할 나무들 : 전형적인 '무면공' 사유들

제 4 장　숲을 헤쳐나가는 실전연습: 기록 보면서 답안 작성하기

약어 및 색인

법령 약어

교통사고처리 특례법: 교특법
도로교통법: 도교법
부정수표단속법: 부수법
성폭력범죄의 처벌 등에 관한 특례법: 성폭법
아동 · 청소년의 성보호에 관한 법률: 아청법
여신전문금융업법: 여전법
정보통신망 이용촉진 및 정보보호 등에 관한 법률: 정통법
특정경제범죄 가중처벌 등에 관한 법률: 특경가법
특정범죄 가중처벌 등에 관한 법률: 특가법
폭력행위 등 처벌에 관한 법률: 폭처법
형사소송법: 형소법

관용어 약어

사법경찰관(리): 사경
위법수집증거: 위수증
피의자신문조서: 피신조서

※ 2014년 및 2015년 모의시험은 각 연도 및 회차로 표시하였다. 그러나 2013년 이전의 모의시험 및 모의고사는 이번 개정 전 QT에서 연도 표기 없이 연번으로 정리한 것을 그대로 옮겨왔다.

제 1 장

숲에서 길찾기: 기록형 문제 다루기

갖가지 나무들(개별 쟁점)로 꽉 찬 숲(기록형 문제)을 벗어나 밖(답)으로 나가기 위해서는 무엇보다도 문제가 요구하는 답에 이르는 길을 찾는 것이 중요하다. 먼저 길을 찾아놓지 않고 성급하게 아는 나무만 쳐다보고 가다가는 숲에서 길을 잃고 헤매는 꼴이 되기 쉽다.

1. 형사법 '숲'의 특징과 '길 찾기' 전략

제1회부터 제5회까지 형사법 변호사시험 기록형 문제에서 작성하라고 한 서면은 변론요지서와 검토의견서였다. 제1, 2회 시험에서는 변론요지서만 출제되었으나, 제3회 시험에서부터는 한 피고인에 대하여는 변론요지서를, 나머지 한 피고인에 대하여는 검토의견서를 작성하라고 하였다. 그 밖에 형사법 기록형 문제에서 출제될 수 있는 법률서면으로 보석허가청구서(모의시험에는 출제된 바 있다), 구속적부심사청구서, 항소이유서 등을 들 수 있겠다.

형사법 기록형이 공법이나 민사법 기록형보다 접근하기 쉽다고 할 수 있는데, 그 이유는 어떤 서면을 작성하더라도 형식적 기재사항이 거의 없기 때문이다. 실제 변론에서는 중요할 수 있는 정상관계도 평가에서 제외된 때가 많다. 모의고사 및 모의시험에서는 정상관계 또는 공소사실의 요지 등도 평가하는 경우도 있었으나, 변호사시험에서는 변론요지서 또는 검토의견서의 양식을 주고 공소사실의 요지, 정상관계는 답안지에 기재하지 말라는 안내와 함께 '본론'만 쓰기를 요구하였다.

이런 점을 종합하면, 형사법 기록형은 공소사실을 다투기 위해 동원해야 할 법리[일반론]를 찾아내고, 그 법리를 피고인의 구체적인 경우에 적용[사안의 적용]하는 것이 전부인 시험이다.

〈제5회 변호사시험에 제공된 양식〉

【검토의견서 양식】

검토의견서 (45점)

사 건 2015고합1223 특정경제범죄가중처벌등에관한법률위반(사기) 등
피고인 김갑동

> I. 피고인 김갑동에 대하여
> 1. 사문서위조, 위조사문서행사의 점
> 2. 특정경제범죄가중처벌등에관한법률위반(사기)의 점
> 3. 변호사법위반의 점
> 4. 절도의 점
> 5. 범인도피교사의 점

※ 평가제외사항 - 공소사실의 요지, 정상관계 (답안지에 기재하지 말 것)

2016. 1. 5.

담당변호사 김변호 ㉑

이 부분만
쓸 것

【변론요지서 양식】

변론요지서 (55점)

사 건 2015고합1223 특정경제범죄가중처벌등에관한법률위반(사기) 등
피고인 이을남

위 사건에 관하여 피고인 이을남의 변호인 변호사 이변론은 다음과 같이 변론합니다.

다 음

> II. 피고인 이을남에 대하여
> 1. 사문서위조, 위조사문서행사, 공전자기록등불실기재, 불실기재공전자기록등행사, 사기의 점
> 2. 범인도피의 점

※ 평가제외사항 - 공소사실의 요지, 정상관계 (답안지에 기재하지 말 것)

2016. 1. 5.

피고인 이을남의 변호인 변호사 이변론 ㉑

서울중앙지방법원 제23형사부 귀중

변호사시험의 법률서면은 판결문 공부를 하면서 대비하는 것이 효율적이다. <u>변론요지서 등에서 써야 할 '본론'은 결국 기소된 죄명에 대한 사건의 '결론'과 '결론에 이르는 근거'에 관한 것이고, 이는 형사변호사실무보다는 형사재판실무의 내용에 더 가깝다.</u> 물론 판결문을 쓰는 것이 아니므로 판결문 문체나 설시 방법을 알 필요는 없지만, 그 내용에 해당하는 법리는 정확하게 이해하고 있어야 한다.

이런 분석을 더 그럴듯하게 해 주는 것은 시험에서 검토의견서 비중이 계속 높아지고 있다는 점이다. 제3회 시험에서는 변론요지서(5개 혐의)가 75점, 검토의견서(2개 혐의)가 25점이었으나, 제5회 시험에서는 변론요지서가 55점(2개 혐의), 검토의견서(5개 혐의)가 45점이었다. <u>변론요지서만 작성할 때와는 달리 검토의견서가 등장하면서 시험이 훨씬 더 어려워졌다고 생각된다.</u> 왜냐하면 변론요지서는 '주어진' 공소장에 대하여 변호인의 입장에서 유리한 것만 찾아 쓰면 되지만, 검토의견서는 공소장 기재 내용이 맞는지 의심할 필요도 있고, 유리한 것은 당연히 부각해야 하지만 불리한 것도 찾아내 왜 불리한지 검토하고, 결론이 어떻게 될 것인지 예측까지 해야 하기 때문이다. 요컨대 <u>변론요지서는 '변호인'의 입장에서만 피고인에게 유리한 방향으로만 쓰면 되지만, 검토의견서는 '사실상 판사'의 입장에서 객관적으로 검토해야</u> 한다.

'사실상 판사'의 입장이 필요하다고 보는 또 하나의 근거는 제4회 시험 이후로 공판기록에 재판장의 석명사항이 등장하는데, 그 석명사항에 대한 쟁점도 반영하여 검토의견서를 작성하라는 문제가 출제되고 있다는 점이다. 검토의견서 작성 방법에 대해서는 후에 좀 더 자세히 설명하니 서론은 여기서 마무리한다.

2. 단계별 접근

형사법 기록형은 형식적 기재사항이나 서론 및 결론을 적을 필요 없이 '본론'만 요구한다는 점을 앞서 설명하였다. '본론'을 쓰기 위한 연습을 다음의 5단계로 정리해 보았다.

◈ 1단계: 작성해야 할 서면의 특징 숙지
작성해야 하는 법률서면이 무엇이냐에 따라 <u>문체와 내용</u>이 달라진다.

예컨대 법원에 제출하는 서류(변론요지서 등)라면 문체는 경어체를 사용해야 하지만, 법무법인 내부용 서류(검토의견서)라면 굳이 경어체를 사용하지 않아도 된다.

찾아야 할 쟁점도 법률서면의 종류에 따라 다르다. 변론요지서라면 피고인에게 이익이 되는 방향으로만 쟁점을 찾으면 되지만, 검토의견서에서는 피고인에게 유리한 쟁점과 불리한 쟁점을 모두 파악해 객관적 시각에서 정리하여야 한다.

형소법에서 요건을 규정하는 서면이라면 그 요건을 반드시 적어야 한다. 예컨대 구속적부심사청구서나 보석허가청구서를 작성한다면 먼저 청구이유를 포섭해야 한다. 구속적부심사청구서의 경우에는 '구속사유(형소법 제70조)의 불비', 보석허가청구서라면 '보석사유(형소법 제95조, 96조)의 존재'가 여기에 해당한다. 항소이유서를 작성한다면 '항소이유(형소법 제361조의5)'를 빠뜨리면 안 될 것이다.

◈ 2단계: 공소장 확인 및 증거목록 읽기

기록을 본격적으로 검토하기 위한 준비를 하는 단계이다.

형사사건 기록을 검토할 때 가장 중요한 서류는 공소장임은 두말 할 나위 없다. '공격'이 어떤 것인지 알아야 '방어'를 할 수 있는 법이다. 따라서 형사 기록을 볼 때는 '피고인에 대한 공격'의 실체인 공소장을 가장 먼저 확인해야 한다.

다음으로, 소송기록의 앞부분에 있는 증거목록(증거서류 등)은 숲에서 길을 잘 찾을 수 있도록 하는 귀중한 안내판이다. 기본적으로 ○, ×로 표기되어 있는 증거의견을 읽을 수 있어야 한다. 그 증거의견을 염두에 두고 공판기록을 보면 기록보기가 훨씬 쉬워진다. 실무형 문제에서 '절대 빠지지 않는' 공범의 증거법 관계도 증거목록에서 대강의 윤곽을 파악할 수 있다.

◈ 3단계: 기록 효율적으로 읽기

답안을 쓰기 위해 기록을 꼼꼼히 검토하는 단계이다.

50면 내외의 기록을 검토하고 제한된 시간 내에 답안을 완성하려면 기록을 볼 때 강약의 구분이 있어야 한다. 중요하지 않은 부분은 빨리 넘기고, 중요한 부분은 꼼꼼하게 메모하는 능력이 필요한데, 이러한 능력은 기록의 맥을 찾는 데서 길러진다.

예컨대 구체적 사실을 다툴 때는 공소장에 기재된 사실 하나하나를 공판조서에 기재된 피고인 진술, 증인 진술, 수사기관에서의 참고인 진술 등과 "비교하여 메모" 하면서 쟁점을 찾아 나가야 한다. 반면 고소와 같은 소송요건이 필요한 범죄라면 적법한 고소가 있는지 등을 "찾아가며" 기록을 보아야 한다.

◈ 4단계: 변론(검토)의 최종 방향 결정

'무면공'(무죄, 면소, 공소기각) 혹은 유죄(축소사실 인정) 및 기타(형면제 등) 사유, 즉 죄별로 변론의 최종 방향을 결정하는 단계이다. '무면공' 사유 대비를 위해서는 형소법 제325조, 제326조, 제327조 각호 사유를 암기하고 있어야 한다.

이 책에서는 형소법 제325조 전단에 의한 무죄를 '전단 무죄', 제325조 후단에 의한 무죄를 '후단 무죄', 제326조 제1호 및 제3호에 의한 면소를 각 '제1호 면소', '제3호 면소', 제327조 제2·5·6호에 의한 공소기각을 각 '제2호 공소기각', '제5호 공소기각', '제6호 공소기각'으로 부르기로 한다.

범죄의 증명이 있는 때에는 유죄(형소법 제321조)를 인정하면서 유리한 사유를 변론해야 한다. 다만 지금까지 문제에서는 정상관계를 변론하라는 경우는 없었고, 유죄의 결론에 이르는 과정을 보여주면 족했다. 그 밖에 형면제(형소법 제322조)를 구하는 변론도 출제된 바 있다.

최근에는 전형적인 '무면공' 외에 비전형적인 사유가 자주 등장하는 등 시험에서 변론의 최종 방향이 다양해지는 경향이 있으니 이를 유의해야 한다.

◈ 5단계: 최종 방향별 변론(검토)

답안을 쓰는 단계이다. 4단계에서 결정한 죄명의 '결론'에 이르는 '근거'를 꼼꼼하게 작성하면 된다.

자, 그럼 위 5단계의 방법으로 기출문제를 풀어 보도록 하자.

제 2 장

숲에서 나무보기: 단계별 접근

Ⅰ 1단계: 서면의 특징 숙지

지금까지 출제된 법률서면은 변론요지서와 검토의견서, 두 종류이다. 그 밖에 형사법 기록형 문제에 나올 수 있는 법률서면으로 구속적부심사청구서, 보석허가청구서, 항소이유서 등이 있음은 앞서 언급하였다. 이 중에서 구속적부심사청구서와 보석허가청구서를 작성할 때에는 혐의에 대한 변론 전에 청구이유가 있음을 주장하여야 하므로 이를 먼저 파악해 놓아야 한다. 변론요지서는 변론을 요약 · 정리하는 서면이어서 청구사유가 따로 없다. 작성하는 서면이 항소이유서라면 항소이유가 있음을 주장해야 한다.

1. 변론요지서

형사 변호인이 작성하는 가장 대표적인 서면이다. 형식은 별로 문제되지 않는다. 변론요지서의 본질은 '변호인'이 '재판부'에 내는 서면이라는 점이다. 따라서 피고인에게 전적으로 유리하게 작성해야 한다.

예컨대 어느 피해자에 대한 사기 범죄 편취금액이 5억 원 이상인데 검사가 특경가법이 아니라 형법으로 기소하였다고 하자. 아무리 시험이라도 변론요지서라는 문서의 특성상 "형법이 아니라 특경가법이 적용되어야 한다"고 말할 수 없다. 만약 검사가 공소장 변경신청을 하였다면, 그때는 공소사실의 동일성이 인정되는지를 기준으로 변론하면 된다.

시험에서는 피고인에게 유리한 사유('무면공', 형 면제 등)가 있는 경우에 변론요지서를 작성하라는 문제가 많았다. 따라서 변론요지서 작성 문제에서 정상 변론을 평가하지 않는다고 하면 그 문제에 '무면공' 등의 사유가 있다고 전제하고 이를 찾아내는 연습을 하는 것이 좋다.

2. 검토의견서

시험에서 작성하는 검토의견서는 법무법인 소속변호사가 대표변호사에게 보고하는 문서로 가정한다. 변론요지서와 같은 점은 쟁점만 잘 찾아 쓴다면 형식은 아무런 문제가 되지 않는다는 점이다. 그러나 검토의견서의 본질은 '객관적 입장'의 문서라는 점에서 변론요지서와 완전히 다르다.

시험에서 검토의견서 작성 문제의 쟁점은 변론요지서 작성 문제의 쟁점과 성격이 매우 다른 경우가 많았다. 피고인에게 불리한 사유(예컨대 공소사실이 전부 인정되는 경우)가 있는 경우에는 변론요지서 작성이 적절치 않으니 검토의견서를 작성하라고 하기 쉬울 것이다. 최종 변론 방향이 피고인에게 유리한 무죄라 하더라도 전형적인 변론요지서 작성 문제와는 다른 쟁점을 숨겨 놓기도 해 검토의견서 작성 문제는 쟁점 찾기가 일차 관건이다.

찾아야 할 쟁점은 문제 별로 다른데, 기본적으로는 공소사실의 오류 여부, 재판장의 석명사항, 유죄인지 아니면 '무면공' 사유가 있는지 등을 검토하면 된다. 상상적 경합 또는 포괄일죄가 문제되는 경우에는 죄수 검토도 반드시 써주는 것이 좋다.

문체는 경어체로 쓸 필요가 없고, 명사로 끝맺거나 '~함' 또는 '~하였음' 체로 쓰면 된다.

3. 구속적부심사청구서

확인해야 할 법조문: 형소법 제214조의2, 제70조

(1) 구속적부심사청구서의 의의와 양식

구속적부심사청구는 수사단계에서 피의자의 구속이 적법한지 여부를 심사하는 제도이다. 따라서 변호의 대상은 피의자라는 점을 유의하자.

〈구속적부심사청구서 양식〉

구속적부심사청구

사 건　　특수절도　　　　　　　　　　　──────── I
피의자　　ㅇㅇㅇ (주민등록번호)
　　　　　서울 서초구 반포동 100　　　　　　　　 II
　　　　　현재 서초경찰서 유치장 수감 중　──
청구인　　피의자의 변호인 변호사 ㅇㅇㅇ　──────── III
　　　　　서울 서초구 서초동 ㅇㅇㅇ

피의자는 특수절도 피의사건으로 귀원이 발부한 구속영장에 의하여 2016. 6. 25.
구속되어 현재 위 유치장에 수감 중인 바, 피의자의 변호인은 아래와 같이 구속적
부심사를 청구하오니 청구취지와 같이 결정하여 주시기 바랍니다.

청 구 취 지

피의자의 석방을 명한다.
라는 결정을 구합니다.

청 구 이 유

생략 (아래에서 설명)

첨 부 서 류

생략

2016. 7. 1.
위 피의자의 변호인
변호사 ㅇㅇㅇ

서울중앙지방법원 귀중 ──── IV

먼저 구속적부심사청구서의 형식적 기재사항을 간단하게 보고 넘어가기로 하자.

구속적부심사청구서는 구속상태에 있는 피의자를 위하여 작성하는 것이므로 사건이 아직 수사기관에 있다. 따라서 사건명만 있지, 사건번호가 있을 수 없다(Ⅰ). 법원은 이 사건 피의자의 인적사항을 알 수 없으므로 피의자의 주민번호와 주소까지 써 주어야 한다. 구속적부심사를 청구하는 만큼 "현재 00경찰서 유치장 수감 중"이라는 문구가 꼭 들어가야 한다(Ⅱ).

청구인은 "피의자의 변호인"이다. 민사사건과 혼동하여 "소송대리인"으로 적으면 안 된다(Ⅲ). 마지막 부분에 쓰는, 청구서를 제출할 법원은, 피의자에 대하여 구속수사를 하고 있거나 하게 될 검찰청에 대응하는 법원이다(Ⅳ).

(2) 청구취지

구속적부심사청구서의 목적을 생각하면 청구취지는 쉽게 생각해낼 수 있다.

"피의자의 석방을 명한다."
라는 결정을 구합니다.

위 문장만 기재하면 된다.

(3) 청구이유 - 구속사유의 불비

구속적부심사청구서에서 가장 중요한 부분은 청구이유인 '구속사유의 불비'이다. 불구속 수사가 원칙이므로 형소법 제70조 제1항 각호의 사유가 있어야 법원이 구속영장을 발부한다. 따라서 변호인은 형소법 제70조 제1항 각호가 정한 구속의 사유가 없다는 점과, 동조 제2항의 사유가 없다는 점(이는 독립된 구속사유가 아니라 구속 고려 사유이다)을 주장해야 한다.

청구이유의 예시목차 및 구속사유의 불비 기재례

1. 범죄사실의 요지 (생략)

2. 구속사유의 불비

가. 피의자에게는 아래에서 보는 바와 같이 형사소송법 제70조 제1항이 정한 구속 사유가 없습니다.

(1) 피의자는 주소지에서 처와 딸과 함께 거주하고 있고, 롯데백화점의 주차관리원으로 근무하고 있어 직업이 확실하므로 주거가 일정할 뿐더러 도망할 염려도 없습니다. (제70조 제1항 제1호 및 제3호 사유 없음을 주장)

(2) 피의자에 대한 위 범죄사실에 관하여 피의자는 이를 자백하고 있고, 장물인 절단기는 경찰에 압수되었으며, 기타 위 범죄사실에 대하여 충분히 조사가 이루어졌으므로 피의자가 죄증을 인멸할 우려가 전혀 없습니다. (제70조 제1항 제2호 사유 없음을 주장)

나. 한편 이 건은 시가 45,000원 상당의 절단기를 절취한 것으로서 사안이 경미하고, 아래에서 보는 바와 같은 사유로 재범의 위험성도 없으며, 피해자가 밝혀지지 아니한 사건으로서, 피의자가 피해자 등에게 위해를 가할 염려도 없습니다. (제70조 제2항 사유가 없음을 주장)

3. 사실관계(이 사건의 경위 등) (생략)
4. 법률관계(법률적 문제) (생략)
5. 정상관계 (생략)

6. 결 론

이상에서 본 바와 같이 피의자가 주소 및 직업이 일정하여 도망의 우려가 없고, 증거인멸의 우려가 전혀 없는 이상 피의자가 불구속상태에서 수사와 재판을 받을 수 있도록 피의자를 석방하여 주시기 바랍니다.

4. 보석허가청구서

확인해야 할 법조문: 형소법 제95조, 제96조

(1) 보석허가청구서의 의의와 양식

보석허가청구는 구속 상태에 있는 피고인에 대하여 구속영장의 효력이 유지되는 상태에서 일시 석방 허가를 청구하는 것이다. 즉 변호의 대상은 '피고인'이다.

〈2014년 3회 모의시험에 제공된 보석허가청구서 양식〉

보석허가청구서

사 건 2014고단5356 폭력행위등처벌에관한법률위반(집단·흉기등공갈) 등 – Ⅰ

피고인 김갑동 ——————————— Ⅱ

청구인 변호인 변호사 이대한 ———————— Ⅲ

위 사건에 관하여 피고인은 현재 서울남부구치소에 수감중인 바, 피고인의 변호인은 다음과 같이 피고인에 대한 보석을 청구합니다.

다 음

청구취지 및 청구이유
(답안지에 기재할 부분)

※평가제외사항: 청구이유 중 공소사실의 요지, 정상변론 부분, 첨부서류는 답안지에 기재하지 말 것(공소사실에 대한 법률적 쟁점은 기재)

2014. 8. 8.

피고인의 변호인 변호사 이 대 한 ㉙

서울남부지방법원 형사 2단독 귀중 ———— Ⅳ

2014년 제3차 모의시험에서 보석허가청구서 작성이 기록형 문제로 나왔는데, 청구취지와 청구이유만 답안에 적도록 하였다. 법무부 제2회 모의고사에서도 보석허가청구서 작성이 문제로 나왔는데, 형식적 기재사항은 생략하고 청구이유만 적도록 하였다. 이런 경향에 따라서 형식적 기재사항은 간단히 눈에 발라두는 정도로만 보고, 청구이유 중 청구사유인 '보석사유의 존재'를 중심으로 보기로 한다.

구속적부심사청구에서와는 달리, 기소된 이후에 보석허가청구서를 작성하는 것이므로 피고인의 사건이 법원에 계속 중이다. 따라서 사건명뿐만 아니라 법원의 사건번호까지 쓴다(Ⅰ). 법원은 피고인의 인적사항에 대해 이미 알고 있겠지만, 보석청구는 본안과는 독립된 별개의 사건이므로 그 인적사항을 명확하게 기재한다(Ⅱ). 이는 단순히 사건별로 구분하기 위하여 간략히 성명만을 기재하는 의견서나 변론요지서와 다른 점이다. 보석허가청구서의 인적사항은 공소장을 기준으로 하여 쓰면 된다. 청구인은 구속적부심사청구서와 마찬가지로 "변호인"으로 쓴다(Ⅲ). 구속적부심사청구서는 법원명까지만 적으면 되지만, 보석허가청구서는 법원명은 물론 사건이 계속된 담당재판부까지 적어야 한다(Ⅳ).

(2) 청구취지

보석허가청구서의 청구취지는 딱 정해져 있다.

"피고인의 보석을 허가한다."
라는 결정을 구합니다.

실무에서는 위 문구에 덧붙여 보석보증금은 보석보증보험증권 첨부 보증서로 갈음할 수 있다는 취지를 붙이는 경우가 많다. 하지만 조건부 보석허가는 판사가 알아서 하는 것이어서(형소법 제98조) 시험에서든 실무에서든 청구취지에 그런 내용을 반드시 써야 할 필요는 없다.

(3) 청구이유 - 보석사유의 존재

구속적부심사청구서에서 '구속사유의 불비'가 핵심인 것과 같이, 보석허가청구서에서는 '보석사유의 존재'가 핵심이다. <u>법원은 피고인에게 형소법 제95조 각호의 사유가 없으면 필요적으로 보석을 허가해야 하므로 위 사유가 없음을 밝히는 것이 가장 중요하기 때문이다.</u>

형소법 제95조의 사유 중에서 제1호와 제2호를 제외한 나머지 사유는 피고인의 정상에 관한 사안으로 사실만 주장하면 되지만, 제1호와 제2호 사유는 법률적 사유이므로 피고인의 사안을 법률에 포섭해야 한다. 아래에서는 제1호, 제2호와 관련하여 유의해야 할 점을 짚어보기로 한다.

가. 장기 10년이 넘는 죄 여부

제1호("피고인이 사형, 무기 또는 장기 10년이 넘는 징역이나 금고에 해당하는 죄를 범한 때")에서는 "장기 10년이 넘는"의 의미를 정확하게 알아야 한다. 결론적으로 말하면 "장기 10년"은 <u>법정형의 장기를 의미한다.</u>

예컨대 강도죄(형법 제333조)는 '3년 이상의 유기징역'으로 되어 있으므로, 강도죄의 법정형은 형법 제42조에 따라 '징역 3년 이상 30년 이하'이다. 따라서 강도죄는 '장기 10년이 넘는 징역에 해당하는 죄'에 해당한다. 반면 절도죄(형법 제329조)는 '징역 6년 이하'(벌금형이 아닌 징역형을 선택한 경우)로 규정되어 있어, 그 법정형은 형법 제42조에 따라 '징역 1월 이상 6년 이하'이므로 '장기 10년이 넘는 징역에 해당하는 죄'에 해당하지 않는다. 중상해죄(형법 제358조)의 법정형은 '징역 1년 이상 10년 이하'이므로 '장기 10년이 넘는 징역에 해당하는 죄'에 해당하지 않는다. ("넘는"에는 "이하"가 포함되지 않는다.)

이상에서 살펴 본 "장기 10년이 넘는"의 의미를 정리하면 다음과 같다.

☞ 법률이 단기형("~년 이상")의 징역형이나 금고형으로 규정된 경우
  → 장기는 형법 제42조에 따라 30년 이하가 되므로
  ⇒ "장기 10년이 넘는 죄"에 해당

☞ 법률이 10년 이하의 장기형의 징역형이나 금고형으로 규정된 경우
  → 장기는 당해 법률에 따르므로
  ⇒ "장기 10년이 넘는 죄"에 해당하지 않음

나. 누범 여부

제2호("피고인이 누범에 해당하거나 상습범인 죄를 범한 때")에서는 누범(형법 제35조) 해당 여부를 잘 알아두어야 한다. 누범이란 금고 이상의 형을 받아 그 집행을 종료하거나 면제받은 후 3년 이내 죄를 범한 자를 말하는데, 여기에서 특히 "집행 종료일"의 의미를 정확히 이해해야 한다. 집행 종료일이란 만기출소한 날, 가석방 기일이 경과한 날 등 형의 집행이 끝난 날을 의미한다. 집행유예기간 중이나 가석방기간 중의 재범은 아직 집행이 종료되지 않은 상태에서의 재범이므로(물론 집행이 면제된 바도 없다) 누범이 아니다.

⇒ 아래 제시된 기출문제를 풀어보며 누범의 개념을 정확히 이해해 보자.

【 법무부 제2회 모의고사 】

〔공소장 내용 중 발췌〕

- 범죄전력: 피고인은 2009. 3. 10. 서울중앙지방법원에서 사기죄로 징역 2년을 선고받고 청주교도소에서 그 형의 집행 중 2010. 8. 15. 가석방되어 2010. 12. 24. 가석방기간을 경과하였다.
- 범죄사실: 2010. 10. 2.자 강간치상, 2010. 10. 8.자 배임미수, 2010. 11. 18.자 교특법위반 · 도교법위반(음주운전)

〔누범인지 여부〕

피고인이 사기죄로 받은 징역 2년의 형 집행종료일은 가석방기간이 경과한 2010. 12. 24. 이다. 공소장의 범죄사실은 모두 가석방기간 중의 범죄이므로 피고인은 누범에 해당하지 않는다.

〔청구이유 부분에 관한 답안작성례〕

1. 보석사유의 존재

피고인에게는 보석이 허가될 상당한 이유가 있습니다.

가. 누범 불해당

누범에 해당하기 위해서는 금고 이상의 형을 받어 그 집행을 종료하거나 면제를 받은 후 3년 내에 금고 이상에 해당하는 죄를 범해야 합니다(형법 제35조 제1항 참조). (누범의 법리1: 법조문) 아직 가석방 중일 때는 형집행 종료라고 볼 수 없기 때문에 가석방기간 중의 재범에 대하여는 그 가석방된 전과사실 때문에 누범가중 처벌되지 않습니다. (누범의 법리2: 판례의 태도)

피고인은 2009. 3. 10. 서울중앙지방법원에서 사기죄로 징역 2년을 선고받고 청주교도소에서 그 형의 집행 중 2010. 8. 15. 가석방되어 2010. 12. 24. 가석방기간을 경과하였습니다. (범죄전력 기재)

이 사건 범죄일시는 가석방기간 경과시점 이전인 2010년 10월 및 2010년 11월이므로 피고인은 누범에 해당하지 아니합니다. (사안의 적용과 소결)

누범이 아니더라도 집행유예 결격사유가 있으면 보석허가를 받기 어렵다. 구속된 피고인에 대해 실형을 선고해야만 하는 상황이라면 일시적으로 풀어주는 보석이 큰 의미는 없을 것이기 때문이다. 그래서 집행유예 기간 중에 금고 이상의 형으로 처벌 받을 수 있는 죄를 범한 경우라면, 형법 제62조 제1항 단서가 정하는 집행유예 결격 사유가 없다는 점도 명확히 밝혀 주는 것이 좋다.

【 2014년 제3차 모의시험 】

〔공소장 내용 중 발췌〕
– 공소제기일: 2014. 7. 18.
– 범죄사실: 2010. 5. 5.자 재물손괴, 2013. 2. 12.자 유가증권위조 및 위조유가증권행사, 2014. 6. 30.자 도교법위반(음주운전) 및 교특법위반, 2014. 7. 2.자 폭처법위반(집단 · 흉기등공갈)

〔범죄전력에 관한 증거〕
2011. 7. 8. 서울남부지방법원에서 폭처법위반(상습공갈)으로 징역 1년6월에 집행유예 3년을 선고받았고, 그 판결은 2011. 7. 13. 확정되었음

〔누범인지 여부〕
공소장 기재 범죄 중 2013. 2. 12.자 유가증권위조 및 위조유가증권행사, 2014. 6. 30.자 도교법위반(음주운전) 및 교특법위반, 2014. 7. 2.자 폭처법위반(집단 · 흉기등공갈)은 집행유예 기간 중 범죄이다. 공소가 제기된 시점에 이미 집행유예가 실효 또는 취소됨이 없이 유예기간을 경과하여 형의 선고가 이미 그 효력을 잃게 되어 '금고 이상의 형을 선고'한 경우에 해당한다고 볼 수 없으므로, 피고인은 누범이 아니다.

〔**청구이유 부분에 관한 답안작성례**〕

가. 누범 불해당

누범에 해당하기 위해서는 금고 이상의 형을 받아 그 집행을 종료하거나 면제를 받은 후 3년 내에 금고 이상에 해당하는 죄를 범해야 합니다(형법 제35조 제1항 참조). (누범의 법리1: 법조문) 한편 집행유예가 실효 또는 취소됨이 없이 유예기간을 경과한 때에는, 형의 선고가 이미 그 효력을 잃게 되어 '금고 이상의 형을 선고한 경우'에 해당한다고 보기 어려울 뿐 아니라, 집행의 가능성이 더 이상 존재하지 아니하여 집행종료나 집행면제의 개념도 상정하기 어려우므로, 집행유예 기간 중에 범한 범죄라고 할지라도 집행유예가 실효 취소됨이 없이 그 유예기간이 경과한 경우에는 이에 대해 다시 집행유예의 선고가 가능합니다. (누범 및 집행유예 결격사유의 법리2: 판례의 태도)

피고인은 2011. 7. 8. 서울남부지방법원에서 폭처법위반(상습공갈)으로 징역 1년 6월에 집행유예 3년을 선고받았고, 위 판결은 2011. 7. 13. 확정되었습니다. (범죄전력 기재) 이 사건 공소는 위 집행유예 기간이 경과된 후 제기되어, 피고인은 누범에 해당하지 아니할 뿐만 아니라 피고인에게는 형법 제62조 제1항 단서가 정하는 집행유예 결격 사유도 없습니다. (사안의 적용과 소결)

다. 상습범 여부

형소법 제95조 제2호 '상습범'의 의미를 잘 알아두어야 한다.

상습범은 전과가 많다고 해서 무조건 되는 것이 아니고 법률적 판단사항이다. 따라서 피고인이 상습범으로 기소되어 있는 경우에는 피고인에게 범죄전력이 많다고 하더라도 '범죄의 습벽'이 없으므로 보석사유가 있다고 주장해야 한다. 예컨대 상습 절도로 기소된 경우라면 절도의 수법이 범죄마다 다르다는 점을 주장하는 등의 방법으로 '절도의 습벽'이 없다는 점을 주장해야 한다.

라. 필요적 보석사유의 부재시 임의적 보석사유의 주장

만약 기록의 사건이 위에서 예로 든 제1호, 제2호를 포함하여 형소법 제95조 소정의 필요적 보석사유의 요건에 해당되지 않는다 하더라도 법원은 임의적 보석을 허가할 수 있으므로(형소법 제96조), 변호인은 피고인에게 보석을 허가할 "상당한 이유"가 있음을 주장하여야 한다.

⇒ 이상의 설명을 유의하며 필요적 보석사유의 존재에 대한 기재례를 살펴보자.

피고인에게는 형사소송법 제95조 소정의 필요적 보석사유가 있습니다. 즉,

가. 피고인은 사형·무기 또는 장기 10년이 넘는 징역이나 금고에 해당하는 죄를 범하지 아니하였습니다. (제1호 사유)
피고인의 이 건 기소죄명은 절도죄로서 법정최고형이 징역 6년이어서 이에 해당하지 않습니다. (피고인의 죄명과 그에 해당하는 법정형을 들어 위 사유에 해당하지 않음을 설명)

나. 피고인은 누범에 해당하는 죄나 상습범인 죄를 범하지 아니하였습니다. (제2호 사유)
피고인에게는 00 전과가 있으나 그것이 누범에 해당하지 않음은 명백하고, 이 건의 기소죄명은 절도로서 상습범인 죄에 해당하지 않습니다.

다. 피고인은 죄증을 인멸하지 아니하였고 또한 이를 인멸할 염려가 있다고 믿을 만한 충분한 이유도 없습니다. (제3호 사유)
(자백사건) 피고인은 이 사건 범행을 모두 자백하고 있고 그 동안의 수사과정에서 모든 증거가 확보된 상태에 있으므로 피고인으로서는 죄증을 인멸할 여지가 전혀 없습니다.
(다투는 사건) 피고인이 이 사건 공소사실에 대하여 부인하고 있지만 피해자 등 증인이 확보되어 이미 수사기관 및 법정에서 진술을 하였고, 피해품이 압수되는 등 충분한 수사와 증거조사가 이루어졌으므로 피고인이 석방되더라도 죄증을 인멸할 염려가 없습니다.

라. 피고인이 도망하거나 도망할 염려가 있다고 믿을 만한 충분한 이유가 없습니다. (제4호 사유)
피고인은 회사원으로서 처와 자식을 두고 있어 석방되더라도 그들을 두고 도망할 염려가 전혀 없습니다(사법경찰관 작성의 피의자신문조서, 별첨 주민등록등본 참조).

마. 피고인의 주거가 분명합니다. (제5호 사유)
피고인은 구속될 때까지 주소지인 000에서 가족과 함께 거주하여 주거가 분명합니다(별첨 주민등록등본 참조).

바. 피고인은 피해자, 이 사건의 재판에 필요한 사실을 알고 있다고 인정되는 자 또는 그 친족의 생명·신체나 재산에 해를 가하지 아니하였고 또한 이를 가할 염려가 있다고 믿을 만한 충분한 이유도 없습니다. (제6호 사유)

피고인은 정상적인 직장생활을 영위하고 있는 평범한 회사원으로서 피해자와 특별한 원한이 없고, 피해자와 합의하여 피해자나 참고인 또는 그 친족의 생명, 신체, 재산에 해를 가할 염려가 전혀 없습니다.

5. 항소이유서

확인해야 할 법조문: 형소법 제361조의5, 제361조의3 제1항

항소이유서는 제1심 판결에 대해 검사 또는 피고인이 불복하여 항소한 이후에 내는 서면이다. 변호사시험 기록형 문제에서 항소이유서가 단독으로 출제되기는 어려울 것으로 생각되나, 혹 출제되더라도 형소법 제361조의5를 참고하여 작성하면 되므로 겁낼 필요는 없다.

항소이유서에서 가장 중요한 점은 '항소이유'이다. 변호인의 주장이 위 조문에서 열거된 항소이유 중 어떤 이유에 해당하는지 찾기만 하면 어려울 것은 없다. 한 가지 더 덧붙인다면 항소이유서는 형소법 제361조의3 제1항에 규정된 기간을 지켜 제출하여야 한다는 점이다. 실무에서는 위 기간 준수가 중요하다.

〈항소이유서 양식〉

항소이유서

사   건   2016노1000 강도상해
피고인(항소인)   ○ ○ ○

　　위 사건에 관하여 위 피고인(항소인)의 변호인은 아래와 같이 항소이유를 밝힙니다.

1. 법리 오해의 점
　 (내용생략)

2. 양형부당의 점
　 (내용생략)

3. 결론

　　　　　　　　　　　　　　　　　　　200 . . .

　　　　　　　　　　　　　　　　위 피고인의 변호인
　　　　　　　　　　　　　　　　변호사 ○ ○ ○ (印)

서울고등법원 제○형사부 귀중

Ⅱ 2단계: 공소장 확인 및 증거목록 읽기

2단계는 기록을 본격적으로 읽기 위한 준비단계로, 여기에서는 공소장 확인 및 증거목록 읽기에 대해 살펴본다.

1. 공소장 확인

공소장은 형사사건 변호인에게 변호활동의 바탕이 되는 기본자료이므로 형사 기록에서 가장 꼼꼼히 보아야 할 서류이다.

공소장변경이 있는 경우에는 원래의 공소장과 변경된 공소장을 모두 확인해야 한다. 공소장변경이 있다고 하더라도 공소장 모두를 변경하는 것이 아니고 일부만 변경하는 것이 대부분이기 때문이다. 공소장변경이 있는지 여부는 공판기록 목록에서 확인할 수 있으므로, 기록을 볼 때 공판기록 목록부터 보면서 감을 잡고 가는 것이 좋다. 공소장변경은 법원의 허가만 받으면 되므로, 서면으로도 가능하고 공판기일에 구술로도 가능하다(형소법 규칙 제142조 제5항의 요건 확인). 공소장변경허가를 서면으로 신청하는 경우 공판기록 목록에 신청서가 제시되고, 공판기일에 구술로 신청하는 경우 공판조서에 신청 및 허가가 기재되어 있다.

구술로 공소장을 변경하는 경우는 공판기록 목록이 아니라 공판조서에 기재되어 있으므로, 이에 대하여는 「3단계: 기록의 맥 찾기」 부분에서 후술하기로 한다.

공소장에서 확인해야 할 것은 공소제기일, 죄명, 적용법조, 범죄사실이다.

공소제기일은 공소장이 법원에 접수된 날이므로, 동그란 모양의 '접수'도장 부분에서 확인한다. 공소장 맨 오른쪽 위에도 날짜가 기재되어 있는데, 지금까지 시험에서는 그 날짜와 '접수' 도장이 찍힌 날짜가 같았다. 만약 두 날짜가 다르다면 '접수'

【 제4회 변호사시험 】의 공판기록 목록(6면, 발췌)

서울중앙지방법원

목 록		
문 서 명 칭	장 수	비 고
(중략)		
공소장	10	
(중략)		
공소장변경허가신청서	16	

위 목록에 '공소장변경허가신청서'가 나오므로 공판기록 목록을 볼 때부터 공소장 변경이 있다는 감을 잡을 수 있다(공소장 변경을 위해서는 법원의 허가가 있어야 하므로 신청이 있다고 하여 바로 변경이 된 것은 아니다(법원의 허가는 제2회 공판조서, 기록 17면에 나옴)). 이런 경우에는 기록을 보면서 메모를 할 때 공소장을 먼저 메모하였다가 나중에 변경된 공소장을 보면서 앞선 메모를 지우거나 변경하는 것이 아니라, 처음부터 공소장과 공소장변경허가신청서를 함께 보면서 메모를 하는 것이 효율적이다.

도장 찍힌 날이 공소제기일이다. 공소시효 완성이 문제되는 경우(제3호 면소), 공소제기 전후 고소 취소 또는 처벌불원표시 등이 문제되는 경우(공소기각 제2호, 제5호, 제6호)에 꼭 확인해야 한다.

자주 출제되는 죄명, 적용법조는 죄명을 보면 법전을 안보고도 적용법조를 쓸 수 있을 정도가 되어야 한다. 만약 익숙하지 않은 적용법조가 나왔다면 공소사실을 읽고 반드시 법전에서 적용법조를 찾아보도록 한다. 구성요건만 확인해도 문제가 해결되는 경우가 종종 있다.

공소사실에 [범죄전력]이 기재되어 있는 경우도 있다. 범죄전력과 관련하여서는 상습범으로 기소되었는지, 확정된 판결이 금고 이상의 형에 해당하는지 두 가지 정도만 체크하면 된다. 공소장일본주의에 따라 공소장에 법원에 예단이 생기게 할 수 있는 내용을 인용하면 안 되는데(형사소송규칙 제118조 제2항), 전자의 경우에는 전과사실과 범죄사실을 합하여 '상습'이라는 구성요건에 해당되는지, 후자의 경우에는 누범(형법 제35조) 여부 및 집행유예 배제 사유(형법 제62조 제1항 단서)에 해당되는지 판단하기 위해 그 사실 기재가 필요하므로, 그러한 기재는 공소장일본주의에 어긋나지 않는다.

다음으로, 공소사실은 공소장의 핵심 부분이니 어떤 서면을 작성하라고 하든 그 중요성은 두말 할 나위 없다. 그런데 유독 검토의견서 작성 문제에서 공소사실을 일부러 이상하게 만들어 놓는 경우가 많았다. 실제 공소장에서는 찾아보기 힘든 어색한 공소사실을 일부러 만들어 놓고 무엇이 이상한지 찾을 수 있는 능력을 측정하는 것이 출제자의 의도이다. 그러니 검토의견서를 작성하는 죄의 공소사실은 공소사실 기재가 사실관계 및 법리에 들어맞는지를 좀 더 꼼꼼히 살펴야 한다.

【 제5회 변호사시험 】 중 「피고인 김갑동의 절도」 공소사실

피고인은 …에서, 별거 중인 피고인의 처인 피해자 나부자 소유의 01다2323호 포르쉐 승용차(시가 1억 3,000만원 상당)에 차열쇠가 꽂힌 채 주차된 것을 발견하고 몰래 운전하여 가 이를 절취하였다.

〔검토〕

위 범죄사실 중 "별거 중인 피고인의 처인 피해자 나부자 소유의"라는 부분은 실제 공소장에는 있을 수 없는 문구이다. 절도 피해자가 피고인의 처라면 형법 제344조, 제328조 제1항에 따라 그 형이 필요적으로 면제되므로, 수사검사는 위 점에 대해 '공소권없음'으로 사건을 종결할 것이기 때문이다(검찰사건사무규칙 제69조 제3항 제4호). 시험이니까 나올 수 있는 문구이다. 위 범죄사실을 읽는 순간 곧바로 이른바 명의신탁 자동차의 소유권 귀속관계에 관한 판례(2012도15303) 법리가 떠올라야 한다. 그 판례 법리를 적용하면 절도죄는 성립한다. 다만 형 면제 판결이 예상된다.

【 제4회 변호사시험 】 중 「피고인 이을남의 사문서변조, 변조사문서행사, 사기」 공소사실

피고인은 …에서 피해자 박고소로부터 "나 대신 사채업자인 황금성을 찾아가 3억 원 한도에서 돈을 빌려서 전해 달라"는 부탁을 받고 피해자가 차용금액란을 공란

으로 하여 작성한 차용증을 건네받았다.

피고인은 …에서 위 차용증의 차용금액란에 "6억 원"이라고 임의로 기재하고, …에 있는 위 황금성의 집에 찾아가 황금성에게 위와 같이 변조한 차용증을 마치 진정한 것처럼 교부하면서 "박고소가 작성해 준 차용증을 가져왔으니 6억 원을 빌려달라"고 말하여 그 무렵 이에 속은 황금성으로부터 선이자를 공제한 5억 5,000만 원을 송금받았다.

이로써 피고인은 피해자로부터 위임받은 범위를 초과하여 행사할 목적으로 권리의무에 관한 사문서인 피해자 명의의 차용증을 변조 및 행사하여 피해자로 하여금 3억 원의 채무를 초과 부담하게 함으로써 3억 원을 편취하였다.

〔검토〕

위 범죄사실에서 이상한 기재가 한둘이 아니다.

먼저 사문서변조 및 변조사문서행사 부분을 보면, 피고인이 박고소가 위임한 범위를 초과하여 차용증의 백지 금액란을 기재하고 이를 황금성에게 행사한 것이 그 내용이다. 그런데 서명날인자의 의사에 반하는 문서를 작성하는 행위는 문서의 위조이므로, 위임 범위를 초과하여 백지 금액을 보충하는 행위는 문서의 '위조'이지 '변조'가 아니다(82도2023).

다음으로 사기죄에서, 피고인이 황금성을 기망하여 박고소에게서 편취하였다고 하여 기망당한 자와 편취당한 자가 다르다. 이 대목에서 공소사실이 약간 어색함을 느낄 수 있다. 문제 사안과 유사한 판례(2012도216)가 생각나지 않더라도 공소사실이 어색함은 알아차릴 수 있어야 한다. 박고소의 처분행위를 찾을 수 없다. 위 공소사실은 피해자를 황금성으로 구성해야 사기죄의 구성요건에 들어맞는다.

마지막으로 편취금액이 이상함도 알아차려야 한다. 사기죄의 편취금액은 교부받은 금액 전부이므로 5억 5,000만 원이 되어야 한다. 그러면 의율법률이 형법이 아니라 특경가법이 되어 공소장 변경 절차 없이 피고인을 특경가법위반(사기)으로 처벌할 수는 없다(2007도4749). 다만 편취금액이 3억 원에서 5억 5천만 원으로 변경된다 하더라도 공소사실의 동일성이 인정되므로 검사가 공소장변경신청을 하면 법원은 이를 허가할 것이다. 검토의견서는 검사의 공소장변경신청 및 법원의 허가까지 고려하여 작성해야 한다.

공소장에서 위와 같은 이상한 점을 발견하지 못했다 하더라도 공판조서에서 힌트를 얻을 수 있다. 재판장은 제2회 공판기일에서 검사에게 위 공소사실에 대해 "죄명, 피해자 등을 검토해 보고 적절한 조치를 할 것을 명"했다. 위 석명을 읽고 다시 공소장 범죄사실을 읽어보면 이상한 점을 찾기가 상대적으로 쉬울 것이다.

2. 증거목록 읽기

공소장을 확인한 다음에는 증거목록을 본다. 증거목록은 기록을 유기적으로 볼 수 있게 하는 나침반과 같다. 증거목록을 빨리 읽을 수 있으면 기록 검토 시간을 단축할 수 있고, 그만큼 답안 작성 시간을 더 확보할 수 있기 때문에 증거목록을 읽는 법을 아는 것이 매우 중요하다.

증거목록에는 검사가 신청한 증거의 목록과 피고인 및 변호인이 신청한 증거의 목록이 있다. 공판기록에는 검사 측 증거목록이 먼저, 피고인 및 변호인 측 증거목록이 그 다음에 편철되어 있다. 증거목록 중에서는 서류가 먼저, 다음으로 증인과 물증 순으로 편철되어 있다.

검사가 신청한 증거목록에 대하여는 피고인 및 변호인이 내는 증거의견(동의 또는 부동의 등)을 읽어서 이를 활용하는 것이 중요하다.

(1) 검사 측 증거목록

가. 증거의견 읽기

어느 한 쪽(이 경우 검사)이 증거신청을 하면(형소법 제294조), 상대방(이 경우 피고인 측)은 증거조사에 관한 의견을 진술할 수 있는데(형사소송규칙 134조), 증거목록에 표시된 '증거의견'이 바로 그것이다. '증거의견'은 증거능력과 직결된다. 증거에 동의하면 위법수집증거가 아닌 한 증거능력이 있고, 증거에 부동의하면 별도의 요건을 충족하지 않는 한 증거능력이 없다.

그러면 동의와 부동의에 대해 자세히 알아보자. '증거의견'은 '기일'과 '내용'으로 나누어 표시되어 있고, '내용'은 ○ ×로 표시된다. ○는 '동의 혹은 인정', ×는 '부동의 혹은 부인'이다.

아래는 제3회 변호사시험 기록형 문제에 제시된 검사 측 증거목록인데, 순번 1번 증거에 대하여 기일에 '1', '내용'에 '○' 혹은 '×'라고 표시되어 있는 것을 볼 수 있다. 그 뜻은 '제1회 공판기일에 피고인 김갑동은 순번 1번 증거에 대하여 동의(혹은 인정)하였고, 피고인 이을남은 순번 1번 증거 중 공소사실 1항 관련하여는 동의(혹은 인정)하나, 공소사실 2항 관련하여서는 부동의(혹은 부인)하였다'는 뜻이다.

	증거목록 (증거서류 등)											

2013고합1277

① 김갑동
② 이을남
신청인: 검사

2013형제99999호

순번	증거방법					참조사항등	신청기일	증거의견		증거결정		증거조사기일	비고
	작성	쪽수(수)	쪽수(증)	증거명칭	성명			기일	내용	기일	내용		
1	검사	37		피의자신문조서 (대질- 김갑동, 이을남)	김갑동	(생략)	1	1	①② ○ / ① ○ / ② ×	(생략)			공소사실 1항 부분 / 공소사실 2항 부분 / 〃
					이을남		1	1	①② ○ / ① ○ / ② ×				공소사실 1항 부분 / 공소사실 2항 부분 / 〃

한편 실무에서는 증거의견으로 '입증취지를 부인한다'는 말을 자주 하는데, 이는 "증거동의는 하지만"이라는 말이 생략된 것이다. 즉 '입증취지 부인'의 경우에도 증거의견은 '○'이다.

◈ ○×를 '동의' 혹은 '부동의'로 읽는 경우

자신에 대한 피의자신문조서 외에는 모두 '동의'(○의 경우) 또는 '부동의'(×의 경우)로 읽는다.

증거목록(증거서류 등)에 있는 증거는 대부분 전문증거인데, 증거로 함에 '동의'하면 위법수집증거가 아닌 한 전문증거라도 원칙적으로 증거능력이 부여된다(형소법 제318조 제1항). 반면 증거로 함에 '부동의'하면 증거서류는 전문법칙의 예외(형소법 제311조부터 제316조)에 해당해야 증거능력이 부여된다(제310조의2).

한편 시험에서는 ○ ×가 주어져 있으므로 그 의미를 이해하기만 하면 되는데, 실무에서는 변호인이 증거에 대해 동의 또는 부동의를 선택해야 하므로 그 선택기준이 항상 고민스럽다. 실무에서 동의 또는 부동의의 기준은 '신빙성을 다툴 필요가 있는지 여부'라고 생각된다. 예컨대 참고인 진술조서에 대해 동의하면 "그 참고인이 그렇게 진술했다는 데 이의가 없다"는 뜻이고, 부동의하면 "그 참고인이 과연 진술조서 기재와 같이 진술하였는지 의문이 있고, 그렇게 진술했다면 반대신문을 통해 신빙성을 다툴 필요가 있다"는 뜻이다. 따라서 실무에서는 작성자 혹은 진술자를 법정에 증인으로 소환하여 반대신문을 할 필요가 있으면 그 전문진술 증거에 대해 '부동의'를 한다.

여기까지는 증거서류에 관한 이야기다. 증거서류가 아닌 경우, 예컨대 대화 내용을 녹음한 파일을 담은 CD가 증거로 제출되어 있는데 그에 대해 동의하면 "녹음 과정에 아무런 문제가 없다"고 인정하는 것이다. 반면 부동의하면 그 녹음 파일이 조작되었다고 주장하는 것이다. 그때는 검사가 그 파일이 대화 내용을 녹음한 원본이거나 혹은 원본으로부터 복사한 사본일 경우에는 복사 과정에서 편집되는 등 인위적 개작 없이 원본의 내용 그대로 복사된 사본임을 입증하여야 하는데, 그 방법은 녹음파일의 생성과 전달 및 보관 등의 절차에 관여한 사람의 증언이나 진술, 원본이나 사본 파일 생성 직후의 해쉬(Hash)값과의 비교, 녹음파일에 대한 검증 감정 등으로 한다(2013 모1969 등 참조).

◈ ○×를 '인정' 혹은 '부인'으로 읽는 경우

자신에 대한 피의자신문조서의 경우에만 ○×를 '인정'(○의 경우) 혹은 '부인'(×의 경우)으로 읽는다.

여러 개의 부호가 있는 경우 '적법성/성립/임의성/내용'의 순서인데, '적법성'은 당연히 충족되는 것으로 보아 생략될 때가 많다. 그래서 사경 작성 피신조서에 대한 증거의견이 '○○×'이면 진정성립과 임의성은 인정하나 내용을 부인("내가 말한 대로 적혀 있고 내 자유의사에 따라 진술했는데, 진술내용이 사실과 다르다"는 뜻)하는 것이고, '○× ×'는 진정성립은 인정하나 임의성과 내용을 부인한다("내가 말한 대로 적혀 있으나, 경찰의 협박에 겁을 먹고 사실과 다르게 진술했다"는 뜻)고 읽으면 된다. 검사 작성 피신조서는 내용부인을 할 수 없으므로, ○×가 여러 개인 경우 '적법성/실질성립/임의성' 순으로 읽는다. 검사 작성 피신조서에 대해 '○×○'라고 기재되어 있다면, 적법성과 임의성은 인정하나 실질적 진정성립을 부인("내가 말한 대로 적혀 있지 않다")한다는 뜻이다 (☞ 2015년 제1차 모의시험). '×○×'라고 기재되어 있는 경우는 실질적 진정성립은 인정("내가 말한 대로 적혀 있다")하나 적법성과 임의성을 부인한다(예컨대 "잠도 재우지 않고 신문을 계속하여 심신이 지친 상태에서 자포자기의 심정으로 허위로 자백하였다"는 뜻이다(☞ 2014년 제1차 모의시험).

사경 작성 피신조서에 대해 '내용부인'하면 이는 증거능력이 없으므로 증거로 채택되지 않는다. 그래서 실무에서는 사경 작성 피신조서에 대해 '내용부인'이라고 하면 끝이고, 증거의견에는 '○○○×' 혹은 단순히 '×'로 표기된다. 공범에 대한 사경 작성 피신조서에 대해서도 마찬가지이다(86도1783).

반면 검사 작성 피신조서에 대해 부인할 때는 실질적 진정성립("내가 말한 것과 다르게 적혀 있다"는 뜻)을 부인하는 부분을 특정해야 한다. 피고인이 어떤 부분의 실질적 진정성립을 부인하면 검사는 형소법 제312조 제2항에 규정된 '영상녹화물이나 그 밖의 객관적인 방법'으로 실질적 진정성립(피고인이 말한 대로 적혀 있음)을 입증해야 하고, 이를 입증하지 못하면 부인한 부분을 제외한 나머지 부분만을 증거로 제출한다. 한편 피고인이 실질적 진정성립을 인정하면서도 임의성을 부인("내가 말한 대로 적혀 있지만 내가 겁을 먹은 상태에서 사실대로 말하지 않았다"는 뜻)할 때는 당시 사실과 다르게 진술할 수밖에 없었던 상황에 대해 피고인 측에서 설득력 있게 주장해야 한다. 이 점이 사경 작성 피신조서와 다른 점이다.

◈ ○×의 효과

피고인이 '○'(동의 또는 인정)라고 한 증거는 형소법 제318조 제1항에 의하여 법원이 진정한 것으로 인정한 때에는 증거능력이 있다(물론 위법수집증거의 경우와 같은 예외가 있다). 시험 문제에서 법원이 진정한 것으로 인정하지 않는 증거가 주어지는 경우는 거의 없을 것이므로, ○ 증거는 위법수집증거가 아닌 한 증거능력이 있다고 보면 된다.

반면 피고인이 '×'(부동의 또는 부인)라고 한 증거는 전문증거의 경우 형소법 제312조 내지 제315조(제316조는 진술증거이므로 법정에서 제출되는 증거이고, 검사 제출 증거목록에는 나타나지 않는다)에서 정한 요건을 갖추어야 증거능력이 생긴다.

지금까지의 논의를 정리하면 다음과 같다.

> 〈검사 제출 증거에 대한 증거의견(○×) 의미 판단〉
> 1. ○ 증거 : 위법수집증거가 아닌 한 증거능력이 있다.
> 2. × 증거 : 형소법 제312조 내지 제315조의 요건을 갖추어야 증거능력이 있다.

○×를 읽을 줄 알면 증거목록은 다 이해할 수 있다. 처음 증거목록을 볼 때는 일단 어떤 증거가 있는지, 사실관계를 다투는지 아닌지를 중심으로 일별한다.

증거의견에서 ○로 되어 있는 증거는 동의하거나 인정한 것이므로, 일단 사실관계 자체는 다투지 않는 것으로 생각하면 된다. 사실관계를 다투지 않더라도 법리에 따라 축소사실의 인정이나 '무면공' 사유가 있을 수 있는데, 이는 공판 및 수사 기록에서 찾아야 할 내용이다.

반면 증거의견에서 ×로 표기되어 있는 증거는 부동의하거나 부인, 또는 내용부인하는 것이므로 사실관계를 다투는 것으로 보면 된다.

나. 증거결정

공판과정에서 증거가 제출되고 이에 대해 피고인 측 의견을 들은 뒤 증거조사가 끝나면 재판부는 증거결정을 한다. 증거목록에 보면 '증거결정'란이 있는데, 시험에서는 그 부분이 모두 생략되어 있다. 증거로 채택하면 '○'라고 기재되고 '채'(採)라고 읽는다. 증거능력이 없는 증거는 증거로 채택되지 않아 '증거결정'란에 '×'라고 표기되고, '부'(不)라고 읽는다. 그런데 시험에서는 해당 증거의 증거능력 유무에 대해 써야 하므로 증거결정 부분을 생략할 수밖에 없다.

그래서 시험 [작성 요령]에는 "2. 증거능력이 없는 증거는 실제 소송에서는 증거로 채택되지 않아 증거조사가 진행되지 않지만, 이 문제에서는 시험의 편의상 증거로 채택되어 증거조사가 진행된 것을 전제하였음. 따라서 필요한 경우 증거능력에 대하여도 논할 것"이라고 안내되어 있는 것이다.

실무에서는, 예컨대 사경 작성 피신조서의 경우에는 내용부인하면 재판장이 곧바로 증거 기각 결정을 한다.

부동의한 참고인 진술조서의 경우 그 참고인이 법정에 증인으로 나와 진정성립을 인정해야 증거능력이 부여되는데, 참고인이 계속 불출석하면 결국 형소법 제314조에 따라 증거채택 여부가 결정된다. 이 경우 증거로 채택되면 '증거결정'란에 '○', '비고'란에 '형소법 제314조에 의하여'라고 기재된다. 그 말은 형소법 제314조의 요건이 충족되어 증거로 채택되었다는 뜻이다. 반면 형소법 제314조의 요건을 갖추지 못한 경우에는 '증거결정'란에 '×', '비고'란에 '제_회 기일 기각'이라고 기재된다.

뒤에서 설명하겠지만, <u>부동의한 증거에 대해 증거결정을 스스로 표기하는 연습을 하면서 증거능력을 판단하는 실력을 기르는 것도 좋은 방법</u>이다. 이에 대해서는 '후단 무죄 변론' 부분(이 책 128~129쪽)을 참고하라.

(2) 피고인 측 증거목록

피고인 및 변호인이 신청한 증거는 피고인에게 유리한 자료이므로 기소된 죄의 '결론'(뒤에서 설명할 '무면공')을 내는 데 참고가 된다. 다시 말해 <u>피고인 측 증거는 피고인에게 유리한 단서이므로 반드시 활용하여야</u> 한다.

제5회 변호사시험의 예를 들어 설명한다. 피고인 및 변호인의 증거목록(기록 10면)에 피고인 이을남 측은 '통장사본'을, 피고인 김갑동 측은 '약식명령 등본'을 제출하였다.

먼저 '통장사본'을 어떻게 활용해야 하는가를 보자. 제1회 기일 공판조서를 보면 피고인 이을남은 김갑동과 공모하여 사문서위조 등을 하였다는 공소사실 1항에 대해 "매매계약서가 위조된 줄 몰랐다"며 범죄를 부인하고, 김갑동은 범죄사실은 인정하나 이을남이 주도하였다고 진술하였다(기록 16면). 그럼 위 통장사본에는 공소사실 1항과 관련하여 피고인 이을남에게 유리한 무엇인가가 기재되어 있을 것으로 짐작할 수 있다. 공소장을 보면 범죄일은 2014년 5월경 및 8월경인데, 통장사본에는 2015. 3. 2. 김갑동이 이을남에게 1천만 원을 송금한 내역이 기재되어 있다. 돈의 송금 시점에 유의하면서 기록을 보면 김갑동 주장의 허점, 반대로 이을남 진술을 뒷받침하는 객관적 사실을 통장사본 기재내역에서 찾을 수 있다.

다음으로 피고인 김갑동 측이 제출한 '약식명령 등본'은 그 관련 죄에 제1호 면소 사유가 있을 수 있다는 힌트가 된다. 기록에서 약식명령 등본(23면)을 먼저 확인하고 그 약식명령에 기재된 범죄일(2013. 5. 7. 14:00경)과 같은 날 범죄를 공소장에서 찾아본다. 범죄사실 2의 가.항의 범죄일이 위와 같다. 따라서 범죄사실 2의 가.항에 대해서는 제1호 면소로 변론 방향을 잡을 수 있다.

같은 방식으로 보면, 제1회 변호사시험에서 피고인 및 변호인의 증거목록(기록 10면, 11면)에서 '합의서'는 반의사불벌과 관련이 있는지, '약식명령'은 확정판결의 효력과 관련이 있는지 생각해 볼 수 있다(이상 기록 10면의 증거목록–서류 등). 또 '증인 박대우'라는 증거방법으로 '공소사실1 범행도구 관련'을 입증하려고 하므로(기록 11면의 증거목록-증인 등) 공소사실 1에서는 사실관계를 다투는 것이 아닌지 생각해 볼 수 있다. 증거목록에서 이 정도만 생각하더라도 기록을 볼 때 '합의서' 관련 죄에 공소기각 사유, '약식명령' 관련 죄에 면소 사유가 각 있는지 검토할 수 있고, '공소사실 1' 죄는 사실관계를 다투는 방향으로 감을 잡을 수 있다.

마찬가지로 제2회 변호사시험에서 피고인 및 변호인의 증거목록(기록 10면)에서 '약식명령등본'은 확정판결 해당여부의 관점에서, '서적사본'은 증거목록 검토 단계에서는 피고인에게 유리한 증거라는 정도의 힌트를 얻은 다음 그 내용을 읽어본 뒤에 엄격한 증명 존부의 관점에서 생각해 보면 출제자의 출제 의도를 알 수 있다.

그렇다고 해서 <u>피고인 측 증거가 모두 '무면공'사유가 되는 것은 아니다. 결론이 '무면공'으로 될 수도 있지만, 양형 사유로 유리한 증거가 될 수도 있기 때문</u>이다. 2014년 제1차 모의시험에서 피고인의 2013. 8. 1.자 성폭법위반(공중밀집장소에서의추행)의 점에 대해 피고인 측이 피해자로부터 고소취소장을 받아 제출하였는데, 위 범죄는 성폭법 개정으로 친고죄가 적용되지 않는 사안이었다.

한편 피고인 측 증거목록에 대해서는 상대방인 검사가 증거의견을 밝히지만 그 의견에 크게 신경 쓸 필요는 없다. 공소사실의 입증은 검사에게 있고, 피고인 및 변호인이 제출하는 증거는 공소사실의 입증을 방해하는 증거일 뿐이므로 검사 측 증거목록에서처럼 증거능력을 엄격하게 따지지 않기 때문이다.

3. 공동피고인의 증거관계 윤곽 읽기

증거목록에서 특별히 유의해서 읽어내야 하는 쟁점은 공동피고인의 증거관계이다. (공동피고인이란 '두 사람 이상의 피고인이 동일한 형사절차에서 심판을 받게 된 경우 각각의 피고인'을 말하므로 병합기소의 경우에만 공동피고인이라는 말이 적용된다. 그러나 여기에서는 편의상 분리기소의 경우도 포함하여 설명하기로 한다.) 피고인이 2인이 나오면 한두 가지 죄는 공범으로 함께 저지른 범죄이고, 나머지 죄는 각각 저지른 범죄인 경우가 전형적인 출제 방식이다. <u>공동피고인 중 1인이 범죄사실을 인정하고 다른 1인은 이를 부인하는 상황은 기록형 시험의 단골메뉴</u>이다.

(1) 공동피고인의 증거관계 일반론

필자는 QT 시리즈에서 교과서식 설명은 최소한으로 줄이고(각자가 가진 교과서를 찾아보면 되기 때문이다) 시험에 나오는 주요 쟁점을 수험자의 시각으로 설명하고자 하였는데, 공동피고인의 증거관계에 대해서는 일반론 설명을 좀 길게 한다. 앞서 강조한 바와 같이 워낙 시험에 자주 나오는 쟁점이기도 한데, 한 번만 정확하게 이해하면 생각보다 어렵지 않기 때문에 '투자 가치'가 있다고 생각되기 때문이다. 여기에서는 설명을 쉽게 하기 위해 공동피고인의 증거관계를 甲, 乙, 丙, 세 사람의 등장인물이 등장하는 이야기로 풀어보기로 한다(이하 공동피고인의 증거관계가 나올 때 아래 이야기를 "공동피고인 이야기"로 지칭한다).

> **"공동피고인 이야기"의 등장인물**
>
> 甲: 乙과 함께 범행하였다고 주장. 수사기관부터 법정에 이르기까지 범죄사실 자백함.
> 乙: 범행을 부인하고 공소사실에 부합하는 증거에 대해 모두 부동의함.
> 丙: 甲의 친구로, 甲으로부터 "내가 乙과 함께 범죄를 저질렀다"고 들은 적이 있음.

시험에서 문제가 되는 것은 乙이다. 乙이 甲의 진술을 토대로 한 증거(이는 모두 공소사실에 부합하는 증거이다)에 동의하면 그 증거가 위법수집증거가 아닌 한 전문법칙의 예외를 따질 것도 없이 형소법 제318조 제1항에 의해 乙에 대해 증거능력이 있다. 그런데 乙이 증거 부동의를 하면 문제가 복잡해지는 것이다. 아래에서는 甲의 진술(혹은 진술을 기재한 조서), 그리고 丙의 진술(혹은 진술을 기재한 조서)이 乙에 대한 증거로 사용될 수 있는 요건을 정리하였다.

가. 甲의 진술(혹은 진술을 기재한 조서)을 乙에 대한 증거로 사용할 수 있는 요건

甲과 乙 두 사람의 관계에 대해서는 공범인 경우와 아닌 경우, 병합기소인 경우와 아닌 경우, 이렇게 나눠서 정리해 두면 이해가 쉽다. (공동정범, 합동범, 필요적 공범, 정범과 종범인 경우는 공범에 해당하고, 공범이 아닌 경우는 절도범과 장물범이 가장 대표적인 예이다.) 즉 경우의 수는 다음의 네 가지이다.

A. 甲과 乙이 공범이면서 병합기소된 경우

> 예 甲, 乙이 합동절도한 후 함께 체포되어 함께 기소된 경우

B. 甲과 乙이 공범이면서 분리기소된 경우

> 예 甲, 乙이 합동절도한 후 乙이 도주하여 甲이 먼저 기소되고 그 판결이 확정된 뒤 乙이 체포되어 기소된 경우

C. 甲과 乙이 공범이 아니면서 병합기소된 경우

> 예 甲이 절도한 물건을 乙이 그 정을 알면서 취득하였는데, 함께 기소된 경우

D. 甲과 乙이 공범이 아니면서 분리기소된 경우

> 예 甲이 절도한 물건을 乙이 그 정을 알면서 취득하였는데, 乙이 도주하여 甲이 먼저 기소되고 그 판결이 확정된 뒤 乙이 체포되어 기소된 경우

위 A~D까지 각각의 경우를 〈표 1〉로 정리해 보았다. 〈표 1〉을 보면서 차근차근 설명을 읽어주기 바란다.

ⅰ) 甲의 법정진술

甲이 "내가 乙과 함께 범죄를 저질렀다"라는 내용으로 한 법정진술은 <u>甲이 피고인의 신분에서 한 것인지, 아니면 증인의 신분</u>(공동피고인으로 병합기소된 경우에 증인의 <u>신분이 되려면 변론을 분리하고 증인선서를 해야 한다)으로 한 것인지를 구별해야 한다.</u>

원칙적으로 甲은 乙에 대해 타인이므로 피고인이 아닌 증인으로 한 진술만이 乙에 대한 증거가 된다(C의 경우). 공범인 공동피고인의 경우에도 마찬가지이다(A의 경우, 2008도3300). 그런데 甲이 乙과 <u>공범인 공동피고인인 경우</u> 甲을 완전한 타인으로는 볼 수 없기 때문에 판례는 <u>乙에게 반대신문권이 보장되어 있는 한 甲이 피고인으로 진술한 것도 乙에 대한 증거가 된다고 한다</u>(A의 경우, 2006도1944).

<u>분리기소된 경우</u>에는 당해 사건에 乙만이 기소되어 있다. 따라서 甲은 공동피고인이 아니라 증인으로 소환되어 증언할 수 있을 것이다. 이때 甲의 진술은 증인의 진술이고 전문진술이 아니므로 별다른 요건 없이 증거능력이 있다(B, D의 경우). 甲의 사건에서 甲이 한 진술은 乙 사건의 법정에서 한 진술이 아니므로 전문증거에 해당하는데, 그 진술을 기재한 공판조서는 형소법 제315조 제3호에 의하여 증거능력이 인정된다(B, D의 경우).

● 표 1 甲의 진술(혹은 진술을 기재한 서류)이 乙에 대한 증거가 되기 위한 요건

甲의 진술 (혹은 진술을 기재한 조서)		병합기소 (공동피고인)	분리기소
공범인 경우	법정 진술 — 증언	변론분리 + 증인선서하면 ○	증언으로 ○ or 진술 기재 공판조서 → ○ (제315조 제3호 서류)
	법정 진술 — 피고인진술	○ (∵ 반대신문권 보장)	증언으로 ○ or 진술 기재 공판조서 → ○ (제315조 제3호 서류)
	검찰 작성 피신조서	甲이 진정성립 인정하면 ○	증인→진정성립 인정 ○ (제312조 제4항)
		제314조 적용×	제314조 적용 ○
	사경 작성 피신 조서	乙의 내용인정 (제312조 제3항)	乙의 내용인정 (제312조 제3항)
		제314조 적용×	제314조 적용×
공범이 아닌 경우	법정 진술	증언으로 ○	증언으로 ○ or 진술 기재 공판조서 → ○ (제315조 제3호 서류)
	검찰 작성 피신조서	증인→진정성립 인정 ○ (제312조 제4항)	증인→진정성립 인정 ○ (제312조 제4항)
		제314조 적용×	제314조 적용 ○
	사경 작성 피신조서	증인→진정성립 인정 ○ (제312조 제4항)	증인→진정성립 인정 ○ (제312조 제4항)
		제314조 적용×	제314조 적용 ○

ii) 甲의 진술을 기재한 검찰 작성 피의자신문조서

甲이 검찰 조사에서 "내가 乙과 함께 범죄를 저질렀다"고 진술한 내용을 기재한 피의자신문조서는 乙에 대하여는 피고인 아닌 자에 대한 조서이므로 원칙적으로 제312조 제4항에 의하여 증거능력이 인정될 수 있다(B, C, D의 경우). 그런데 공범인 공동피고인인 경우 甲이 증인으로서가 아니라 피고인으로서 진정성립을 인정하더라도 반대신문권이 보장되므로 乙에 대한 증거로 쓸 수 있다(A의 경우).

한편, 만약 甲이 사망하거나 하는 등의 사정으로 진술불능일 때 제314조의 예외를 적용할 수 있는가가 문제된다. 병합기소인 경우에는 甲이 피고인으로 법정에 나와 있으므로 제314조를 논할 필요가 없으나, 분리기소인 경우에는 제314조가 적용될 수 있다.

ⅲ) 甲의 진술을 기재한 경찰 작성 피의자신문조서

甲이 경찰 조사에서 "내가 乙과 함께 범죄를 저질렀다"고 진술한 내용이 기재된 피의자신문조서는 甲이 乙과 공범인지 아닌지에 따라 증거능력인정 요건이 달라진다. 공범이 아닌 경우에는 제312조 제4항에 의하여 증거능력이 인정될 수 있다(C, D의 경우). 그런데 공범인 경우에는 甲에 대한 피신조서라도 乙이 내용인정("진정성립"이 아니다!)을 하여야 증거능력이 부여된다(A, B의 경우).

만약 甲이 사망하거나 하는 등의 사정으로 진술불능일 때 제314조의 예외를 적용할 수 있는가가 여기에서도 문제된다. 판례는 공범인 경우에는 병합기소·분리기소를 불문하고 제314조를 적용할 수 없다고 한다(2009도2865 전합, 2008도10787). 따라서 공범이 아닌 경우 분리기소된 때에만 제314조가 적용될 수 있다(D의 경우).

나. 丙의 진술(혹은 진술을 기재한 서류)을 乙에 대한 증거로 사용할 수 있는 요건

甲의 친구인 丙은 甲으로부터 "내가 乙과 함께 범죄를 저질렀다"라는 말을 들은 바가 있다. 丙이 乙과 관련하여 등장하는 경우는 다음의 세 가지 중 하나일 것이다.

E. 丙이 수사기관에 참고인으로 소환되어 위와 같은 말을 들은 적이 있다는 진술을 하여 그 진술이 기재된 조서(=참고인진술조서)가 증거로 제출되었는데, 乙이 이에 대해 부동의하여 丙이 증인으로 소환된 경우

F. 丙이 위와 같은 말을 듣고는 그 내용을 메모해 두었는데(예컨대 일기를 쓴 경우), 검찰이 그 메모(=사인 작성 진술기재서류)를 증거로 제출하였고 乙이 이에 대해 부동의하여 丙이 증인으로 소환된 경우

G. 丙에 대한 참고인진술조사나 丙의 메모가 증거로 제출된 바 없이 丙이 증인으로 소환된 경우

위의 세 경우에서 丙의 진술과 丙의 진술을 기재한 서류를 나눠서 살펴보기로 하자.

먼저, 丙의 법정에서의 진술(위 E, F, G의 진술)은 전문진술(甲으로부터 들은 말을 법

정에서 진술하므로)이므로 형소법 제316조가 문제된다. 丙의 진술을 甲에 대한 증거로 쓰려면 이는 "피고인이 아닌 자"(丙)의 공판기일에서의 진술이 피고인(甲)의 진술을 그 내용으로 하는 것이므로, 동조 제1항에 따라 특신상황의 요건이 있으면 된다. 반면 丙의 진술을 乙에 대한 증거로 쓰려면 이는 "피고인이 아닌 자"(丙)의 공판기일에서의 진술이 "피고인 아닌 타인"(甲)의 진술을 그 내용으로 하는 것이므로 동조 제2항에 따라 원진술자(甲)의 진술불능 상태가 있어야 한다. 그런데 병합기소되었다면 원진술자(甲)가 법정에 나와 있을 것이므로 진술불능 요건을 충족하지 못하게 되어 결론적으로 丙의 진술은 乙에 대하여 증거능력이 없다.

다음으로, 丙의 진술을 기재한 서류(위 E, F의 서류)를 보자. E의 서류는 甲의 진술을 '丙'과 '조서'라는, F는 甲의 진술을 '丙'과 '메모'라는 각 두 단계의 매개를 거친 재전문증거이다. 재전문증거는 제311조 내지 제316조 어디의 예외에도 속하지 아니하므로 원칙적으로는 형소법 제310조의2에 의하여 증거능력이 없다. 그러나 판례는 위와 같은 경우 제312조(E의 경우) 또는 제313조(F의 경우) 및 제316조의 요건을 모두 충족하는 경우에는 예외적으로 증거능력을 인정한다. 제316조의 요건과 관련하여, 甲에 대하여는 동조 제1항이, 乙에 대하여는 동조 제2항이 문제되는 것은 위에서 설명한 것과 같다.

표 2   丙의 진술(혹은 진술을 기재한 서류)이 甲, 乙에 대하여 증거가 되기 위한 요건

	병합기소	분리기소
丙의 법정진술	對 甲: 제316조 제1항 對 乙: × (∵제316조 제2항 진술불능요건 ×)	對 甲: 제316조 제1항 對 乙: 제316조 제2항
丙에 대한 참고인진술조서	對 甲: 제312조 제4항 + 제316조 제1항 對 乙: × (∵제312조 제4항 + 제316조 제2항 → 제316조 제2항 진술불능요건 ×)	對 甲: 제312조 제4항 + 제316조 제1항 對 乙: 제312조 제4항 + 제316조 제2항
丙의 메모	對 甲: 제313조 제1항 + 제316조 제1항 對 乙: × (∵제313조 제1항 + 제316조 제2항 → 제316조 제2항 진술불능요건 ×)	對 甲: 제313조 제1항 + 제316조 제1항 對 乙: 제313조 제1항 + 제316조 제2항

위 세 가지 경우의 어디에 속하든 상관없이 <u>丙의 법정진술이 乙에 대한 증거로 쓰일 수 있는지 여부</u>는 형사 기록에서 늘 등장하는 쟁점이다.

(2) 기출 증거목록 분석

이상에서 공동피고인의 증거법 문제를 이해하였다면 기출문제에 나온 증거목록을 보면서 공동피고인의 관계를 분석해 보자.

가. 공범이면서 병합기소된 경우

지금까지의 변호사시험 기록형 기출문제는 모두 '공범이면서 병합기소된 경우'로, 공범인 두 피고인 중 어느 한 피고인만 범죄를 부인하는 상황이었다.

【 제1회 변호사시험 】

먼저 공소장을 보면, 김토건과 이달수는 특수강도의 교사범과 정범으로 함께 기소된 사실을 알 수 있으므로 이 사건은 공범이면서 병합기소된 경우("공동피고인 이야기"에서 A의 경우)에 속한다.

증거목록(증거서류 등), 기록 8면(발췌)

증 거 목 록 (증거서류 등)
2011고합1234

① 김토건
② 이달수
신청인: 검사

2011형제53874호

순번	증 거 방 법					참조사항등	신청기일	증거의견		증거결정		증거조사기일	비고
	작성	쪽수(수)	쪽수(증)	증 거 명 칭	성 명			기일	내용	기일	내용		
1	검사	(생략)		피의자신문조서	김토건		1	1	① ○ ② ○				
2	〃	(생략)		피의자신문조서	이달수		1	1	① × ② ○	기재 생략		기재 생략	
3	사경	28		진술조서	박대우		1	1	① ○ ② ○				
4	〃	30		피의자신문조서	이달수		1	1	① × ② ○				
5	〃	33		진술조서	정미희		1	1	② ×				

　　다음으로 증거목록을 보면, 김토건과 이달수에 대한 각 검사 작성 피의자신문조서(순번 1, 2), 이달수에 대한 피의자신문조서(순번 4)와 관련하여 이달수는 김토건의 증거에 대하여 모두 '동의'하고, 김토건은 이달수의 증거에 대하여 '부동의'하므로 공범으로 행한 범죄에 대하여 <u>이달수는 범죄사실을 인정하고, 김토건은 이를 부인하고 있음</u>을 쉽게 알 수 있다.

　　그러면 김토건의 변호인의 입장에서 이달수의 진술의 신빙성을 탄핵하는 방향으로 변론방향을 잡아야 함을 알 수 있다. 증거목록에서 이렇게 증거관계를 미리 파악해 놓으면 기록을 볼 때 김토건의 진술과 이달수의 진술 중 일치하지 않는 부분을 위주로 볼 수 있게 되므로 기록을 효율적으로 볼 수 있게 되는 것이다.

　　증거목록 읽기가 여기에서 끝나면 안 된다. 공범인 공동피고인이 문제된 사안이면 공범 중 1인("공동피고인 이야기"에서 甲)으로부터 범행 사실을 들은 제3자("공동피고인 이야기"에서 丙)의 진술이 없는지 의도적으로 살펴보아야 한다. 기록 8면의 증거목록에서 참고인진술조서에 대해 피고인이 부동의한 증거는 정미희의 진술조서(순번 5, 6번)인데, 이는 김토건과 이달수의 공동범행이 아니라 이달수의 단독범행 사건 증거이므로 일단 넘어간다.

　　그런데 아래에서 보는 바와 같이 기록 11면의 증거목록(증인 등)에 보면 "공소사실 1 관련"(공동범행에 관한 공소사실) 증인으로 박대우와 이칠수가 나오는데, 박대우는 공소장에서 피해자임을 확인할 수 있는데 반하여 이칠수는 공소장에 이름이 없는 사실을 알 수 있다. 그렇다면 이칠수가 바로 "공동피고인 이야기"의 '丙'이 아닐까 하는 생각을 해 볼 수 있다.

　　증거목록 읽기 단계에서는 위와 같은 생각 정도만 가지면 된다. 나중에 수사 기록을 보면 이칠수는 이달수로부터 김토건과의 범행사실에 대해 들은 이달수의 친구로 나온다. 즉 "공동피고인 이야기"에서 이달수는 '甲', 김토건은 '乙', 이칠수는 '丙'으로 등장하는 것을 확인할 수 있다. 그렇다면 기록을 볼 때 <u>증인 이칠수에 대한 신문에서 이칠수가 이달수로부터 들은 말을 하는 대목을 눈여겨 보아야 함을 알 수 있다.</u>

증거목록(증인 등), 기록 11면(발췌)

증 거 목 록 (증인 등)
2011고합1234

① 김토건
② 이당수

2011형제53874호   신청인: 피고인 및 변호인

증 거 방 법	쪽수 (공)	입증취지 등	신청 기일	증거결정		증거조사기일	비고
				기일	내용		
증인 박대우	22	공소사실 1 범행도구 관련	1	1	○	2011. 12. 28. 14:00 (식시)	①신청
증인 이칭수	23	공소사실 1 관련	1	1	○	2011. 12. 28. 14:00 (식시)	①신청

【 제3회 변호사시험 】

　　먼저 공소장을 보면, 김갑동과 이을남은 공소사실 2항의 특경가법위반(횡령)의 공동정범으로 함께 기소된 사실을 알 수 있으므로 이 사건 공범이면서 병합기소된 경우("공동피고인 이야기"에서 A의 경우)에 속한다.

　　다음으로 증거목록을 보면, 검사 작성 김갑동과 이을남에 대한 피의자신문조서 (대질)(순번 1번)와 관련하여, 김갑동은 이을남의 진술 부분에 대하여, 이을남은 김갑 동의 진술 부분에 대하여 각 '부동의'하고, 자신의 진술 부분에 대하여는 각 '동의' 하고 있다. 공소사실 2항의 피해자 박고소의 진술(순번 6번 및 7번)이 담긴 서류에 대 해 김갑동은 '동의'하고, 이을남은 '부동의'하였으며, 김갑동에 대한 사경 작성 피 신조서에 대하여 김갑동은 '인정'하고 이을남은 '내용부인'하고 있으므로(순번 11번), 공범으로 행한 범죄에 대하여 김갑동은 범죄사실을 인정하고, 이을남은 이를 부인 하고 있음을 알 수 있다.

증거목록(증거서류 등), 기록 8면(발췌)

증 거 목 록 (증거서류 등)
2013고합1277

① 김갑동
② 이을남
신청인: 검사

2013형제99999호

순번	증 거 방 법					참조사항등	신청기일	증거의견			증거결정			증거조사기일	비고
	작성	쪽수(수)	쪽수(증)	증 거 명 칭	성 명			기일	내용		기일	내용			
1	검사	37		피의자신문조서 (대질- 김갑동, 이을남)	김갑동	(생략)	1	1	①② ○		(생략)				공소사실 1항 부분
									① ○						공소사실 2항 부분
									② ×						〃
					이을남		1	1	①② ○						공소사실 1항 부분
									① ×						공소사실 2항 부분
									② ○						〃
6	사경	24		고소장	박고소		1	1	① ○						
									② ×						
10	〃	27		진술조서	박고소		1	1	① ○						
									② ×						
11	〃	29		피의자신문조서	김갑동		1	1	①② ○						공소사실 1항 부분
									① ○						공소사실 2항 부분
									② ×						〃

기록 9쪽의 증거목록(증인 등)으로 넘어가 보면, "공소사실 2항"(공동범행에 관한 공소사실)을 입증하기 위하여 검사는 증인으로 박고소와 나부인을 신청하였고, 채택되었다. 이을남이 증거서류 순번 6번과 10번에 대해 부동의하였으므로 박고소가 증인으로 나오게 되었음은 쉽게 알 수 있다. 다만 나부인은 왜 등장하는지 증거목록상으로는 아직 알 수 없다.

나. 공범이 아니면서 병합기소된 경우

공범이 아니면서 병합기소되는 전형적 문제 사안은 한 피고인은 절도, 나머지 다른 피고인은 장물취득 혐의로 기소된 경우이다.

【 2015년 제2차 모의시험 】

먼저 공소장을 보면, 피고인 마갑동은 피해자 박용비에 대한 휴대폰 특수절도로, 피고인 양을서는 위 휴대폰 장물취득 혐의로 함께 기소가 된 사실을 알 수 있다. 따라서 이 사안은 공범이 아니면서 병합기소된 경우("공동피고인 이야기"에서 C의 경우)에 속한다.

증거목록(증거서류 등), 기록 7면(발췌)

증 거 목 록 (증거서류 등)
2015고단100

① 마갑동
② 양을서

2015형제100호

신청인: 검사

순번	증거 방법					참조사항등	신청기일	증거의견		증거결정		증거조사기일	비고
	작성	쪽수(수)	쪽수(증)	증 거 명 칭	성 명			기일	내용	기일	내용		
1	검사	생략		피의자신문조서	마갑동		1	1	① ○ ② ×				
2		생략		피의자신문조서	양을서		1	1	①,② ○				
7	사경	30		피의자신문조서 (제1회)	마갑동		1	1	① ○ ② ×				
8		33		피의자신문조서	양을서		1	1	②○○○× ① ○				

다음으로 증거목록을 보면, 양을서는 자신에 대한 사경 작성 피신조서에 대해 내용부인하고, 마갑동에 대한 사경 작성 피신조서 및 검사 작성 피신조서에 대해 부동의하고 있다. 반면 마갑동은 자신 및 양을서에 대한 피신조서에 대해 모두 동의하고 있다. 마갑동은 범죄를 인정하고, 양을서는 범죄를 부인하는 상황임을 알 수 있다.

양을서의 장물취득을 입증할 증거에 관한 증거능력을 보자. 양을서에 대한 사경 작성 피신조서는 피고인이 내용부인하므로 증거능력이 없다. 마갑동에 대한 사경 작성 피신조서 및 검사 작성 피신조서는 변론분리되어 마갑동이 증인으로 나와 증언으로 진정성립을 인정하면 증거능력이 생긴다.

공판조서를 보면, 변론분리된 바 없고, 마갑동이 증인으로 채택되지도 않았다. 따라서 마갑동에 대한 각 피신조서는 양을서의 장물취득의 점에 관하여 증거능력이 없다.

다. 공범이면서 병합기소된 경우 + 공범이 아니면서 병합기소된 경우

병합기소된 피고인 둘이 어떤 죄에 대해서는 공범이고, 또 다른 죄에 대하여는 공범이 아닌 경우에는 공범이냐 아니냐에 따라 전문증거 혹은 진술증거의 증거능력 인정요건이 달라지므로 특히 유의해야 한다.

【 제3회 모의시험 】

먼저 공소장을 보면, 피고인 고기만은 피해자 정순박에 대한 절도로, 피고인 조장물은 피해자 정순박에 대한 절도교사 및 장물취득 혐의로 함께 기소가 된 사실을 알 수 있다. 그러면 조장물의 절도교사의 점은 공범이면서 병합기소("공동피고인 이야기"에서 A의 경우), 장물취득의 점은 공범이 아니면서 병합기소("공동피고인 이야기"에서 C의 경우)된 경우에 속한다.

증거목록(증거서류 등), 기록 6, 7면(발췌)

증 거 목 록 (증거서류 등)

2012고단1345

① 고기만

② 조장물

2012형제11111호   신청인 : 검사

순번	증 거 방 법				참조사항등	신청기일	증거의견		증거결정		증거조사기일	비고
	작성	쪽수(수)	쪽수(증)	증 거 명 칭	성 명			기일	내용	기일	내용		
1	검사	53		피의자신문조서	고기만	생략	1	1	① ○ ② ×		기재생략	기재생략
2		50		피의자신문조서	조장물	생략	1	1	① ○ ② ×			
중략												
15	사경	37		피의자신문조서	고기만	생략	1	1	① ○ ② ×			
16		40		피의자신문조서	조장물	생략	1	1	① ○ ② ×			

다음으로 증거목록을 보면, 조장물은 자신에 대한 검사 작성 및 사경 작성 피신조서는 물론 고기만에 대한 검사 작성 및 사경 작성 피신조서에 대해 모두 부동의 내지 내용부인을 하고 있다. <u>고기만은 범죄를 인정하고, 조장물은 수사기관에서 자백한 범죄를 부인하는 상황임을 알 수 있다.</u> 이 경우에는 <u>공범이냐 아니냐에 따라 증거능력 인정 요건이 달라지므로 유의해야 한다.</u>

첫째로 고기만에 대한 검사 작성 피신조서(증거순번 1)의 증거능력을 보자. 조장물의 <u>절도교사의 점</u>에 대해서는 고기만이 <u>피고인 진술로</u> 그 진정성립만 인정하더라도 증거능력이 있지만, <u>장물취득의 점</u>에 대해서는 고기만이 <u>증인으로 나와 증언으로</u> 진정성립을 인정해야 증거능력이 생긴다.

둘째로 고기만에 대한 사경 작성 피신조서(증거순번 15)의 증거능력을 따져 보자. 조장물의 <u>절도교사의 점</u>에 대해서는 <u>조장물이 '부동의'</u>하고 있으므로 증거능력이 없지만, <u>장물취득의 점</u>에 대해서는 <u>고기만이 증인으로 나와 증언으로</u> 진정성립을 인정하면 증거능력이 생긴다. 이런 차이점을 반드시 확인하기 바란다.

라. 공범이면서 분리기소된 경우

분리기소가 된 경우 먼저 기소된 자와 나중에 기소되는 자가 있을 터인데 시험에서는 나중에 기소되는 자가 나온다. 그래야 먼저 기소된 자에 대한 판결 사본 등이 이 사건에 증거로 제출되어 그 증거에 대해 논하는 논점을 만들 수 있기 때문이다.

<u>나중에 기소된 자의 사건에서 먼저 기소된 자에 관한 수사기록 및 공판기록은 '사본'</u> 형태로 증거로 제출된다. 그런 점에서 증거목록만 보아도 분리기소임을 명확히 알 수 있다.

【 2014년 제3차 모의시험 】

먼저 공소장을 보면, 피고인은 진화란과 공모하여 행사할 목적으로 한독일 명의의 유가증권을 위조하고, 이를 행사하였다는 사실로 기소되었다. 그런데 이 사건에서 피고인은 김갑동 1인뿐이다. 따라서 이 사건은 공범이면서 분리기소된 경우("공동피고인 이야기"에서 B의 경우)에 해당한다.

증거목록(증거서류 등), 기록 8면(발췌)

증 거 목 록 (증거서류 등)

2014고단5356

2014형제53874호   신청인: 검사

순번	증거방법					참조사항등	신청기일	증거의견		증거결정		증거조사기일	비고
	작성	쪽수(수)	쪽수(증)	증거명칭	성명			기일	내용	기일	내용		
1	검사	(생략)		피의자신문조서	김갑동		1	1	○				
2	사경	28		고소장 사본	한독일		1	1	×	기재 생략			
6	〃	32		피의자신문조서 사본	김갑동		1	1	○				
7	〃	34		피의자신문조서 사본	진화란		1	1	×				
8	〃	(생략)		검찰 피의자 신문조서사본	〃		1	1	×				
9	〃	37		2014고단2158 공판조서 사본	〃		1	1	×				
10	〃	39		2014고단2158 판결문 사본	〃		1	1	×				

　　다음으로 증거목록을 보면, 피고인은 먼저 기소된 자인 진화란에 대한 사경 작성 피신조서 사본 및 검사 작성 피신조서 사본, 진화란에 대한 공판조서 사본 및 판결문 사본에 부동의하고 있다. 진화란은 수사 및 재판과정에서 범죄사실을 인정하였고, 피고인이 범죄사실을 부인하는 상황임을 알 수 있다.

　　이제 공범 관련 전문증거의 증거능력을 따져 보자.

　　진화란에 대한 사경 작성 피신조서 사본은 공범의 사경 피신인데, 피고인이 내용부인 취지에서 부동의하여 증거능력이 없다. 진화란에 대한 검사 작성 피신조서 사본은 형소법 제312조 제4항의 문서로, 진화란이 증인으로 출석하여 진정성립을 인정한다면 증거능력이 생긴다. 반면 진화란에 대한 공판조서 사본 및 판결문 사본은 형소법 제315조 제3호에 해당하는 문서이므로 당연히 증거능력이 있다.

3단계: 형사기록 효율적으로 읽기

1. 공판기록과 수사기록의 구별

공소장을 확인하고 증거목록을 읽은 후에는 본격적으로 기록을 검토하는 단계에 들어간다. 형사소송기록은 공판기록과 수사기록으로 나누어져 있다.

시험에서는 공판기록부터 수사기록까지 쪽수가 연속하여 매겨져 있지만, 실제는 각각 다른 2개의 책으로 분리되어 있다. 그래서 문제 [주의 사항]에 "1. 쪽 번호는 편의상 연속되는 번호를 붙였음"이라고 기재되어 있다. 이 점을 이해하지 못하면 형사소송기록을 효율적으로 볼 수 없으므로, 왜 수사기록이 공판기록과 분리되어 있는지 간단히 설명하기로 한다.

검사가 공소장을 제출함으로써 형사소송은 시작된다. 이때 법원은 공소장만 가지고 있다. 변호인은 제1회 공판기일 전에 검찰청에 가서 수사기록을 열람·복사해 볼 수 있지만(형소법 제266조의3), 법원은 공소장 일본주의에 따라 공소장만 들고 재판을 시작한다. 대개 제1회 공판기일에서 피고인 측이 공소사실 인부를 하면, 검사가 증거목록을 제출하고, 이에 대해 피고인 측이 증거인부(동의 또는 부동의)를 한다. 피고인이 증거로 함에 동의한 증거는 증거로 채택되어 검사가 법원에 제출할 수 있다. 피고인이 증거로 함에 동의하지 않은 증거는 증거조사를 마친 후 증거능력이 부여된 후에야 증거로 채택된다. 그런데 수사기록이 책으로 묶여 있어 동의한 증거와 부동의한 증거를 분리하여 제출하는 것이 번거롭기 때문에 실무에서는 대개 증거조사가 완료된 후 검사가 수사기록을 한꺼번에 제출한다. 그래서 법원에서는 공판기록과 수사기록을 따로 편철한다.

2. 공판기록 읽기

소송기록의 시작은 법원의 사건 표지이다. <u>표지에서는 사건(죄)명 및 공소제기일</u>
<u>정도만 확인</u>해 둔다. 그 다음에 공판기록 목록이 나온다.

서울중앙지방법원

목 록		
문 서 명 칭	장 수	비 고
증거목록	8	검사
공소장	10	
변호인선임신고서	(생략)	피고인 김갑동
변호인선임신고서	(생략)	피고인 이을남
영수증(공소장부본 등)	(생략)	피고인 김갑동
영수증(공소장부본 등)	(생략)	피고인 이을남
영수증(공판기일통지서)	(생략)	변호사 김힘찬
영수증(공판기일통지서)	(생략)	변호사 이사랑
국민참여재판 의사 확인서(불회망)	(생략)	피고인 김갑동
국민참여재판 의사 확인서(불회망)	(생략)	피고인 이을남
의견서	(생략)	피고인 김갑동
의견서	(생략)	피고인 이을남
공판조서(제1회)	14	
공소장변경허가신청	16	
영수증(공소장변경허가신청서부본)	(생략)	변호사 이사랑
공판조서(제2회)	17	
증인신문조서	20	박고소
증인신문조서	21	황금성

공판기록 목록에서는 공소장변경허가신청서가 있는지 확인해 두는 것이 좋다. 예시로 제시한 공판기록 목록은 제4회 변호사시험 기록의 일부인데, 공소장변경허가신청이 목록에 있는 것을 확인할 수 있다. 검사의 신청에 대해 법원의 허가가 있는지는 공판조서에서 확인할 수 있다.

아직까지 시험에 나온 적은 없지만, 혹 절차적 하자가 있는지 체크해 보는 습관을 들여도 좋을 것이다. 필요적 변호 사건(형소법 제33조 제1항)인데 변호인선임서가 없고 국선변호인선정결정도 없다거나, 국민참여재판 대상 사건(국민의 형사재판 참여에 관한 법률 제5조)인데 국민참여재판 의사 확인이 되어 있지 않은 경우에는 형사재판 절차가 위법하여 무효가 될 수 있다.

공판기록 목록 뒤에는 증거목록, 공소장, 공판조서, 공판조서의 일부인 증인신문조서 등이 공판기록에 시간 순으로 편철되어 있다.

공판조서를 읽을 때는 공판기일별로 주목해야 할 점이 다르다. 제1회 공판기일에서는 피고인이 공소사실의 인정여부를 진술(형소법 제286조 제1항)한다. 따라서 제1회 공판조서에서는 공소사실을 다투는 죄와 그렇지 않은 죄를 구별하는 것이 핵심이다. 공소사실을 다투지 않는 죄의 경우 실무에서는 변호인이 정상 변론을 하겠지만, 시험에서는 뭔가 법리적인 쟁점을 숨겨두는 것이 일반적이다. 즉 사실관계를 다투는 죄와 법리를 다투는 죄의 구별을 제1회 공판조서에서 거의 확정할 수 있다(물론 함정이 있을 수 있지만!).

제2회 공판기일에서는 증거조사(형소법 제290조 이하)를 하고, 증거조사가 끝나면 피고인신문(형소법 제296조의 2)을 한다. 즉 공소사실을 다투는 죄에 대해 진실을 밝히는 것이다(지금까지의 기출 기록은 제2회 공판기일에서 끝났다). 따라서 제2회 공판조서에서는 사실을 다투는 죄에 대해 공소사실과 피고인이 주장하는 사실이 어떻게 다른지 정리하는 것이 핵심이다. 특히 공범 혹은 공범이 아닌 공동피고인의 관계에서 당해 피고인이 피고인으로 진술하는지, 증인으로 진술하는지, 그리고 증인이 수사기관에서 진술한 내용에 대해 진정성립을 인정하는지 등을 눈여겨 보아야 한다.

공판조서를 읽을 때 유의해야 할 점으로 증인신문조서에 기재된 증인의 답변 및 피고인신문에 기재된 피고인의 답변은 글로 기재되어 있지만 사실은 '진술'(말)이라는 점을 들 수 있다. 즉 증인의 법정 '진술', 피고인의 법정 '진술'이다. 수사기록에서 참고인진술조서 혹은 피의자신문조서에 기재된 참고인의 답변 및 피의자의 답변이 '진술기재'인 것과 본질적으로 다르다는 점을 반드시 이해해야 한다.

또 다른 유의점은 재판장의 석명사항이다. 제3회 변호사시험 이후로는 재판장의 석명이 계속 등장했고, 매번 중요한 힌트가 되었다. 검사가 구두로 공소장변경신청을 하였는지도 살펴야 한다.

피고인 및 변호인이 제출하는 증거도 공판기록에 편철되어 있다. 앞서 설명하였다시피 피고인 측 증거는 피고인에게 유리한 자료이므로 반드시 활용해야 한다.

그럼 지금까지 설명한 것을 변호사시험 기출문제를 통해 정리해 보자.

【 제1회 변호사시험 】

• 제1회 공판조서 중 피고인 모두진술 부분 (기록 16면)
김토건이 강도교사의 점을, 이달수가 성폭법위반의 점을 다툰다.
⇒ 사실을 다투는 죄는 김토건의 강도교사, 이달수의 성폭법위반. 나머지는 법리 다툼

• 제1회 공판기일에 제출된 변호인 측의 증거 (기록 17 ~ 19면) - 법리 다툼을 위한 증거 제시
－ 교특법위반에 관하여 합의서 ⇒ 공소기각 사유 힌트
－ 상습사기에 관하여 약식명령 ⇒ 면소 사유 힌트

• 제2회 공판조서 (기록 20 ~ 24면) - 사실관계 다툼을 위한 증거 제시
－ 피고인 신문 ⇒ 사실을 다투는 김토건의 강도교사에 대한 '공범' 이달수의 피고인 진술
－ 증인 신문 ⇒ 사실을 다투는 김토건의 강도교사에 대한 증인 박대우 및 이칠수의 진술, 사실을 다투는 이달수의 성폭법위반에 대한 증인 정미희의 진술

【 제2회 변호사시험 】

• 제1회 공판조서 중 피고인 모두진술 부분 (기록 16면)

　김갑인은 특가법위반(도주차량) 중 '도주' 부분을 다투고("억울하다"는 표현에서 축소사실을 다투어야 함을 눈치챌 수 있다), 이을해는 특경가법위반(사기)에 대해 전면적으로 다투고, 공갈에 대해 부분적으로 다툰다(역시 "억울"이라는 표현에서 축소사실 인정을 눈치챌 수 있다).

　　⇒ 전면적으로 사실을 다투는 죄는 이을해의 특경가법위반(사기), 축소 사실을 다투는 죄는 김갑인의 특가법위반(도주차량) 및 이을해의 공갈. 나머지는 법리 다툼

• 제1회 공판기일에 제출된 변호인 측의 증거 (기록 17 ~ 19면) – 법리 다툼을 위한 증거 제시

– 사문서위조 및 위조사문서행사죄에 관하여 약식명령등본 ⇒ 면소 사유 힌트

– 도교법위반(음주운전)죄에 관하여 서적사본 ⇒ 엄격한 증명의 부재 힌트

• 제2회 공판조서 (기록 20 ~ 23면) – 사실관계 다툼을 위한 증거 제시

– 피고인 신문 ⇒ 사실을 다투는 이을해의 특경가법위반(사기)에 대한 '공범' 김갑인의 피고인 진술

– 증인 신문 ⇒ 사실을 다투는 이을해의 특경가법위반(사기)에 대한 증인 박병진 및 안경위의 진술

【 제3회 변호사시험 】

• 제1회 공판조서 중 피고인 모두진술 부분 (기록 16면)

　김갑동은 배임의 점("억울하다"는 표현에서 사실을 완전히 다투는 것과는 다르게 접근하여야 함을 알 수 있다)을, 이을남은 특경가법위반(횡령)의 점을 다툰다.

　　⇒ 사실을 다투는 죄는 이을남의 특경가법위반(횡령), 김갑동의 배임의 점은 여기에서는 판단 유보, 나머지는 일단 법리 다툼으로 전제

• 제2회 공판조서 (기록 17 ~ 21면) – 사실관계 다툼을 위한 증거 제시

– 피고인 김갑동 신문 ⇒ 사실을 다투는 이을남의 특경가법위반(횡령)에 대한 '공범' 김갑동의 피고인 진술

- 피고인 이을남 신문 ⇒ 이을남이 강도죄에 대해 일부 사실을 다툼("강도죄로까지 처벌받는 것은 억울하다"는 표현에서 축소사실을 다투어야 함을 눈치챌 수 있다)
- 증인 신문 ⇒ 사실을 다투는 이을남의 특경가법위반(횡령)에 대한 증인 박고소 및 나부인의 진술

3. 수사기록 읽기

수사기록은 검사가 증거목록으로 제출한 증거서류들이 대부분이다. 변호사시험에서 수사기록은 기록의 절반 정도인 25면 내외로 구성되어 있다. 증거목록은 공판기록에 편철되어 있지만, 증거서류는 수사기록으로 공판기록과는 따로 편철된다는 점은 앞서 설명하였다.

공판기록에 편철된 증거목록을 보면서 수사기록을 보는 것이 효율적이다. 25면 내외의 수사기록을 샅샅이 읽을 시간이 없다. 사실관계를 다툴 때는 피고인의 모두진술, 증인의 법정진술, 수사기관에서의 피고인 및 참고인의 진술을 공소장 기재 사실과 비교해가며 확인한다. 그러나 면소나 공소기각 사유 등 법률적 쟁점을 다툴 때는 수사기록을 꼼꼼히 읽을 필요가 없고 필요한 정보만 찾아서 보면 된다.

수사기록에서 유의해야 할 점은 실무에서는 증거능력이 없는 전문증거(예컨대 피고인이 내용부인한 사경 피신조서)는 증거목록에는 있더라도 증거로 채택되지 않아 수사기록에 편철이 되지 않지만, 시험에는 편철되어 있다는 점이다. 왜냐하면 그 증거는 증거능력이 없다는 것을 논하는 것이 중요한 논점이기 때문이다. 그래서 문제 [작성 요령]에는 다음의 글이 꼭 기재되어 있다.

> 2. 증거능력이 없는 증거는 실제 소송에서는 증거로 채택되지 않아 증거조사가 진행되지 않지만, 이 문제에서는 시험의 편의상 증거로 채택되어 증거조사가 진행된 것을 전제하였음. 따라서 필요한 경우 증거능력에 대하여도 논할 것.

실제 기록과 시험 기록이 다른 위 점은 반드시 이해하고 있어야 한다.

4. 기록의 맥 찾기

여기에서는 좀 더 구체적으로 들어가 문제 유형 별로 공판기록과 수사기록을 효율적으로 보는 법을 설명한다.

(1) 사실관계를 다투는 경우

사실관계를 다투는 경우는 변호사시험에서 배점이 가장 큰 문제이다. 증거에 비추어 사실을 인정하는 것이므로, 증거에 나타나 있는 경험칙에 어긋나는 행동, 진술의 모순이나 변화, 금융거래 등을 통해 나타나는 객관적 사실과 모순되는 점 등을 "찾아내는" 것이 관건이다.

【 제1회 변호사시험 】 중 「피고인 김토건의 특수강도교사의 점」 부분

피고인 김토건은 특수강도교사의 점과 관련하여 식칼을 준 적이 없다고 주장하고 있는데 공범인 공동피고인 이달수는 김토건이 건네준 식칼로 피해자를 위협하였다고 진술하고 있다. 김토건의 변호인은 무죄 변론을 해야 하는 상황이다. 그렇다면 기록에서 식칼과 관련된 진술의 내용을 비교하여 메모하여야 한다.

- 공판기록 – 공소장
  ⇒ "피고인 김토건은 … 흉기인 주방용 식칼(칼날 길이 15cm, 손잡이 길이 10cm)이 든 봉투를 건네주어 … 이달수로 하여금 … 마음먹게 하였다. 이달수는 … 위 식칼을 피해자의 목에 들이대어 …"(기록 13면 공소사실 1. 가.)

- 제2회 공판조서 – 피고인 이달수에 대한 피고인신문
  ⇒ "피해자 박대우를 협박한 칼은 피고인 김토건에서 받았고", "20cm 이상이 되는 주방용 식칼을 계속 가지고 다니기에는 부담스러워 버렸다"고 진술 (기록 21면)

- 제2회 공판조서 – 피해자 박대우에 대한 증인신문
  ⇒ "피고인 이달수가 점퍼 안주머니에서 칼을 꺼내어 자신의 목에 들이대는 순간 접힌 칼날이 '척' 소리를 내며 펼쳐졌다고"고 진술 (기록 22면)

- 수사기록 – 이달수에 대한 사경 작성 피의자신문조서
  ⇒ "김토건이 휴대용 서류 가방에서 봉투를 꺼내 주었는데 그 속에 주방용 식칼

이 들어 있었다"고 진술 (기록 31면)

이상의 점을 종합하면 피고인 김토건에 대한 공소사실은 이달수의 진술에 의존한 것이고, 이달수의 진술은 피해자 박대우의 진술과 모순되는 사실을 알 수 있다. 그렇다면 김토건의 변호인은 이달수 진술의 신빙성을 탄핵하는 방향으로 변론을 해 나가야 할 것이다.

위에서 본 제1회 변호사시험에서는 '흉기인 주방용 식칼'이 어떤 종류의 것인지 공소사실에서 특정되어 있어 상대적으로 쉬웠다. 실제 범행에 사용된 흉기가 공소사실에 특정된 것과 달랐다는 것만 찾아도 되었기 때문이다. 그런데 제2·3·5회 변호사시험에서는 공통적으로 '공모' 사실을 부인하며 사실관계를 다투는 문제가 출제되었다. 한 피고인은 공모를 부인하고, 다른 피고인은 공모를 포함하여 범죄를 인정하는 상황이다. 이 경우에는 눈으로 볼 수 있는 사실(예컨대 흉기가 주방용 식칼인지 아닌지)을 다투는 것이 아니라 눈에 보이지 않는 '공모'라는 법적 평가를 다투는 것이므로, 범죄를 인정하는 공동피고인의 진술을 탄핵할 수 있는 객관적 증거와 경험칙 등을 찾아내는 것이 더욱 중요하다

【 제5회 변호사시험 】 중 「피고인 이을남의 사문서위조 등의 점」 부분

피고인 이을남은 사문서위조, 위조사문서행사, 공전자기록등불실기재, 불실기재공전자기록등행사, 사기의 점과 관련하여, 매매계약서가 위조된 줄 몰랐고, 김갑동이 박병서의 과천시 대지를 실제로 매수한 것으로 믿고 김갑동을 도와준 것이라고 주장하며 김갑동과 공모하여 위 죄를 저질렀다는 공소사실에 대하여 다툰다. 공동피고인 김갑동은 범죄사실을 인정하면서 다만 이을남이 주도하여 위 죄를 저질렀다고 주장한다. 그렇다면 기록에서 피고인 이을남이 김갑동과 공모하였다고 볼 증거가 있는지 살펴보아야 한다.

• 공판기록 – 공소장
⇒ "피고인들은 … 박병서 명의의 문서를 위조·행사하기로 공모하여, … 2014.
5. 7. 피고인 김갑동 운영의 갑동부동산 사무실에서 … 박병서 명의의 부동산 매매계약서 1장을 위조하고, … 2014. 5. 8. … 이를 행사하였다. 피고인들은

<u>공모하여,</u> … 피고인 이을남은 마치 자신이 박병서인 것처럼 자신의 집으로 소장 부본을 송달받는 방법으로 법원을 기망하여 … 피해자 박갑수 소유의 이 사건 대지 시가 5억 원 상당을 편취하였다."(기록 12면 공소사실 1항)

• 제2회 공판조서-피고인신문
⇒ 피고인 김갑동은 "이 사건 대지를 이전받아 정고소에게 처분할 때 부동산 경기가 안 좋아 2억 원 정도가 급히 필요했고, 박병서는 재산이 많은 노인인데 친인척 없는 독거노인으로 알았으며, 이 범죄는 이을남이 주도했기에 이을남에게 5천만 원을 주었다"는 취지로 진술 (기록 18면)

• 제2회 공판조서-증인 한직원에 대한 증인신문
⇒ 갑동부동산의 중개보조원 한직원은 "김갑동이 매매대금 수령 후 이을남에게 1천만 원을 송금하라고 해서 제가 스마트뱅킹으로 송금했고, 김갑동이 사무실을 찾아온 이을남에게 편지봉투 크기의 돈봉투 여러 개에 나누어 현금으로 4천만 원을 주었다"는 취지로 진술 (기록 20면)

• 공판기록-통장사본
⇒ 2015. 3. 2. 김갑동이 이을남 계좌로 1천만 원 송금 (기록 21면)

• 수사기록-김갑동에 대한 사경 작성 피의자신문조서(1회)
⇒ 박병서로부터 실제로 과천시 대지를 매수하였다고 진술 (기록 34면)

• 수사기록-김갑동에 대한 사경 작성 피의자신문조서(2회)
⇒ 국립과학수사연구원에서 매매계약서에 기재된 박병서의 필적은 김갑동의 필체와 동일하다는 감정결과 제시에 묵묵부답하다 허락없이 위조한 사실을 인정하면서, 이을남이 제안하여 그렇게 하였고, 그 대가로 이을남에게 5천만 원을 주었으며 한직원도 이를 목격하였다고 진술 (기록 39면)

• 수사기록-이을남에 대한 사경 작성 피의자신문조서(2회)
⇒ 김갑동이 이 사건 대지를 실제로 매수한 것으로 믿고 김갑동을 도와준 것이라고 하며, 그와 별도로 김갑동이 나부자 차를 절취한 건에 대하여 자신이 대신 허위 자수하는 대가로 1천만 원을 받았다고 진술 (기록 42면)

• 수사기록-검사 작성 피의자신문조서(대질)
⇒ 김갑동은 이을남의 제안으로 범죄를 했으며 정고소로부터 매매대금을 받아 1

천만 원은 이을남 계좌로 송금하고, 4천만 원은 현금으로 주었다고 진술. 이을남은 김갑동을 믿고 박병서에 대한 소장 및 판결문을 송달받아준 대가로 김갑동 사무실에서 현금으로 500만 원을 받았을 뿐이고, 1천만 원은 당시 여자친구가 아버지 수술비가 급하다고 하여 허위 자수의 대가로 받은 것이라고 진술 (기록 48~49면)

1천만 원 부분에서 김갑동과 이을남의 진술이 상반되므로 공판기록으로 돌아가 이을남이 주장하는 허위 자수에 관한 공소사실 및 이을남이 제출한 통장 사본을 다시 확인해 보아야 한다.

• **공판기록 – 공소장**
⇒ "피고인 이을남은 2015. 3. 2. … 마치 피고인이 절취한 것처럼 경찰서에 자수하여 허위로 진술함으로써 …" (기록14면, 공소사실 3항)

• **공판기록 – 통장사본**
⇒ 2015. 10. 1. 이을남이 500만 원 창구입금, 2015. 3. 2. 김갑동이 이을남 계좌로 1천만 원 송금 및 같은 날 이을남이 1천만 원 출금한 데 대해 '여친병원비'라고 기재되어 있음 (기록 21면)

이 사건에서 이을남의 실행행위는 마치 자신이 박병서인 것처럼 하여 편취송달을 받았다는 것인데, 이을남은 그 사실은 인정하면서 김갑동이 실제로 이 사건 대지를 매수한 것으로 믿고 그렇게 했다고 주장한다. 나머지 부분에서는 이을남과 김갑동의 진술이 상반되는데, 객관적 증거인 통장사본 기재내역을 바탕으로 이을남 주장을 뒷받침하는 것이 핵심이다. 1천만 원이 송금된 시기는 허위 자수한 날인 2015. 3. 2.이므로 두 사람 주장 중 이을남 주장이 보다 신빙성 있게 들린다. 이을남이 은행에서 500만 원을 창구입금한 날이 2014. 10. 1.인데, 이는 김갑동 명의로 소유권이전등기가 된 날인 2014. 9. 14.과 근접해 있다는 점에서 편취송달을 받아주고 그 대가로 500만 원을 받았다는 이을남 주장이 경험칙에 들어맞는다. 여기에다 1천만 원만 송금하고 4천만 원은 현금으로 줄 합리적 이유가 없는 점 등을 추가로 주장하면 된다.

요컨대 사실관계를 다투는 경우에는 공판기록 – 수사기록 – 공판기록, 이렇게 기록을 왔다갔다하며 쟁점 관련 사실을 찾아내는 것이 중요하다.

(2) 공소장변경이 있는 경우

검사의 공소장변경과 이에 대한 법원의 허가가 있으면 공소사실이든 적용법조이든 변경된 공소장을 기준으로 하여야 함은 당연하다. 원래의 공소장 및 변경된 공소장을 함께 보면서 메모하는 것이 중요하다. 시험장에서는 시간에 쫓겨 알고 있는 것도 실수로 빠뜨리기 쉬우므로 공소장변경은 <u>반드시 메모해 두어야 한다. 공소사실 추가는 메모에 바로 적으면 되고, 공소사실 변경의 경우에는 처음부터 변경된 공소사실을 적어둔다.</u>

한편 공소장변경은 법원의 허가를 얻어야 하므로 법원의 허가 결정 고지를 체크해 둔다. 재판장의 공소장변경허가 확인을 한 후에 바로 공소장(기록 10면)으로 돌아가 <u>색깔 있는 펜으로 추가된 또는 변경된 죄명과 공소사실을 메모해 두어야</u>, 공소장을 보면서 변론요지서를 쓸 때 추가된 또는 변경된 죄명에 대한 변론을 빠뜨리지 않고 쓸 수 있어 안전하다.

【 제4회 변호사시험 】 중 「피고인 이을남에 대한 명예훼손의 점」 부분

- **공판목록**
⇒ 공소장변경허가신청서가 기록 16면에 있음 (기록 6면)

- **공소장 – 공소사실 2. 다항**
⇒ 피고인이 피해자에게 "이 나쁜 새끼, 거짓말쟁이"라고 소리침으로써 피해자의 명예를 훼손 (기록 12면)

- **공판기록 – 제1회 공판조서**
⇒ 피고인이 모두진술에서 당시 고함을 친 사실은 인정 (기록 15면)

- **공판기록 – 검사의 공소장변경신청서 제출**
⇒ 동일한 사실관계를 모욕죄로 포섭하는 예비적 공소사실 추가 (기록 16면)

- **공판기록 – 제2회 공판조서**
⇒ 재판장이 공소장변경허가신청을 허가하였고, 피고인은 예비적 공소사실을 인정한다고 진술 (기록 17면)

그렇다면 피고인의 변호인은 주위적으로 명예훼손의 점에 대해, 예비적으로 모욕의 점에 대해 변론을 해야 한다. 명예훼손과 모욕의 차이점을 알아 이 사건 공소사실이 명예훼손에는 해당하지 않고 모욕에는 해당한다는 법리를 찾는 것이 첫 번째 포인트, 모욕죄는 친고죄인데 기소 전 적법한 고소가 있었는지 찾는 것이 두 번째 포인트였다.

【 제3회 모의시험 】 중 「피고인 고기만의 피해자 주식회사 신한은행에 대한 절도의 점」 부분

• 공소장 – 공소사실 1. 나항
⇒ 피고인이 피해자가 관리하는 현금지급기에 고순진으로부터 편취한 신한은행 신용카드를 넣고 비밀번호를 눌러 합계 800만 원을 인출하여 가 절취 (기록 10면)

• 공판기록 – 제1회 공판조서
⇒ 피고인은 공소사실을 인정한다고 진술하고, 피고인의 변호인은 사실관계는 인정하나 위 부분은 법리상 문제가 있다고 진술
재판장의 공소장변경 검토 요구에 검사가 구두로 위 부분에 대하여 예비적으로, 예비적 죄명을 사기로 하여 "합계 800만 원을 인출함으로써 재산상 이익을 취하였다"는 내용의 공소장변경허가를 신청한다고 진술
피고인 및 변호인은 공소장변경에 대하여 이의 없다고 진술
재판장이 검사의 공소장 변경신청을 허가한다는 결정 고지 (기록 14면)

위 사안에서는 구두로 공소장변경허가 신청이 있었다. 구두로 공소장변경허가 신청을 하는 경우에는 공판목록에 공소장변경허가신청서가 없으므로 공판조서 기재내용을 읽으면서 공소장 변경 사실을 공소장에 바로 메모를 해 두어야 실수하지 않는다.
고순진은 피고인의 말에 속아 피고인에게 신용카드를 교부하였는데(그 내용이 공소사실 1의 가항에 기재되어 있다), 하자 있는 의사로 교부하였다 하더라도 신용카드 사용에 대하여 승낙을 한 것이므로 피해자 신한은행에 대한 절도 및 사기가 성립하지 않는다는 법리상 주장을 하면 된다.

【 법무부 제1회 모의고사 】 중 「피고인 박도수의 장물취득의 점」 부분

• 공판목록
⇒ 공소장변경허가신청서가 기록 12면에 있음 (기록 면수 없음)

• 공소장 – 공소사실 1. 나항
⇒ 박도수와 함개호가 함께 피해자 한전해의 시계 등을 절취 (기록 5, 6면)

• 공판기록 – 제1회 공판조서 피고인들의 모두진술
⇒ 모두진술에서 박도수가 범죄사실 부인하며 함개호가 훔친 한전해의 시계를 받은 적은 있다고 진술하고 함개호도 같은 취지로 진술 (기록 8, 9면)

• 공판기록 – 공소장변경신청서 제출
⇒ 피고인 박도수가 함개호로부터 함개호 등이 훔친 장물을 취득하였고, 피고인 함개호는 (박도수가 아닌) 이도주와 함께 피해자 한전해의 시계 등을 절취한 것으로 공소사실 변경 신청 (기록 13, 14면)

• 공판기록 – 제2회 공판조서 피고인 신문
⇒ 재판장이 공소장변경허가하였고(기록 15면), 피고인 신문에서 박도수가 장물취득의 점에 대하여 자백하는 취지로 답변하고 함개호도 이와 일치하는 내용의 진술 (기록 16, 17면)

이 사안은 기존 공소사실을 그대로 두고 예비적 공소사실을 추가하는 것이 아니라 기존 공소사실인 합동절도를 새로운 공소사실인 장물취득으로 변경하는 경우이다. 그러므로 피고인 박도수의 변호인은 당초의 합동절도죄가 아닌 변경된 공소사실인 장물취득죄에 대하여 변론을 해야 한다. 장물취득의 점에 부합하는 증거로는 피고인 박도수의 법정에서의 자백과 공범이 아닌 공동피고인 함개호의 법정진술밖에 없다. 그런데 함개호의 진술은 증인신문이 아닌 피고인신문에서 나온 것이어서 박도수에 대한 증거로 하지 못한다. 결국 피고인 박도수의 장물취득의 점에 대하여는 피고인의 자백 외 보강증거가 없으므로 장물취득의 점에 관하여 무죄변론을 해야 한다.
당초의 공소장에 의하면 함개호가 공범인 공동피고인이어서 피고인신문에서 나온 진술도 증거가 될 수 있었으나, 변경된 공소장에 의하면 함개호가 공범이 아닌 공동피고인이어서 그 진술이 증거가 될 수 없다는 점을 찾아내는 것이 이 문제의 포인트였다.

(3) 쟁점이 숨어 있는 경우

변론요지서를 작성하는 문제에서 피고인이 공소사실을 다 자백하고, 자백외 증거도 충분하며, 그 죄의 성부를 부정할 만한 법리가 없을 때는 참 난감하다. '유죄'의 결론을 내리고 정상관계의 변론을 해야 할까? 절대 아니다! 출제자는 쟁점이 없는 사안을 출제하지 않을 것이기 때문이다. 특히 '정상관계'는 평가에 포함되지 않는다고 제시되어 있다면, "쟁점을 못 찾았구나"라는 생각과 함께 기록을 다시 보면서 숨은 쟁점을 "찾아내야" 한다.

기출에서는 고소와 관련하여 쟁점이 숨어 있는 경우가 자주 있었다. 다음 기출문제를 보면서 숨은 쟁점을 찾아내는 연습을 해 보자.

【 제1회 모의시험 】 중 「횡령의 점」 부분

피고인 황명철이 피해자 황허당으로부터 명의신탁받은 토지에 근저당권을 설정하여 횡령죄로 기소된 사안이다. 증거목록을 보면 피고인이 관련 증거에 대해 모두 동의하였고 변론에서도 이를 다투지 않는다. 명의신탁받은 재산에 근저당권을 설정하면 횡령죄가 성립한다는 법리가 있으므로 무죄 변론을 할 수 없다. 이럴 때는 기록을 더욱 꼼꼼히 보면서 숨은 쟁점을 찾아내야 한다.

- 공판기록 – 제1회 공판조서에서 변호인의 진술
  ⇒ "피해자 황허당은 황명철의 8촌 형"이라고 진술 (기록 13면)

이 부분에서 '친족상도례'를 떠올리기는 어렵지 않다. 그러면 일단 횡령죄에 대해 친족상도례 여부를 메모해 둔 다음 기록을 계속 본다.

- 수사기록 – 참고인 황허당에 대한 사경 작성 진술조서
  ⇒ "얼마 전에 부동산등기부등본을 발급받아보았는데 황명철이… 위 토지에 … 근저당권을 설정을 하였다. … 근저당권을 설정한 사실에 대해서 처벌을 원한다"고 진술 (기록 36, 37면)

- 수사기록 – 황허당이 가져온 등기부등본
  ⇒ 발급일자가 2010. 10. 18.로 되어 있음 (기록 39면)

황허당은 등기부등본을 발급받은 날에 범인을 알게 되었다고 할 것이다. 그러면

그로부터 6월내에 고소를 한 것인지 확인해야 한다. 고소는 반드시 서면에 의할 것은 아니어서 수사기관에 피의자에 대하여 처벌의 의사를 밝힌 위 진술조서에서의 진술도 고소로 유효하므로, 위 진술조서의 날짜를 확인해야 한다.

- 수사기록 – 참고인 황허당에 대한 사경 작성 진술조서

⇒ 작성일이 2011. 5. 28.로 되어 있음 (기록 37면)

이제야 변론의 방향을 찾았다. 고소기간을 도과한 고소(2011. 5. 28.은 2010. 1. 18.로부터 6개월이 넘었다)는 적법한 고소가 될 수 없고, 이 점에 대한 기소는 고소가 있어야 하는 사건에서 고소 없이 기소한 것이 되므로 제2호 공소기각 사유로 변론을 해야 한다.

【 제3회 모의시험 】 중 「피고인 고기만의 사기의 점」 부분

피고인 고기만이 공소사실을 인정하고 있고, 타인의 신용카드를 편취하여 현금서비스를 받은 경우에는 포괄하여 사기죄가 성립하므로 무죄 변론을 할 것이 없다. 그런데 피고인과 피해자 고순진과는 사촌관계(기록 24면)에 있으므로, 고소의 적법성 위주로 살펴볼 필요가 있다.

- 수사기록 – 고소장

⇒ 고소일자(2012. 4. 11.) 확인 (기록 22면)

- 수사기록 – 참고인 고순진에 대한 사경 작성 진술조서

⇒ "피고인과 사촌형제관계"(기록 24면), "2011. 4. 11.까지 (중략) 변제하기로 하였는데 약속을 지키지 않았습니다. 게다가 제가 알아보니 (중략) 거짓말이었습니다. 그래서 2011. 5. 8. (중략) 추궁하면서 돈을 갚으라고 독촉하였더니 (중략) 이후 계속 기다리다가 (중략) 고소하기에 이른 것입니다"고 진술 (기록 25, 26면)

위 진술조서에서, 고순진은 늦어도 2011. 5. 8.에는 피고인의 범죄사실을 알았다는 점을 알 수 있다. 그런데 고소일자는 그로부터 6개월이 지났다. 결국 고소기간을 도과한 부적법한 고소이므로, 피해자 고순진에 대한 사기의 점에 관하여는 제2호 공소기각 사유로 변론하면 된다.

【 2014년 제2차 모의시험 】 중 「피고인 김갑동의 2013. 5. 25. 사기의
점」 부분

• 공소장 − 공소사실 1. 다. 1)항
⇒ 피고인이 2013. 5. 25. 피해자 최정북을 기망하여 그날 3천만 원을 편취 (기
  록 10~11면)

• 공판기록 − 제1회 공판조서
⇒ 피고인은 공소사실을 인정한다고 진술하고, 피고인의 변호인은 법률상 다툼
  이 있는 부분은 향후 변론요지서로 주장하겠다고 진술 (기록 14면)

• 공판기록 − 공소장
⇒ 피해자 최정북이 2013. 5. 25. 사촌동생인 피고인에게 3천만 원 빌려준 것에
  대해 2014. 3. 28. 고소장 제출 (기록 32면)

• 수사기록 − 최정북에 대한 진술조서
⇒ 피해자 최정북은 "김갑동을 의심하던 중 2013. 8. 28.경 김갑동을 만나 확인
  하였는데 울면서 사실은 소프트웨어 개발 계획이 없는데 사채업자에게 독촉
  을 심하게 당하여 어쩔 수 없이 속인 것이라고 사죄를 하여 확실히 김갑동이
  자신을 속인 것을 알게 되었다"고 진술 (기록 35면)

위 진술조서로부터, 최정북은 늦어도 2013. 8. 28.경에는 피고인의 범죄사실을
알았다는 점을 알 수 있다. 그런데 고소는 그로부터 7개월 뒤에 이루어졌다. 결국
고소기간을 도과한 부적법한 고소이므로, 위 점에 관하여는 제2호 공소기각 사유로
변론하면 된다.

(4) 힌트 혹은 함정이 있는 경우

힌트가 주어질 때는 반드시 그 힌트를 활용해야 한다. 시험 문제에서 힌트는 재판
장의 석명, 변호인 또는 피고인의 진술 형태로 나올 때가 많았다.

【 제2회 변호사시험 】 중 「피고인 김갑인의 도교법위반(음주운전)」 부분

- **공소장 – 공소사실 2. 다항**
⇒ 피고인이 2012. 9. 18. 21:30경 혈중알콜농도 0.053%의 술에 취한 상태로 운전 (기록 13면)

- **공판기록 – 제1회 공판조서**
⇒ 피고인이 모두진술에서 교통사고 당시 술을 마시고 운전한 사실은 인정 (기록 16면)

- **공판기록 – 서적사본(변호인이 제출한 증거)**
⇒ "혈중알콜농도는 최종 음주시각부터 상승하기 시작하여 30분부터 90분 사이에 최고도에 달하므로, 최종 음주시각으로부터 90분 내에 혈중알콜농도가 측정된 경우에는 피검사자의 혈중알콜농도가 상승기에 있는지 하강기에 있는지 여부를 확정하기 어렵다." (기록 19면)

- **공판기록 – 제2회 공판조서**
⇒ 재판장이 검사에게 음주 최종시각 이후 체내 혈중알콜농도가 하강기에 있는지 여부를 확인하고 음주측정이 이루어졌는지 물었고, 검사는 확인하지 못한 상태에서 음주측정이 이루어진 것으로 보인다고 진술 (기록 21면)

- **수사기록 – 주취운전자 적발보고서**
⇒ 측정 시각 2012. 9. 18. 22:30, 혈중알콜농도 0.045% (기록 41면)

- **수사기록 – 수사보고(혈중알콜농도 산출보고)**
⇒ 측정시간으로 1시간 전인 교통사고 발생 시점 2012. 9. 18. 21:30경의 혈중알콜농도를 계산하기 위하여 위드마크 공식에 따라 피의자에게 가장 유리한 시간당 감소치인 0.008%를 합산하여 피의자의 혈중알콜농도를 0.053%로 추산 (기록 42면)

위드마크 공식에 의한 역추산 방식을 이용한 혈중 알코올농도의 산정에 있어서 주의할 점에 관한 대법원 판례(2005도3904 등)를 기억한다면, 피고인의 변호인은 음주운전의 점에 대해 입증이 부족하다는 후단무죄 변론을 해야 한다는 결론에 이를 수 있다. 변호인이 낸 증거서류인 서적사본도 힌트이지만, 제2회 공판기일에서 재판장의 질문과 검사의 답변이 '쐐기를 박는' 힌트 역할을 하고 있는 셈이다.

【 2014년 제2차 모의시험 】 중 「피고인 김갑동의 주거침입의 점」 부분

• 공소장 – 공소사실 1. 가항
⇒ 피고인이 2014. 3. 2. 피해자 최정북이 만취한 틈을 타 피해자의 집안에 들어가 금품을 절취할 의사로 같은 날 23:30경 시정되지 않은 빌라 출입문을 통하여 내부로 들어가 피해자의 주거에 침입 (기록 10면)

• 공판기록 – 제1회 공판조서
⇒ 피고인이 모두진술에서 공소사실 인정 (기록 14면)

• 공판기록 – 제2회 공판조서
⇒ 판사가 검사에게 야간주거침입절도로 의율하지 않은 이유를 물으니, 검사는 "피해자 최정북이 신용카드는 곧바로 재발급 받았고 추가 피해가 없기 때문에 신용카드 절취 부분에 한하여 굳이 피고인 김갑동의 처벌을 원하지 아니하여 그 의사를 존중한 것"이라고 답변 (기록 15면)

판사와 검사의 위 문답을 읽고 다시 공소장으로 돌아가본다.

• 공소장 – 공소사실 1. 나항
⇒ 피고인이 2014. 3. 3. 00:10경 위 가항의 일시 및 장소에 침입하여 절취한 신한은행 신용카드로 현금지급기에서 현금 300만 원을 절취 (기록 10면)

• 수사기록 – 최정북에 대한 진술조서
⇒ 최정북이 사촌동생인 김갑동이 자신의 신한은행 신용카드를 몰래 사용한 것 같다며 확인을 요청함 (기록 23~24면)

• 수사기록 – 최정북에 대한 진술조서(고소보충)
⇒ 최정북이 "신용카드는 곧바로 재발급 받았고 추가피해가 없기 때문에 제 신용카드를 훔쳐간 부분에 한해서는 별도로 문제삼고 싶지도 않고 처벌도 원하지 않는다"고 진술 (기록 35면)

피고인 김갑동의 행위는 야간에 피해자 최정북의 주거에 침입하여 신용카드를 절취한 것인데, 최정북이 신용카드 절취 부분에 대해서는 처벌불원 의사를 밝히자 검사가 주거침입으로 기소한 사안이다. 판사의 질문은 야간주거침입절도죄라는 일죄에 해당하는 행위에 대해 주거침입만 기소한 일부기소라는 점에 대한 힌트이다.

수사기록을 보면 김갑동과 최정북은 사촌관계에 있다. 야간주거침입절도죄는 상대적 친고죄인데, 피해자 친족 최정북이 이 범죄에 대해 고소를 하지 않고 처벌불원 의사를 밝혔으므로 야간주거침입절도로 기소할 수 없다. 검사는 할 수 없이 주거침입으로만 기소하였지만, 친고죄에서 일부기소는 유효하지 않다는 판례(2002도51) 법리에 따르면 위 점에는 제2호 공소기각 사유가 있다.

【 제4회 모의시험 】 중 「피고인들의 폭처법위반(공동폭행) 및 업무방해의 점」 부분

• 공소장 - 공소사실 4항

⇒ 피고인들이 피해자 한예슬 운영의 갤러리에서 말다툼을 하던 중 피고인 백옥희는 피해자에게 화보를 집어던지고 손바닥으로 뺨을 1회 때리고, 피고인 신미남은 피해자의 가슴을 1회 때렸다. 이와 같이 소란을 피워 갤러리 고객들이 갤러리를 빠져나가게 하고 더 이상 고객들이 들어오지 못하게 함으로써 피해자를 폭행, 피해자의 갤러리영업 업무를 방해하였다. (기록 14면)

• 공판기록 - 제1회 공판조서

⇒ 판사가 검사에게 위 점은 <u>실체적 경합범으로 기소한 것인가</u>를 석명하니, 검사가 그렇다고 하고, 이에 대하여 피고인의 변호인은 두 범죄는 중복된 것이라고 진술 (기록 16면)

판사의 실체적 경합범 관련 질문을 읽고 다시 공소장으로 돌아가 적용법조를 확인해 본다.

• 공소장 - 적용법조

⇒ 형법 제37조, 제38조가 있음 (기록 11면)

변호인의 의견은 업무방해죄와 폭행죄 두 개 중 하나만 성립한다는 의미로도 읽힐 수 있다. 그러나 업무방해죄의 피해자와 동일한 피해자에 대한 폭행행위가 업무방해죄의 수단이 된 경우, 폭행행위는 불가벌적 수반행위에 해당하지 않는다는 법리(2012도1895)를 알고 있다면 변호인 의견이 그런 의미가 아님을 알아차릴 수 있다. 이 사안은 폭행이라는 1개의 행위가 폭행죄와 업무방해죄의 구성요건을 충족하

는 경우에 해당하는 경우여서 상상적 경합범에 해당하는데, 검사는 이를 실체적 경합범으로 기소하였으므로, 변호인 의견은 죄수 문제, 즉 상상적 경합을 주장하라는 힌트가 된다.

위 법리를 모르고 있었다고 해도 판사의 질문 의도를 짐작하면서 죄수 문제를 생각해 볼 수도 있을 것이다. 공판조서에 기재된 것 중 의미 없는 것은 없다.

위와 같이 힌트가 명확하게 보일 때도 있지만, 때로는 힌트인지 함정인지가 명백하지 않을 때도 있다. 공판기일에 피고인이나 변호인이 하는 말은 대체로는 피고인에 대한 변론 방향을 정할 때 도움이 된다. 그런데 피고인이나 변호인이 잘못된 주장을 하는 경우가 시험에 출제되기도 한다. '함정'을 제시하는 것이다.

【 제6회 모의시험 】 중 「피고인 김제천의 준강간의 점」 부분

• 공판기록 – 제1회 공판조서에서 변호인의 진술
⇒ "고소기간 준수 여부를 살펴주시기 바랍니다"라고 진술 (기록 11면)

변호인의 위 진술에 따라 일단 고소기간 준수 여부를 확인해 본다.

• 수사기록 – 김모란의 고소장
⇒ 범죄를 알게 된 날이 범행피해일인 2013. 3. 9.인데 김모란은 2013. 9. 12. 고소장 제출 (기록 41면)

범행 당시 적용되던 법률은 구 형법(법률 제11574호로 개정되기 전의 것)이다. 위 법률에 의하면 준강간은 친고죄(구 형법 제306조)이고, 고소기간은 범인을 알게 된 날로부터 1년(구 성폭법 법률 제11162호 제18조)이다. 따라서 김모란은 고소기간을 준수하였다.

결국 변호인의 진술은 함정이다. 구 성폭법 제18조를 몰랐다면 형소법 제230조(고소기간 6개월)를 적용하는 함정에 빠지게 되어 '제2호 공소기각'으로 변론 방향을 잡을 것이다. 성폭법은 여러 번 개정되었기 때문에, 범죄일 당시 적용되는 법률을 찾는 것이 매우 중요하다.

【 제6회 모의시험 】 중 「피고인 이해남의 배임의 점」 부분

• 공판기록 – 제1회 공판조서에서 변호인의 진술

⇒ "피고인은 자동차를 어머니의 명의로 등록하였으므로, 피고인은 타인의 사무를 처리하는 자의 지위에 있지 않아서 배임죄가 성립할 수 없다"고 진술 (기록 11면)

저당권이 설정된 자동차를 저당권자의 동의 없이 매도한 경우 원칙적으로 배임죄가 성립하지 않지만, 자동차를 담보로 제공하고 점유하는 채무자가 부당히 담보가치를 감소시키는 등의 특별한 사정이 있는 경우 배임죄가 성립할 수 있다. 판례에 따르면 자동차를 타인의 명의로 등록하고, 그 자동차에 저당권설정을 위한 대출계약을 하였다가 이를 제3자에게 매도한 경우, 저당권설정계약 및 매매계약의 실질적 당사자가 타인이 아닌 본인인 경우 배임죄가 성립하는 '특별한 경우'에 해당할 수 있다(2010도11665). 그렇다면 피고인을 대출계약 및 매매계약의 실질적 당사자로 볼 수 있는지를 살펴보아야 한다.

• 수사기록 – 고대리의 진술조서

⇒ "이해남이 신용불량자이어서 대출계약을 그 어머니 송월계 명의로 체결하였는데, 당시 어머니는 계약서에 도장만 찍었고, 실제 운행자는 이해남이고 할부금도 이해남이 내겠다고 했다." (기록 35면)

• 수사기록 – 피의자신문조서

⇒ "선한캐피탈 주식회사와 대출계약을 하면서 명의는 어머니로 하였지만 실질적인 계약당사자는 나다." "저당권이 설정된 그 자동차를 친구인 장승백에게 매도하였다." "그런데 내가 법적으로 책임을 져야 하는지 잘 모르겠다." (기록 37~38면)

고소인 측(고대리) 및 피고인의 진술에 따르면 피고인이 대출계약과 매매계약의 실질적 당사자이므로, 변호인의 의견과는 달리, 피고인은 배임죄의 주체가 될 수 있다. 다시 한 번 더 공소사실을 확인해 보자.

• 공소장 – 공소사실 3항

⇒ "피고인은 … 피해자 선한캐피탈 주식회사…에서 1,000만 원을 대출받고, …

근저당권설정등록을 하였으므로, 그 대출금 상환시까지 위 승용차를 담보목적에 맞게 보관하여야 할 임무가 발생하였다." (기록 9면)

공소사실은 피고인이 대출계약의 실질적인 당사자임을 전제로 하고 있다. 결국 변호인의 진술은 함정이다. 관련 법리를 정확히 알고 있어야 함정에 빠지지 않게 된다.

힌트 혹은 함정이 제시되면, 일단 피고인 측이 주장하는 취지대로 검토를 하면서 기록을 보되, 종국적으로 힌트인지 함정인지를 판단하여 결론을 내려야 한다. 결국 힌트인지 함정인지 구별할 줄 아는 능력을 키울 수밖에 없을 것이다.

Ⅳ 4단계: 변론(검토)의 최종 방향

기록을 처음부터 끝까지 보았으니 이제 피고인에 대한 변론 방향을 정해야 한다. 변론요지서 작성 문제는 '무면공' 위주로 출제되므로 '무면공' 사유 중 어디에 해당하는가를 결정하는 것이 곧 변론 방향이 된다. 검토의견서 작성 문제에서는 전형적인 '무면공' 외에 죄명의 오류, 의율법률의 오류 등 보다 다양한 쟁점이 나온다.

기출 문제를 중심으로 변론(검토) 최종 방향을 결정하는 연습을 해 보자.

1. 무 죄

형소법 제325조는 사건이 범죄로 되지 아니하는 때와 범죄사실의 증명이 없는 때에 무죄 판결을 한다고 규정하는데, 사건이 범죄로 되지 아니하는 때를 '제325조 전단 무죄', 범죄사실의 증명이 없는 때를 '제325조 후단 무죄'로 부른다. 이 책에서는 편의상 각 '전단 무죄' 및 '후단 무죄'로 부르기로 한다.

(1) 전단 무죄: 사건이 범죄로 되지 아니하는 때

사건이 범죄로 되지 아니하는 경우란 ① 공소사실이 범죄를 구성하지 아니하는 경우 또는 ② 형소법 제323조 제2항의 법률상 범죄의 성립을 조각하는 이유(위법성조각사유, 책임조각사유, 인적처벌조각사유)가 있다고 인정되는 경우를 말한다.

먼저 ① 공소사실이 범죄를 구성하지 아니하는 경우란

ⅰ) 공소사실이 모두 증명되더라도 법령해석상 구성요건에 해당하지 아니하거나

ⅱ) 형벌조항이 헌법이나 기타 상위법규에 위반되어 무효인 경우

등을 말한다.

시험에서 전단 무죄 사유는 ⅰ)의 경우가 대부분이었고, ⅱ)의 경우는 출제된 바 없다. ⅰ)의 경우에서는 관련 증거를 볼 필요 없이 전단 무죄임을 알 수 있는 경우도 있고, 증거조사를 통해 비로소 전단 무죄 사유임을 판단할 수 있는 경우도 있다.

【 2014년 제2차 모의시험 】 중 「피고인 김갑동의 절도, 사기, 여전법위반의 점」 및 「피고인 이을서의 장물취득의 점」 부분

- 공소장 – 공소사실 1. 나, 다, 라항
⇒ 피고인 김갑동은 1) 2014. 3. 3. … 현금지급기의 관리자에게 피고인이 마치 … 절취한 최정북의 신한은행 신용카드에 대한 정당한 사용권한자인 것처럼 행세하면서 … 현금지급기 관리자를 기망하여 위 최정북의 신한은행 예금계좌에서 피고인의 신한은행 예금계좌로 700만 원을 이체하도록 함으로써 700만 원의 재산상 이득을 취득하고, 2) 2014. 3. 10. … 최정북의 신용카드를 이용하여 자신의 예금계좌로 이체했던 돈 700만 원 중 400만 원을 피고인의 현금카드를 이용하여 인출하는 방법으로 현금 400만 원을 절취하고, 3) 위 1), 2)항의 일시, 장소에서 … 신용카드를 부정하게 사용함으로써 도난된 신용카드를 사용하였다. (기록 10~11면)

- 공소장 – 공소사실 2. 가항
⇒ 피고인 이을서는 2014. 3. 10. … 김갑동으로부터 동인이 같은 날 … 절취하여 온 돈 400만 원 중 300만 원을 그 사정을 알면서 … 교부받음으로써 장물을 취득하였다. (기록 11면)

이 문제는 관련 증거를 볼 필요가 없다. 공소사실만으로도 법리적으로 죄가 되지 않는 경우이기 때문이다.

절취한 신용카드를 현금지급기에 넣고 자신의 예금계좌로 이체하는 경우에는 컴퓨터등사용사기죄가 성립하고 절도죄나 사기죄는 성립하지 않는다(김갑동의 2014. 3. 3.자 사기 – 법령해석상 구성요건 해당성이 없어 전단 무죄). 컴퓨터등사용사기의 범행으로 예금채권을 취득한 다음 자신의 계좌로 이체한 예금을 인출하는 것은 자신의 현금카드를 정당하게 사용하는 것이므로 별도의 절도죄에 해당하지 않고, 그 인출된 현금은 재산범죄에 의하여 취득한 재물이 아니므로 장물이 될 수 없다(김갑동의 2014. 3. 10.자 절도 및 이을서의 같은 날 장물취득 – 법령해석상 구성요건 해당성이 없어 전단 무죄). 절취한 신용카드로 예금을 인출하거나 예금이체를 하는

것은 신용카드의 본래적 기능을 사용한 것이 아니므로 여전법상 신용카드부정사용죄가 성립하지 않는다(여전법위반 – 법령해석상 구성요건 해당성이 없어 전단 무죄).

실무에서 위와 같이 관련 증거를 볼 필요도 없이 공소사실만으로도 법리적으로 죄가 되지 않는 사건을 기소하는 것은 없을 것이다. 시험에서나 나올 법한 사례이다. 위 2014년 제2차 기록형 문제에서 절도, 사기, 장물취득의 점에 대한 공소사실에는 죄가 성립하는 경우와 성립하지 않는 경우가 섞여 있는데, 여기에서는 죄가 되지 않는 공소사실만 발췌하였다.

【 2014년 제2차 모의시험 】중 「피고인 이을서의 강제집행면탈의 점」부분

• **공판기록 – 공소사실 2. 나항**
⇒ 피고인은 … 피해자 채권자에게 … 돈 1억 원을 빌린 후 … 피고인의 소유 재산에 대한 강제집행이 임박하자 … 사실은 피고인의 실질적인 소유인 이 사건 대지를 박영수에게 매도한 사실이 없음에도 … 위 대지에 관하여 박양수 앞으로 매매를 원인으로 한 소유권이전등기를 경료하여 줌으로써 이를 허위로 양도하여 채권자인 피해자 채권자를 해하였다. (기록 12면)

• **공판기록 – 제1회 공판조서**
⇒ 피고인은 공소사실을 인정하고, 피고인의 변호인은 사실관계는 인정하지만 법률상 다툼이 있는 부분은 변론요지서를 제출하겠다고 진술 (기록 14면)

• **공판기록 – 증인 채권자에 대한 증인신문조서**
⇒ 피고인 이을서의 채권자에 대한 식자재대금 채권과 채권자의 이을서에 대한 대여금 채권을 서로 상계하여 현재는 피고인에 대한 채권을 가지고 있지 않다는 취지로 진술 (기록 20면)

• **수사기록 – 이을서에 대한 검사 작성 피신조서**
⇒ 이 사건 대지는 자신의 자금으로 구입했으나 아들인 이장남을 내세워 전소유주인 당부자와 계약하게 한 후 등기를 이장남 명의로 경료하였고, 당부자도 이를 알고 있었다는 취지로 진술 (기록 47면)

• **수사기록 – 수사보고서**
⇒ 당부자와 전화통화한 결과 실제 매수인이 이을서라는 사실을 알고 있었다고 진술하였음을 보고 (기록 49면)

이 문제에서 전단 무죄 사유는 두 가지이다. 먼저 명의신탁 법리에 의하여 피고인은 이 사건 대지의 소유권을 취득하지 못하였으므로 이 사건 대지는 강제집행면탈의 대상이 될 수 없다(2010도4129). 다음으로 채권의 존재는 강제집행면탈죄의 성립요건인데, 채권자는 상계로 더 이상 피고인에 대한 채권을 가지고 있지 않으므로 구성요건 해당성이 없다. 위 두 사유는 모두 증거조사를 통해 알 수 있었다. 즉 이 사안은 공소사실이 모두 증명되었지만 법령해석상 구성요건에 해당하지 아니하는 경우여서 전단 무죄이다. 즉 증거조사를 거쳐야 전단 무죄임을 알 수 있는 사안이다.

다음으로 ② 형소법 제323조 제2항의 법률상 범죄의 성립을 조각하는 이유가 있다고 인정되는 경우로는 책임조각사유가 출제된 바 있다.

【 제5회 변호사시험 】 중 「피고인 이을남의 범인도피의 점」 부분

• 공판기록 - 공소사실 2. 나항
⇒ 피고인은 … 사실은 김갑동이 … 나부자 소유의 포르쉐 승용차를 절취하였음에도 불구하고 마치 피고인이 절취한 것처럼 경찰서에 자수하여 허위로 진술함으로써 … 김갑동을 도피하게 하였다. (기록 14면)

• 공판기록 - 제1회 공판조서
⇒ 피고인은 공소사실을 인정한다고 진술 (기록 16면)

• 수사기록 - 가족관계증명서
⇒ 김갑동의 부(父)는 김성균, 이을남의 모(母)는 김선영인데, 김선영은 김성균의 동생임 (기록 50면)

김갑동과 사촌 관계에 있는 피고인이 김갑동을 위하여 죄를 범하였으므로 형법 제151조 제2항에 따라 피고인은 처벌받지 않는다. 책임조각사유로 전단 무죄이다.

(2) 후단 무죄: 범죄사실의 증명이 없는 때

사실의 인정은 증거에 의하여야 하고, 범죄사실의 인정은 합리적인 의심이 없는 정도의 증명에 이르러야 한다(형소법 제307조). 따라서 사실을 인정할 증거가 충분하지 않다면 후단 무죄에 해당한다.

이 책에서는 편의상 후단 무죄 사유를 '사실관계를 다투는 후단 무죄'와 '법리를 다투는 후단 무죄'로 나누어 설명하였다. 말 그대로 사실관계를 다투면서 공소사실에 부합하는 증거에 대해 일일이 증거능력을 배척하거나 증명력을 탄핵하는 사안은 '사실관계를 다투는 후단 무죄'이다. 반면, 피고인이 법정에서 공소사실을 인정하는데도 후단 무죄 사유로 변론하여야 하는 경우가 '법리를 다투는 후단 무죄'이다. '법리를 다투는 후단 무죄'는 다시, 판례 법리에 의하면 엄격한 증명에 이르지 못하므로 무죄인 경우와 자백의 보강증거가 없어 무죄인 경우, 두 가지로 나눌 수 있다.

'사실관계를 다투는 후단 무죄'와 '자백의 보강법칙이 적용되는 후단 무죄' 사유는 주로 증거능력과 증명력 판단과 관련하여 출제된다. 형소법의 증거법 부분에 대한 기초체력이 중요하다. 특히 공동피고인의 증거법 쟁점은 정확하게, 빠짐없이, 그리고 철저히 알아두어야 한다. '사실관계를 다투는 후단 무죄'와 '자백의 보강법칙이 적용되는 후단 무죄'의 구별의 기준은 피고인의 자백이 증거능력이 있느냐이다. 주로 수사 과정에서 자백하고 법정에서 이를 부인하는 경우, 그 자백이 포함된 증거는 전문증거로서 증거능력이 없으므로(사경 작성 피신조서에 대해 내용부인하고, 검사 작성 피신조서에 대해 실질적 진정성립을 부인할 때가 그 전형적인 예이다), 이는 피고인의 자백이 증거능력이 없는 경우이다. 이 경우에는 증거의 증거능력을 따지고, 증거능력이 있는 증거는 증명력을 탄핵하면 되므로 '사실관계를 다투는 후단 무죄'가 그 결론이 된다. 반면, 피고인이 법정에서 자백하는 경우 그 자백은 증거능력이 있기 때문에, 이를 보강할 다른 증거가 있는지 찾아보아야 한다. 시험 문제에서는 보강증거가 없는 경우가 대부분일 것이므로, 이때의 결론은 '자백의 보강법칙이 적용되는 후단 무죄'가 되는 것이다.

이상의 설명을 정리하면 다음과 같다.

구분	피고인의 태도		후단 무죄 사유
사실관계를 다투는 후단 무죄	처음부터 일관하여 부인하는 경우	⇒	증거능력이 없거나 증명력이 없는 증거, 남은 증거만으로는 입증이 부족함
	수사기관에서 자백했으나, 증거능력 없는 경우		
법리를 다투는 후단 무죄	자백 또는 다툼	⇒	엄격한 증명에 이르지 못함
	법정에서 자백		자백 외 보강증거 없음

한편 전단 무죄인지 후단 무죄인지 아리송한 경우도 있을 수 있다. 사실 실무에서는 전단 무죄인지 후단 무죄인지 명확하게 구별하기 힘든 경우도 많아서, 판결문에서 "형사소송법 제325조 전단 또는 후단에 의하여 무죄를 선고한다"는 표현도 종종 볼 수 있다. 시험에서는 비교적 명확한 사례를 제시할 터이지만, 일응의 기준은 공소사실에 기재된 사실이 입증되더라도 '법리상' 죄가 되는 않는 것인지, 아니면 공소사실에 기재된 사실이 '입증'이 되지 않는 것인지로 세워두자.

【 2015년 제1차 모의시험 】 중 「공무집행방해의 점」 부분

• 공소장 – 공소사실 4. 나항
⇒ 피고인은 2015. 2. 14. … 위 지구대 소속 박경사가 112 신고를 받고 출동하려던 … 순찰차의 앞 도로에 드러누워 "왜 나를 사기범으로 모느냐"면서 소리를 지르고, 차량을 지나가지 못하게 하고, 피고인을 끌어내리던 박경사의 팔을 세게 때려 경찰공무원의 정당한 공무집행을 방해하였다. (기록 12면)

• 공판기록 – 제1회 공판조서
⇒ 피고인이 모두진술에서 경찰관을 때린 사실은 없다고 진술 (기록 14면)

• 공판기록 – 공소장변경허가신청
⇒ 예비적 죄명 업무방해, 공소사실 4. 나항에 「예비적 공소사실 : 피고인은 2015. 2. 14. … 위 지구대 소속 박경사가 112 신고를 받고 출동하려던 … 순찰차의 앞 도로에 드러누워 "왜 나를 사기범으로 모느냐"면서 소리를 지르고,

　약 10분 가량 112 순찰차가 지나가지 못하게 하여 위력으로써 경찰관의 업무를 방해하였다.」를 추가 (기록 26면)

- **공판기록 - 제3회 공판기일**

⇒ 재판장이 검사의 공소장변경허가신청 허가 (기록 27면)

　주위적 공소사실에서 피고인이 박경사의 팔을 때린 사실이 증명되지 않으므로, 즉 <u>공무집행방해의 구성요건인 '폭행'에 대한 증명이 없는 때이므로, 공무집행방해의 점은 후단 무죄</u>이다.

　예비적 공소사실에서는 피고인의 행위로 방해받은 '공무'를 법리해석상 '업무'라고 할 수 없다. 왜냐하면 형법이 업무방해죄와는 별도로 공무집행방해죄를 규정하고 있는 것은 사적 업무와 공무를 구별하여 공무에 관해서는 공무원에 대한 폭행, 협박 또는 위계의 방법으로 그 집행을 방해하는 경우에 한하여 처벌하겠다는 취지이고, 따라서 공무원이 직무상 수행하는 공무를 방해하는 행위에 대해서는 업무방해죄로 의율할 수는 없기 때문이다(2009도4166). 따라서 <u>업무방해의 점은 구성요건인 '업무'의 법리해석상 전단 무죄</u>가 된다.

【 2015년 제3차 모의시험 】 중 「피고인 서을두의 부정수표단속법위반의 점」 부분

- **공소장 - 공소사실 2항**
⇒ 피고인은 … 주식회사 한신은행 구의지점과 수표계약을 체결하고 수표 거래를 해오던 중 … 2015. 6. 13. … 사무실에서 ① 수표번호 아가09182731, 액면금 500만 원으로 된 위 은행 가계수표 1장, ② 수표번호 아가09182732, 액면금 300만 원으로 된 위 은행 가계수표 1장, ③ 수표번호 아가09182733, 액면금 백지로 된 위 은행 가계수표 1장을 각 발행하였다. 위 각 수표의 소지인이 그 중 액면금 백지 수표는 액면금을 '삼백만 원(3,000,000)'으로 보충한 후 위 각 수표를 지급제시기간 내인 2015. 8. 14. 위 은행 구의지점에 지급제시하였으나 예금부족으로 각각 지급되지 아니하게 하였다. (기록 12면)

- **공판기록 - 제1회 공판기일**
⇒ 피고인 서을두는 모두진술에서 공소사실 인정 (기록 14면)

- **수사기록 - ㈜한신은행 구의지점장 한신구의 고발장에 첨부된 수표사본**

가 계 수 표

지 급 지 **서울특별시** 아가 09182731

주식회사 **한 신 은 행** 앞 **500만 원 이하**

금 오백만 원 ₩ 5,000,000

위 수표금액을 백행일 에게 지급하여 주십시오.

2015년 월 일

위 수표는 예금부족으로 지급에 응할 수 없음
2015. 8. 14.
(주) 한신은행 구의지점장 한신구[인]

발 행 지 서울특별시

주민등록번호 74**-1******** **발행인** 서을두 [인]

가 계 수 표

지 급 지 **서울특별시** 아가 09182732

주식회사 **한 신 은 행** 앞 **500만 원 이하**

금 삼백만 원 ₩ 3,000,000

위 수표금액을 문초권 에게 지급하여 주십시오.

2015년 8월 13일

위 수표는 예금부족으로 지급에 응할 수 없음
2015. 8. 14.
(주) 한신은행 구의지점장 한신구[인]

발 행 지

주민등록번호 74**-1******** **발행인** 서을두 [인]

가 계 수 표

지 급 지 **서울특별시** 아가 09182733

주식회사 **한 신 은 행** 앞 **500만 원 이하**

금 삼백만 원 ₩ 3,000,000

위 수표금액을 문초권 에게 지급하여 주십시오.

2015년 8월 13일

위 수표는 예금부족으로 지급에 응할 수 없음
2015. 8. 14.
(주) 한신은행 구의지점장 한신구[인]

발 행 지 서울특별시

주민등록번호 74**-1******** **발행인** 서을두 [인]

• **수사기록 – 문초권에 대한 진술조서**

⇒ 문초권은 피고인 서을두에게 돈을 빌려주고 미변제 원금 300만 원을 담보하기 위하여 아가09182732 수표를, 이자가 늘어나면 채무액수가 늘어날 것을 대비하여 액면금 백지의 아가09182733 수표를 피고인으로부터 발행·교부받았는데, 피고인으로부터 받을 이자채권이 전혀 없는 상태에서 아가 09182733 수표의 액면금을 300만 원으로 보충하여 위 수표 2장을 지급제시하였다고 진술 (기록 38~29면)

아가09182731 수표는 발행일의 기재가 없어 수표법 소정의 지급제시기간 내에 제시되었는지를 확정할 길이 없으므로 부정수표단속법 제2조 제2항 소정의 구성요건을 충족하지 못한다(2003도3099). 따라서 위 수표는 법리에 의하여 구성요건 해당성이 없어 전단 무죄 사안이다. 한편 만약 위 사안에서 공소사실에 발행일 기재가 없는 것이 기재되어 있다면 이는 공소사실 자체로 죄가 되지 않음이 명백하므로 그 때는 형소법 제328조 제1항 제4호의 공소기각 결정 사유가 될 것이다.

아가09182733 수표와 관련하여서는, 수표의 액면금액란 등을 백지로 하여 발행된 백지수표를 보충함에 있어서 그 보충권의 범위를 넘어서는 금액으로 액면금액을 부당보충한 경우 그 보충권의 범위를 넘는 금액에 관하여는 발행인이 그와 같은 금액으로 보충한 것과 동일하게 볼 수 없고, 따라서 백지수표의 발행인에 대하여 보충권의 범위를 넘는 금액에 대하여까지 부정수표단속법의 죄책을 물을 수는 없다는 판례(98도180)가 떠오른다. 이 사건에서 문초권이 위 수표의 백지를 부당보충한 사실은 수표사본 자체로는 알 수 없고, 증거조사를 해 봐야 알 수 있다. 따라서 이 경우는 보충권의 범위를 넘는 금액에 대하여까지 정당하게 보충하였다고 볼 증거가 없어 후단 무죄가 된다.

2. 면 소

면소는 일단 발생한 형벌권이 사후의 일정한 사유로 소멸한 경우에 선고하는 판결이다. 형소법 제326조에는 제1호부터 제4호까지의 사유가 있는데, 이 중에서 시험에 주로 나오는 사유는 제1호 및 제3호이다. 이를 이 책에서는 '제1호 면소', '제3호 면소'로 부르기로 한다.

면소사유가 있는 경우에는 면소판결을 선고하여야 하고, 실체에 관하여 심리하여 무죄판결을 선고할 수 없으므로(64도134, 그 예외에 관한 것으로 2010도5986 전합 판결 참고) 변론요지서에도 <u>면소 사유를 주장하여야지, 무죄 주장을 하여서는 아니 된다.</u>

【 제2회 변호사시험 】 중 「피고인 김갑인의 사문서위조 및 동행사의 점」 부분

　피고인 김갑인의 사문서위조 및 위조사문서행사의 점에 관한 공소사실은, 박병진으로부터 토지 매수 위임을 받은 피고인이 부동산매매계약서의 매매대금을 실제 매매가인 3억 원이 아닌 5억 원으로 기재함으로써 박병진 명의의 매매계약서를 위조하였고 이를 행사하였다는 것이다. 그런데 타인(박병진)으로부터 포괄적인 매수 위임을 받은 피고인은 타인(박병진) 명의의 매매계약서를 작성할 권한이 있으므로, 그 권한을 남용하였다고 하더라도 사문서위조죄에 해당하지 않고(2005도6088 참고), 사문서가 위조되지 않았다면 그 행사죄도 성립하지 않는다. 따라서 사문서위조 및 위조사문서행사의 점에는 전단 무죄 사유가 있다고 볼 여지도 없지 않다(기록상 계약과 대금지급 및 등기까지 이루어진 후에 문서를 위조한 것이므로 이는 이미 위임계약 관계가 종료한 후에 해당하여 문서위조죄가 성립한다는 견해에 대하여 김태계, 고시계, 2013년 2월호, 112면 참조).

　그러나 전단 무죄 사유가 엿보인다고 하더라도, 후술하는 바와 같이, 위 공소사실에는 이미 확정된 약식명령의 기판력이 미치므로 제1호 면소사유도 있다. 그렇다면 제1호 면소 사유를 주장하여야지, 전단 무죄 사유를 주장하면 안 된다.

---

(1) 제1호 면소: 확정판결이 있는 때

제1호 사유는 <u>확정판결의 기판력이 미치는 범위가 죄수와 관련하여 문제가 된다.</u> 확정판결의 기판력이 미치는 범위는 <u>시적 범위와 객관적 범위로 나누어 분석</u>해야 한다.

가. 시적 범위

<u>판결의 경우</u> 사실심리의 가능성이 있는 최후의 시점인 <u>사실심 판결선고시</u>가 된다. 제1심 판결에 검사와 피고인 모두 항소를 하지 않았다면 제1심 판결선고시가 , 항소가 제기되었다면 항소심 판결선고시가 기준이 된다. 상고가 제기되었더라도 상고심 선고시가 아니라 항소심 판결선고시이다(따라서 <u>판결의 확정일과 기판력의 시적 범위</u>

는 달라질 수 있다). 다만 항소이유서 미제출로 항소기각결정된 경우에는 항소기각결정시가 된다.

한편, 약식명령인 경우에는 송달시가 아닌 발령시가 그 기준이 된다.

나. 객관적 범위

확정판결의 효력이 미치는 객관적 범위는 공소사실의 기초가 되는 사회적 사실관계가 기본적인 점에서 동일한 범위이다.

객관적 범위가 문제되는 경우는 공소사실의 동일성이 인정되는 경우(주로 경범죄처벌법에 의한 통고처분이 있는 경우이다), 포괄일죄의 경우, 그리고 상상적 경합의 경우, 이렇게 세 가지이다. 기출에서 공소사실의 동일성이 인정되는 경우가 출제된 적은 없어서 여기에서는 포괄일죄 및 상상적 경합의 경우만을 본다. 공소사실의 동일성이 인정되는 경우에 관하여는 제3장 관련 부분(이 책 187쪽)을 참고하라.

① 포괄일죄

상습범으로 포괄일죄의 관계에 있는 수개의 범죄사실 중 '상습범'으로 기소되어 처단된 확정판결이 있는 경우 그 확정판결의 사실심 판결 선고 전에 행하여진 범행에 확정판결의 기판력이 미친다. 그러나 그 확정판결의 범죄사실이 상습범이 아닌 기본 구성요건에 관한 것이라면 기판력이 미치지 않는다.

② 상상적 경합(과형상 일죄)

1개의 행위가 수개의 죄에 해당하는 형법 제40조의 상상적 경합 관계에 있는 경우에는 그 중 1죄에 대한 확정판결의 기판력은 타죄에 대하여도 미친다.

위와 같은 점을 종합하면, 제1호 면소 사유가 문제되는 경우 기록에서 다음과 같은 세 가지 점을 확인하여야 함을 알 수 있다.

1. 판결(혹은 약식명령)의 확정

⇒ 확정일자를 확인한다.

기록형 시험에서 확정일자는 대개 확정일자 확인 책임자(판결문의 경우 사무관, 약식명령의 경우 검찰주사보)의 도장이 찍힌 형태, 혹은 검찰주사보의 검사에 대한 '수사보고서' 형태로 제시된다.

2. 기판력의 시적 범위

⇒ 판결의 경우 사실심 선고일, 약식명령의 경우 발령일을 찾는다.

3. 기판력의 객관적 범위

⇒ 단순범죄로 기소되었는지 아니면 상습범죄로 기소되었는지 확인하고, 단순범죄로 기소된 경우에는 상상적 경합에 해당하는지 한 번 더 확인한다.

그럼 기출문제를 예로 들어 기판력이 미치는 범위를 기록에서 찾는 연습을 해 보자.

【 제1회 변호사시험 】 중 「피고인 이달수의 사기의 점」 부분

기록 19면에 약식명령서가 있다. 이 약식명령은 상습으로 2011. 10. 25. 무전취식을 한 범죄사실에 관한 것이다.

먼저, 약식명령이 확정되었음은 아래와 같이 기록 우측 상단에 검찰주사보의 '확정' 도장이 찍힌 것에서 알 수 있다.

> 2011. 12. 17. **확정**
> 검찰주사보 황참여 ㊞

다음으로, 시적 범위는 하단에 있는 발령일자(2011. 11. 20.)에서 알 수 있다. 즉 2011. 11. 20.(확정일인 2011. 12. 17.까지가 아니다!)이다. 그런데 이 사건 사기죄는 2011. 10. 10.자 범행이므로(기록 14면: 공소사실 2. 나항), 일단 시적 범위에는 포함된다.

마지막으로, 객관적 범위는 「범죄사실」에 "상습으로"라는 표현이 있고, 「적용법령」에 '형법 제351조, 제347조 제1항'이 나와 있으므로 피고인이 무전취식의 상습 사기죄로 약식명령을 받은 점을 알 수 있다. 그런데 이 사건 공소사실 또한 무전취

식 상습사기이다. 그렇다면 위 <u>확정된 약식명령의 기판력은 2011. 10. 10. 무전취식의 방법으로 저지른 이 사건 사기죄에도 미친다.</u>

결국, 위 사기죄에는 제1호 면소 사유가 있다.

제1회 변호사시험에서는 기판력의 시적 범위가 쟁점이었는데, 제2회 변호사시험에서는 기판력의 객관적 범위가 주 쟁점이 되었다. 위에서 본 방법과 같은 방법으로 풀어보자.

【 제2회 변호사시험 】 중「피고인 김갑인의 사문서위조 및 위조사문서행사의 점」부분

먼저, 기록 19면에 있는 약식명령서 중 '확정' 도장을 확인함으로써, 약식명령이 확정되었음을 알 수 있다.

> 확정일 2012. 11. 29.
> 수원지방법원
> 법원주사 김주사 ㉠

다음으로, 시적 범위는 하단에 있는 발령일자(2012. 10. 24.)이다.

마지막으로 객관적 범위는, 2012. 5. 25.경 <u>최정오 명의</u>의 부동산매매계약서를 위조한 사실과 박병진에게 이를 행사한 사실(「범죄사실」)에 미친다. 그런데 이 사건 사문서위조의 공소사실은 위 계약서와 똑같은 내용의 계약서이나 <u>박병진 명의로 위조한 사실에 관한 것이다. 문서에 2인 이상의 작성명의인이 있을 때 문서위조죄는 작성명의인의 수대로 성립하고, 수 개의 문서위조죄는 상상적 경합 관계에 있으므로, 최정오 명의 계약서를 위조한 사실로 확정된 약식명령의 기판력은 박병진 명의 계약서 위조 사실에도 미친다. 사문서행사죄는 그 위조된 문서의 행사이므로, 최정오 명의의 위조사문서행사죄와 박병진 명의의 위조사문서행사죄는 별개로 성립하나, 역시 상상적 경합관계에 있다(따라서 약식명령의 범죄와 이 사건 공소사실은 동일한 범죄가 아니며, 약식명령의 범죄는 이미 확정되었으므로 이 사건 공소제기가 이중기소에 해당하는 것도 아님을 주의).

결국 이 사건 사문서위조 및 위조사문서행사의 점에는 제1호 면소사유가 있다.

(2) 제3호 면소: 공소시효 완성

공소사실 중에서 범행일자가 다소 오래된 것이 있다면 제3호 면소 사유를 고려해 봐야 한다. 이 사유는 공소시효를 계산하는 법만 정확히 알고 있으면 별 어려움이 없다.

공소시효 완성일
= ① 기산점으로부터 ② 공소시효 기간 더한 뒤 ③ 공소시효 정지기간을 더해 줌

① 공소시효 기산점

기산점은 실행행위 종료시(형소법 제252조 제1항)이다. 다만, 성폭력 관련 특별법은 미성년자인 피해자가 성년이 된 때를 기산점으로 한다(성폭법 제21조 제1항, 아청법 제20조 제1항).

초일은 산입(형소법 제66조 제1항 단서)한다.

② 공소시효 기간

형소법 제249조 각호 중 제3호부터 제6호 사유가 주로 문제된다.

공소시효 기간을 적용할 때 형소법 부칙(2007. 12. 21.) 제3조에 특별히 유의해야 한다. 즉 2007. 12. 21. 전에 범한 죄에 대하여는 종전의 법률(아래 표 참조)을 적용해야 한다.

공소장변경이 된 경우 공소시효기간은 변경된 공소사실의 법정형을 기준으로 산정하되, 그 완성 여부는 공소장변경시가 아니라 당초의 공소제기시를 기준으로 한다.

형소법 제249조	현행법 (2007. 12. 21.이후의 범죄)	구법 (2007. 12. 20.까지의 범죄)
제3호	10년	7년
제4호	7년	5년
제5호	5년	3년
제6호	3년	2년

③ 공소시효 정지기간

정지기간은 형소법 제253조에 따른다.

제2항과 관련, 공범의 1인에 대한 사유가 다른 공범자에게 미치는 영향을 잘 알아두어야 한다. 공범 A가 먼저 공소제기된 후 유죄판결이 확정된 경우, 기소되지 않은 다른 공범 B에 대하여는 그 공범 A가 공소제기된 때부터 재판이 확정될 때까지(즉 확정 전날까지) 공소시효의 진행이 정지된다. 여기에서 재판이 확정된 날짜는, 면소 사유에서와는 달리, 검찰주사보의 '확정' 도장이 찍혀 있는 식으로 기록에 제시되지 않는 것이 보통이다. 이때에는 재판이 확정된 날짜를 계산해서 써주어야 한다.

제3항과 관련, "형사처분을 면할 목적으로 외국에 있는 경우 그 기간"은 출국 다음날부터 귀국 전날까지를 의미한다.

【 제3회 변호사시험 】 중 「피고인 이을남의 점유이탈물횡령의 점」 부분

• 공소장 – 공소시효 기산일 & 공소제기일 확인

공소시효 기산일은 범행일인 2008년 9월말경이다. 공소제기일(공소장 맨 위의 날짜가 아니라 법원의 접수인 도장을 확인한다. 2013. 10. 18.)도 동시에 확인해 둔다. (기록 10, 12면)

범행일로부터 시간이 꽤 지나 공소제기가 된 점, 죄명도 법정형이 그리 무겁지 않은 것인 점에 유의하면 공소장을 보면서 바로 공소시효의 쟁점을 떠올릴 수 있다.

• 공소시효 기간

점유이탈물횡령의 중한 법정형(1년 이하 징역)을 확인하고, 형소법 제249조 제1항 제5호의 기간(5년)을 확인한다.

• 공소시효 정지

기록을 보아도 해당 사유가 없다.

⇒ 공소시효 만료일은 범행일인 2008년 9월말로부터 5년 후인 2013년 9월말이다. 공소제기 당시 공소시효가 완성되었음을 알 수 있다.

⇒ 수업자료를 통하여 좀 더 복잡한 경우의 공소시효 계산을 연습해 보자.

〈2010년 검찰실무Ⅰ 보조교재(사례집) 20면〉

〔문제요약〕

- A와 B가 공모하여 甲으로부터 1억원 편취 (범행종료일 2003. 9. 20.)
- 甲이 A와 B를 고소하여, 검사는 2004. 8. 5. A와 B에 대하여 기소중지 처분
- 2010. 7. 1. B가 체포되고, A는 도주
- B는 2010. 8. 16. 구속기소되어 2010. 9. 2. 1심 법원에서 징역 3년을 선고 받았고, 항소하여 2010. 9. 20. 징역 2년 6월을 선고받은 후 상고하지 아니함.
- 도피생활을 하던 A는 B가 1심에서 징역 3년을 선고받은 사실을 전해 듣고 2010. 9. 3. 여행용 비자를 이용하여 일본으로 출국하였으며, 일본에서 막노동을 하며 생활하던 중 불법체류자로 적발되어 강제출국 조치에 따라 2010. 9. 30. 김포공항에 입국함.

A에 대한 공소시효 완성일은?

▌해 설

- **공소시효 기산점**

2003. 9. 20.에 사기죄가 종료되었으므로, 이 날이 기산점이 된다. (⇐ 형소법 제252조 제1항, 제66조 제1항 단서)

- **공소시효 기간**

형법 제347조, 형소법 제249조, 2007. 12. 21. 개정 법률 제8730호 형소법 부칙 제3조, 2007. 12. 21. 개정전 구 형소법 제249조 제3호에 따라 공소시효가 7년이므로, 공소시효 정지가 없다면, 2010. 9. 19.에 공소시효가 완성될 것이다. (⇐ 범죄일이 2007. 12. 20. 이전임을 유의)

- **공소시효 정지**

1) 공범 관련 정지사유

공범인 B가 2010. 8. 16. 공소제기되어 2010. 9. 20. 2심 판결을 받고 상고하지 않았으므로 B에 대한 판결은 2010. 9. 28. 확정되었다(항소기간은 초일불산입이므로 9. 21부터 9. 27.까지이다). (⇐ 형소법 제374조, 제343조)

따라서 공소제기일부터 판결확정 전날인 2010. 9. 27.까지 공소시효 진행이 정지된다. (⇐ 형소법 제253조 제2항)

2) 처벌회피 목적 국외 체류 관련 정지사유

A가 형사처분을 면할 목적으로 국외에 있었던 기간인 2010. 9. 4.부터 2010. 9. 29.까지 공소시효의 진행이 정지된다. (⇐ 형소법 제253조 제3항)

결국 2010. 8. 16.부터 2010. 9. 29.까지 45일간 공소시효의 진행이 정지된다.

⇒ 2010. 9. 20.부터 45일을 더해 준 날인 2010. 11. 3.에 A에 대한 공소시효가 완성된다.

기소된 범죄가 결합범일 경우 구성요건의 일부에 무죄 사유가 있고, 남은 구성요건에는 제3호 면소 사유가 있는 경우가 있다. 그런 경우 기소된 범죄에 대해서는 구성요건 해당성이 없다는 이유로 무죄를, 축소사실에 대해서는 제3호 면소를 주장하면 된다.

【 제4회 변호사시험 】 중 「피고인 이을남의 폭처법위반(집단·흉기등협박)」 부분

• 공소장 – 공소사실 2. 나항
피고인은 2009. 2. 3. … 위험한 물건인 등산용 칼(칼날길이 7cm)을 휴대하고 … 피해자 박고소의 집에 찾아가 …라고 말하여 피해자를 협박하였다. (기록 12면)

• 공판기록 – 제1회 공판조서
피고인이 피해자를 협박한 사실은 인정한다고 진술 (기록 15면)

• 수사기록 – 박고소에 대한 참고인진술조서
"이을남이 너덜너덜해진 등산용 배낭을 메고 찾아와서는 협박했고, 이을남이 떠난 후 집 밖으로 나왔는데 집 앞 쓰레기봉투 놓아두는 곳에 아까 이을남이 가져왔던 배낭이 보여 열어보니 등산용 칼과 찢어진 등산복 상의가 들어 있어 무서웠다"는 취지로 진술하고, 당시 즉시 고소하지 않은 이유에 대하여 "그때는 너무 겁이 났고, 얼마 전에 이을남이 뇌물죄로 구속될지도 모른다는 소문을 듣고 용기 내어 고소하게 되었다"고 진술 (기록 34면)

⇒ 박고소에 대한 진술조서에서 축소사실인 협박죄에 대하여 고소 기간 도과 여부를 힌트로 주고 있으므로, 다시 기록 앞으로 돌아가 공소제기일을 확인해 본다.

• 공소장 – 공소제기일
2014. 10. 17. (기록 10면)

- **공소시효 기간**

  협박죄의 중한 법정형(3년 이하의 징역)을 확인하고, 형소법 제249조 제1항 제5호의 기간(5년)을 확인한다.

- **공소시효 정지**

  기록을 보아도 해당 사유가 없다.

⇒ 폭처법에서 "흉기 기타 위험한 물건을 휴대하여 그 죄를 범한 자"란 범행현장에서 그 범행에 사용하려는 의도 아래 흉기 또는 위험한 물건을 소지하거나 몸에 지니는 경우를 가리키는 것이지 그 범행과는 전혀 무관하게 우연히 이를 소지하게 된 경우까지를 포함하는 것은 아니다. 피고인이 당시 등산을 가던 중 등산용 칼이 낡아서 이를 버리기 위해 이를 가방에 넣어두었던 것일 뿐이므로 기소된 범죄에서 "위험한 물건을 휴대"하였다는 구성요건은 증명이 부족하다. 한편 축소사실인 협박죄는 성립하는데 이 사건 공소는 범죄행위가 종료된 2009. 2. 3.로부터 5년이 경과된 2014. 10. 17. 제기되었으므로 공소시효가 완성되었음을 알 수 있다. 따라서 폭처법위반(집단·흉기휴대폭행)의 점에 대하여는 후단 무죄를, 축소사실인 폭행의 점에 대하여는 제3호 면소 사유를 주장해야 한다.

3. 공소기각

공소기각은 소송조건에 흠결이 있을 때 내리는 판결 또는 결정이다. 흠결 정도가 경미하고 발견이 곤란하거나 변론이 필요하면 공소기각 판결(형소법 제327조)의 사유가 되고, 흠결 정도가 중대하고 발견이 용이하며 변론이 불필요한 경우에는 공소기각의 결정(형소법 제328조)의 사유가 된다. 시험은 변론을 예정하고 있으므로 공소기각 판결이 주로 문제가 된다. 이 책에서 공소기각이라 하면 공소기각 판결만을 의미한다. 공소기각 판결의 사유는 제1호부터 제6호까지 있는데 이 중에서 시험에 가장 많이 나오는 사유는 제2호, 제5호, 제6호이다.

기록형 시험은 시간과의 싸움이기 때문에, 공소제기된 범죄에 공소기각 사유가 있음을 법전을 찾아보지 않고도 파악할 수 있어야 한다. 따라서 평소에 형법 및 형사특별법에서 어떤 죄가 친고죄이고 어떤 죄가 반의사불벌죄인지 눈여겨 보아야 한다.

다음 표는 친고죄와 반의사불벌죄를 정리한 것이다. 해당 조문은 반드시 찾아 확인해 두자. 특히 2013. 6. 19.부터 시행된 형법 및 성폭법에서 친고죄 조문이 삭제(구 형법 제296조 및 제306조, 구 성폭법 제15조)되었음에 유의해야 한다. 부칙에 의하면 위 조문은 개정법 시행 후 최초로 저지른 범죄부터 적용되므로, 2013. 6. 18.까지의 범죄는 친고죄이고, 2013. 6. 19. 이후의 범죄는 친고죄가 아니다. 성폭력 관련 범죄는 범행일 당시 적용되는 법률을 찾는 것이 매우 중요하다.

	형 법	형사특별법
절대적 친고죄	사자명예훼손죄(제308조) 모욕죄(제311조) 비밀침해죄(제316조) 업무상비밀누설죄(제317조) 강간죄(제297조)* 강제추행죄(제298조)*	2013. 6. 19. 법률 제11556호로 개정되기 전의 구 성폭법 제10조 제1항, 제11조, 제12조의 죄
상대적 친고죄 (친족상도례)	권리행사방해죄, 절도죄, 사기죄, 공갈죄, 횡령죄, 배임죄, 장물죄에서 장물범이 피해자와 친족관계 있는 경우	특경가법위반(제3조 제1항: 89도582)
반의사 불벌죄	폭행 및 존속폭행죄(제260조) 과실치상죄(제266조) 협박 및 존속협박죄(제283조) 명예훼손죄(제307조) 출판물에 의한 명예훼손죄(제309조)	교특법위반(제3조 제2항 본문, 제4조 제2항 본문) 부수법위반(제2조 제2항, 수표회수의 경우) 정통법위반(정보통신망 이용 명예훼손죄, 제70조)

* 2013. 6. 19.부터 저지른 범죄는 친고죄가 아님에 유의

한편 공소기각 사유가 있으면 실체 판단은 할 수 없고 공소기각 판결을 해야 하므로, 변론요지서에서도 공소기각 사유를 변론하여야지 무죄 사유를 변론하여서는 아니 된다. 다만, 공소기각 판결을 받을 수 있을지 확실치 않다면 공소기각 사유를 먼저 주장하고, 예비적으로 무죄 사유를 주장하는 것이 좋을 것이다(사건의 실체에 관한 심리가 이미 완료되어 있는 등의 특별한 사정이 있는 경우 무죄의 실체 판결을 선고한 것이 위법이라고 할 수 없다고 한 2012도11431 참고).

(1) 제2호 공소기각: 공소제기의 절차가 법률의 규정에 위반하여 무효인 때

제2호는 공소제기 자체가 부적법한 경우의 사유이다. 이에 해당하는 경우로는 다음과 같은 것이 있다.

① 공소장의 기재방식 위배: 주로 공소사실의 불특정

② **고소, 처벌의사 등의 결여**

③ 보호처분

④ 조세범에 대한 고발 결여

⑤ 면책특권

⑥ 성명모용

⑦ 공소권남용

⑧ 범의유발형 함정수사

⑨ 강간의 수단으로 흡수되는 폭행, 협박만을 별도로 기소한 때

사례형 시험용으로는 ①②⑥⑦⑧⑨번 사유 모두 중요하나, 기록형 시험용으로는 ②번 사유가 가장 중요하다. ②번 사유에는 처음부터 고소, 처벌의사가 결여된 경우는 물론 고소가 부적법한 경우, 기소 전에 고소, 처벌의사가 철회된 경우도 포함된다.

고소, 처벌의사 등의 결여 사유는 공소제기시 고소, 처벌의사가 없는 경우에 해당하는데, 만약 기소 당시에는 고소, 처벌의사가 있었으나 공판 중 취소 혹은 철회되었다면 제2호가 아닌 제5호 및 제6호의 공소기각 사유가 된다. 제2호와 제5호 및 제6호 사유는 반드시 구별하여 알고 있어야 한다.

> ☞ 고소, 처벌의사 결여
> 기소 전 고소취소, 처벌의사 철회 ⇒ 제2호
> 기소 후 고소취소, 처벌의사 철회 ⇒ 제5호(고소취소), 제6호(처벌의사 철회)

자, 그럼 고소나 처벌의사가 있어야 할 경우에 고소 없이 혹은 처벌의사에 반하여 공소가 제기되어 제2호 공소기각 사유를 주장할 수 있는 기출문제를 살펴보자.

먼저, 고소가 있어야 하는 사건에서 고소가 없는 경우이다. 절대적 친고죄에 관한 기출과 상대적 친고죄에 관한 기출을 각각 보자.

【 제4회 변호사시험 】 중 「피고인 이을남의 모욕의 점」(예비적 공소사실) 부분

• **공소장**

⇒ 공소제기일(2014. 10. 17.) 확인 (기록 10면)

• **공판기록 – 공소장변경신청**

⇒ 당초 명예훼손죄로 기소한 죄명에 대해 예비적으로 모욕죄 추가한 신청서 제출일(2014. 12. 18.) 확인 (기록 16면)

• **공판기록 – 제2회 공판조서**

⇒ 재판장이 검사의 공소장변경허가신청을 허가한다는 결정 고지 (기록 17면)

• **수사기록 – 고소장**

⇒ 피해자 김갑동이 이을남을 고소한 날(2014. 12. 18.) 확인 (기록 49면)

모욕죄는 절대적 친고죄인데, 검사는 예비적 공소사실을 추가하면서 비로소 피해자의 고소장을 제출하였다. 친고죄에서 고소의 추완은 효력이 없으므로 모욕의 점에 대해서는 제2호 공소기각이 최종 변론 방향이 된다.

다음은 친족상도례가 적용되는 상대적 친고죄에 대한 기출이다.

【 제2회 모의시험 】 중 「피고인 이칠성의 절도의 점」 부분

• **공소장**

⇒ 공소제기일(2012. 6. 5.) 확인 (기록 7면)

• **공판과정 중 검사의 증거제출 – 고소장**

⇒ 피고인과 4촌 관계인 피해자 이삼숙이 피고인을 고소한 날(2012. 7. 7.) 확인 (기록 13면)

피해자는 동거하지 않는 친족이므로 고소가 있어야 하는데, 공소가 제기된 이후에 피해자가 고소를 하였으므로, 위 절도의 점에 대해서는 제2호 공소기각 사유를 주장하면 된다. (고소가 있어야 공소를 제기할 수 있는 죄의 경우, 수사기록에 고소장이 첨부되어 있어야 고소가 적법하다. 그런데 이 경우에는 수사기록이 아닌 공판기록에 고소장이 있다. 실무에서야 거의 없는 일이겠지만, 시험이다보니 이런 일도 상정할 수 있을 것이다. 수험자의 입장에서는 이 대목에서 '고소 없이 공소가 제기된 것이 아닌가'라고 바로 감을 잡을 수 있어야 하고, 고소일과 공소제기일의 날짜를 비교해 보면서 확신을 얻을 수 있다.)

부적법한 고소와 관련한 문제로 특히 <u>고소기간의 도과</u>를 잘 알아두어야 한다. 일반적인 고소기간은 '범인을 알게 된 날부터 6월 이내'(형소법 제230조 제1항)이고, '범인을 알게 된 날'이란 범죄행위 도중 범인을 알게 된 경우에는 범죄종료일부터 기산한다. 이와 관련된 문제로 앞서 「Ⅲ. 3단계 4. 기록의 맥 찾기 (3) 쟁점이 숨어 있는 경우」에서 다룬 기출문제 풀이(이 책 62~64쪽)를 참고하라.

앞서 면소에서도 보았듯 기소된 범죄가 결합범인 경우도 자주 출제된다. 기소된 범죄 자체는 친고죄나 반의사불벌죄가 아니지만 일부 구성요건이 친고죄나 반의사불벌죄에 해당한다면 축소사실에 적법한 고소 혹은 처벌을 원하는 의사가 있는지 유의해야 한다. 즉 <u>기소된 범죄가 결합범인데 구성요건의 일부에 무죄 사유가 있고 남은 구성요건에는 제2호 공소기각 사유가 있는 경우, 기소된 범죄에 대해서는 구성요건 해당성이 없다는 이유로 무죄를, 축소사실에 대해서는 제2호 공소기각을 주장</u>하면 된다.

【 제2회 변호사시험 】 중 「피고인 이을해의 공갈의 점」 부분

• 공소장 – 공소사실 3항
⇒ 피고인은 … 피해자 강기술이 운영하는 '양재곱창'에서 5만 원어치의 술과 음식을 주문하여 먹었다. 피고인은 … 음식 값의 지급을 면하기 위해서 피해자가 잠시 한눈을 파는 사이에 식당 밖으로 걸어나갔다. 피고인은 피해자가 … 음식 값을 달라고 요구하자, … 때려 이에 겁을 먹은 피해자로 하여금 음식 값 5만 원의 청구를 단념하게 하였다. 이로써 피고인은 피해자를 공갈하여 재산상 이익을 취득하였다. (기록 13면)

• 공판기록 – 제1회 공판조서
⇒ 공갈로 처벌받는 것은 억울하다고 진술 (기록 16면)

• 수사기록 – 강기술의 진술서
⇒ "피의자가 음식 값을 계산하지 않고 몰래 식당 밖으로 걸어나가는 것을 발견하고 뒤따라가 음식 값을 달라고 요구하자, 피의자는 갑자기 저의 목을 잡고 손으로 뺨을 4~5회 때리고 다시 도주하였습니다." "제가 도망가는 피의자를 뒤따라가 피의자의 집이 어디인지 확인한 후에 경찰에 신고를 하였습니다."

"피의자가 음식 값을 변제하고 용서를 구하고 있고, 제가 다친 부분이 없으므로 피의자의 처벌까지 원하지는 않습니다." (기록 44면)

• 수사기록 − 피고인에 대한 사경 작성 피신조서
⇒ 피해자 강기술의 진술 내용과 일치 (기록 45~46면)

피고인이 음식값을 계산하지 않고 도주하였으나, 이는 피해자가 원래라면 얻을 수 있었던 재산상 이익의 실현에 장애가 발생한 것에 불과하고, 피해자가 음식값의 지급에 관하여 수동적·소극적으로라도 피고인이 이를 면하는 것을 용인하여 그 이익을 공여하는 처분행위를 하였다고 할 수 없으므로(2011도16044 판결의 취지 참조), 공갈에는 해당하지 않는다(한편 피해자가 피고인의 집이 어디인지 확인을 하고 피고인이 음식값을 변제한 것은 기수 이후의 사정일 뿐이다). 그러나 피고인이 피해자를 폭행한 부분은 남아 있으므로 폭행죄에는 해당하는데, 피해자가 처벌불원의사를 밝혔다. 따라서 공갈의 점에 대하여는 후단 무죄, 축소사실인 폭행의 점에 대해서는 제2호 공소기각 사유로 변론하면 된다.

한편 교특법위반죄에 있어서는 피해자의 처벌불원의사 외에 피고인의 자동차종합보험 가입 사실도 제2호 공소기각 사유에 해당한다. 더불어 교특법 제3조 제2항 본문에서 도교법 제151조 위반죄에 대하여도 규정하고 있음도 알아두어야 한다. 기출 문제 중 기소된 범죄의 일부 구성요건에 교특법위반죄가 포함된 기출 사례 및 도교법 제151조 위반죄를 포함하는 사례를 보자.

【 제2회 변호사시험 】 중 「특가법위반(도주차량)의 점」 부분

특가법 제5조의3위반죄는 교특법 제3조 제1항과 도교법 제148조의 결합범이므로, '도주'(도교법 제148조의 '사고후 미조치'와 같다)가 성립하지 않더라도 곧바로 '무죄'를 변론할 것이 아니라, 교특법위반의 점에 관하여 검토를 하여야 한다. 이 사건에서는 음주운전의 점에 관하여 후단 무죄 사유가 있기 때문에 교특법 제3조 제2항 단서 제8호 사유가 없고, 피고인이 종합보험에 가입한 경우여서 교특법 제4조 제1항 본문에 따라서 공소를 제기할 수 없다. 결국 특가법위반(도주차량)의 점에 관하여는 '도주'에 대한 입증이 부족하므로 후단 무죄를, 축소사실인 교특법위반의 점에 관하여는 제2호 공소기각 사유로 변론하여야 한다.

【 2015년 제3차 모의시험 】 중 「피고인 조갑돌의 교특법위반, 도교법위반(음주운전), 도교법위반의 점」 부분

공소사실의 요지는 피고인이 혈중알콜농도 0.07%의 술에 취한 상태에서 운전하면서 업무상 주의의무를 위반하여 신호를 위반하여 피해자 황다해에게 상해를 입게함과 동시에 피해자 소유 차량을 수리비가 들도록 손괴하였다는 것이다. 해당 부분 적용법조는 교특법 제3조 제1항, 제2항 제1호, 제8호, 형법 제268조(이상 교특법위반죄), 도교법 제148조의2 제2항 제3호(음주운전), 도교법 제151조(업무상과실손괴)이다. 수사기록에 보면 피고인이 운전한 차량은 종합보험에 가입되어 있다(기록 44면).

이 사건에서 음주운전 부분은 관련 증거가 증거능력이 없어 후단 무죄가 되었다. 따라서 교특법 제3조 제2항 제8호 사유는 없어진다. 그러나 신호위반 부분(교특법 제3조 제2항 제1호 사유)은 그대로 남으므로, 종합보험에 가입되어 있다고 하더라도 교특법위반죄는 유죄이다.

다만 종합보험에 가입되어 있는 경우는 교특법 제3조 제2항 본문에 따라 도교법 제151조 위반 행위를 기소할 수 없으므로, 도교법위반의 점에 대해서만 제2호 공소기각 사유로 변론해야 한다. 도교법 제151조 위반 행위에 대한 특례가 도교법이 아닌 교특법에 있다는 점에 유의해야 한다.

(2) 제5호 공소기각: 공소제기 후 고소의 취소

제5호 사유는 적법한 공소제기를 전제로 한 후 제1심 판결전까지(형소법 제232조 제1항) 고소의 취소가 있을 때 문제된다. 제5호 사유에서 유의해야 할 점은 공범 관계에서 고소불가분의 원칙 적용 여부이다.

절대적 친고죄의 경우 공범 중 일부에 대한 고소취소는 다른 공범에 대하여도 효력이 있다. 그러나 형소법 제232조 제1항에 의하여 고소는 제1심 판결 선고 전까지 취소할 수 있으므로 절대적 친고죄의 공범 중 1인에 대하여 제1심 판결 선고가 있은 후 다른 공범에 대하여 고소취소가 있더라도 그 다른 공범에게는 제5호 공소기각 사유가 없다.

상대적 친고죄(친족상도례)의 경우, 공범 중 일부만이 고소인과 신분관계 있는 경우에 고소취소의 효력은 신분관계 없는 공범에 미치지 않는다. 즉 고소불가분의 원칙이 적용되지 않으므로, 공소제기 후 고소취소가 있었다 하더라도 고소인과 신분관계 없는 공범에게는 공소기각 사유가 없다.

【 제5회 모의시험 】중 「피고인들의 횡령의 점」 부분

공소사실의 요지는 피고인 김인천과 피고인 이수원이 공동하여 피해자 이경기의 재물을 횡령하였다는 것이다(기록 16면). 피해자 이경기는 피고인 이수원의 작은아버지로 피고인 이수원과 동거하지 않는 3촌 관계에 있다. 따라서 이 사건 범행은 피고인 이수원에 대하여는 친고죄이나, 피고인 김인천에 대하여는 친고죄가 아니다.

피해자 이경기는 피고인들에 대하여 기소 전에 고소를 하였다가, 피고인들의 처벌을 원하지 않는다는 취지의 합의서를 법원에 제출하였다. 위 고소취소의 효력은 고소인과 신분관계가 있는 피고인 이수원에게만 미치고, 피고인 김인천에게는 미치지 않는다.

따라서 피고인 김인천에 대해서는 유죄(정상 변론), 피고인 이수원에 대해서는 제5호 공소기각 사유로 변론하면 된다.

(3) 제6호 공소기각: 기소 후 반의사불벌죄의 처벌불원 등

제6호 사유는 형사특별법 영역에서 특별히 눈여겨보아야 한다.

【 제1회 변호사시험 】중 「교특법위반의 점」 부분

공소사실의 요지는 피고인이 자전거를 타고 횡단보도를 건너던 피해자를 차로 들이받아 상해를 입게 하였다는 것이다(기록 14면). 따라서 교특법 제3조 제2항 단서 중 제6호가 문제된다.

피고인은 종합보험에 가입되어 있지 않았으므로(기록 46면) 제4조 제1항 본문이 적용될 여지는 없다. 그런데 공소제기 후 피해자의 처벌불원의사가 있다(기록 18면). 그렇다면 수험자는 피고인 사건이 교특법 제3조 제2항 단서 제6호 사유에 해당하지 않음을 주장하여 교특법 제3조 제2항 본문이 적용될 수 있도록 변론해야 한다는 점을 직감적으로 느낄 수 있어야 한다.

이 문제는 관련 판례를 모른다 하더라도 법조문만 정확하게 찾아도 사건이 교특법 제3조 제2항 단서 제6호 사유에 해당하지 않음을 알 수 있는 문제였다. 그런데 상당수 수험자들이 시간에 쫓겨 법전을 찾아보지 못했다고 한다. 평소 법전을 보는 습관이 얼마나 중요한지 깨닫게 해 주는 대목이다.

▣ 교통사고처리특례법 제3조 (처벌의 특례)

② (본문 및 단서 생략)

　6.「도로교통법」제27조제1항에 따른 횡단보도에서의 보행자 보호의무를 위반하여 운전
　　한 경우

▣ 도로교통법 제27조 (보행자의 보호) ◀

① 모든 차의 운전자는 보행자(제13조의2제6항에 따라 자전거에서 내려서 자전거를 끌고
통행하는 자전거 운전자를 포함한다)가 횡단보도를 통행하고 있을 때에는 보행자의 횡단을
방해하거나 위험을 주지 아니하도록 그 횡단보도 앞(정지선이 설치되어 있는 곳에서는 그
정지선을 말한다)에서 일시정지하여야 한다.

▣ 도로교통법 제13조의2 (자전거의 통행방법의 특례) ◀

⑥ 자전거의 운전자가 횡단보도를 이용하여 도로를 횡단할 때에는 자전거에서 내려서 자전
거를 끌고 보행하여야 한다.

　법조문을 찾아 따라가면 이 사건 피해자는 도교법 제13조의2에서 정한 통행방
법을 위반한 사실을 알 수 있다. 따라서 피고인이 피해자를 차로 들이받아 상해를
입혔다 하더라도 위 피해자는 교특법 제3조 제2항 단서 제6호의 보호대상인 '보행
자'에 해당하지 않는다고 해야 한다.
　따라서 이 사건 공소는 처벌의사를 전제로 하는 사건에 기소 후 처벌의사가 철
회된 경우이므로 제6호 공소기각 사유에 해당한다.

　성폭력 관련 범죄의 경우에는 반의사불벌죄에 해당한다는 것을 찾아내는 것이 쟁
점인 경우도 있다.

【 제5회 모의시험 】 중「피고인 이수원의 성폭법위반의 점」부분

　성폭법위반의 점의 공소사실의 요지는 피고인이 2013. 6. 12. 공중이 밀집하는
장소에서 피해자(17세)를 강제추행하였다는 것이다(기록 17면). 이 사건에서는 범죄
일인 2013. 6. 12. 당시 적용되는 법률, 특히 피해자가 아청법의 '아동·청소년'에
해당하는 경우 적용되는 법률을 찾는 것이 관건이었다.
　참고법령을 찾아가 보면 이 사건 범행 당시 적용된 아청법에서는 위 죄를 반의

사불벌죄로 규정하고 있음을 알 수 있었다. 피해자가 법정에 나와 처벌불원의사를 표시하였다(기록27면).

따라서 이 사건 공소사실에 대하여는 제6호 공소기각 사유로 변론하면 된다.

부수법과 관련하여서는 수표회수의 경우가 제6호 공소기각 사유에 해당한다(☞제3회 모의시험). 한편 공범과 관련하여, 반의사불벌죄에는 고소불가분 원칙이 적용되지 않는다. 그런데 부수법 제2조 제4항의 수표회수의 경우에는 공범이 수표를 회수한 경우도 포함됨을 유의해야 한다(99도900).

공소사실 중 일부 사실에 대하여 다투면서 축소사실을 인정하는 경우, 인정되는 축소사실이 반의사불벌죄라면 종국적으로는 제6호 공소기각 사유를 주장해야 한다.

【 제6회 모의시험 】 중 「피고인들의 폭처법위반(집단·흉기등폭행)의 점」 중 피고인 김제천 부분

공소사실의 요지는 피고인 이해남은 피해자를 붙들고 피고인 김제천은 흉기인 칼을 휴대하여 피해자를 공동하여 폭행하였다는 것이다. 피고인 이해남이 피해자를 붙든 사실은 범죄의 증명이 없어 '공동하여' 부분은 후단 무죄가 되고, 폭처법 제3조 제1항의 '휴대'는 범행현장에서 범행에 사용할 의도로 이를 소지하거나 몸에 지니는 경우를 의미하므로, 피고인 김제천이 우연히 등산용 칼을 소지하고 있었다고 하더라도 이를 '휴대'로 볼 수 없다.

피고인 김제천에 관해서는 단순 폭행 부분만 남는데(축소사실의 인정), 피해자가 법정에서 처벌불원의사를 표시하였으므로(기록 17면), 축소사실인 폭행에 대하여 제6호 공소기각으로 변론해야 한다.

4. 유죄(축소사실 인정)

'무면공' 사유 외에는 대부분 유죄사유인데 축소사실의 인정이 주로 문제된다. 공소사실 중 일부만 인정하고 일부는 부인할 때(사실관계의 문제), 포괄일죄로 기소된 경우 개별 범죄행위 자체는 인정하나 포괄일죄로 볼 수 없을 때(법률관계의 문제) 등이 이 사안에 해당한다.

가. 사실관계의 문제

【 제1회 모의시험 】 중 「성폭법위반의 점」 부분

피고인 황명철에 대한 주위적 및 예비적 공소사실은 다음과 같았다.

가. 주위적 공소사실[성폭법위반(특수강간)]: 피고인 황명철은 이영광과 함께 강간을 공모하고 이영광이 망을 보는 사이에 피해자를 강간하려다 미수에 그쳤다.
나. 예비적 공소사실[성폭법위반(주거침입강간)]: 피고인 황명철은 이영광과 함께 강간을 공모한 뒤 피해자가 사는 아파트 옆 공터에 들어가 피해자에 대한 강간죄의 실행에 착수하였으나 미수에 그쳤다.

주위적 공소사실은 공모 사실 및 합동성이 인정되지 않아 후단무죄이고, 예비적 공소사실에서 축소사실 인정이 문제되었다. 이 사건에서 공모 사실이 인정되지 않고, 아파트 옆 공터가 '주거'에 해당하지 않으며, 피고인 황명철이 자의로 피해자에 대한 강간행위를 중지한 점을 주장하는 것이 논점이었다(중지미수).
그렇다면 예비적으로 공소제기된 죄명은 성폭법위반(주거침입강간)이나, 피고인 황명철의 변호인은 공소사실 중 '공모'와 '주거'를 제외한 나머지 사실 즉, 형법상의 강간미수죄를 인정하는 축소사실의 변론을 해야 된다.

나. 법률관계의 문제

【 제3회 변호사시험 】 중 「피고인 김갑동의 특경가법위반(횡령)의 점」 부분

• **공소사실의 요지** (기록 11면)

피고인 김갑동은 2012. 3. 15. 피해자 갑동주식회사 소유의 시가 6억 원 상당의 개봉동 토지를 피해자 박고소에게 4억 원에 매도하기로 하고, 박고소로부터 계약금 및 중도금으로 3억 원을 수령하였는데, 그 후 위 토지를 최등기에게 4억 원에 팔아 최등기 명의로 소유권이전등기를 함으로써, 피해자들에게 대하여 각각 재물을 횡령하였다.

위 공소사실에서 피해자들에 대한 행위가 횡령인지 배임인지도 문제되는데, 이는 바로 뒤 「5.의 나.항」에서 다루기로 한다. 여기에서는 횡령이든 배임이든 손해액

이 얼마인지 특정되지 않은 점에 관하여 본다. 실제 공소장에서 위와 같이 기재한다면 이는 문제일 것이다. 그런데 위 문제의 출제의도는 피해자들에 대한 손해액이 얼마인지를 가려내는 것이었으므로, 일부러 공소사실을 정확하게 기재하지 않은 것이다. 자, 그럼 손해액을 특정해 보자.

- **• 등기부등본** (기록 26면)

    개봉동 토지에 2010. 3. 15.자로 채권최고액 2억 원, 채무자 갑동주식회사로 하는 주식회사 신한은행의 근저당권이 설정되어 있다.

- **• 피의자신문조서** (기록 40면)

    "신한은행의 근저당권은 1억 5,000만 원을 빌리면서 설정한 것인데, 이자는 꼬박꼬박 갚아서 현재까지 대출금액에는 변동이 없다"고 진술

부동산 처분 행위로 인한 범죄에서 손해액을 산정할 때 그 범죄 행위 전에 설정된 근저당권의 피담보채무는 시가에서 공제하여야 하므로, <u>피해자들에 대한 손해액은 시가 6억 원에서 신한은행 근저당권의 피담보채무액 1억 5,000만 원을 뺀 4억 5,000만 원이다.</u> 특경가법은 재산범죄 이득액이 5억 원 이상일 때 적용되므로, 변호인은 피해자 갑동주식회사에 대하여는 특경가법이 아닌 형법상의 재산 범죄를 인정하는 축소사실의 변론을 해야 한다.

5. 기 타

가. 형 면제

죄가 인정되는 경우라도 피고인이 처벌을 받지 않을 사유로 형 면제 판결(형소법 제322조)이 있다. 형 면제 판결은 유죄 판결의 일종이므로 사안에서 유·무죄를 먼저 결정한 뒤 유죄로 인정되는 경우에 비로소 형 면제를 주장해야 한다.

【 제4회 모의시험 】 중 「피고인 백옥희의 특경가법위반(횡령)의 점」 부분

검사는, 백옥희가 시이오 소유의 예금 1억 원과 시이오가 운영하는 나로무역 소유의 시가 4억 원 상당의 토지, 합계 5억 원을 횡령하였다며 특경가법위반(횡령)으

로 기소하였다. 그런데 예금 횡령의 피해자는 시이오, 토지 횡령의 피해자는 나로무역으로 서로 다르므로, 각 혐의가 유죄라 하더라도 포괄일죄로 할 수는 없어, 특경가법이 아닌 형법이 적용되어야 한다.

시이오는 백옥희의 법률상 남편인 사실이 나오므로(시이오의 진술조서, 기록 41면), 위 예금 1억 원 부분에 관하여는 형법 제361조와 제328조 제1항에 따라 형 면제 판결을 구하여야 한다(토지 부분은 전단 무죄 사안으로 설명은 생략).

【 제5회 변호사시험 】 중 「피고인 김갑동의 절도의 점」 부분

공소사실의 요지는 피고인이 별거 중인 피고인의 처인 피해자 나부자 소유의 승용차를 절취하였다는 것이다.

피고인이 범죄를 자백하고 보강증거도 있으므로, 결론은 유죄다. 그런데 공소사실 자체에서도 피고인이 배우자의 재물을 절취하였음이 명백하다. 형법 제344조, 제328조 제1항을 적시하여 형 면제 판결을 구해야 한다.

나. 죄명의 오류

변론요지서를 작성하는 경우라면 죄명의 오류는 별로 문제가 안 된다. 변론은 방어이므로, 잘못된 공격에 대해 구성요건해당성이 없다고만 주장하면 되지, 잘못된 죄명의 오류를 지적하거나 정확한 죄명을 일부러 밝힐 필요는 없기 때문이다. 그런데 검토의견서는 내부 의견서이므로, 잘못된 공격에 대해 정확하게 지적할 필요가 있다. 요컨대 죄명의 오류의 경우, 변론요지서라면 무죄를 주장해야 하지만, 검토의견서라면 잘못된 죄명을 지적하고 정확한 죄명을 밝혀야 한다.

【 제3회 변호사시험 】 중 「피고인 김갑동의 배임의 점 및 특경가법위반(횡령)의 점」 부분

1. 피고인 김갑동의 배임

검사는, 피고인 김갑동이 자신이 대표이사로 있는 피해자 갑동주식회사 소유 관철동 토지에 관하여 박고소에게 채권최고액 2억 원의 근저당권을 설정하여 주고,

박고소로부터 1억 5,000만 원을 대출받음으로써, 2억 원에 해당하는 재산상의 이익을 취득하였다며 이를 배임으로 기소하였다.

위 관철동 토지의 소유권 명의는 김갑동으로 되어 있고(등기부등본, 기록 25면), 김갑동은 회사 소유 토지를 명의만 자신의 이름으로 해 둔 것이라고 하므로(피신조서, 기록 38면), 김갑동은 명의수탁자에 해당한다. <u>명의수탁자는 부동산의 보관자이므로, 김갑동이 관철동 토지에 근저당권을 설정해 준 행위는 배임이 아닌 횡령으로 다루어야 할 사안이다.</u> 따라서 검토의견서에서는 일단 잘못된 죄명을 지적해야 한다.

다음으로, 횡령죄의 성립 여부를 살핀다. 김갑동은 박고소에게 근저당권을 설정해 주고 대출받은 1억 5,000만 원을 회사의 부도를 막기 위해 사용하였다(기록 39면, 피신조서 및 세금계산서). 그렇다면 김갑동에게 횡령죄의 특별구성요소인 불법영득의 의사가 있었다고 할 수 없다.

결국 검토의견서 중 '피고인 김갑동의 배임' 부분에서는 배임이 아닌 횡령이 문제되고, 횡령 행위에는 후단 무죄 사유가 있음을 지적하면 된다.

2. 피고인 김갑동의 피해자들에 대한 특경가법위반(횡령)

검사는, 피해자 갑동주식회사의 대표이사인 피고인 김갑동이 위 회사 소유의 시가 6억 원 상당의 토지를 임의로 처분하여 그 돈을 개인적으로 사용하기로 마음먹고, 피해자 박고소와 위 토지에 관하여 매매대금 4억원으로 매매계약을 체결한 후 계약금 및 중도금의 합계 3억 원을 수령한 후, 최등기에게 위 토지에 관하여 매매대금 4억 원에 매도하는 계약을 체결하고 최등기 명의로 소유권이전등기를 마쳐 준 행위를 피해자들에 대한 특경가법위반(횡령)으로 기소하였다.

<u>부동산 이중매매에서 선매수인으로부터 중도금까지 받은 매도인은 그 부동산의 보관자가 아니라 선매수인의 소유권이전등기의무를 위임받은 자에 해당하므로 선매수인에 대하여 문제되는 죄명은 횡령이 아닌 배임이다.</u> 따라서 피해자 박고소에 대해서는 횡령죄가 아니라 배임죄가 문제됨을 쉽게 알 수 있다. 다음으로 피해자 갑동주식회사에 대하여 보면, 피해자 회사의 대표이사인 김갑동은 '타인의 재물을 보관하는 자'의 지위에 있기도 하지만, '타인의 사무를 처리하는 자'가 될 수도 있다. 그런데 피고인이 피해자 회사 소유의 부동산을 임의로 처분하여 그 돈을 개인적으로 사용하기로 마음먹었다고 하고 있으므로, 그와 같은 고의에서 문제되는 것은 횡령 행위가 아니라 회사 재산을 성실히 관리해야 할 의무에 위배되는 배임 행위이다. 따라서 검토의견서에서는 일단 잘못된 죄명을 지적해야 한다.

다음으로, 배임죄의 적용 법률을 본다. 검사는 위 토지의 시가가 6억 원이므로,

특경가법(피해액이 5억 원 이상인 경우 적용된다)을 적용한 것으로 보인다. 그러나 배임 죄의 이득액을 계산할 때 시가에서 그 부동산이 당초 부담하던 액수를 제하여야 한다. 위 사안에서는 시가 6억 원에서 신한은행 근저당권 피담보채무액 1억 5,000만 원을 제한 4억 5,000만 원이 김갑동의 이득액이자 피해자들의 피해액이 된다(매매 대금을 얼마로 하였느냐는 아무런 상관이 없다).

결국 검토의견서 중 '피고인 김갑동의 피해자들에 대한 특경가법위반(횡령)' 부분 에서는 횡령이 아닌 배임이 문제되고, 위 배임 행위에는 특경가법이 아닌 형법이 적 용되어야 함을 지적하면 된다.

6. 종 합

그럼 이제 지금까지의 변호사시험 기출문제를 놓고 '무면공' 및 유죄 사유 결정을 종합적으로 연습해 보자.

(1) 제5회 변호사시험

검토의견서 및 변론요지서에 써야 할 목차는 다음과 같았다.

I. 피고인 김갑동에 대하여(45점) – 검토의견서
  1. 사문서위조, 위조사문서행사의 점
  2. 특정범죄가중처벌등에관한법률위반(도주차량)의 점
  3. 변호사법위반의 점
  4. 절도의 점
  5. 범인도피교사의 점
II. 피고인 이을남에 대하여(55점) – 변론요지서
  1. 사문서위조, 위조사문서행사, 공전자기록등불실기재, 불실기재공전자기록
    등행사, 사기의 점
  2. 범인도피의 점

I. 피고인 김갑동 1. 사문서위조, 위조사문서행사

김갑동이 사망한 박병서 명의의 매매계약서를 위조하고 이를 행사한 사안인데, 망자 명의 문서위조죄가 성립하는지 여부가 쟁점인 사안이다. 문서위조죄의 보호법

익에 비추어보면 망자 명의 문서도 공공의 신용을 해할 우려가 있으므로 죄가 성립한다는 결론을 내릴 수 있다.

⇒ 유죄

Ⅰ. 피고인 김갑동 2. 특경가법위반(사기)

김갑동이 사망한 박병서를 상대로 소를 제기하고 승소판결을 받은 사안이다. 소송사기죄에서 법원의 재판은 피해자의 처분행위에 갈음하는 내용과 효력이 있어야 하는데, 망자를 상대로 한 판결은 효력이 없으므로, 사기죄가 성립하지 않는다.

⇒ 전단 무죄

Ⅰ. 피고인 김갑동 3. 변호사법위반

변호사법위반의 점과 상상적 경합 관계에 있는 사기죄에 대하여 확정된 약식명령이 있다.

⇒ 제1호 면소

Ⅰ. 피고인 김갑동 4. 절도

김갑동 절취한 자동차는 김갑동 명의로 등록되어 있지만 법률상 처인 나부자가 전적으로 운행·관리하고 있다. 김갑동과 나부자 사이에서는 자동차 소유자가 나부자임을 피고인도 인정한다. 형법 제344조, 제328조 제1항이 적용된다.

⇒ 형 면제

Ⅰ. 피고인 김갑동 5. 범인도피교사

김갑동이 사촌 이을남으로 하여금 절도죄의 허위 자백을 하게 했다. 범인이 자신을 위하여 타인으로 하여금 허위의 자백을 하게 한 경우 방어권의 남용으로 범인도피교사죄가 성립하고, 그 타인이 형법 제151조 제2항에 의하여 처벌을 받지 아니하는 친족이라 해도 마찬가지이다.

⇒ 유죄

Ⅱ. 피고인 이을남 1. 사문서위조 등

이을남이 공소사실을 부인하고, 공소사실에 부합하는 증거는 증거능력 또는 증명력이 문제된다.

　⇒ (사실관계를 다투는) 후단 무죄

Ⅱ. 피고인 이을남 2. 범인도피

이을남이 사촌인 김갑동을 위하여 죄를 범하였다. 형법 제151조 제2항이 적용된다.

　⇒ 전단 무죄

(2) 제4회 변호사시험

변론요지서와 검토의견서에 써야 할 목차는 다음과 같았다.

피고인 김갑동(50점) – 변론요지서
Ⅰ. 특정범죄가중처벌등에관한법률위반(뇌물)의 점
피고인 이을남(50점) – 검토의견서
Ⅱ. 사문서변조, 변조사문서행사, 사기의 점
Ⅲ. 폭력행위등처벌에관한법률위반(집단·흉기등협박)의 점
Ⅳ. 명예훼손의 점

Ⅰ. 특가법(뇌물)

김갑동이 공소사실을 부인하고, 공소사실에 부합하는 증거는 증거능력 또는 증명력이 문제된다.

　⇒ (사실관계를 다투는) 후단 무죄

Ⅱ. 사문서변조, 변조사문서행사, 사기

이을남이 적법한 위임을 받았다고 다투나, 증거를 종합하면 적법한 위임 범위를 초과하여 백지 보충권을 행사한 사실이 인정된다. 다만 위임 범위를 초과하여 백지 금액란을 기재하는 행위는 변조가 아니라 위조임을 지적해야 하고, 사기죄에서 피해자는 위임인 박고소가 아니라 위임 범위를 초과하여 돈을 빌려준 황금성이 되어야 함을 지적해야 한다.

　⇒ 죄명의 오류, 공소사실 구성의 오류 지적 (유죄)

Ⅲ. 폭처법위반(집단 · 흉기등협박)

이을남이 등산용 칼을 몸에 지니고 있기는 하였으나 이를 '휴대'라고 평가할 수 없다. 협박한 사실은 인정되나, 공소시효가 완성되었다.

⇒ 폭행의 점(축소사실 인정)으로 제3호 면소

Ⅳ. 명예훼손

검사가 예비적으로 모욕죄를 추가하였다. 사실의 적시가 없으므로 명예훼손죄는 성립하지 않고 모욕죄만 성립하는데, 공소제기 후 고소가 이루어졌다.

⇒ 주위적 공소사실은 후단 무죄, 예비적 공소사실은 제2호 공소기각

(3) 제3회 변호사시험

검토의견서 및 변론요지서에 써야 할 목차는 다음과 같았다.

Ⅰ. 피고인 김갑동 1. 배임

관철동 토지의 명의수탁자 김갑동은 명의신탁자 갑동주식회사에 대하여 부동산의 보관자의 지위에 있으므로, 김갑동이 위 토지에 대하여 근저당권을 설정한 행위에 대하여는 횡령이 문제될 뿐 배임은 문제되지 않는다. 김갑동은 근저당권을 담보로 하여 대출한 돈을 전부 갑동주식회사의 부도를 막는 데 사용하였으므로, 불법영득의 의사를 인정하기 어렵다.

⇒ 죄명의 오류 지적, 후단 무죄

Ⅰ. 피고인 김갑동 2. 특경가법위반(횡령)

가. 피해자 갑동주식회사에 대한 특경가법위반(횡령)

회사의 대표이사가 처음부터 매각대금을 개인적으로 사용할 의도로 회사 부동산을 매각하였으므로 업무상 배임이 문제된다. 그런데 배임의 이득액은 시가 6억 원에서 신한은행의 근저당권의 피담보채무액 1억 5,000만 원을 뺀 4억 5,000만 원이므로, 특경가법이 아닌 형법이 적용되어야 한다.

⇒ 죄명 및 적용 법률의 오류 지적 (유죄: 축소사실의 인정)

나. 피해자 박고소에 대한 특경가법위반(횡령)

부동산 이중매매 사안에서 매도인 김갑동이 선매수인 박고소로부터 중도금까지 받고 토지를 제3자에게 처분한 행위에 대하여는 횡령이 아닌 배임이 문제된다. 배임의 이득액은 시가 6억 원에서 신한은행의 근저당권의 피담보채무액 1억 5,000만 원을 뺀 4억 5,000만 원이므로, 특경가법이 아닌 형법이 적용되어야 한다.

⇒ 죄명 및 적용 법률의 오류 지적 (유죄: 축소사실의 인정)

Ⅱ. 피고인 이을남 1. 특경가법위반(횡령)

이을남이 공소사실을 부인하고, 공소사실에 부합하는 증거는 증거능력이 없거나 증명력이 문제된다.

⇒ (사실관계를 다투는) 후단 무죄

Ⅱ. 피고인 이을남 2. 강도

항거불능에 이르는 정도의 협박 사실을 인정할 증거가 부족하다. 공갈죄로 볼 수는 있지만, 검사가 공소장변경을 하지 아니하였다. 설령 법원이 직권으로 공갈죄를 인정할 수 있다고 하더라도, 피해자 김갑동과는 동거하지 않는 사촌관계여서 적법한 고소가 있어야 하는데, 김갑동은 범죄를 알게 된 때로부터 6개월이 지나 고소하였다.

⇒ (사실관계를 다투는) 후단 무죄, 예비적으로 제2호 공소기각

Ⅱ. 피고인 이을남 3. 현금 절도, 여전법 위반

하자 있는 의사에 기하여 신용카드를 교부받아 예금을 인출한 경우, 하자 있는 의

사라 하더라도 피해자의 승낙에 기하여 신용카드를 사용한 것이므로, 신용카드를 교부한 피해자에 대한 절도죄와 여전법 위반죄는 별도로 성립하지 아니한다.

⇒ 각 전단 무죄

Ⅱ. 피고인 이을남 4. 점유이탈물 횡령

공소시효가 완성되었다.

⇒ 제3호 면소

Ⅱ. 피고인 이을남 5. 금목걸이 절도

이을남의 자백 및 이을남의 자백을 들었다는 김갑동의 진술밖에 없고, 그 외 보강증거가 없다.

⇒ (법리를 다투는) 후단 무죄 - 자백의 보강법칙 적용

(4) 제2회 변호사시험

변론요지서에 써야 할 목차는 다음과 같았다.

Ⅰ. 피고인 김갑인에 대하여(40점)
  1. 사문서위조, 위조사문서행사의 점
  2. 특정범죄가중처벌등에관한법률위반(도주차량)의 점
  3. 도로교통법위반(음주운전)의 점
Ⅱ. 피고인 이을해에 대하여(60점)
  1. 특정경제범죄가중처벌등에관한법률위반(사기)의 점
  2. 공갈의 점

Ⅰ. 피고인 김갑인 1. 사문서위조, 위조사문서행사

상상적 경합범에 해당하는 최정오 명의의 사문서위조 및 위조사문서행사죄에 관하여 확정된 약식명령이 있다.

⇒ 제1호 면소

Ⅰ. 피고인 김갑인 2. 특가법위반(도주차량)

공소사실의 요지는 피고인이 술을 마시고 운전하다 피해자를 상해한 뒤 도주하였

다는 것인데, '도주' 부분에 대해서는 판례 법리로 전단 무죄사유를, '음주운전' 부분에 대해서는 엄격한 증명의 부재로 후단 무죄사유를 주장할 수 있다. 따라서 공소사실 중 자동차로 피해자를 상해한 부분만 남게 되는데 '음주운전'이 배제되므로 교특법 제3조 제2항 단서 제8호에 해당되지 않고, 피고인이 종합보험에 가입되어 있기 때문에 결과적으로 교특법 제4조 제1항 본문에 따라 공소제기를 할 수 없는 경우에 해당한다(실제 사건이라면 '상해'에 대해 다투어 볼 수 있겠지만, 피고인이 "변호사님과 상의한 결과 상해는 인정한다"고 진술하였으므로(기록 21면), 출제자는 '상해' 여부에 대해 묻지 않겠다는 의도라고 보아야 한다).

⇒ 교특법위반의 점(축소사실 인정)으로 제2호 공소기각

Ⅰ. 피고인 김갑인 3. 도교법위반(음주운전)

위드마크 공식으로 추산한 혈중알코올농도가 처벌기준치를 근사하게 넘는 0.053%인데, 이런 경우 범죄의 요건사실에 관하여 엄격한 증명이 이루어졌다고 볼 수 없다.

⇒ (법리를 다투는) 후단 무죄

Ⅱ. 피고인 이을해 1. 특경가법위반(사기)

이을해가 공소사실을 부인하고 공소사실에 부합하는 증거는 증거능력이 없거나 증명력이 문제된다.

⇒ (사실관계를 다투는) 후단 무죄

Ⅱ. 피고인 이을해 2. 공갈

처분행위가 없어 '공갈'에는 해당하지 않고 '폭행' 부분만 남는데, 피해자는 피고인의 처벌을 원치 않았다.

⇒ 폭행의 점(축소사실 인정)으로 제2호 공소기각

(5) 제1회 변호사시험

변론요지서에 써야 할 목차는 다음과 같았다.

Ⅰ. 피고인 김토건에 대하여(45점)
Ⅱ. 피고인 이달수에 대하여(55점)
  1. 횡령의 점
  2. 성폭력범죄의처벌등에관한특례법위반(주거침입강간등)의 점
  3. 교통사고처리특례법위반의 점
  4. 사기의 점

Ⅰ. 피고인 김토건(특수강도교사)

김토건이 공소사실을 부인하면서 이에 부합하는 증거에 부동의하고 있다. 공소사실에 부합하는 증거가 제출되었으나, 증거능력이 없거나 증명력이 떨어진다.

⇒ (사실관계를 다투는) 후단 무죄

Ⅱ. 피고인 이달수 1. 횡령

이달수가 공소사실을 인정하면서 다투지 않는다. 이달수가 전달받은 돈은 불법원인급여이므로 소유권 귀속이 문제된다. 이달수가 돈을 받은 때 그 돈은 이달수 소유가 되므로 '타인의 재물'이 아니다. 구성요건해당성이 없는 경우에 해당한다.

⇒ 전단 무죄

Ⅱ. 피고인 이달수 2. 성폭법위반(주거침입강간등)

이달수가 공소사실을 부인하고 공소사실에 부합하는 증거는 증거능력이 없거나 증명력이 문제된다.

⇒ (사실관계를 다투는) 후단 무죄

Ⅱ. 피고인 이달수 3. 교특법위반

자전거를 타고 횡단보도를 횡단한 자가 '보행자'인지 문제된다. 관련 법령을 찾아가 보면 자전거를 타고 횡단보도를 횡단한 자는 교특법 제3조 제2항 단서 제6호의 '보행자'에 포함되지 않음을 알 수 있다. 이제 남는 것은 제3조 제2항 본문의 적용이

다. 그런데 공소제기 후 피해자가 처벌불원의 의사표시를 하였다.

⇒ 제6호 공소기각

II. 피고인 이달수 4. 사기

단순사기혐의로 기소되었는데, 상습사기의 약식명령이 있다. 범죄일이 약식명령 (상습사기)의 발령시 이전이다. 약식명령의 기판력이 이 사건에 미치는지 여부가 쟁점이 된다.

⇒ 제1호 면소

5단계: '무면공' 및 유죄 사유별 변론(검토)

변호사시험 실무형 문제는 공통적으로 '결론'과 '결론에 이르는 근거'를 요구한다. 문제는 '변론요지서를 작성하라', 혹은 '보석허가청구서를 작성하라'로 다르지만, 답안에 들어갈 주된 내용은 공소제기된 각 범죄에 대한 '결론(유죄, 무면공)'과 그 '이유'에 관한 것이므로 결국 문제가 무엇이든 '결론'과 '결론에 이르는 근거'를 쓰라는 말이다.

'결론'은 '법리'만 잘 알면 맞힐 수 있다. 법리는 법학시험에서 가장 중요한 것이므로, 죄명에 대한 결론이 틀리면 안정적인 점수를 받기 힘들다. 그런데 고득점은 '결론에 이르는 근거'를 얼마나 잘 제시하느냐에 달려있다. 이제부터 연습하는 내용이 바로 '결론에 이르는 근거'를 적는 것이다.

1. 서: 사실관계와 법률관계의 구별

형사법 기록형에서 <u>'결론에 이르는 근거'의 큰 방향은 사실관계냐 법률관계냐 둘 중 하나</u>이다.

<u>후단 무죄 사유는 사실관계의 다툼일 수도 있고 법률관계의 다툼일 수도 있다.</u> 공소사실과 피고인이 주장하는 사실관계가 다를 때는 당연히 사실관계를 다퉈야 한다. 공소사실을 다투기 위해 공소사실에 부합하는 증거의 증거능력을 배척하거나 증명력을 탄핵하는 것이다. 이와 달리 피고인이 공소사실을 인정하나 피고인의 자백 이외 보강증거가 없어 후단 무죄가 되는 경우에는 증거의 증거능력을 배척하거나 증명력을 탄핵하더라도 이는 '자백의 보강법칙(형소법 제310조)'이라는 법률관계를 다투는 것이다.

<u>전단 무죄, 면소, 공소기각 사유는 법률관계의 다툼</u>이다. 전단 무죄는 법리만으로

무죄 사유가 있는 경우이고, 면소와 공소기각은 무죄 사유가 있더라도 형식적 판단을 먼저 해야 하기 때문에 법리만이 문제가 된다. 따라서 기록에서는 대개 피고인이 사실관계를 다투지 않는 것으로 문제화되는 것이 보통이다. <u>피고인이 사실관계를 다투더라도 이는 함정일 수 있음을 주의</u>해야 한다.

유죄(축소사실의 인정) 사유에서는 사실관계를 다툴 때도 있고, 법률관계를 다툴 때도 있을 것이다. 전체 공소사실 중 일부 사실이 인정되지 않아 일부 사실에 대하여 후단 무죄의 사유가 있는 경우(이유 무죄)는 사실관계를 다투는 것이고, 공소사실 중 일부 사실에 대하여 전단 무죄, 면소 또는 공소기각 사유가 있을 때(이유 무죄, 이유 면소, 이유 공소기각)는 법률관계의 문제가 된다.

이렇게 사실관계와 법률관계를 구별하였다면, 변론의 방향은 다 잡은 것이나 마찬가지이다. 사실관계를 다툰다면 '결론에 이르는 근거'에서 공소사실이 증명되지 않았음을 변론의 쟁점으로 삼는다. 반면 법률관계를 다툰다면 '결론에 이르는 근거'는 사안의 쟁점에 해당하는 법리를 찾아 쓴 뒤 사안을 이에 포섭하는 방향이 된다.

> ☞ 사실관계를 다툴 때
>   ⇒ 공소사실을 입증하는 증거의 증거능력이나 증명력을 배척
>
> ☞ 법률관계를 다툴 때
>   ⇒ 일반론과 사안의 적용

2. 사실관계의 변론

실체적 진실을 밝히는 형사절차에서 사실인정은 그 핵심적 부분을 차지하는데, 사실관계를 확정하는 데에 사용되는 자료가 '증거'이다. 사실관계를 다투는 후단 무죄 사유에서는 바로 그 증거 하나하나의 <u>증거능력과 증명력</u>을 다투어야 하므로 쟁점에서 증거법 비중이 매우 높다.

사실관계를 다투는 후단 무죄 사유(후단 무죄 사유라도 법률관계를 다투는 경우도 있는데, 이는 후술하기로 한다) 또는 공소사실 중 일부 사실을 부인하는 유죄 사유가 있는 경우에는 사실관계를 중심으로 변론한다. 사실관계를 다툴 때는 공소사실과 실제 사

실(피고인이 주장하는 사실)이 어떻게 다른지 구체적으로 밝혀 주고, 실제 사실과 다른 공소사실을 입증할 증거가 없음을 주장하는 것이 핵심이다.

(1) 사실관계를 다투는 후단 무죄

공소사실과 피고인의 주장사실이 다르므로 기록을 꼼꼼히 살피는 것이 다른 어떤 사유에서보다 더 중요하다.

가. 증거능력 쟁점 없이 검사의 입증 부족을 다투는 경우

공소사실은 검사가 입증하여야 하므로, 검사가 제출한 증거만으로는 공소사실이 합리적 의심의 여지 없이 입증되었다고 하기 어려울 때 검사의 입증 부족을 다투어 후단 무죄를 주장하면 된다.

> 【 제3회 변호사시험 】 중 「피고인 이을남의 강도의 점」 부분
>
> 〔답안작성례〕
> 강도죄에 있어서 협박의 정도는 사회통념상 객관적으로 상대방의 반항을 억압하거나 항거불능케 할 정도의 것이라야 합니다. (판례 법리)
> 피고인 이을남이 김갑동을 협박한 것은 사실이나, 그 협박의 정도가 김갑동의 반항을 억압하거나 항거불능케 할 정도의 것에 이르렀다고 볼 수는 없습니다. 피고인 이을남은 김갑동이 회사 소유 토지를 처분할 사실을 들어 이를 경찰에 알릴 수도 있는데 신용카드를 주면 참겠다고 하였을 뿐이고, 이에 김갑동은 자신의 범죄 사실을 알리지 말아 달라는 뜻에서 순순히 피고인 이을남에게 자신의 신용카드를 주면서 비밀번호도 알려준 것입니다. 김갑동의 진술에 의하더라도 김갑동은 이을남의 요구를 거절하면 동네 건달들을 회사에 데려와 소란을 피울까 염려되어 신용카드를 준 것인데(기록 41면), 이를 가지고 항거불능의 정도에 이르렀다고 할 수는 없습니다. (적용)
> 설령 피고인 이을남의 행위가 피해자를 갈취한 공갈죄에 해당한다고 하더라도, 검사가 피고인 이을남에 대하여 강도죄로 공소를 제기하였고, 예비적으로라도 공갈죄에 대하여 판단을 구한 적은 없는바, 강도죄와 공갈죄는 그 죄질을 달리하므로, 공소장변경절차없이 공갈죄로 처단할 수는 없다고 할 것입니다
> (한편 이 사건에서 피고인 이을남과 피해자 김갑동은 동거하지 않는 사촌관계에 있고, 공갈죄는 형법 제354조, 제328조에 의하여 친족간에는 직법한 고소가 있어야 하는데, 피해자

김갑동은 2012. 5. 20. 피고인의 이 사건 범행을 알았음에도 그로부터 6개월이 지난 2013. 6. 3.에 고소를 하였으므로, 김갑동의 고소는 부적법하기도 합니다). (예비적 주장)

그렇다면 이 사건 공소사실은 범죄의 증명이 없는 때에 해당하므로 형소법 제325조 후단에 의하여 무죄를 선고하여 주시기 바랍니다. (소결)

한편 제3회 변호사시험 기록형 문제 중 피고인 이을남의 강도의 점에 대하여 무죄로 변론하여야 하는지, 아니면 법원이 축소사실(공갈죄)을 인정하여 부적법한 고소를 이유로 제2호 공소기각 사유로 변론하여야 하는지에 관하여 수험생들 사이에 논쟁이 되었다. 강도죄의 공소사실을 공소장변경 절차 없이 공갈죄로 처단할 수 없다는 판례(92도3156)를 따라 무죄를 다투는 것이 가장 이상적일 것이다. 다만 예비적으로 제2호 공소기각 사유를 주장하는 것도 출제자의 의도에 맞는 것이 아닌가 생각한다.

【 제2회 변호사시험 】 중 「도교법위반(음주운전)의 점」 부분

〔답안작성례〕

범죄구성요건 사실의 존부를 알아내기 위해 과학공식과 같은 경험칙을 이용하는 경우에는 그 법칙 적용의 전제가 되는 개별적이고 구체적인 사실에 대하여는 엄격한 증명을 요하므로, 공소사실이 진실한 것이라는 확신을 가지게 할 수 있는 증명이 필요하다고 할 것입니다. 이와 같은 점은 특히 위드마크 공식에 의하여 산출한 혈중알코올농도가 법이 허용하는 혈중 알코올농도를 근소하게 초과하는 정도에 불과한 경우에 더욱 강조되어야 합니다. (판례 법리)

변호인이 제출한 증거(서적 사본)에 의하면 최종 음주시각부터 90분 내에 혈중알코올농도가 측정된 경우에는 피검사자의 혈중알코올농도가 최고도에 이르기까지 상승하고 있는 상태인지, 최고도에 이른 후 하강하고 있는 상태인지 여부를 확정하기 어렵습니다. (법리) 피고인은 2012. 9. 18. 최종음주시인 21:20경으로부터 10분 정도 지난 21:30경 교통사고를 내고, 그로부터 한 시간 뒤인 22:30경 음주측정 결과 알코올농도가 0.045%로 측정되었는데, 이를 위드마크 공식에 따라 추정한 수치가 음주운전을 처벌하는 기준인 0.05%를 근소하게 초과하는 0.053%였습니다.

앞서 본 법리를 이 사건에 적용해 보면, 음주종료시각과 사고발생 시각과의 시간적 간격(10분)만으로는 사고발생 시각에 혈중알코올농도가 상승기에 있는지 하강기에 있는지 확정할 수 없는 상태인데, 수사기관은 혈중알코올농도가 하강기에 있는 경우에만 적용되는 위드마크 공식에 의한 역추산 방식을 적용하여 위 수치를 산출하였습니다. 이와 같이 산출한 혈중알코올농도가 처벌기준치를 근소하게 초과하고 있으므로, 이 사건 사고 당시 피고인의 혈중알코올농도가 0.05% 이상이었다고 단정할 수는 없다고 할 것입니다. (적용) 그렇다면 위 공소사실은 범죄사실의 증명이 없는 경우에 해당하므로 형소법 제325조 후단에 의하여 무죄를 선고하여 주시기 바랍니다. (소결)

【 제6회 모의시험 】 중 「피고인 이해남의 배임의 점」 부분

〔답안작성례〕

자동차에 대하여 저당권이 설정되는 경우 자동차의 교환가치는 그 저당권에 포섭되고, 저당권설정자가 자동차를 매도하여 그 소유자가 달라지더라도 저당권에는 영향이 없으므로, 특별한 사정이 없는 한 저당권설정자가 단순히 그 저당권의 목적인 자동차를 다른 사람에게 매도한 것만으로는 배임죄에 해당하지 아니하나, 자동차를 담보로 제공하고 점유하는 채무자가 부당히 그 담보가치를 감소시키는 행위를 한 경우 배임죄의 죄책을 면할 수 없습니다. (법리)

피고인이 선한캐피탈 주식회사(이하 '선한캐피탈'이라고만 하겠습니다)로부터 이 사건 자동차를 담보로 1,000만 원을 빌리면서 선한캐피탈에 근저당권을 설정하여 준 후, 위 자동차를 장승백에게 처분한 사실은 인정합니다. (일부 사실 인정) 그러나 이러한 사실만으로는 피고인이 '부당히 이 사건 자동차의 담보가치를 감소시키는 행위'를 하였다고 볼 수 없습니다. (다투는 사실)

피고인이 이 사건 자동차를 장승백에게 매도할 당시 이 사건 자동차의 가액은 1,500만 원입니다(고대리의 진술조서, 기록 35면). 그런데 피고인은 장승백과 이 사건 자동차의 매매대금을 1,500만 원으로 정하고, 선한캐피탈에 대한 남은 할부대금 800만 원을 공제한 700만 원만 지급하였습니다(검사 작성 피의자신문조서, 기록 37면). 즉 피고인과 장승백 사이에서는 장승백이 피고인 이해남의 선한캐피탈에 대한 대출금 채무를 인수하기로 하는 계약이 체결된 것이므로, 결국 이 사건 자동차의 담보가치는 그대로 남아 있는 것입니다. (다투는 사실에 대한 근거 제시-담보가치의 존속)

장승백은 현재 상도동에서 '장승배기 론캐싱'이라는 상호로 사채업을 하고 있기 때문에, 선한캐피탈에서 장승백의 사무실로 찾아가면 이 사건 자동차를 인도받는 것도 어렵지 않습니다. 그런데 선한캐피탈에서는 이 사건 자동차에 대한 인도명령을 받아놓고도 매수인의 소재를 파악하지 못한다는 이유로 이를 취하하여 집행하지 못하고 있는 것뿐입니다. (다투는 사실에 대한 근거 제시-집행의 용이성)

범죄의 증명은 합리적 의심의 여지가 없는 수준에 이르러야 합니다. 그런데 과연 이 사건에서 피고인이 이 사건 자동차를 장승백에게 매도한 행위가 '부당히 이 사건 자동차의 담보가치를 감소시키는 행위'에 해당하는지 의심의 여지가 많이 있습니다.

따라서 이 부분 공소사실은 범죄의 증명이 없는 때에 해당하므로 형사소송법 제325조 후단에 의하여 무죄를 선고하여 주시기 바랍니다. (소결)

나. 증거능력 및 증명력을 다투는 경우

이 경우가 시험의 최고 단골메뉴다. 가장 양을 많이 써야 하는 사유이기도 하다.

증거가 부족해서 범죄를 인정할 수 없는 경우이므로, 제출된 증거에 대해 일일이 판단해 주어야 하기 때문이다. 특히 공동피고인의 증거법 쟁점과 관련된 문제가 후단 무죄 사유가 되는 경우에는 시험에서 배점 기준도 매우 높다.

증거능력 및 증명력을 다투어서 사실관계를 다투는 후단 무죄 변론 방법을 다음의 4단계로 정리해 보았다.

〈1단계〉 공소사실에 부합하는 증거를 찾는다.
〈2단계〉 그 중 증거능력이 없는 증거를 배척한다.
〈3단계〉 증거능력이 있는 증거는 증명력을 탄핵한다.
〈4단계〉 나머지 증거(부족증거)만으로는 입증이 부족함을 주장한다.

〈1단계〉 공소사실에 부합하는 증거 찾기

증거목록에 있는 증거는 증거서류 및 물건이다. 대부분 공소 제기와 동시에 제출되는 증거이다. 여기에 변론에서 나오는 증거를 더해야 1단계 미션이 끝난다. 변론에서 나오는 증거로는 피고인 신문에서의 피고인 진술, 증인 신문에서의 증인 진술 등이 있을 수 있다. 증거목록에 있는 증거는 목록을 보고 찾으면 되므로 별 어려움이 없지만, 변론기일에 나오는 증거는 어떤 것이 증거가 될 것인지 생각하면서 기록을 봐야 찾을 수 있다.

증거목록에 있는 증거와 변론에서 나오는 증거 모두가 공소사실에 부합하는 증거가 아님은 물론이다. 피의자가 피의자신문조서에서 공소사실을 부인하는 내용으로 진술한 경우, 그 피신조서는 당연히 공소사실에 부합하는 증거가 아니다. 제출된 증거 중에서 공소사실에 들어맞는 증거를 찾아 체크해 두어야 한다.

다만 〈1단계〉는 증거를 찾아 메모만 하면 되고, 이를 답안지에 옮겨 쓰지 않는 게 효율적이다. 기록형 시험은 시간 싸움인데 증거를 일일이 옮겨 쓰려면 시간이 걸릴 뿐 아니라, 뒤의 단계를 거치면서 〈1단계〉에서 적은 내용과 맞지 않을 위험도 있기 때문이다. 〈1단계〉에서 찾은 증거는 〈2단계〉부터 〈4단계〉를 거치면서 답안에 현출되므로 굳이 반복해 적을 이유도 없다.

〈2단계〉 증거능력 없는 증거의 배척

공소사실에 부합하는 증거들 중에서 증거능력이 없는 것은 증거로 할 수 없으므로 이를 배척하는 주장을 해야 한다. 이 점이 실제 사건과 시험에서의 차이이다. 실제 사건에서는 증거능력이 없는 증거는 채택되지 않아 증거조사가 진행되지 않는다. 그러나 시험에서는 증거능력 유무를 구별할 수 있는 능력을 테스트하기 위해 편의상 증거로 채택되어 증거조사가 진행된 것을 전제로 한다. 이 차이점을 반드시 이해하고 있어야 한다.

여기에서는 증거법에 관한 지식이 총동원되어야 하는데, 증거능력이 없는 증거를 쉽게 찾는 방법을 다음과 같이 정리해 보았다.

◈ 먼저, 위법수집증거를 찾는다. 위법수집증거는 증거동의에 관계없이 증거능력을 갖지 못하기 때문이다. 1차 증거가 위법하면 그 1차 증거에 근거한 2차 증거도, 1차 증거와의 인과관계가 단절되었다고 볼 수 있는 등의 특별한 사정이 없는 한, 이른바 '독수독과' 이론에 의하여 증거능력이 없다.

❖ 다음으로, 증거동의가 없는 전문증거 중에서 형소법 제311조 내지 제316조의 예외에 해당하지 않는 증거를 찾는다. 전문증거라도 증거동의가 있으면 제318조 제1항에 의하여 증거능력을 갖지만, 증거동의가 없는 경우에는 제310조의2가 적용되기 때문이다. 특히 공동피고인이 있는 경우 다음의 두 가지를 유의하면서 본다.

■ 공동피고인의 진술은 피고인 신문에서 나온 진술인지, 변론분리 후 공동피고인을 증인으로 신문하여 나온 진술인지 구별하여 보아야 한다. 공동피고인이 공범이면 피고인 신문시의 진술을 증거로 사용할 수 있으나, 공범관계가 아니면 피고인 신문시의 진술을 증거로 사용할 수 없기 때문이다(공동피고인의 진술은 전문증거일 수도 있고 아닐 수도 있지만, 편의상 전문증거 부분에서 설명하기로 한다).

■ 공범인 공동피고인 사안이라면 증인 진술에서 공동피고인 중 1명으로부터 범죄사실과 관련한 어떠한 말을 들었다는 증인의 진술을 주의하여 보아야 한다. 앞서 "공동피고인 이야기"에서 보았듯이, 甲이라는 피고인으로부터 甲, 乙 공동범행에 관한 말을 들은 丙이라는 증인의 증언은 甲에 대하여는 형소법 제316조 제1항, 乙에 대하여는 동조 제2항의 요건을 갖추어야 증거능력이 부여되기 때문이다. 시험에서는 특히 甲으로부터 丙이 들은 말을 乙에 대한 증거로 사용할 수 있는지 여부가 중요하다.

위법수집증거와 전문증거, 공동피고인 증거관계에 대해 대강 알고 있더라도 실제 기록에서 해당 쟁점을 찾기가 쉽지 않다. 아래에 정리해 둔 기출 쟁점을 참고하여 기록에서 증거능력 없는 증거를 찾는 방법을 연습해 보자.

위법수집증거배제법칙에 관한 기출 쟁점

▶ 형소법 제106조 제3항 위반 (☞ 제4회 모의시험)

제4회 모의시험 기록 중 피고인들의 폭처법위반(공동폭행) 및 업무방해를 입증하는 증거로 제출된 데스크탑 컴퓨터 1대(증 제1호)는 압수영장에 기재된 압수범위를 초과하므로 위법수집증거이다.

압수수색영장에서 압수할 물건은 '피의자 백옥희가 신미남으로부터 받은 이메일 내용 및 약도를 편집하여 작성한, 피의자 백옥희의 데스크탑 컴퓨터에 저장된 한글파일'로 한정되어 있다. 형소법 제106조 제3항 및 판례에 의하면 정보저장매체에 저장된 전자정보를 압수할 때는 원칙적으로 혐의사실과 관련된 전자정보만을 문서로 출력하거나 수사기관이 휴대한 저장매체에 복사하는 방법으로 압수하여야 하고, 집행현장에서 출력·복사에 의한 집행이 불가능하거나 압수의 목적을 달성하기에 현저히 곤란한 경우에만 저장매체의 원본 반출이 허용된다. 그런데 이 사건에서는 한글파일의 출력·복사에 의한 집행이 불가능하다거나 압수의 목적을 달성하기에 현저히 곤란한 사정이 전혀 없었다.

⇒ 전자정보 압수에 대한 법 조문과 판례 법리를 숙지하고 있어야 위법성을 찾아낼 수 있었다.

▶ 형소법 제200조의3 제1항 위반 (제2·4회 변호사시험)

제4회 변호사시험에서 피의자 이을남은 김갑동에 대한 명예훼손 혐의에 대한 수사를 받기 위해 서울서초경찰서에 출석하였고, 위 혐의에 대해 수사를 받던 도중 김갑동에게 100만 원을 교부한 사실을 밝혔다. 그러자 경찰은 도주 및 증거인멸 우려가 있다며 이을남을 뇌물공여 혐의로 긴급체포하였다(기록 13면 및 30면 참조). 경찰서에 자발적으로 출석해 조사를 받던 피의자가 스스로 범죄 사실을 밝히는 상황이므로 형소법 제200조의3 제1항이 요구하는 '긴급성' 및 '필요성'이 있다고 할 수 없다. 따라서 위 긴급체포는 위법하고, 긴급체포에 따른 압수도 위법하다.

제2회 변호사시험에서 피의자 이을해는 서울서초경찰서로부터 전화상으로 당일 출석 요구를 받고 일이 있어 다음날 출석하겠다고 하였으나, 경찰이 이을해를 찾아와 그 의사에 반하여 경찰서에 데리고 갔다. 경찰은 경찰서에서 조사를 하던 중 피의자가 범행을 부인하자 증거인멸의 우려가 있다고 하여 긴급체포하였다(기록 14면 및 49면 참조). 위 긴급체포는 위법한 임의동행에 이은 것으로 위법하고, 위법한 체포 상태에서 이루어진 피의자의 자백은 위법수집증거에 해당한다.

⇒ 긴급체포의 요건을 알고 있으면 비교적 쉽게 파악할 수 있다.

▶ 형소법 제217조 제1항 위반 (☞ 제4회 변호사시험)

긴급체포된 자가 소유 · 소지 또는 보관하는 물건은 긴급성이 있으면 체포한 때로부터 24시간 내에 압수할 수 있다. 따라서 체포시각과 압수시각을 체크해 시간제한을 지켰는지 찾아보아야 한다.

제4회 변호사시험 기록에서 피의자 이을남은 2014. 7. 30. 14:00 긴급체포되었고(기록 13면), 이을남 소유의 수첩은 2014. 8. 1. 13:00 이을남의 사무실에서 압수되었다(기록 30면). 긴급체포된 때로부터 24시간이 넘어 압수되었으므로 위 압수는 위법하다.

⇒ 형소법 제217조 제1항의 규정을 정확히 알고 체포시각과 압수시각을 체크하면서 기록을 보아야 위법성을 찾을 수 있다.

▶ 형소법 제217조 제2항 위반 (☞ 제1 · 3 · 4회 변호사시험)

형소법 제216조 제1항 제2호 또는 제217조 제1항에 따라 압수한 물건을 계속 압수할 필요가 있는 경우에는 사후 압수수색영장을 받아야 한다. 기록에 사후 영장이 나와 있지 않다면 이는 위법수집증거에 해당한다.

제4회 변호사시험 기록에서 이을남 소유 수첩은 형소법 제217조 제1항에 따라 압수되었는데(기록 제30면), 사후 압수영장이 없다. 따라서 수첩은 위수증으로 증거능력이 없다.

제3회 변호사시험 기록 중 체포영장(기록 13면)에 따르면 피의자 이을남은 2013. 7. 5. 09:00 피의자의 주거지에서 체포되었다. 압수조서(기록 33면)에는 2013. 7. 5. 09:00 이루어진 금목걸이 압수경위에 대하여 "별도의 범죄행위로 취득하였을 것으로 사료되는 고가의 금목걸이를 소지자(압수목록의 피압수자 참조)로부터 압수하였다"고 기재되어 있다. 위 압수는 체포영장에 의한 체포 시에 체포현장에서 할 수 있는 압수로(형소법 제216조 제1항 제2호), 그와 같이 압수한 물건을 계속 압수하려면 형소법 제217조 제2항에 의한 사후영장을 받아야 한다. 그런데 수사기관은 금목걸이에 대해 사후 압수수색영장을 받은 바 없이, 이를 증거로 제출하였다. 따라서 위 압수는 위법하다.

제1회 변호사시험 기록 중 압수조서(기록 37면)에 "형소법 제217조 제1항에 따라 긴급체포한 지 24시간 이내에 압수하다"라고 기재되어 있다. 검사는 압수물인 나이키 신발을 법원에 증거로 제출하였다(기록 9면, 증거목록 참고). 그렇다면 제217조 제2항에 따라 사후영장이 있어야 한다. 그런데 사후영장이 없다. 따라서 위 압수는 위법하다.

⇒ 형소법 제217조 제2항의 규정을 정확히 알고, "체포 시 적법하게 압수한 뒤 사

후영장을 받았나"라는 생각을 하면서 기록을 봐야 사후 영장을 받지 못한 위법한 압수임을 파악할 수 있다.

▶ 기타 판례 법리에 따른 위수증 (☞ 2015년 제2 · 3차 모의시험)

2015년 제2차 모의시험에서 수사과정에 참고인으로 진술한 우정석이 증인으로 출석하여 피고인에게 유리한 증언을 하자 검사는 우정석을 재소환하여 증언과 배치되는 진술을 받고, 위 진술조서를 제3회 공판기일에 증거로 제출하였다. 공판기일에서 이미 증언을 마친 증인을 검사가 소환한 후 피고인에게 유리한 증언 내용을 추궁하여 이를 일방적으로 번복시키는 방식으로 작성한 '진술조서'의 증거능력에 관한 판례(2012도534)를 기억한다면 위 증거가 위수증임을 쉽게 알 수 있다.

2015년 제3차 모의시험에서 음주운전을 하다 교통사고를 내고 의식을 잃은 피고인에 대하여 수사기관이 보호자의 동의를 받아 혈액채취하여 혈중알콜농도를 감정의뢰하였는데, 그 감정에서 혈중알콜농도가 처벌 기준치를 넘어 나왔다. 수사기관은 보호자의 동의를 받았음을 이유로 압수수색검증영장을 신청하지 않았다. 음주운전 중 교통사고를 내고 의식불명 상태에 빠져 병원으로 후송된 운전자에 대하여 수사기관이 영장 없이 강제채혈을 할 수 없고(2011도15258), 보호자 동의를 받더라도 마찬가지(2013도1228)라는 법리를 기억한다면 혈액채취가 위법하고, 그에 기초한 감정의뢰 회보도 '독수독과'로 증거능력이 없다는 것을 알 수있다.

⇒ 관련 판례를 알고 사안에 적용할 수 있어야 한다.

전문법칙 및 공동피고인의 증거관계에 관한 기출 쟁점

진술을 기재한 서류나 전문진술을 기재한 서류에 대하여 피고인이 증거로 함에 동의하지 않을 때 전문법칙이 문제된다. 아래 [진술을 기재한 서류]와 [전문진술을 기재한 서류] 사안은 모두 당해 피고인의 증거 부동의를 전제로 한 것이다.

[진술을 기재한 서류]

▶ 형소법 제312조 제1, 2항 적용 (☞ 제3회 모의시험)

자신에 대한 검사 작성 피신조서에 대해 피고인이 실질적 진정성립을 부인하면 원칙적으로 그 조서는 증거능력이 없다(제312조 제1항). 한편 형소법 제312조 제2항에 의해 예외가 인정될 수 있으나 판례가 '그 밖의 객관적인 방법'을 영상녹화물 수준으로 요구하고 있어(2015도16586 참조) 적어도 시험에서는 예외로 포섭되는 경우가 드물 것이다.

제3회 모의시험에서 피고인 조장물은 자신에 대한 검사 작성 피신조서에 대해 증거 부동의를 하고(기록 6면, 순번2의 ② × 부분), 피고인신문에서 "피고인은 검찰에서 작성된 피의자신문조서를 읽고 서명, 날인하지 않았나요."라는 검사의 질문에 "제대로 읽어보지 않았습니다."고 대답하였으므로, 위 서류는 증거능력이 없다.

⇒ 증거목록에서 ○× 표시를 확인한 뒤, 법정에서 진정성립이 인정되었는지 확인함으로써 알 수 있다.

▶ 형소법 제312조 제3항 적용 (☞ 변호사시험 전회)

사경 작성 피신조서는 자신에 대한 것이든, 공범인 공동피고인에 대한 것이든 내용부인만으로 증거능력이 없다.

⇒ 증거목록에서 '○○×'(자신에 대한 사경 작성 피신조서 내용부인), '×'(공범인 공동피고인에 대한 사경 작성 피신조서 부동의) 표시만으로도 알 수 있다.

▶ 공범인 공동피고인 사안에서 형소법 제312조 제4항 적용 (☞ 변호사시험 전회, 2015년 제3차 모의시험)

공범인 공동피고인에 대한 검사 작성 피신조서는 그 공범인 공동피고인이 진정성립을 인정하면 당해 피고인에 대해서도 증거능력이 있다.

제2회 변호사시험 중 피고인 이을해의 특경가법위반(사기)의 점에 관하여, 공범인 공동피고인 김갑인에 대한 피고인신문에서 검사 작성 피신조서에 대한 진정성립을 물어보는 질문이 없다(제2회 변호사시험 기록 21면과 제1회 변호사시험 기록 21면을 비교해 보라). 그런데 공동피고인 김갑인이 제1회 공판기일에서 자신에 대한 검사 작성 피신조서에 대해 증거동의 하였고(기록 8면 순번 1의 ① 부분), <u>공동피고인이 증거동의를 하였다는 것은 실질적 진정성립을 인정한다는 뜻</u>이며, 공동피고인 김갑인에 대한 피고인신문에서 피고인 이을해 측의 반대신문권도 보장되었으므로, 검사가 공범인 공동피고인에게 진정성립을 확인하는 질문을 하지 않았다고 하더라도 진정성립이 인정된다. 따라서 김갑인에 대한 검사 작성 피신조서는 피고인 이을해의 특경가법위반(사기)의 점에 관한 증거로 사용할 수 있다.

제3회 변호사시험 중 피고인 이을남의 특경가법위반(횡령)의 점에 관하여도 마찬가지이다. 공범인 공동피고인 김갑동(공동정범)이 제1회 공판기일에서 자신에 대한 검사 작성 피신조서에 대해 증거동의하였으므로(기록 8면 순번 1의 ① 부분), 위 증거는 피고인 이을남의 특경가법위반(횡령)의 점에 관한 증거로 사용할 수 있다. 제4·5회 변호사시험에서도 같은 쟁점이 출제되었다.

한편 2015년 제3차 모의시험에서는 피고인 조갑돌과 서을두의 공동폭행의 점에 대해 피고인 조갑돌은 부인하는 사안이 출제되었는데, 서을두에 대한 검사 작성 피신조서에 대해 서을두는 증거동의하였고, 조갑돌은 함께 때렸다는 부분에 대해 실질적 진정성립을 부인하였다(기록 7면 증거순번 17번에 대한 ○×○ 부분). <u>제2회 공판기일에서 피고인 서을두에 대한 변론을 분리하고(기록 18면), 서을두를 증인으로 신문</u>하였다. 서을두는 증인신문에서 자신에 대한 검사 작성 피신조서에 대해 "대부분은 진술한 대로 적혀있는데 그렇지 않은 부분이 있다"고 하면서 "읽어보고 서명, 무인한 것은 맞지만 조갑돌에 대한 부분은 별로 관심이 없었기 때문에 이렇게 기재되어 있는 것은 미처 확인하지 못했다"고 진술하였다. 위 경우에는 공범인 공동피고인이 자신에 대한 검사 작성 피신조서에 대해 증거동의하였으나, 공판기일에 일부 부분에 대해 실질적 진정성립을 부인하였으므로, 그 부분에 한해서는 피고인 조갑돌에 대하여 증거로 사용할 수 없다.

⇒ 공범 사안인지 아닌지를 확인하고, 증거목록에서 공범인 공동피고인의 ○× 표시를 확인함으로써 알 수 있다.

▶ **공범 아닌 공동피고인 사안에서 형소법 제312조 제4항 적용** (☞ 제3회·2015년 제2차 모의시험)

공범 아닌 공동피고인에 대한 검사 또는 사경 작성 피신조서는 제312조 제4항의 요건을 갖추어야 하므로, 그 공범 아닌 공동피고인이 증인 선서 한 후 진정성립을 인정하여야 당해 피고인에 대하여 증거능력이 부여된다.

제3회 모의시험에서 피고인 조장물의 장물취득의 점은 고기만의 절도의 점과 공범 아닌 공동피고인 사안인데, 고기만이 증인으로 나온 바 없다. 따라서 고기만에 대한 검사 작성 피신조서는 피고인 조장물의 장물취득의 점에 대한 증거로 사용할 수 없다.

2015년 제2차 모의시험에서 피고인 양을서의 장물취득의 점은 마갑동의 특수절도의 점과 공범 아닌 공동피고인 사인인데, 마갑동이 증인으로 나온 바 없다. 따라서 마갑동에 대한 사경 작성 피신조서는 피고인 양을서의 장물취득의 점에 대한 증거로 사용할 수 없다.

⇒ 공범 사안인지 아닌지를 확인하고, 공범 아닌 공동피고인이 법정에서 증인으로 진술하였는지를 확인함으로써 알 수 있다.

▶ 형소법 제313조 제1항 본문 적용 (☞ 제3회 변호사시험)

피고인 아닌 자가 작성한 진술서는 그 작성자의 자필이어야 하고, 피고인 아닌 자의 진술을 기재한 서류는 진술자의 서명이나 날인이 있어야 한다.

제3회 변호사시험 기록에서 피고인 이을남은 전총무의 증명서에 대해 증거 부동의를 하였다(기록 8면 순번 3번). 전총무 명의로 되어 있는 '증명서'(기록 46면)는 전총무를 대리한 나부인이 작성한 것인데, 나부인은 법정에서 전총무가 불러 주는 대로 자신의 자필로 받아적었다고 증언하였다(기록 21면). 위 증명서를 전총무가 작성한 진술서로 보면 전총무의 자필이 아니어서 증거능력이 없고, 전총무의 진술을 기재한 서류로 보더라도 전총무의 서명이나 날인이 없어 증거능력이 없다(형소법 제313조 제1항 본문을 충족하지 못하므로 제314조가 적용될 여지가 없다).

⇒ 형소법 제313조 제1항의 요건을 정확히 이해하고 있어야 증거능력 유무를 파악할 수 있다.

▶ 형소법 제312조 또는 제313조 + 제314조 적용 (☞ 제4회 변호사시험)

피고인이 부동의한 형소법 제312조 또는 제313조의 증거의 원진술자가 법정에 출석하지 않는 경우 형소법 제314조의 요건을 충족하면 증거능력이 부여된다.

제4회 변호사시험에서 조은숙은 경찰의 요청으로 경찰서에 가 진술서를 작성하였으므로 위 진술서는 형소법 제312조 제5항, 같은 조 제4항의 적용을 받는 서류이다. 소재수사보고서에 의하면 조은숙은 일시적으로 미국으로 출국하였는데 조은숙의 주거지에 사는 조은숙의 노모는 정확한 연락처나 귀국일은 잘 모르겠다고 하여 조은숙에 대하여 증인 소환을 하기 어려운 상황이다. 그러나 위 내용의 소재수사보고서만으로는 형소법 제314조가 요구하는 '소재불명 그 밖에 이에 준하는 사유' 요건이 갖추어졌다고 할 수 없으므로, 위 진술서는 형소법 제312조 제4항 및 제314조의 요건을 갖추지 못하여 증거능력이 없다.

⇒ 형소법 제314조의 요건에 관한 판례 법리를 알아야 증거능력 유무를 판단할 수

있다.

▶ 형소법 제315조 제3호 적용 (☞ 2014년 제3차 모의시험)

피고인이 진화란과 공모하여 유가증권위조 등을 하였다는 공소사실인데, 진화란이 먼저 기소되어 재판을 받았다. 진화란에 대한 재판의 공판조서 사본, 판결문 사본이 증거로 제출되었고, 피고인이 증거로 함에 부동의하였다. 다른 사건에 대한 공판조서 및 판결문은 형소법 제315조 제3호의 서류로 당연히 증거능력이 있다. 형소법 제311조가 적용되는 것이 아님을 유의하자.

⇒ 근거 조문을 정확히 알아야 한다.

[전문진술을 기재한 서류]

▶ 공범인 공동피고인 사안에서 형소법 제312조 제4항 + 제316조 제2항 적용
(☞ 제2 · 3 · 4 · 5회 변호사시험)

재전문증거는 원칙적으로 증거능력이 없고(전문법칙의 예외조항이 없다), 다만 판례는 전문진술을 기재한 서면의 경우에만 형소법 제312조 또는 313조 및 제316조의 요건을 모두 충족하면 증거능력을 인정한다(2005도9561).

제3회 변호사시험에서 박고소에 대한 사경 작성 참고인진술조서에는 "김갑동이 '이을남과 함께 이미 돈을 다 써버리고 없다'고 말했다"라는 부분(기록 28면)이 있다. 위 부분은 전문진술(박고소가 김갑동으로부터 들은 말)을 기재한 서면이므로 형소법 제312조 제4항 및 제316조 제2항의 요건을 모두 충족해야 증거능력이 있다. 그런데 김갑동이 법정에 나와 있어 김갑동의 진술불능 요건을 충족할 수 없으므로 증거능력이 없다.

제2회 변호사시험에서 박병진에 대한 사경 작성 참고인진술조서에는 "양신구가 이을해의 집으로 가서 이을해에게 2억 원을 직접 전달해 주었다고 말했다"는 내용이 기재되어 있는데(기록 28면), 위 조서는 전문진술(박병진이 양신구로부터 들은 말)을 기재한 서면이므로 형소법 제312조 제4항 및 제316조 제2항의 요건을 모두 충족하면 증거능력이 있다. 한편, 위 서류에 대해 피고인 이을해가 증거 부동의하였고(기록 8면, 순번 4번의 ② × 부분), 이에 박병진이 법정에 나와 증인선서를 하고 위 조서에 대해 진정성립을 인정하였으므로(기록 22면), 위 증거에서 문제되는 요건으로 '원진술의 특신상태'만 남는다(원진술자가 사망하였으므로 제316조 제2항의 원진술자의 진술불능 요건은 충족한다). 그런데 원진술의 특신상태를 입증할 자료가 없으므로 위 참고인진술조서는 증거능력이 없다. 제4 · 5회 변호사시험에서도 같은 쟁점이 출제되었다.

⇒ 판례의 입장을 정확히 알고 있어야 증거능력 유무를 파악할 수 있다.

[전문진술]

▶ 단독 범행 사안에서 형소법 제316조 제2항 적용 (☞ 제6회 모의시험)

제6회 모의시험에서 박서현의 법정진술 중 "김모란이 '술에 취해서 피고인한테 강간을 당했다'고 말했다"는 부분은 피고인 아닌 자(김모란)의 진술을 내용으로 하는 것으로서 김모란이 증인으로 법정에 출석하여 있는 이상 형소법 제316조 제2항의 요건을 갖추지 못하여 증거능력이 없다.

⇒ 관련 조문을 정확히 이해하고 사안에 적용할 수 있어야 한다.

▶ 공동 범행 사안에서 형소법 제316조 제2항 적용 (☞ 변호사시험 전회)

먼저 원진술자가 공범인 공동피고인인 경우를 보자. 제1회 변호사시험에서 증인 이칠수의 "그날 밤 피고인 이달수가 저의 집으로 찾아와서 … (중략) '김토건 선배가 칼을 주면서 꼭 받아오라고 하길래 한 번 사고를 쳤다'라고 말해서 알았습니다"는 부분(기록 23면)은 <u>원진술자 이달수의 진술불능 요건 미충족</u>으로 피고인 김토건에 대한 증거가 될 수 없다. 마찬가지로 제3회 변호사시험에서 증인 박고소가 "김갑동이 '받은 돈을 이을남과 함께 다 써 버렸다'라고 했다"고 진술한 부분(기록 20면)은 <u>원진술자 김갑동의 진술불능 요건 미충족</u>으로 피고인 이을남에 대한 증거가 될 수 없다. 제5회 변호사시험에서 증인 정고소는 법정에서 "김갑동(공범인 공동피고인)이 이미 돈을 다 써버렸고 그 중 5천만 원은 이을남(무죄를 다투는 피고인)에게 나누어주었다고 하였습니다"고 진술하였다(기록 19면). 그런데 김갑동이 법정에 나와 있으므로 위 전문진술은 형소법 제316조 제2항에 따른 원진술자 김갑동의 진술불능 요건 미충족으로 피고인 이을남에 대한 증거가 될 수 없다.

다음으로 <u>원진술자가 공범이 아닌 타인인 경우</u>를 보자. 제2회 변호사시험에서 증인 박병진은 김갑인(공범인 공동피고인)과 죽은 양신구(타인)를 함께 만났는데 "죽은 양신구가 '김갑인의 지시에 따라 이을해에게 현금 2억 원을 전달해 주었다'고 말했다"고 진술하고 있다(기록 22면). 위 진술은 원진술자의 진술불능 요건은 충족한다(양신구가 사망하였으므로). 그러나 박병진이 김갑인에게 왜 매매대금이 2억 원이나 차이가 나는지 따져 묻자 김갑인이 변명을 하면서 양신구를 데려온 점, 양신구는 김갑인의 직원인 점(기록 28면)을 보면 양신구는 김갑인이 시키는 대로 거짓말을 하였을 것으로 보이므로 <u>'원진술의 특신상태' 요건</u>(즉 양신구가 박병진에게 자유로운 분위기에서 임의대로 말할 수 있는 상태)을 충족하지 못하였다고 보아야 한다.

제3회 변호사시험에서 증인 나부인의 진술도 마찬가지로 보아야 한다. 증인 나부인은 "병상에 있던 남편 전총무가 불러주는 대로 증명서를 작성하였다"고 진술하였고(기록 21면), 그 증명서의 내용은 '회사 사무실에서 김갑동이 이을남에게 5만 원짜리 현금 다발 40개(2억 원)를 주는 것을 목격하였다'는 것이다(기록 46면). 나부인 의 위 진술은 <u>원진술자의 진술불능 요건은 충족한다</u>(전총무가 사망하였으므로). 그러 나 김갑동으로부터 경제적 지원을 받고 있던 전총무가 김갑동의 부탁으로 위 증명 서를 작성하게 된 점(기록 21면)을 보면 전총무는 김갑동이 시키는 대로 거짓말을 하 였을 가능성이 크므로 <u>'원진술의 특신상태' 요건을 충족하지 못한다.</u> 따라서 나부 인의 진술은 피고인 이을남에 대하여 증거능력이 없다.

⇒ 공범인 공동피고인 사건에서 위 쟁점은 전형적으로 출제되는 사안이므로 증인 의 진술을 보면서 즉시 증거능력 유무를 파악할 수 있어야 한다.

▶ **재전문진술** (☞ 제1회 모의시험)

재전문진술은 전문법칙의 예외를 인정하는 조문이 없으므로 증거능력이 없다. 제1회 모의시험에서 증인 윤지숙이 "황명철은 사건 당일 이영광을 호성빌라 근처에 서 만났는데, 그때 이영광이 황명철에게 '윤지숙이 그년이 나와 끝내 헤어지려고 하 니 못된 년이다. 남자 무서운 것을 알도록 남자에게 한 번 당해보아야 한다. 네가 알 아서 해라.'고 했다고 저에게 전했습니다"라고 한 부분은 이영광의 진술을 황명철이 윤지숙에게 전한 재전문진술(이영광, 황명철 두 단계의 전문이므로 재전문이다)이므로 증거능력이 없다.

⇒ 전문법칙과 그 예외를 정확히 이해해야 기록에서 재전문진술임을 파악할 수 있다.

[공범 아닌 공동피고인 사안에서 공동피고인의 피고인신문에서 진술]

공동피고인이 피고인신문에서 한 진술은 전문진술이 아니지만, 편의상 여기에 서 같이 다루기로 한다.

공범 아닌 공동피고인은 다른 공동피고인에게 완전한 타인이므로 그 진술이 증 거가 되려면 변론이 분리된 후 증인으로 진술해야 하는데, 이 경우는 피고인신문 때 한 진술이므로 증거능력이 없다.

제2회 모의시험에서 피고인 이칠성은 피고인신문에서 "당시 김평산이 저에게 '나한테 총이 있는데…'라고 말했다"고 진술하였으나(기록 16면), 피고인 김평산의 살인의 점에서 이칠성은 공범 아닌 공동피고인이므로 이칠성이 피고인 지위에서 한 위 진술은 김평산에게 증거가 될 수 없다.

제3회 모의시험 중 기록 15면에 있는 피고인 고기만의 법정진술은 피고인 조장 물과의 관계에서 공범인 피고인 사례와 공범이 아닌 피고인 사례의 차이를 극명하 게 보여준다. 피고인 고기만이 피고인신문에서 "피고인은 그때 조장물로부터 정순박이 운영하는 금은방에서 금목걸이를 훔쳐오면 값을 잘 쳐주겠다는 말을 들은 사실이 있는가요"라는 검사의 질문에, "예, 그렇습니다"고 진술한 부분은 피고인 조장물의 절도교사의 점에 대하여 증거능력이 있다. 피고인 조장물의 절도교사의 점은 고기만의 절도의 점과 공범인 공동피고인 사안이기 때문이다. 반면, 고기만이 피고인신문에서 "피고인은 훔친 금목걸이를 조장물에게 갖다 주고 50만 원을 받았는가요"라는 검사의 질문에 "예, 그렇습니다"고 진술한 부분은 피고인 조장물의 장물취득의 점에 관하여 증거능력이 없다. 피고인 조장물의 장물취득의 점은 고기만의 절도의 점과 공범 아닌 공동피고인 사안이기 때문이다.

제4회 모의시험에서도 마찬가지로 피고인 백옥희의 법정진술은 피고인 신미남과의 관계에서 공범인 피고인 사례와 공범이 아닌 피고인 사례로 나눠 보아야 한다. 피고인 백옥희가 피고인신문에서 "예금인출금과 토지를 신미남에게 준 것은 신미남이 요구해서이다"라고 진술한 부분은 피고인 신미남의 횡령교사의 점에 관하여는 증거능력이 있다. 피고인 신미남의 횡령교사의 점은 백옥희의 횡령의 점과 공범인 공동피고인 사안이기 때문이다. 반면, 백옥희가 피고인신문에서 "내(백옥희)가 맡아가지고 있는 것일 뿐 내 것이 아니다"라고 진술한 부분은 피고인 신미남의 장물취득의 점에 관하여는 증거능력이 없다. 백옥희의 횡령의 점과 피고인 신미남의 장물취득의 점은 공범 아닌 공동피고인 사안이기 때문이다.

⇒ 먼저 공동피고인이 공범인지 아닌지를 파악하고, 변론을 분리하였는지 여부를 기록에서 찾아야 쟁점을 찾을 수 있다.

전문법칙, 위수증 등을 근거로 증거능력을 판단한 후에는 각 증거에 대해 증거목록 '증거결정'란 중 '내용'란에 표시해 두면 별도로 메모를 하지 않아도 되어 편리하다. 원래 그 자리는 재판장이 증거능력을 판단하여 증거로 채부하는 결정을 적는 자리인데, 시험에서는 증거능력 판단 여부가 중요 평가 사항이므로 생략된다는 점은 앞서 설명하였다. 다음은 제4회 변호사시험 증거목록에 표시해 둔 증거결정이다. 참고해서 자신만의 메모 능력을 개발하기 바란다.

<table>
<tr><th colspan="14" align="center">증 거 목 록 (증거서류 등)
2014고합1277</th></tr>
</table>

2014형제99999호 ① 긴갑동 ② 이을남 신청인: 검사

순번	증거방법 작성	쪽수(수)	쪽수(증)	증거명칭	성명	참조사항등	신청기일	증거의견 기일	증거의견 내용	증거결정 기일	증거결정 내용	증거조사기일	비고
1	검사	41		피의자신문조서	이을남		1	1	② ○ / ① ×			○	부동의
2	〃	45		〃	김갑동		1	1	① ○ / ② ×			○	⇒ 각 공동피고인의 동의 + 반대신문 기회
3	〃	47		수사보고(금융거래내역)			1	1	① ○ / ② ○				
4	〃	〃		각 금융거래내역	이을남		1	1	① ○ / ② ○				
5	〃	48		수사보고(조은숙에 대한 소재수사)			1	1	① ○ / ② ○				
6	사경	24		피의자신문조서	이을남		1	1	② ○ / ① ×			×	
7	〃	26		〃 (제2회)	이을남		1	1	② ○ / ① ×			×	내용부인이므로
8	〃	28		피의자신문조서	김갑동		1	1	① ○○○× / ② ×			× / ×	
9	〃	30		압수조서 및 압수목록(수첩)		(생략)	1	1	① ○ / ②	(생략)			
10	〃	31		고소장	박고소		1	1	② ×			○	
11	〃	32		차용증(사본)	박고소		1	1	② ○				부동의
12	〃	(생략)		금융거래내역	박고소 황금성		1	1	② ○				⇒ 박고소의 진정성립 인정
13	〃	33		진술조서	박고소		1	1	② ×			○	
14	〃	35		압수조서 및 압수목록(칼)			1	1	② ○				
15	〃	36		피의자신문조서(제3회)	이을남		1	1	② ○				
16	〃	38		진술조서	황금성		1	1	② ×			○	부동의 ⇒ 황금성의 진정성립 인정
17	〃	40		진술서	조은숙		1	1	① × / ② ○			×	부동의 ⇒ 314조
18	〃	(생략)		각 조회회보서	김갑동 이을남		1	1	① ○ / ② ○				
19	〃	(생략)		수첩(증 제1호)			1	1	① × / ②			×	위수증
20		49		고소장	김갑동		2	2	② ○				

※ 증거의견 표시 - 피의자신문조서: 인정 ○, 부인 ×
　　　　　　　　　(여러 개의 부호가 있는 경우, 적법성/성립/임의성/내용의 순서임)
　　　　　　　 - 기타 증거서류: 동의 ○, 부동의 ×
　　　　　　　 - 진술이 특히 신빙할 수 있는 상태 하에서 행하여졌다는 점 부인: "특신성 부인"(비고란 기재)
※ 증거결정 표시: 채 ○, 부 ×
※ 증거조사 내용은 제시, 내용고지

〈3단계〉 증명력 탄핵

증거능력이 있는 증거 중 신빙성이 없는 증거에 대해서는 증명력을 탄핵한다.

증명력 탄핵은 근거의 유무, 진술의 일관성, 진술간의 불일치, 논리적 관점 내지 사회통념 또는 경험칙, 진술자의 지위, 범행의 동기 등을 주요 기준으로 삼아 최대한 구체적으로 하여야 한다.

〈4단계〉 부족증거 나열

증거능력 없는 증거와 증명력을 탄핵한 증거 외 나머지 증거를 부족증거로 나열한 뒤 그 증거만으로는 공소사실을 인정하기에 부족하다고 주장하면 된다.

예컨대 제5회 변호사시험에서 김갑동과 이을남의 공동범행은 두 사람이 공모하여 박병서 명의의 매매계약서를 위조하고 이를 근거로 박병서를 상대로 소유권이전등기 청구의 소를 제기하여 소송사기, 사문서위조 및 행사 등의 죄를 범하였다는 것이다. 이 사안에서 이을남은 김갑동이 박병서로부터 부동산을 실제로 매수한 것으로 믿었다고 하며 공모 사실을 부인하는데, 다만 김갑동의 부탁으로 자신이 박병서라고 하며 소송서류를 받아준 사실 및 그 대가로 500만 원을 받은 사실은 인정한다. 이 경우에 이을남의 일부 사실 인정하는 진술, 위조된 매매계약서 등이 부족증거에 해당한다.

〈1단계〉부터 〈4단계〉의 적용

그럼 위 4단계를 변호사시험 기록형 중 사실관계를 다투는 후단 무죄 사유에 해당하는 부분에 적용해 보자.

【 제1회 변호사시험 】 중 「피고인 김토건에 대하여」 부분

〈1단계〉 공소사실에 부합하는 증거 찾기

먼저, 증거목록(증거서류 등, 기록 8면)에 있는 증거 중 공소사실에 부합하는 핵심 증거를 찾으면 다음과 같다.

① 검사 작성 이달수에 대한 피의자신문조서(순번 2번)

김토건(교사범)이 이달수(본범)에게 칼을 주며 돈을 받아오라고 특수강도를 교사했다는 내용

② 사경 작성 이달수에 대한 피의자신문조서(순번 4번)

위와 같은 내용

한편, 검사 작성 김토건에 대한 피의자신문조서(순번 1번)는 범죄사실을 부인하는 내용이고, 피해자 박대우에 대한 진술조서(순번 3번)에는 공소사실에 부합하는 내용이 없으므로 공소사실에 부합하는 증거가 아니다.

다음으로, 법정에서 나온 증거 중 공소사실에 부합하는 증거를 찾으면 다음과 같다.

③ 이달수의 피고인신문에서의 진술

피해자 박대우를 협박한 칼은 김토건에게서 받은 것이라고 진술(기록 21면)

④ 증인 이칠수의 진술

이달수가 자기를 찾아와 "김토건 선배가 칼을 주면서 꼭 받아오라고 하길래 한번 사고를 쳤다"라고 말한 바 있다고 진술(기록 23면)

결론적으로, 공소사실에 부합하는 증거는 ① 검사 작성 이달수에 대한 피의자신문조서 ② 사경 작성 이달수에 대한 피의자신문조서 ③ 이달수의 피고인 신문에서의 진술 ④ 증인 이칠수의 진술이다.

〈2단계〉 증거능력 없는 증거 배척

공소사실에 부합하는 증거로 찾아낸 위 ①~④번 증거 중에서 위법수집증거는 발견되지 않는다. 따라서 증거동의가 있는지 먼저 살피고, 증거동의가 없는 전문증거는 전문법칙의 예외 요건을 충족하는지 여부를 살피면 된다.

① 검사 작성 이달수에 대한 피의자신문조서

공범인 공동피고인에 대한 검사 작성 피의자신문조서이므로 공범인 이달수가 진정성립을 인정하면 피고인 김토건에게 증거능력이 있다. 이달수가 피고인신문에

서 "수사기관에서 진술한 대로 기재되어 있음을 확인하고 서명무인하였나요"라는
진술에 "예"라고 답변하였으므로(기록 21면) 진정성립이 인정되었다.

⇒ 증거능력이 있다.

② 사경 작성 이달수에 대한 피의자신문조서

공동피고인에 대한 사경 작성 피의자신문조서이므로 김토건이 내용인정을 하여
야 증거능력이 있다. 김토건이 내용부인하였다(기록 8면 순번 4번 ①× 부분).

⇒ 증거능력이 없다.

③ 이달수의 피고인신문에서의 진술

공범인 공동피고인의 법정진술이므로 변론분리하지 않았더라도 김토건에게 증
거가 된다.

⇒ 증거능력이 있다.

④ 증인 이칠수의 진술

공범인 이달수로부터 범행사실을 들은 자의 전문진술이므로 이를 김토건에 대
한 증거로 쓰려면 형소법 제316조 제2항이 적용된다. 그런데 원진술자인 이달수가
법정에 나와 있으므로 '피고인 아닌 타인'의 진술불능 요건을 충족시킬 수 없다.

⇒ 증거능력이 없다.

위 과정을 통해 ②, ④번 증거는 증거능력이 없다는 소결에 도달했다. 따라서 이
들 증거에 대해서는 각 이유를 들어 배척한다. 이제 남은 ①, ③번 증거에 대하여 증
명력을 탄핵하는 단계로 넘어간다.

〈3단계〉 증명력 탄핵

증거능력이 있는 ①, ③번 증거에 담긴 이달수의 진술의 증명력을 탄핵해야 한
다. 이 사안에서는 이달수의 진술은 일관되어 있었으므로 다른 증인과 일치하지 않
는 점, 상식적으로 말이 안 되는 상황을 포착하여야 했다.

• 다른 증인의 진술과 일치하지 않는 점

⇒ 이달수는 수사기관에서부터 일관되게 김토건이 준 주방용 식칼로 피해자
박대우를 협박하였다고 하였다. 그런데, 박대우는 "이달수가 점퍼 안주머
니에서 칼을 꺼내어 자신의 목에 들이대는 순간 접힌 칼날이 '척' 소리를
내며 펼쳐졌다"고 진술하여 칼의 종류가 다르다(기록 22면).

• 상식적으로 말이 안 되는 상황

⇒ 20cm가 넘는 칼을 점퍼 안주머니에 넣어 둘 수 있는지 의문이 들고, 김토

건이 준 칼을 버렸다고 하면서 어디에 버렸는지 모른다고 하는 상황은 이해하기 힘들다(기록 32면).

〈4단계〉 부족증거 나열

피고인 김토건이 이달수에게 피해자 박대우가 빌려 간 돈을 받아 오면 그 돈을 빌려주겠다고 말한 사실, 피해자 박대우가 공사 기성금을 받아 돈을 갖고 있을 것이라고 알려주었다는 사실(피고인 김토건의 법정 진술 및 사경 작성 피신조서)만으로는 피고인 김토건이 강도교사를 하였다는 점을 입증하기에 부족하다.

위와 같이 4단계 과정을 거친 변론을 답안 형식으로 정리해 보았다.

〔답안작성례〕

피고인 김토건에 대한 특수강도교사의 점의 공소사실의 요지는 피고인이 이달수에게 식칼을 건네주면서 박대우를 협박하여 돈을 받아오라는 것입니다. 그러나 피고인은 경찰 이래 이 법정에 이르기까지 일관하여 이달수에게 "(박대우가) 순순히 주지 않을 것이니 확실히 받아 와라"고 말한 것은 말한 것은 사실이나, 식칼을 건네준 적은 없다고 진술하고 있습니다. (공소사실과 실제 사실과의 차이점 적시)

그렇다면 피고인이 이달수에게 식칼을 건네준 것이 사실인지 여부가 이 사건 공소사실의 쟁점이라고 할 것이므로, 이를 입증할 증거가 있는지를 살펴보고자 합니다. (쟁점의 도출)

이 사건 공소사실에 부합하는 증거 가운데

① 증인 이칠수의 증언은 피고인 아닌 자(이달수)의 피고인(김토건)의 진술을 내용으로 하는 전문진술로서 증거능력을 인정받기 위하여는 형소법 제316조 제2항의 요건을 충족하여야 합니다. 그러나 원진술자인 이달수가 이 법정에 출석하여 있는 이상 이달수의 진술불능 요건을 충족할 수 없으므로, 증거능력이 없습니다.

② 사경 작성 이달수에 대한 피의자신문조서는 피고인이 내용부인하므로 증거능력이 없습니다. (증거능력 없는 증거 배척)

이달수의 제2회 공판기일에서의 진술은 피고인신문 때의 진술로서, 이달수와 피고인은 공범관계에 있으므로, 일단 증거능력은 있습니다. 검사 작성 피고인에 대한 피의자신문조서도 이달수가 진정성립을 인정하였으므로 증거능력이 있습니다. 위 두 증거는 이달수의 진술을 공통적으로 하고 있으므로 한꺼번에 그 진술의 신빙성을 살펴보고자 합니다. (증거능력 있는 증거에 대한 쟁점의 도출)

이달수는 경찰 단계에서부터 일관되게 김토건이 준 칼은 주방용 식칼이고, 그 식칼로 피해자 박대우를 협박하였다고 진술하였고, 이 사건 공소사실도 이달수의 진술과 일치합니다. 그러나 박대우는 이 법정에서 "이달수가 점퍼 안주머니에서 칼을 꺼내어 자신의 목에 들이대는 순간 접힌 칼날이 '척' 소리를 내며 펼쳐졌다"고 진술하였습니다. 이달수가 사용한 칼이 주방용 식칼이 아니라는 것입니다. (공소사실에 부합하는 증거와 모순된 증거 거시하여 증명력 탄핵)

또한 20cm가 넘는 칼을 점퍼 안주머니에 넣어 둘 수 있는지 의문입니다. 이달수는 김토건이 준 칼을 버렸다고 하면서도 어디에 버렸는지 모른다고 하고 있는 바, 이와 같은 상황은 상식적으로 이해하기 힘듭니다. 즉 이달수는 김토건을 공범으로 끌어들이기 위하여 거짓말을 하였다고밖에 볼 수 없는 것입니다. 이처럼 이달수의 진술은 공소사실을 증명하기에 신빙성이 없다고 할 것입니다. (상식에 어긋나는 점을 밝혀 증명력 탄핵)

한편 피고인 김토건은 이달수에게 피해자 박대우가 빌려 간 돈을 받아 오면 그 돈을 빌려주겠다고 말한 사실, 피해자 박대우가 공사 기성금을 받아 돈을 갖고 있을 것이라고 알려준 사실이 있다고 인정하고 있습니다만, 위 피고인 진술만으로는 피고인이 김토건이 이달수에게 돈을 강취해 오라고 지시한 강도교사의 고의를 입증하기에 부족합니다. (부족증거)

그렇다면 김토건이 이달수에게 주방용 식칼을 건네주며 강도를 교사했다는 이 사건 공소사실은 합리적 의심없이 증명되었다고 할 수 없어 '범죄의 증명이 없는 때'에 해당하므로 피고인은 무죄입니다(형소법 제325조 후단). (소결)

제1회 변호사시험에서 후단 무죄 사유가 하나 더 있었는데, 바로 피고인 이달수의 성폭력범죄의처벌등에관한특례법위반(주거침입강간등)의 점이었다. 이 사안도 위에서 살펴 본 4단계를 적용하여 풀어 보자(답안작성례는 제4장을 참조하고, 여기에서는 생략).

【제1회 변호사시험】중「2. 성폭력범죄의처벌등에관한특례법위반(주거침입강간등)의 점」부분

〈1단계〉 공소사실에 부합하는 증거 찾기
먼저 기록 8면의 증거목록(증거서류 등)에 있는 증거 중 공소사실에 부합하는 증거를 찾으면 다음과 같다.
- 사경 작성 정미희에 대한 진술조서(순번 5, 6번)
  자신이 누군가로부터 강간을 당할 뻔하였는데, 범인이 피고인 같아 보인다는 내용

- 압수조서 및 압수목록(신발)(순번 7번)

  피해자의 창문 턱에 남겨진 신발 자국과 피고인의 신발이 같아 보여 피고인의 신발을 압수했다는 내용
- 감정서(신발)(순번 15번)

  피해자의 창문 턱에 남겨진 신발자국과 피고인의 신발의 바닥 무늬와 크기가 일치한다는 내용

다음으로 기록 9면의 증거목록(증인 등)에 있는 증거와 공판조서를 참고하여 찾은 증거는 다음과 같다.

- 증인 정미희의 법정진술

  피해당한 사실과 범인이 피고인 같아 보였다는 내용
- 나이키 신발

  경찰이 압수한 물증

결론적으로, 공소사실에 부합하는 증거는 ① 정미희에 대한 경찰 작성 진술조서와 정미희의 법정진술(피해자 진술로 묶을 수 있다) ② 압수조서 및 압수목록(신발) ③ 감정서 ④ 나이키 신발이다.

〈2단계〉 증거능력 없는 증거 배척

먼저, 위법수집증거로 ②, ③, ④가 문제된다. 나이키 신발을 형소법 제217조 제1항에 의하여 압수하였다고 하나(기록 37면), 사후영장을 받은 기록을 찾을 수 없으므로 압수절차가 위법하다. 그렇다면 ④ 나이키 신발과 ② 압수조서 및 압수목록(신발)은 증거동의와 관계없이 위법수집증거로서 증거능력이 없다.

1차 증거인 나이키 신발이 위법수집증거이므로 이에 기초한 ③ 감정서는 2차 증거는 이른바 '독수독과' 이론에 의하여 증거능력이 원칙적으로 없으나, 예외적으로 증거능력을 가질 수 있다. 1차증거와의 인과관계 단절로 증거능력이 있다고 판단되면 공소사실을 증명하기에 부족한 '부족증거'로 변론하면 된다.

다음으로, 전문증거와 관련한 증거는 보이지 않으므로 2단계는 여기에서 마무리한다.

〈3단계〉 증명력 탄핵

2단계를 거치고 나니 ① 정미희에 대한 경찰 작성 진술조서와 정미희의 법정진술 등 피해자 진술만이 남았다. 피해자 진술에서는 범인식별절차가 적법하게 지켜

졌는지를 중심으로 증명력을 탄핵하면 된다.

〈4단계〉 부족증거 나열

이 사안에서는 부족증거가 없다. 따라서 3단계에서 마무리하면 된다.

제2·3회 변호사시험 기록형에도 사실관계를 다투는 후단 무죄 사유가 출제되었는데, 같은 방법을 적용해 풀어가면 된다(답안작성례는 제4장을 참조하고, 여기에서는 생략).

【 제2회 변호사시험 】 중 「Ⅱ. 피고인 이을해 1. 특경가법위반(사기)의 점」 부분

〈1단계〉 공소사실에 부합하는 증거 찾기

먼저, 증거목록(증거서류 등, 기록 8면)에 있는 증거 중 공소사실에 부합하는 핵심 증거를 찾으면 다음과 같다.

① 검사 작성 김갑인에 대한 피의자신문조서(순번 1번)

아래 ②번 내용과 같은 내용으로 기록에는 생략되어 있음(기록 50면)

② 사경 작성 김갑인에 대한 피의자신문조서(순번 9번)

김갑인이 이을해의 지시에 따라 박병진으로부터 매매대금으로 5억 원을 송금받았고, 실제 대금과의 차액인 2억 원은 죽은 양신구를 통해 이을해에게 전달했다는 내용(기록 34면)

③ 사경 작성 이을해에 대한 피의자신문조서(순번 10번)

공소사실 자백(기록 36~37면)

④ 사경 작성 박병진에 대한 참고인진술조서(순번 4번)

김갑인으로부터 위 ②번과 같은 내용을 들었다는 내용(기록 28면)

다음으로, 법정에서 나온 증거 중 공소사실에 부합하는 증거를 찾으면 다음과 같다.

⑤ 김갑인의 피고인신문에서의 진술

이을해와 공모하여 박병진에게서 돈을 편취하였고, 양신구를 통해 이을해에게

2억 원을 교부했다는 내용(기록 21면)

⑥ 증인 박병진의 진술

위 ④번 진정성립 인정하고, 같은 내용 진술(기록 22면)

⑦ 증인 안경위의 진술

이을해가 한 위 ③번의 자백을 들었다고 진술(기록 23면)

결론적으로 위 ①번부터 ⑦번까지의 증거가 공소사실에 부합하는 증거들이다.

〈2단계〉 증거능력 없는 증거 배척

먼저, 위법수집증거로 ③번이 문제된다. 이을해는 특경가법위반(사기) 혐의로 긴급체포되었는데, 위 긴급체포는 '긴급성'의 요건을 충족하지 않아 위법하고, 위법하게 체포된 상태에서 한 진술은 위법수집증거에 해당하므로 증거능력이 없다(한편 이을해는 ③번에 대해 내용부인하였으므로(기록 8면 증거순번 10번 ② × 부분), ③번이 전문법칙에 따라서도 증거가 없기는 마찬가지이다).

다음으로, 전문법칙으로 증거능력을 살펴보자.

① 검사 작성 김갑인에 대한 피의자신문조서

공범인 공동피고인에 대한 검사 작성 피의자신문조서이므로 공범인 김갑인이 진정성립을 인정하면 피고인 이을해에게 증거능력이 있다. 김갑동이 제1회 공판기일에서 진정성립을 인정하는 취지로 증거동의를 하였다(기록 8면 순번 1번의 ①의 ○ 참조).

⇒ 증거능력이 있다.

② 사경 작성 김갑인에 대한 피의자신문조서

공동피고인에 대한 사경 작성 피의자신문조서이므로 이을해가 내용인정을 하여야 증거능력이 있는데, 이을해가 부동의(실질은 내용부인)하였다(기록 8면 순번 9번 ② × 부분).

⇒ 증거능력이 없다.

④ 사경 작성 박병진에 대한 참고인진술조서

이을해가 증거로 하기에 부동의했으나(기록 8면 순번 4번 ② × 부분), 박병진이 법정에 나와서 진정성립을 인정하였다(기록 22면). 그런데 위 조서에서 공소사실에 부합하는 증거는 박병진이 양신구로부터 들은 말인데, 위 조서는 전문진술(박병진이 양신구로부터 들은 말)을 기재한 서류이므로 판례에 따르면 형소법 제312조 제4항과 세

316조 제2항의 요건을 모두 충족하여야 증거로 쓸 수 있다. 두 조항의 요건 중에서 '원진술의 특신상태'를 인정하기 힘들다(특신상태도 요건이므로, 검사에게 입증책임이 있다. 그런데 이에 관한 정황이 없으니 원칙적으로는 특신상태라는 요건이 증명되지 않았다고 보는 것이 타당하다고 생각한다. 다만 예비적으로 '특신상태'를 인정하고, 증명력을 배척하는 것도 가능하리라고 본다).

⇒ 증거능력이 없다.

⑤ 김갑인의 피고인신문에서의 진술

공범인 공동피고인의 법정진술이므로 변론분리하지 않았더라도 이을해에게 증거가 된다.

⇒ 증거능력이 있다.

⑥ 증인 박병진의 진술

박병진이 양신구로부터 들은 말을 전하는 것이므로 이를 이을해에 대한 증거로 쓰려면 형소법 제316조 제2항의 요건을 충족해야 한다. 원진술자인 양신구가 사망하였으므로 '피고인 아닌 타인'의 진술불능 요건은 충족한다. 양신구의 진술이 '특신상태'에서 행해졌느냐의 문제가 남는데, 특신상태를 인정할 정황은 보이지 않는다.

⇒ 증거능력이 없다.

⑦ 증인 안경위의 진술

피고인 이을해가 수사과정에서 자백한 내용을 들었다는 조사자의 증언이므로 형소법 제316조 제1항이 적용된다. '특신상태'가 문제되는데, 피고인이 위법하게 체포된 상태에서 진술한 내용이라는 점에서 특신상태를 부정하여야 한다.

⇒ 증거능력이 없다.

위 과정을 통해 ①, ⑤번 증거를 제외한 다른 증거는 증거능력이 없다는 소결에 도달했다. 따라서 그 증거에 대해서는 각각 이유를 들어 배척한다. 이제 남은 ①, ⑤번 증거에 대하여 증명력을 탄핵하는 단계로 넘어간다(예비적으로 ④, ⑥ 증거에 대해서도 증명력을 탄핵할 수 있다).

〈3단계〉 증명력 탄핵

증거능력이 있는 ①, ⑤번 증거 및 예비적으로 ④, ⑥번 증거에 담긴 김갑인 및 양신구의 진술내용은 거의 동일하므로 김갑인 및 양신구의 진술의 증명력을 탄핵해야 한다. 다음과 같이 김갑인 및 양신구의 진술에서 상식적으로 이해하기 힘든 부분이나 일방적인 주장 등을 찾아 쓰면 된다.

- 양신구는 김갑인의 직원이므로 김갑인이 시키는 대로 말하였을 가능성이 큰 점
- 박병진으로부터 5억 원을 송금받은 이는 김갑인인데, 김갑인이 그 중 3억 원을 최정오에게 부동산 대금으로 지급한 후 나머지 2억 원을 자신에게는 한 푼도 남기지 않고 전액 이을해에게 전달하라고 하면서 자신은 이을해로부터 다시 300만 원을 송금받았다고 하는 점
- 2억 원을 1주일에 걸쳐 소액으로 분산하여 5만 원권으로 인출하게 한 점
- 이을해로부터 2억 원 중 300만 원만을 받았다고 하는 김갑인이 최정오에게 그 세 배가 넘는 1,000만 원 지급을 제안하면서 고소는 하지 말아 달라고 한 점
- 김갑인의 말대로 2억 원이 2012. 5. 30. 이을해에게 전달되었다면, 이을해가 바로 그 다음 날인 2012. 6. 1. '빌린 돈을 갚아야 하는데 돈이 없다'고 하면서 박병진으로부터 500만 원을 빌린 사실은 상식적으로 이해하기 어려운 점
- 이을해는 박병진으로부터 수고비로 받은 300만 원을 그 다음 날 전부 김갑인에게 송금해 주었는데, 다시 김갑인이 2억 원을 이을해에게 전달하였다고 하는 점은 모순되어 보이는 점
- 김갑인이 사문서위조와 위조사문서행사를 단독으로 행하였는데, 이을해가 김갑인의 사기 행각에만 별도로 가담했다고 보기는 어려운 점

〈4단계〉 부족증거 나열

박병진의 나머지 진술, 위조된 부동산매매계약서, 무통장입금증, 등기사항전부증명서 등 나머지만으로는 피고인 이을해가 김갑인과 공모하여 위 범죄를 저질렀다는 점을 입증하기에 부족하다.

【제3회 변호사시험】 중「Ⅱ. 피고인 이을남 1. 특경가법위반(횡령)의 점」 부분

〈1단계〉 공소사실에 부합하는 증거 찾기

먼저, 증거목록(증거서류 등, 기록 8면)에 있는 증거 중 공소사실에 부합하는 핵심증거를 찾으면 다음과 같다.

① 검사 작성 김갑동에 대한 피의자신문조서(대질) 중 김갑동 진술 부분(순번 1번)

김갑동이 이을남과 공모하여 박고소에게 팔기로 한 개봉동 토지를 최등기에게

처분하였고, 박고소로부터 받은 3억 원 중 이을남에게 2억 원을 주었다는 내용(기록 40~41면)

② 전총무의 증명서(순번 3번)

전총무는 김갑동이 이을남에게 5만 원짜리 현금 다발 40개(2억 원)를 주는 것을 목격한 사실이 있다는 내용(기록 46면)

③ 박고소의 고소장(순번 6번)

김갑동이 갑동주식회사 소유 개봉동 토지를 자신에게 팔기로 하였음에도 이을남과 공모하여 최등기에게 처분하였다는 내용(기록 24면)

④ 사경 작성 박고소에 대한 참고인진술조서(순번 10번)

김갑동이 "이을남과 함께 이미 돈을 다 써버리고 없다"고 말한 것을 들었다는 내용(기록 28면)

⑤ 사경 작성 김갑동에 대한 피의자진술조서(순번 11번)

김갑동이 박고소로부터 받은 매매대금 3억 원 중 2억 원을 이을남에게 빌려주었다는 내용(기록 30면)

다음으로, 법정에서 나온 증거 중 공소사실에 부합하는 증거를 찾으면 다음과 같다.

⑥ 김갑동의 피고인신문에서의 진술

김갑동이 이을남과 공모하여 박고소에게 팔기로 한 개봉동 토지를 최등기에게 처분하였다는 내용(기록 18면)

⑦ 증인 박고소의 진술

위 ④와 같은 내용(기록 20면)

⑧ 증인 나부인의 진술

전총무가 불러주는 대로 전총무의 자술서(순번 3번)를 작성하였다는 내용(기록 21면)

결론적으로 위 ①번부터 ⑧번까지의 증거가 공소사실에 부합하는 증거들이다.

〈2단계〉 증거능력 없는 증거 배척

위법수집증거에 해당하는 증거는 없으므로, 전문법칙 등을 적용하여 증거능력을 살펴보자.

① 검사 작성 김갑동에 대한 피의자신문조서(대질) 중 김갑동 진술 부분

공범인 공동피고인에 대한 검사 작성 피의자신문조서이므로 공범인 김갑동이 진정성립을 인정하면 피고인 이을남에게 증거능력이 있다. 김갑동이 제1회 변론기일에서 진정성립을 인정하는 취지로 증거동의를 하였다(기록 8면 순번 1번의 ①의 ○ 참조).

⇒ 증거능력이 있다.

② 전총무의 증명서

이을남이 증거 부동의하였고(기록 8면 순번 3번 ② × 참조), 전총무의 자필도 아니고, 전총무의 서명이나 날인이 없어 형소법 제313조 제1항의 요건을 충족하지 못한다.

⇒ 증거능력이 없다.

③ 박고소의 고소장

이을남이 증거 부동의하였으나(기록 8면 순번 6번 ② × 참조), 박고소가 법정에서 고소장의 진정성립을 인정하였다(기록 20면).

⇒ 증거능력이 있다.

④ 사경 작성 박고소에 대한 참고인진술조서

이을남이 증거 부동의하였고(기록 8면 순번 10번 각 ② × 부분), 박고소가 법정에 나와 진정성립은 인정하였다. 그런데 위 조서 내용 중 박고소가 김갑동으로부터 들은 내용을 진술한 부분은 '전문진술을 기재한 서류'에 해당하므로 판례에 따르면 형소법 제312조 제4항과 제316조 제2항의 요건을 충족하여야 증거능력이 생긴다. 원진술자 김갑동이 법정에 나와 있으므로 제316조 제2항의 '진술불능' 요건을 충족할 수 없다.

⇒ 증거능력이 없다.

⑤ 사경 작성 김갑동에 대한 피의자신문조서

이을남이 내용부인하였다(기록 8면 순번 11번 ② × 부분).

⇒ 증거능력이 없다.

⑥ 김갑동의 피고인신문에서의 진술

공범인 공동피고인의 법정진술이므로 변론분리하지 않았더라도 이을남에게 증거가 된다.

⇒ 증거능력이 있다.

⑦ 증인 박고소의 진술 중 김갑동 진술 전문 부분

피고인 아닌 자(박고소)가 피고인 아닌 타인(김갑동)의 진술을 그 내용으로 하는 것이므로 형소법 제316조 제2항이 적용되어야 한다. 김갑동이 법정에 나와 있으므로 원진술자의 '진술불능' 요건을 충족할 수 없다.

⇒ 증거능력이 없다.

⑧ 증인 나부인의 진술 중 전총무 진술 전문 부분

피고인 아닌 자(나부인)가 피고인 아닌 타인(전총무)의 진술을 그 내용으로 하는 것이므로 형소법 제316조 제2항이 적용되어야 한다. 전총무가 사망하였으므로 원진술자의 '진술불능' 요건은 충족할 수 있으나, 전총무가 김갑동으로부터 경제적 도움을 받고 있는 상태에서 김갑동의 부탁을 받고 김갑동 측 증거(증명서)를 만들기 위한 목적으로 말한 내용이므로 '특신상태'가 있었다고 할 수 없다.

⇒ 증거능력이 없다.

위 과정을 통해 ①, ④, ⑥번 증거를 제외한 다른 증거는 증거능력이 없다는 소결에 도달했다. 따라서 그 증거에 대해서는 각각 이유를 들어 배척한다. 이제 남은 ①, ④, ⑥번 증거에 대하여 증명력을 탄핵하는 단계로 넘어간다.

〈3단계〉 증명력 탄핵

증거능력이 있는 증거는 공범인 김갑동의 진술을 내용으로 증거(①, ⑥번)와 박고소의 고소장(④번)으로 구분된다. 먼저 김갑동의 진술을 내용으로 하는 증거에 대하여는 김갑동 진술이 일관되지 않은 점 등 진술의 신빙성을 떨어뜨리는 정황을 찾아 쓰면 된다.

- 김갑동이 경찰 단계에서 이을남과의 공모를 부인하였다가, 검찰 단계에서부터 공모를 인정하는 등 그 진술에 일관성이 없는 점
- 김갑동은 박고소로부터 받은 3억 원 중 2억 원을 이을남에게 빌려 주었거나(경찰 단계 진술) 혹은 공모의 대가로 주었다고 하였는데(검찰 단계 진술), 김갑동이 이을남에게 2억 원을 준 사실을 입증할 아무런 증거가 없고(전총무의 증명서는 증거능력이 없다), 자신이 운영하는 회사의 토지를 판 대가로 받은 돈 중 절반이 넘는 돈을 별 역할을 하지 않은 자에게 주었다는 것은 경험칙에 반하는 점
- 이을남이 위 2억 원을 받았다면 이을남도 김갑동의 회사에 대한 업무상 횡령죄의 공범이 된 것인데, 그 직후 이을남이 김갑동의 업무상 횡령의 점을 알리겠다고 협박하면서 김갑동의 신용카드를 갈취하였다는 것은 선뜻 믿기 어려운 점

- 김갑동은 전총무가 교통사고를 당한 때부터 전총무 가족을 경제적으로 많이 도와주었는데(증인 나부인의 진술, 기록 21면), 전총무는 자신을 도와주고 있는 김갑동이 갑작스럽게 찾아와 부탁하자 이를 거절하지 못하고 김갑동이 원하는 내용으로 '증명서'를 작성하여 준 것으로 보이는 점

〈4단계〉 부족증거 나열

다음으로 박고소의 고소장 중 이을남의 공모 부분은, 김갑동의 말을 듣고 김갑동이 이을남과 함께 계획적으로 범행을 한 것이라고 생각해서 두 사람 모두 고소한 것이라는 박고소의 증언에 비추어 '부족증거'로 풀어가면 된다. 덧붙여 위조된 부동산매매계약서, 무통장입금증, 등기사항전부증명서 등을 보태보아도 위 공소사실을 입증하기에 부족하다는 점을 주장한다.

(2) 일부 사실관계를 다투는 유죄(축소사실 인정)

다투는 부분에 대해서는 위 (1)에서 검토한 방법이 그대로 적용된다. 다만 다투지 않는 부분도 있으므로, 공소사실 중 다투는 부분에 대해서는 무죄를 주장하고, 전체적으로는 일부 구성요건만 인정하는 것만 다르다.

제1회 모의시험에 나온 아래의 예는 '공모' 부분에 대해 사실관계를 다투고, '주거' 부분에 대해 법률관계를 다퉈, 결론적으로 공소사실 중 '공모'와 '주거'를 제외한 나머지 사실만을 인정하는 경우이다.

【 제1회 모의시험 】 중 「피고인 황명철의 성폭법위반의 점 중 예비적 공소사실」 부분

〔답안작성례〕

가. 피고인들은 강간을 공모하지 않았습니다. (공모 부분에 대하여 사실관계를 다툼)

예비적 공소사실에 적용된 법조문은 "성폭법 제14조, 제3조 제1항, 형법 제297조, 제30조"로 위 공소사실이 성립하려면 피고인들의 강간 공모사실이 있어야 합니다. 그러나 피고인들은 이 법정에서 일치하여 공모사실을 부인하고 있습니다. (다투

는 사실을 적시) 그렇다면 피고인들의 공모를 증명할 증거가 있는지 보도록 하겠습니다. (쟁점의 도출)

(1) 아래 증거들은 증거능력이 없으므로 증거로 사용할 수 없습니다. (공소사실에 부합하는 증거 중 증거능력 없는 증거를 먼저 배척)

① 피고인들에 대한 검찰작성 피의자신문조서

피고인들 각자에 대한 피의자신문조서는 피고인들 자신이 각각 성립을 부인하여 증거능력이 없고, 상대방에 대한 피의자신문조서는 원진술자인 공범인 상대방이 법정에서 성립을 부인하였으므로 증거능력이 없습니다.

② 피고인 황명철에 대한 경찰작성 피의자신문조서

피고인 황명철이 내용부인하였고, 피고인 이영광도 내용부인의 취지로 부동의하여 증거능력이 없습니다.

③ 피고인 이영광에 대한 경찰작성 피의자신문조서

피고인 이영광이 내용부인하였고, 피고인 황명철도 내용부인의 취지로 부동의하여 증거능력이 없습니다.

④ 증인 윤지숙의 법정진술 중 "황명철이 증인에게 '윤지숙이 그년이 나와 끝내 헤어지려고 하니 못된 년이다. 남자 무서운 것을 알도록 남자에게 한 번 당해보아야 한다. 네가 알아서 하라.'고 이영광이 말했다"는 진술 부분

이는 피고인 아닌 타인(이영광)의 진술을 그 내용으로 하는 전문진술로, 형소법 제316조 제2항의 요건을 충족하여야 예외적으로 증거능력이 있는데, 피고인 아닌 타인(이영광)이 이 법정에 출석하여 소재불명 요건을 충족할 수 없으므로 증거능력이 없습니다.

(2) 아래 증거만으로는 공소사실을 입증하기에 부족합니다. (증거능력이 있는 증거는 증명력 배척 혹은 부족증거)

① 피고인 황명철의 법정진술

피고인 이영광이 '윤지숙을 혼내주어야 한다'고 말한 사실만으로는 공모사실을 인정하기에 부족합니다.

② 윤지숙에 대한 경찰작성 참고인진술조서 및 윤지숙의 고소장

피고인들이 강간범행을 공모하였다는 진술은 추측에 불과합니다.

그렇다면 위 공소사실 중 '공모' 부분은 증명이 없습니다. (소결)

나. 이 사건 범행 장소는 주거에 해당한다고 볼 수 없습니다. ('주거' 부분에 대하여 법률관계를 다툼)

생략 (「3. 법률관계의 변론 (9) 법률관계를 다투는 유죄(축소사실의 인정)」 부분에서 후술함)

다. 피고인 황명철에게는 중지미수 사유가 있습니다. (미수의 점에서 피고인에게 유리한 중지미수 주장-임의적 감면 호소)

(자세한 변론 생략)

결국, 피고인 황명철의 법정진술, 증인 윤지숙, 박철형의 법정진술에 의하면, 피고인 황명철이 자의로 피해자에 대한 강간행위를 중지한 것으로 보아야 합니다.

라. 결론

그렇다면 피고인 황명철에게는 단순히 형법상의 강간미수죄(형법 제300조, 제297조)가 성립할 뿐이며 성폭법이 적용될 여지는 없다고 할 것입니다. (결론: 유죄-축소사실 인정)

3. 법률관계의 변론

사실관계의 변론에서 다룬 사유를 제외하고 나머지는 법률관계를 다투는 경우에 해당한다. 법률관계를 다룰 때는 문제가 되는 점이 무엇인지 명확하게 한 후, 즉 쟁점을 도출한 뒤 <u>법조문과 법리를 정확하게 적는 것이 무엇보다 중요</u>하다.

(1) 법리를 다투는 후단 무죄

피고인의 자백이 그 피고인에게 불이익한 유일의 증거인 때에는 이를 유죄의 증거로 하지 못하므로(형소법 제310조), 자백 이외 증거능력 있는 증거가 없는 경우는 후단 무죄 사유 중 법률관계를 다투는 셈이 된다. 사실관계를 다투는 후단 무죄 사유와 마찬가지로 공소사실에 부합하는 증거의 증거능력을 배제하거나 증명력을 탄핵하지만, '자백보강법칙'이라는 법리를 매개로 증거관계를 논한다는 점이 다를 뿐이다.

<u>시험에서 자백의 보강법칙이 적용되는 사안의 경우, 자백 이외 다른 증거가 적법절차에 따른 증거인지 여부가 늘 문제된다.</u> 즉 '자백의 보강법칙 - 위법수집증거'는 '세트'라 해도 과언이 아니다.

⇒ 기출문제를 참고하여 '자백보강법칙 - 위법수집증거' 세트의 논리 전개를 익혀 보자.

【 제3회 변호사시험 】 중「피고인 이을남의 금목걸이 절도의 점」부분

〔답안작성례〕

　　피고인 이을남은 경찰 수사단계부터 이 법정에 이르기까지 2011. 12. 중순경의 금목걸이 절도 범행 사실을 자백하였습니다. (사실관계를 다투지 않음을 밝힘)

　　그러나 피고인의 자백이 그 피고인에게 불이익한 유일한 증거인 때에는 이를 유죄의 증거로 인정할 수 없으므로(형소법 제310조), 자백의 보강증거가 있는지 살펴보고자 합니다. (쟁점의 도출)

　　피고인의 자백 이외 공소사실에 부합하는 증거로는 압수조서와 금목걸이(증 제3호증)가 있습니다. 그런데 위 압수조서와 금목걸이는 다음과 같은 이유로 각 위법수집증거에 해당하므로 형소법 제308조의2에 의하여 증거로 할 수 없습니다.

　　사법경찰관은 체포영장을 발부받아 2013. 7. 5. 피고인을 피고인의 집에서 체포하면서, 피고인의 집에 있던 금목걸이도 압수하면서 압수조서를 작성하였습니다. 사법경찰관이 체포영장에 의한 체포를 할 때 체포현장에서의 압수는 허용되지만, 위와 같이 압수한 물건을 계속 압수할 필요가 있는 경우에는 체포한 때로부터 48시간 이내에 압수수색영장을 청구하여야 합니다(형소법 제217조 제2항). (체포영장에 의한 압수에 대한 법리)

　　그런데 검사는 위 금목걸이에 대하여 사후 압수수색영장을 청구하지 아니하고, 금목걸이를 계속 압수하여 이 법정에 증거로 제출한 것입니다. 위 금목걸이 압수는 형소법 제217조 제2항에 위반한 압수로서, 헌법과 형사소송법이 규율하고 있는 적법절차의 실질적인 내용을 침해하는 경우에 해당하여 압수조서와 금목걸이는 이 사건 공소사실에 대한 증거로 사용할 수 없습니다. (보강증거의 증거능력 부인)

　　따라서 이 부분 공소사실은 피고인의 자백 이외에 공소사실을 증명하는 다른 보강증거가 없는 경우에 해당하므로, 무죄를 선고하여 주시기 바랍니다. (적용 및 소결)

【 제3회 모의시험 】 중「피고인 고기만의 피해자 허술희에 대한 절도의 점」 부분

〔답안작성례〕

　　피고인 고기만은 법정에서 이 사건 절도 범행을 저질렀다는 사실을 자백하였습니다. (사실관계를 다투지 않음을 밝힘)

　　그러나 피고인의 자백이 그 피고인에게 불이익한 유일한 증거인 때에는 이를 유

죄의 증거로 할 수 없으므로(형소법 제310조), 자백의 보강증거가 있는지 살펴보고자 합니다. (쟁점의 도출)

피고인의 자백 이외 공소사실에 부합하는 증거로는 피고인에 대한 경찰 피신조서, 압수조서(노트북), 허술희에 대한 경찰 진술조서가 있습니다.

① 피고인에 대한 경찰 피신조서

피고인 측은 위 증거에 대하여 증거동의 하였으나, 위법수집증거는 증거동의하였더라도 증거능력이 없는바, 피고인에 대한 경찰 피신조서는 다음과 같은 이유로 위법수집증거에 해당하므로 이 사건 공소사실에 대한 증거가 될 수 없습니다.

즉 피고인은 경찰의 출석요구를 받고 자진하여 경찰에 출두하였는데, 경찰은 피고인을 긴급체포하였습니다. 형소법 제200조의3에 의한 긴급체포는 '긴급을 요하여 체포영장을 받을 수 없는 때' 할 수 있는 것인데, 자진하여 경찰에 출두한 경우 긴급체포의 긴급성이 충족되었다고 할 수 없습니다. 피고인에 대한 긴급체포가 위법하므로, 긴급체포된 상태에서 피고인이 진술한 부분은 이른바 '독수독과'로서 위법한 2차 증거에 해당하여 증거능력이 없습니다.

② 압수조서(노트북)

경찰은 피고인을 긴급체포하면서 피고인이 운전하여 온 승용차를 수색하다 노트북을 발견하고 이를 '임의제출' 형식으로 압수하였습니다. 앞서 주장한 바와 같이 피고인에 대한 긴급체포가 위법하므로 경찰이 피고인의 승용차를 수색할 아무런 근거가 없습니다. 그럼에도 경찰은 이를 수색하였고, 승용차에서 노트북을 찾아낸 후, 피고인에게 노트북이 어디에서 났느냐고 묻자 피고인은 겁이 나서 솔직하게 실토하였고, 경찰이 노트북을 임의제출하겠느냐고 묻기에 그렇게 하겠다고 대답하여 이 사건 압수가 이루어진 것입니다(기록 57면 피의자진술조서 참조).

형소법 제218조에 의하면 경찰은 피의자가 임의로 제출한 물건은 영장없이 압수할 수 있습니다. 그러나 이 사건과 같이 위법하게 긴급체포된 상황에서 겁을 먹은 피의자가 노트북을 '임의로' 제출하였다고 볼 수 없습니다.

따라서 위 압수는 위법하며, 압수조서의 기재는 증거능력이 없습니다.

③ 허술희에 대한 경찰 진술조서

피고인이 위법한 긴급체포 상황에서 위와 같이 자백한 뒤 경찰은 이 사건 범행의 피해자 허술희를 소환하여 참고인진술조서를 받았습니다. 그러나 피고인의 진술은 위법한 수사로 획득한 증거이고, 피고인의 진술에 기초하여 얻은 허술희의 진술은 위법한 수사가 낳은 2차 증거로서, 피고인의 진술과 사이에 그 인과관계가 단절되었다고 볼 아무런 특별한 사정이 없습니다. 따라서 허술희의 진술조서도 '독수독과'로서 증거능력이 없습니다.

그렇다면 피고인의 법정 자백 외 위 증거들은 모두 헌법과 형사소송법이 규율하고 있는 적법절차의 실질적인 내용을 침해하는 경우에 해당하는 것이라 할 것이므로 이 사건 공소사실에 대한 증거로 사용할 수 없습니다. (보강증거의 증거능력 부인)

따라서 이 부분 공소사실은 피고인의 자백 이외에 공소사실을 증명하는 다른 보강증거가 없는 경우에 해당하므로, 형소법 제325조 후단에 의하여 무죄를 선고하여 주시기 바랍니다. (적용 및 소결)

주의할 점은, 공소사실을 자백하는 내용이 포함된 증거가 증거능력이 없는 경우, 자백 자체가 증거가 될 수 없으므로 자백의 보강법칙이 적용될 여지가 없다는 점이다. 앞서 기출 사례에서 본 자백은 증거능력이 있는 자백이다(제3회 변호사시험 및 제3회 모의시험 기록형에서는 피고인이 법정에서 공소사실을 자백하고 있으므로 자백에 증거능력이 있다). 반면 제2회 변호사시험 기록형 중 피고인 이을해의 특경가법위반(사기)의 점에서는 피고인 이을해가 경찰 수사 단계에서 자백을 하였으나, 앞서 사실관계를 다투는 후단 무죄 사유에서 보았듯이, 사경 작성 피고인 이을해에 대한 피신조서는 피고인 이을해가 내용부인하였으므로 증거능력이 없고, 피고인 이을해의 자백을 들었다는 내용의 조사자 증언(증인 안경위의 증언)은 형소법 제316조 제1항의 요건 중 '특신상태'의 요건을 충족하지 못하여 증거능력이 없다. 결국 증거능력 있는 자백이 없으므로 자백의 보강법칙이 적용되는 사안이 아니다. 따라서 위 점은 '사실관계를 다투는' 후단 무죄 사유로 변론하여야지, 자백의 보강법칙이라는 '법률관계를 다투는' 후단 무죄 사유로 주장해서는 안 된다.

(2) 전단 무죄

전단 무죄는 법률관계를 변론해야 하는 가장 전형적인 사유다. 공소제기된 범죄가 성립하기 위한 법리를 밝혀 준 다음, 피고인의 사건이 위 법리에 포섭되지 않음을 주장한다.

【 제3회 변호사시험 】중「피고인 이을남의 현금절도, 여전법위반의 점」
부분

〔답안작성례〕

가. 현금 절도의 점

절도죄에서의 절취란 타인점유의 재물에 대하여 점유자의 의사에 반하여 그 점
유자의 점유를 배제하고 자기의 점유로 옮기는 것을 말합니다. (법리)

피고인 이을남이 김갑동으로부터 신용카드를 교부받은 것이 협박에 의한 것이
기는 하나, 위 협박이 항거불능의 협박이 아님은 앞서 '강도의 점'에서 변론한 바와
같고, 그렇다면 피고인이 비록 김갑동의 하자 있는 의사이기는 하나, 김갑동으로부
터 신용카드로 예금을 인출하는 점에 대하여 구체적으로 승낙을 받았다고 보아야
합니다. (적용)

따라서 피고인 이을남이 김갑동의 예금계좌에서 100만 원을 인출한 행위를 김
갑동의 의사에 반하여 절취한 것이라 볼 수 없습니다. (소결)

나. 여전법위반의 점

여전법 제70조 제1항 소정의 부정사용이라 함은 위조 · 변조, 도난 · 분실, 강
취 · 횡령, 편취 또는 갈취한 신용카드를 진정한 카드로서 신용카드 본래의 용법에
따라 사용하는 경우를 말합니다. (법리)

그런데 이 사건은 피고인이 김갑동의 신용카드를 현금자동지급기에 넣고 비밀
번호 등을 입력하여 신용카드 본래의 용법에 따른 현금서비스를 받은 것이 아니라
피해자의 계좌에 있는 '예금'을 인출한 것이므로, 위와 같은 행위는 여전법 제70조
제1항 소정의 부정사용의 개념에 포함될 수 없습니다. (적용 및 소결)

다. 소결

따라서 피고인의 현금 절도 및 여전법위반의 점은 모두 '피고사건이 범죄로 되
지 아니하는 경우'에 해당하므로 형소법 제325조 전단에 의하여 각 무죄를 선고하
여 주시기 바랍니다.

【 제1회 변호사시험 】중「횡령의 점」부분

〔답안작성례〕

이 사건에서 쟁점은 피고인이 피해자 김토건으로부터 교부받은 4,000만 원의
소유권이 누구에게 있느냐 하는 것입니다. 만약 위 돈이 피고인 소유라면 피고인은

횡령죄의 주체인 '타인의 재물을 보관하는 자'에 해당하지 않을 것이기 때문입니다.
(쟁점의 도출)

김토건은 자신이 운영하는 건설업체가 'H건설 주식회사'에서 시공하는 낙동강
창녕-함안보 공사를 하도급 받으려고 시도하던 중, 보 공사 관련 전문면허와 공사
실적이 없어 하도급에 참여할 수 없게 되자 'H건설 주식회사'의 내부 규정에 반하
지만 어떤 식으로든지 공사의 하도급을 맡게 해달라는 취지로 위 돈을 전달하라고
한 것입니다.

최현대는 'H건설 주식회사'의 이사로서 타인의 사무를 처리하는 자의 지위에 있
는 자이므로, 'H건설 주식회사'의 내부 규정에 반하는 하도급을 맡게 해달라는 청
탁은 그 임무에 관한 부정한 청탁이라고 할 것입니다. (위 돈이 불법원인급여에 해
당하는 사정 변론)

그렇다면 위 돈은 김토건이 배임증재(형법 제357조 제2항)의 목적으로 전달하여
달라고 교부한 금전으로 불법원인급여물에 해당합니다. 민법 제746조에 따르면 불
법의 원인으로 재산을 급여한 때에는 그 이익의 반환을 청구하지 못하므로, 김토건
이 피고인에게 건넨 위 돈의 소유권은 피고인에게 귀속되었습니다. 따라서 피고인
이 위 금전을 최현대에게 전달하지 않고 임의로 소비하였다고 하더라도 피고인은
"타인의 재산을 보관하는 자"에 해당할 수 없으므로 횡령죄가 성립하지 않습니다.
(불법원인급여물에 대한 법리와 사안의 적용)

그러므로 횡령의 점에 관하여는 형소법 제325조 전단에 따라 무죄를 선고하여
주시기 바랍니다. (소결)

【 제5회 모의시험 】 중 「피고인 김인천의 무면허운전의 점」 부분

〔답안작성례〕

도로교통법 제43조는 운전자의 금지사항으로 운전면허를 받지 아니한 경우와 운
전면허의 효력이 정지된 경우를 구별하여 대등하게 나열하고 있습니다. 그렇다면 '운
전면허를 받지 아니하고'라는 법률문언의 통상적인 의미에 '운전면허를 받았으나 그
후 운전면허의 효력이 정지된 경우'가 포함되는지가 문제가 됩니다. (쟁점의 도출)

자동차의 무면허운전과 관련하여 도로교통법 제152조 제1호 및 제2호가 운전면
허의 효력이 정지된 경우도 운전면허를 애초 받지 아니한 경우와 마찬가지로 형사
처벌된다는 것을 명문으로 정하고 있는 반면, 원동기장치자전거의 무면허운전죄에

대하여 규정한 제154조 제2호는 처벌의 대상으로 "제43조의 규정을 위반하여 제80조의 규정에 의한 원동기장치자전거면허를 받지 아니하고 원동기장치자전거를 운전한 사람"을 정하고 있을 뿐, 운전면허의 효력이 정지된 상태에서 원동기장치자전거를 운전한 경우에 대하여는 아무런 언급이 없습니다. 따라서 '운전면허를 받지 아니하고'에 '운전면허를 받았으나 그 후 운전면허의 효력이 정지된 경우'가 당연히 포함된다고 할 수 없고, 죄형법정주의의 원칙상 위와 같은 엄격한 해석이 당연한 것입니다. (법리)

피고인은 '원동기장치자전거면허의 효력이 정지된 상태에서' 원동기장치자전거를 운전하였을 뿐이므로, 이 사건 공소사실인 도로교통법 제43조의 '운전면허를 받지 아니하고'에 해당되지 않습니다. (적용)

그렇다면 이 사건 공소사실은 '피고사건이 범죄로 되지 않는 경우'에 해당하므로 형소법 제325조 전단에 의하여 무죄를 선고하여 주시기 바랍니다. (소결)

【 제3회 모의시험 】 중 「부수법위반의 점 제1, 2 수표」 부분

〔답안작성례〕

제1수표는 발행일란에 발행 연월일이 기재되어 있지 않습니다. (쟁점의 도출)

발행일의 기재가 없는 수표는 수표법 소정의 지급제시기간 내에 제시되었는지의 여부를 확정할 길이 없으므로 부정수표단속법 제2조 제2항 소정의 구성요건을 충족하지 못한다고 할 것입니다. (법리) 따라서 위 공소사실은 범죄로 되지 아니하는 경우에 해당하므로 형소법 제325조 전단에 의하여 무죄를 선고하여 주시기 바랍니다. (사안의 적용 및 소결)

다음으로, 제2수표와 관련하여서는 지급제시가 적합한지가 문제됩니다. (쟁점의 도출) 부정수표단속법 제2조 제2항의 범죄가 성립되기 위하여는 그 수표가 적법한 제시기간 내에 제시되어야만 하고, 수표법에 의하면 지급제시 기간은 '발행일로부터 10일'이고, 위 '10일'은 수표에 발행일로 기재된 다음날부터 기산한다는 것이 판례의 태도입니다. 그런데 이 사건에서는 발행일 다음날인 17일로부터 11일째인 27일에야 이 사건 수표를 지급제시한 것인데, 이는 적법한 지급제시가 아닙니다. (법리와 사안의 적용) 따라서 위 수표 부분에 관하여는 형소법 제325조 전단에 의하여 무죄를 선고하여 주시기 바랍니다. (소결)

여기까지는 전단 무죄 사유로 변론요지서를 작성한 예이다. 검토의견서를 작성할 때에도 '쟁점의 도출 – 법리 제시 – 적용'이라는 도구를 사용하면 된다.

【 제5회 변호사시험 】 중 「피고인 김갑동의 특경가법위반(사기)의 점」 부분

〔검토의견서 작성례〕

가. 쟁점 – 망자를 상대로 한 소송사기죄의 성부 (쟁점의 도출)

나. 검토

1) 소송사기에서 피기망자인 법원의 재판은 피해자의 처분행위에 갈음하는 내용과 효력이 있는 것이어야 하고, 그렇지 아니하는 경우에는 착오에 의한 재물의 교부행위가 있다고 할 수 없어서 사기죄는 성립되지 아니함. 따라서 피고인의 제소가 사망한 자를 상대로 한 것이라면 그 판결은 그 내용에 따른 효력이 생기지 아니하여 상속인에게 그 효력이 미치지 아니하므로, 사기죄를 구성할 수 없음. (법리)

2) 피고인이 소장을 제출한 날은 2014. 5. 8.이고, 당시 박병서는 이미 사망하였으므로, 사기죄 성립하지 않음. (적용)

다. 소결 – 범죄가 되지 않는 경우이므로 형소법 제325조 전단에 따라 무죄를 구하여야 함.

---

(3) 제1호 면소

확정판결의 기판력이 피고인의 사건에 미친다는 점을 구체적으로 밝혀 주면 된다.

【 제1회 변호사시험 】 중 「사기의 점」 부분

〔답안작성례〕

피고인은 2011. 11. 20. 춘천지방법원 강릉지원 2011고약692에서 상습사기죄로 벌금 3백만 원의 약식명령을 받은 사실이 있습니다. 위 약식명령의 범죄사실은 피고인이 상습으로, 수중에 현금이나 신용카드 등 다른 대금 지급 수단이 없어 술값 등을 지급할 의사나 능력이 없었음에도, 2011. 10. 25. 이른바 '무전취식'을 하였다는 것입니다. 위 약식명령은 2011. 11. 20. 발령되었고, 2011. 12. 17. 확정되었습니다. (확정판결이 있는 사실 적시)

위 확정된 약식명령의 범죄사실과 그 판결 선고 전에 범한 이 사건 사기의 공소

사실은 그 범행수단과 방법, 범행기간과 피고인의 전과 등에 비추어 모두 피고인의 무전취식 습벽의 발현에 의하여 저질러진 것입니다. 그렇다면 위 약식명령이 있었던 상습사기죄의 범죄사실과 그 판결 선고 전의 이 사건 사기의 공소사실은 포괄일죄의 관계에 있습니다. (확정판결의 기판력이 미침을 논함)

따라서 위 확정된 약식명령의 효력은 이 사건 사기의 공소사실에 대하여도 미치므로, 결국 이 부분 공소사실은 확정판결이 있은 때에 해당하여 형소법 제326조 제1호에 의하여 면소를 선고하여 주시기 바랍니다. (결론)

【제2회 변호사시험】 중 「사문서위조 및 위조사문서행사의 점」 부분

〔답안작성례〕

피고인은 2012. 10. 24. 수원지방법원 2012고약11692에서 사문서위조 및 위조사문서행사죄로 벌금 150만 원의 약식명령을 받은 사실이 있습니다. 위 약식명령의 범죄사실은 피고인이 2012. 5. 25.경 이 사건 공소사실 2. 가.항과 같은 방법을 사용하여 행사할 목적으로 권리의무에 관한 사문서인 최정오 명의의 부동산매매계약서 1장을 위조하고, 같은 날 그 사실을 모르는 박병진에게 위 계약서를 마치 진정하게 성립된 것처럼 교부하여 행사하였다는 것입니다. 위 약식명령은 2012. 11. 29. 확정되었습니다. (확정판결이 있는 사실 적시)

위 확정된 약식명령의 범죄사실은 매도인인 최정오 명의의 계약서에 대한 것이고, 이건 공소사실은 매수인인 박병진 명의의 계약서에 대한 것으로 두 사실은 하나의 계약서에 관한 것입니다. 그렇다면 최정오 명의의 사문서위조 및 위조사문서행사죄와 박병진 명의의 사문서위조 및 위조사문서행사죄는 각각 형법 제40조 소정의 상상적 경합 관계에 있고, 이 경우 그 중 1죄에 대하여 이미 확정된 약식명령의 기판력은 다른 죄인 이 사건 공소사실에 대하여도 미친다고 할 것입니다. (확정판결의 기판력이 미침을 논함)

따라서 이 부분 공소사실은 확정판결이 있은 때에 해당하므로 형사소송법 제326조 제1호에 의하여 면소를 선고하여 주시기 바랍니다. (결론)

여기까지는 제1호 면소 사유로 변론요지서를 작성한 예이다. 검토의견서를 작성할 때에도 '확정판결이 있는 사실 – 확정판결의 기판력이 미침 – 소결'이라는 틀을 그대로 이용하면 된다.

【 제5회 변호사시험 】 중 「피고인 김갑동의 변호사법 위반의 점」 부분

〔검토의견서 작성례〕

　가. 피고인은 2015. 10. 30. 서울남부지방법원 2015고약217호 사건에서 사기죄로 벌금 200만 원의 약식명령을 받은 사실이 있음. 위 약식명령의 범죄사실은 피고인이 2013. 5. 7. 14:00경 목동빌라 302호에서 피해자 왕근심을 기망하여 피해자로부터 현금 500만 원을 교부받아 편취하였다는 것. 위 약식명령은 2015. 12. 15. 확정되었음. (확정된 약식명령이 있는 사실)

　나. 위 약식명령의 사기 범죄사실과 이 사건 변호사법위반의 범죄사실은 피고인이 2013. 5. 7. 14:00경 목동빌라 302호에서 왕근심에게서 500만 원을 받았다는 동일한 사실관계에 관한 것임. 따라서 위 약식명령의 사기죄와 이 사건 공소사실은 형법 제40조 소정의 상상적 경합의 관계에 있고, 위 약식명령의 사기죄에 대한 기판력이 이 사건 변호사법위반의 점에도 미침. (약식명령의 기판력이 미침을 논함)

　다. 소결 – 이 사건 범죄사실은 '확정판결이 있는 때'에 해당하므로 형소법 제326조 제1호 사유에 의한 면소 판결을 구하여야 함.

(4) 제3호 면소

　공소시효가 완성된 죄에 대하여 공소기각 판결을 구하는 변론은 법률관계의 변론이므로 '일반론'과 '사안의 적용'으로 구성하면 된다. 즉 사안의 죄에 대한 공소시효 기간을 계산(일반론)한 후 공소제기가 그 기간을 경과한 뒤 이루어졌음(사안의 적용)을 주장하면 된다.

【 제3회 변호사시험 】 중 「피고인 이을남의 점유이탈물횡령의 점」 부분

〔답안작성례〕

　점유이탈물횡령죄는 형법 제360조 제1항에 의하면 법정형이 1년 이하의 징역이나 300만 원 이하의 벌금 또는 과료로 되어 있어 형소법 제250조, 형법 제50조, 형소법 제249조 제1항 제5호에 의하여 공소시효기간이 5년입니다. (공소시효 기간 일반론)

　그런데 이 사건 공소는 이 사건 범죄행위가 종료된 때부터 5년이 경과한 2013. 10. 18.에 제기되었습니다. (사안의 적용) 따라서 이 사건 공소는 공소시효가 완성

되었을 때에 해당하므로 형소법 제326조 제3호에 의하여 면소를 선고하여 주시기 바랍니다. (소결)

제3호 면소 사유로 검토의견서를 작성할 때에도 '쟁점의 도출 – 법리 제시 – 적용' 이라는 도구를 사용하면 된다. 아래 제시한 제4회 변호사시험 관련 부분은 결합범에서 일부 사실에는 후단 무죄 사유가, 축소사실에는 제3호 면소 사유가 있는 사례였다.

【제4회 변호사시험】 중 「피고인 이을남의 폭처법위반(집단·흉기등협박)」 부분

〔검토의견서 작성례〕

1. 쟁점

당시 피고인이 메고 있던 가방에 등산용 칼이 들어 있었다는 사실만으로 피고인이 위험한 물건인 등산용 칼을 '휴대'한 것인지에 대하여 검토를 요하고, 축소사실인 협박죄에 대하여는 공소시효 도과 여부에 관하여 검토를 요함. (쟁점의 도출)

2. '위험한 물건 휴대' 여부

"흉기 기타 위험한 물건을 휴대하여 그 죄를 범한 자"란 범행현장에서 그 범행에 사용하려는 의도 아래 흉기 또는 위험한 물건을 소지하거나 몸에 지니는 경우를 가리키는 것이지 그 범행과는 전혀 무관하게 우연히 이를 소지하게 된 경우까지를 포함하는 것은 아님. (법리)

피고인은 당시 등산을 가던 중 등산용 칼이 낡아서 이를 버리기 위해 이를 가방에 넣어두었던 것일 뿐 범행 당시 이를 전혀 인식하지 못하였으므로, 위험한 물건을 '휴대'하였다고 볼 증거가 부족함. (적용)

3. 협박죄의 공소시효 완성

피고인이 "계속 시비를 걸면 평생 불구로 만들어 버리겠다"고 말한 사실은 인정하고 있고 증거 충분하므로 축소사실인 협박죄는 성립함. 협박죄는 형법 제283조 제1항에 의하여 그 법정형이 3년 이하의 징역, 500만 원 이하의 벌금, 구류 또는 과료에 해당하는 범죄로 형소법 제250조, 형법 제50조, 형소법 제249조 제1항 제5호에 의하여 그 공소시효가 5년임. (법리)

그런데 이 사건 공소는 범죄행위가 종료된 2009. 2. 3.로부터 5년이 경과된

2014. 10. 17. 제기되었으므로 공소시효가 완성됨. (적용)

4. 소결

이 사건 공소 사실 중 '위험한 물건인 등산용 칼을 휴대하였다'는 부분에 대하여는 형소법 제325조 전단에 따른 이유 무죄를 구하고, 협박죄 부분은 공소시효가 완성되었을 때에 해당하므로 형소법 제326조 제3호에 따른 면소 판결을 구하여야 함.

(5) 제2호 공소기각

친고죄나 반의사불벌죄가 문제되는 사안에서 처음부터 고소가 없거나 처벌불원의사가 명백함에도 검사가 공소를 제기하는 일은 없을 것이다. 그런데 시험에서는 그런 상황이 있을 수 있다. 제2호 공소기각 변론에서는 공소제기가 부적법한 사유를 기록에서 찾아내고, 관련조문을 기재해 주는 것이 핵심이다.

【 제1회 모의시험 】 중 「피고인 황명철의 횡령의 점」 부분

〔답안작성례〕

황허당은 피고인의 8촌 형으로, 피고인과 피해자는 동거하지 않는 친족관계에 있습니다. 이런 경우 피해자의 고소가 있어야 공소를 제기할 수 있고(형법 제355조 제1항, 제361조, 제328조 제2항), 이때의 고소는 법률의 규정을 준수한 적법한 것이어야 합니다. (쟁점 도출)

형소법 제230조 제1항은 범인을 알게 된 날로부터 6월을 경과하면 고소하지 못한다고 규정하고 있습니다. (고소기간에 대한 법리) 그런데 피해자 황허당은 부동산 등기부등본을 발급받아 본 후 피해사실을 알았다고 할 것인데(기록 36면), 위 등본을 발급받은 날은 2010. 10. 18.이고(기록 37면), 이에 대해 처벌을 원한다는 취지의 고소를 한 것은 그로부터 6월이 경과한 2011. 5. 28.입니다. 그렇다면 위 고소는 법률의 규정을 지키지 않은 부적법한 고소로 효력이 없고, 결국 피고인의 횡령의 점에 대한 공소제기는 법률의 규정에 위반된 것이라 할 것입니다. (사안의 적용: 부적법한 고소)

따라서 피고인의 횡령의 점에 대하여는 공소기각의 판결을 내려주시기 바랍니다(형소법 제327조 제2호). (결론)

【 제2회 변호사시험 】 중 「공갈의 점」 부분

〔답안작성례〕

　재산상 이익의 취득으로 인한 공갈죄가 성립하려면 공갈행위로 인하여 피공갈자가 재산상 이익을 공여하는 처분행위가 있어야 합니다. (법리) 이 사건에서 피고인이 음식값 지불을 면하기 위하여 도주하였더라도 이는 피해자가 원래라면 얻을 수 있었던 재산상 이익의 실현에 장애가 발생한 것에 불과하고, 피해자가 음식값의 지급에 관하여 수동적·소극적으로라도 피고인이 이를 면하는 것을 용인하여 그 이익을 공여하는 처분행위를 하였다고 할 수 없으므로, 피해자가 피고인에게 공여한 재산상 이익이 있다고 할 수 없습니다. (적용)

　그렇다면 공갈의 점에서는 무죄이고 폭행죄만 성립할 뿐인데,(축소사실 인정) 폭행죄는 형법 제260조 제3항에 의하여 피해자의 명시한 의사에 반하여 공소를 제기할 수 없습니다. (축소사실이 반의사불벌죄임을 밝혀 줌) 피해자가 이 사건 공소제기 전인 2012. 9. 28. 피고인의 처벌을 원하지 않는 의사를 표시하였으므로,(공소제기 전 처벌불원 의사가 있었음을 밝혀 줌) 폭행의 점에 관하여는 형소법 제327조 제2호에 의하여 공소를 기각하여 주시기 바랍니다. (소결)

　교특법 위반 사안에서는 교특법 제3조 제2항 단서를 적용하여 공소가 제기된 경우가 주로 문제된다. 동항 단서가 적용되지 않아야 공소기각의 판결을 구할 수 있으므로, 단서가 적용되지 않는다는 점을 밝힌 뒤 종합보험 가입사실 혹은 공소제기 전 처벌불원의사의 존재를 주장하면 된다.

　아래에 있는 제2회 변호사시험 특가법위반(도주차량) 사안은 '도주'의 점에 관하여 후단 무죄를 변론하고, 축소사실인 교특법위반의 점에 관하여는 제2호 공소기각을 변론하는 결합형 사례였다.

【 제2회 변호사시험 】 중 「특가법위반(도주차량)의 점」 부분

〔답안작성례〕

　피고인이 승용차를 술을 마신 상태에서 운전해 가다가 피해자 고경자를 충격하여 상해를 입힌 사실은 인정하지만, 도주한 것은 아닙니다. (일부 사실관계만을 다툼을 밝힘)

'피해자를 구호하는 등 도로교통법(이하 '도교법'이라 함) 제54조 제1항에 의한 조치를 취하지 아니하고 도주한 때'라 함은 사고운전자가 사고로 인하여 피해자가 사상을 당한 사실을 인식하였음에도 불구하고, 피해자를 구호하는 등 도교법 제54조 제1항에 규정된 의무를 이행하기 이전에 사고현장을 이탈하여 사고를 낸 자가 누구인지 확정할 수 없는 상태를 초래하는 경우를 말합니다. 그러나 사고의 경위와 내용, 피해자의 상해 부위와 정도, 사고 운전자의 과실의 정도, 사고 운전자와 피해자의 나이와 성별, 사고 후의 정황 등을 종합적으로 고려하여 사고 운전자가 실제로 피해자를 구호하는 등 도교법 제54조 제1항에 의한 조치를 취할 필요가 있다고 인정되지 아니하는 경우에는 사고 운전자가 규정된 의무를 이행하기 이전에 사고현장을 이탈하였다 하더라도 특가법위반(도주차량)죄로 처벌할 수 없습니다. ('도주'에 대한 법리: 일반론)

이 사건에서 피고인은 충돌 사고 당시 바로 정차하였는데, 피해자가 다른 장소로 이동하자고 하여 일단 피해차량과 함께 이동을 하였고, 현장에서 피해자는 뒷 목을 만지긴 하였으나, 구호조치를 할 필요가 없을 정도로 멀쩡한 상태였습니다. 피해자의 진술에 의하더라도 피해자는 사고 당시에는 그냥 집에 갔는데, 다음 날 목과 허리가 좋지 않아서 병원에 갔더니 경추염좌라고 하였다는 것이고, 병원에서 발급해 준 진단서도 요치 2주에 불과한 경미한 것이었습니다. 또한 피고인이 사고 현장에서 피해자에게 보험처리를 해주겠다고 하였으나, 피해자가 피고인의 음주운전을 빌미로 지나치게 많은 합의금을 요구하면서 경찰을 부르려고 전화를 하였고, 이에 피고인은 음주운전이 발각될 것을 두려워 하여 그냥 차량을 타고 가버렸으나, 가는 도중에 경찰에서 전화가 와서 자진 출석하여 음주측정을 받았습니다. 이러한 점을 종합하여 보면 피해자가 이 사건 사고로 인하여 상해를 입었지만 그로 인하여 피고인으로부터 구호를 받아야 할 필요성이 있다고 보기 어렵습니다. (이 사건이 '도주'에 해당하지 않음: 사안의 적용)

그러므로, 특가법위반(도주차량)의 점에 대하여는 무죄가 선고되어야 하고, 특가법위반(도주차량)의 공소사실에 포함된 교통사고처리특례법위반죄에 대하여는 아래에서 보는 바와 같이 피고인이 사고 당시 운전한 승용차가 자동차종합보험에 가입되어 있고, 음주운전의 점에 관하여는 무죄이므로(자세한 변론은 여기에서는 생략) 이 사건은 교특법 제3조 제2항 단서 제8호 사유에 해당하지 아니합니다. 한편 피고인의 차량은 삼성화재해상보험주식회사의 자동차종합보험에 가입되어 있는데, 위 보험은 교특법 제4조 제1항에 정하는 종합보험이므로, 이 사건 공소는 교특법 제4조 제1항 본문 규정에 반하여 제기된 것이어서 형소법 제327조 제2호에 의하여 기각되어야 합니다. (결론)

여기까지는 제2호 공소기각 사유로 변론요지서를 작성한 예이다. 검토의견서를 작성할 때에도 '쟁점의 도출 – 법리 제시 – 적용'이라는 도구를 사용하면 된다.

【 제4회 변호사시험 】 중 「피고인 이을남의 주위적 명예훼손, 예비적 모욕의 점」 부분

〔검토의견서 작성례〕
 1. 쟁점
 피고인은 공소사실 기재대로 소리친 점은 인정하고 있고 전파가능성도 인정됨. 다만 피고인의 행위가 명예훼손죄인지 모욕죄인지 검토를 요함. (쟁점의 도출)

 2. 명예훼손죄와 모욕죄의 구분
 명예훼손죄에서 사실의 적시는 사람의 사회적 평가를 저하시키는 데 충분한 구체적 사실을 말하므로, 이를 적시하지 아니하고 단지 모멸적인 언사를 사용하여 타인의 사회적 평가를 경멸하는 자기의 추상적 판단을 표시하는 것은 모욕에 해당하고 명예훼손죄에는 해당하지 아니함. (법리)
 피고인이 김갑동에게 "이 나쁜 새끼, 거짓말쟁이"라고 한 말은 구체적 사실 적시 없이 단지 모멸적인 언사를 사용한 데 불과하므로 예비적 공소사실인 모욕죄만 성립함. (적용)

 3. 적법한 고소 여부
 모욕죄는 고소가 있어야 공소를 제기할 수 있는데(형법 제312조) 김갑동은 2014. 10. 17. 이 사건 공소가 제기된 후인 2014. 12. 18. 고소의 의사표시를 하였으므로 이 사건 고소는 부적법함. (법리 및 적용)

 4. 소결
 주위적 공소사실에 대해서는 형소법 제325조 후단 무죄를, 예비적 공소사실에 대해서는 형소법 제327조 제2호에 따른 공소기각의 판결을 구하여야 함.

(6) 제5호 공소기각

 해당사건은 고소가 있어야 공소를 제기할 수 있음(일반론)을 쓴 후, 공소제기 후 고소가 취소된 점(사안의 적용)을 밝혀주면 된다.

【 제5회 모의시험 】 중 「피고인 이수원의 횡령의 점」 부분

〔답안작성례〕

　　이 사건 범행의 피해자인 이경기는 피고인 이수원의 작은 아버지로, 피고인과 동거하지 않는 3촌 관계에 있습니다. 따라서 이 사건에는 형법 제355조 제1항, 제361조, 제328조 제2항이 적용되어서 피해자의 고소가 있어야 합니다. (상대적 친고죄 적시)

　　피해자 이경기는 이 사건 공소가 제기된 이후 고소를 취소하였으므로, 형소법 제327조 제5호에 따라 공소기각의 판결이 선고되어야 합니다. (적용 및 소결)

　　고소가 있어야 공소를 제기할 수 있는 사건은 공소장의 적용법조로 명확하게 드러나는 경우도 있으나, 성폭력 범죄의 경우 해당사건에 적용되는 당시의 법률이 형법이냐 아니면 성폭법 또는 아청법이냐에 따라 친고죄 여부가 달라지므로, 고소가 있어야 공소를 제기할 수 있는 사건이라는 점을 밝히는 것 자체가 쟁점일 수 있다.

(7) 제6호 공소기각

　　피고인의 사건이 피해자의 의사에 반하여 공소를 제기할 수 없는 사안임(일반론)을 밝혀 준 후, 공소제기 후 피해자가 피고인에 대하여 처벌을 원했던 의사를 철회한 점을 포섭해 주면 된다.

【 2015년 제1차 모의시험 】 중 「피고인 김갑동의 정통법위반의 점」 부분

〔답안작성례〕

　　이 사건 범죄는 정통법 제70조 제2항을 위반하였다는 것인데, 정통법 제70조 제2항의 범죄는 동조 제3항에 따라 피해자의 구체적 의사에 반하여 공소를 제기할 수 없습니다. (일반론-법조문)

　　피해자 최병녀는 이 사건 공소제기 이후인 2015. 6. 7. 피고인에 대하여 처벌을 원하지 않는다는 의사를 담은 합의서를 제출하였습니다. (적용)

　　그러므로 이 사건에 대하여는 형소법 제327조 제6호에 따라 공소기각 판결을 하여 주시기 바랍니다. (소결)

교특법위반 사건에서는 교특법 제3조 제2항 단서가 적용되지 않아야 같은 항 본문에 의하여 반의사불벌죄가 되므로, 먼저 교특법 제3조 제2항 단서에 해당하지 않음을 밝혀 준 후, 공소제기 후 처벌불원의사가 제출되었음을 포섭하여야 한다.

【 제1회 변호사시험 】 중 「교특법위반의 점」 부분

〔답안작성례〕

　　피고인은 자전거를 타고 횡단보도를 건너던 피해자를 차로 들이받아 상해를 입게 하여 교특법 제3조 제2항 단서 중 제6호를 위반한 것으로 공소가 제기되었습니다. 위 제6호는 "「도로교통법」 제27조제1항에 따른 횡단보도에서의 보행자 보호의무를 위반하여 운전한 경우"를 규정하고 있는데, 도교법 제27조(보행자의 보호) 제1항은 "보행자(제13조의2 제6항에 따라 자전거에서 내려서 자전거를 끌고 통행하는 자전거 운전자를 포함한다)가 횡단보도를 통행하고 있을 때에는 보행자의 횡단을 방해하거나 위험을 주지 아니하도록 그 횡단보도 앞(정지선이 설치되어 있는 곳에서는 그 정지선을 말한다)에서 일시정지하여야 한다"고 규정하고 있고, 동법 제13조의2(자전거의 통행방법의 특례) 제6항은 "자전거의 운전자가 횡단보도를 이용하여 도로를 횡단할 때에는 자전거에서 내려서 자전거를 끌고 보행하여야 한다"고 규정하고 있습니다. (단서 중 제6호 관련 법조문 규정을 찾아 씀)

　　결국 피고인이 도교법 제13조의2에서 정한 통행방법을 위반한 피해자를 차로 들이받아 피해자에게 상해를 입혔다 하더라도 위 피해자는 교특법 제3조 제2항 단서 제6호의 보호대상인 '보행자'에 해당하지 않습니다. (이 사건이 단서 제6호에 해당하지 않음을 밝힘)

　　따라서 이 사건은 교특법 제3조 제2항 본문에 의하여 반의사불벌죄에 해당하게 되는데, 이 사건 피해자 조범생은 공소제기 후인 2011. 12. 16. 피고인에 대하여 처벌을 원하는 의사를 철회하는 합의서를 제출하였습니다. (일반론 및 적용)

　　그렇다면 이 사건 공소는 처벌의사를 전제로 하는 사건에 처벌의사가 철회된 경우이므로 형소법 제327조 제6호에 따라 공소기각의 판결을 내려주시기 바랍니다. (소결)

부정수표를 발행하거나 작성한 자가 공소제기 이후 그 수표를 회수한 경우에도 제6호 공소기각 사유가 된다.

【 제3회 모의시험 】 중 「부수법위반의 점 중 제3수표」 부분

〔답안작성례〕

　부정수표단속법 제2조 제4항에 의하면 수표를 발행하거나 작성한 자가 그 수표를 회수한 경우에는 공소를 제기할 수 없다고 규정되어 있습니다. 이는 수표를 발행하거나 작성한 자가 그 수표를 회수한 경우 수표소지인이 처벌을 희망하지 않는 의사표시를 한 것과 마찬가지로 보아 반의사불벌죄로 규정한 것이라고 해석하는 것이 판례의 태도입니다. (법리)

　피고인은 이 사건 공소제기 후 위 수표를 회수하여 귀 법원에 2012. 5. 30. 제출하였습니다. (적용) 그렇다면 이 부분에 대하여는 형소법 제327조 제6호에 의하여 공소를 기각하여 주시기 바랍니다. (소결)

(8) 형 면제

　형 면제 판결을 구하는 변론은 유죄를 인정하는 것이므로, 일단 공소사실을 인정한다는 점을 밝혀주는 것이 좋다. 그런 다음 형 면제 근거가 되는 법조문을 제시하고 해당 사건이 위 조항의 적용을 받는다는 점을 명시하면 된다. 검토의견서를 작성할 때도 유죄가 인정되는지 여부, 형 면제 근거 조문, 적용 순으로 쓰면 된다.

【 제4회 모의시험 】 중 「피고인 백옥희의 예금 1억 원 횡령의 점」 부분

〔답안작성례〕

　피고인은 피해자 시이오 명의 예금 1억 원을 횡령한 사실은 인정합니다. (공소사실을 다투지 않음을 밝힘) 다만 피해자는 피고인의 배우자입니다. 따라서 피고인에 대한 형은 형법 제361조, 제328조 제1항에 의하여 면제되어야 합니다. (근거 조문 및 소결)

【 제5회 변호사시험 】 중 「피고인 김갑동의 절도의 점」 부분

〔검토의견서 작성례〕

가. 절취의 대상인 포르쉐승용차는 피고인 명의로 등록되어 있으나, 피고인의 법률상 처 나부자가 전적으로 운행·관리하고 있음. 이와 관련, 재판장이 절도죄의 성부 여부에 대하여 검토를 명함. (쟁점의 도출)

나. 절도죄의 객체는 타인이 점유하는 타인 소유 재물임. 한편 자동차 소유권의 득실변경은 등록을 함으로써 그 효력이 생기고 그와 같은 등록이 없는 한 그 소유권을 취득할 수 없는 것이 원칙이지만, 당사자 사이에 그 소유권을 그 등록 명의자 아닌 자가 보유하기로 하였다는 등의 특별한 사정이 있는 경우에는 그 내부관계에 있어서는 그 등록 명의자 아닌 자가 소유권을 보유하게 됨(판례의 태도). (법리) 이 사건에서 피고인이 나부자에게 차량을 사 주었다고 하면서, 그 차량이 나부자 소유라는 점에 대하여 다툼이 없으므로, 피고인과 나부자 내부관계에서는 그 소유권이 나부자에게 있음. (적용)

다. 한편 피고인은 나부자와 별거 중이나 법률상으로는 부부이므로, 이 사건 피해자는 피고인의 '배우자'에 해당함. 따라서 형법 제344조가 준용하는 형법 제328조 제1항에 따라 절도죄는 그 형이 면제됨. (법리)

라. 소결 – 피고인 자백하고 보강증거도 있으므로 유죄 인정되나, 형법 제328조 제1항, 제344조에 따라 형 면제 판결을 구하여야 함.

(9) 법률관계를 다투는 유죄(축소사실의 인정)

유죄(축소사실의 인정) 사유가 있는 경우에는 다투는 사실과 다투지 않는 사실의 구분을 명확하게 한 뒤, 다투는 사실에 대해서는 사실관계를 다투는 방법으로 다투고(이에 대해서는 「2. 사실관계의 변론」에서 설명하였다), 다투지 않는 사실에 대해서는 일반론(법조문과 판례의 태도)을 제시한 뒤 피고인의 사안이 일반론에 포섭되지 않음을 주장하면 된다.

【 제1회 모의시험 】 중 「피고인들에 대한 예비적 공소사실」 부분

〔답안작성례〕

나. 이 사건 범행 장소는 주거에 해당한다고 할 수 없습니다. ('주거' 부분에 관하여 법률관계를 다툼)

성폭법에서 주거침입강간 행위를 형법상 강간 행위보다 가중처벌하는 이유는 주거의 평온을 깨고 침입한 점을 더 비난할 수 있기 때문일 것입니다. 그렇다면 여기에서의 '주거'는 주거침입죄의 주거와 같은 의미라고 보아야 합니다.

주거침입죄에서 주거는 건조물 그 자체뿐만이 아니라 그에 부속하는 위요지도 포함한다고 할 것이나, 위요지라 함은 건조물에 인접한 그 주변의 토지로서 외부와의 경계에 담 등이 설치되어 그 토지가 건조물의 이용에 제공되고 또 외부인이 함부로 출입할 수 없다는 점이 객관적으로 명확하게 드러나야 합니다. 따라서 건조물의 이용에 기여하는 인접의 부속 토지라고 하더라도 인적 또는 물적 설비 등에 의한 구획 내지 통제가 없어 통상의 보행으로 그 경계를 쉽사리 넘을 수 있는 정도라고 한다면 일반적으로 외부인의 출입이 제한된다는 사정이 객관적으로 명확하게 드러났다고 보기 어려우므로, 이는 주거에 해당하지 아니한다고 할 것입니다. ('주거'에 관한 법리)

증인 박철형의 법정진술에 의하면, 이 사건 범행장소에는 빌라 출입문이나 담장, 경비실 등이 아직 설치되어 있지 않아 빌라 안의 도로를 통행하는 것이 자유롭고, 인근 주민들이 이 사건 범행장소를 다른 건물이나 도로로 출입하는 지름길로 이용하고 있습니다. 또한 밤이면 불량배들이나 술꾼들이 와서 소란을 피우기까지 하는 곳이기도 합니다. 따라서 이 사건 범행장소는 외부인의 출입이 자유롭다는 점에서 주거침입죄에서 침입행위의 객체인 건조물에 포함되는 위요지에 해당한다고 볼 수 없어, 피고인이 이 사건 범행장소에 들어갔다고 하여 이를 '주거침입'으로 볼 수는 없습니다. (이 사건을 '주거'에 관한 법리에 포섭)

그렇다면 위 공소사실 중 '주거침입' 부분은 법리를 오해한 것입니다. (소결)

4. 정상관계의 변론

지금까지의 변호사시험에서는 정상관계의 변론을 평가에서 제외하였다. 그러나 모의시험에서는 정상관계의 변론을 요구한 때도 있었으므로(문제에서 '정상관계에 관하여도 변론하시오'라고 제시하는 것이 아니라, 평가 제외 사항에 정상관계가 포함되어 있지 않은 경우에는 정상관계 변론도 쟁점에 포함된다고 보면 된다), 대비 차원에서 간단하게나

마 짚고 넘어가기로 한다.

정상관계의 변론 중 가장 중요한 쟁점은 집행유예 결격 사유가 없다는 점에 대한 주장이라고 생각된다. 실무에서도 집행유예 결격 사유 유무는 매우 중요하므로, 형법 제62조 단서에 해당하는 경우를 정확하게 이해해 두어야 한다. 판례에 따르면, 형법 제62조 단서에 해당하는 경우는 ① 집행유예가 실효 혹은 취소된 경우 또는 ② 유예 기간이 아직 끝나지 않은 경우, 단 두 가지 경우뿐이고, 집행유예 기간 중에 범한 범죄라고 하더라도 집행유예가 실효 취소됨이 없이 그 유예기간이 경과한 경우에는 다시 집행유예의 선고가 가능하다(2007도768). 제3회 모의시험에서는 집행유예 결격 사유에 해당하지 않는 경우를 제시하고, 그러한 점을 찾아내는 능력을 요구하였다.

【 제3회 모의시험 】 중 피고인 고기만이 집행유예 결격 사유에 해당하지 않는다는 점에 관하여

‖ 해 설

피고인 고기만에 대한 공소사실 중 여전법위반의 점과 피해자 정순박에 대한 절도의 점은 유죄이어서 달리 다툴 것이 없다. [문제]에서 정상관계 변론을 평가사항에서 제외하지 않았기 때문에(기록 1면에서는 '공소사실의 요지는 기재하지 말 것'이라고만 하고 있다), 정상관계라도 간단하게 써야 한다. 정상관계 변론에서는 피고인 고기만에게 집행유예 결격 사유가 없으니 집행유예를 선고해 달라는 주장이 가장 핵심일 것이다.

앞선 집행유예가 있는 경우이므로, 집행유예의 기간이 경과하였는지를 확인한다. 이를 위해 먼저 공소사실 중 '범죄전력' 부분에서 집행유예 기간 종료일을 계산한다. 기록 10면을 보면 '징역 1년, 집행유예 2년'을 선고받은 판결이 확정된 날은 2010. 5. 22.이므로, 그 유예기간은 2012. 5. 21. 24:00에 끝난다. 그런데 공소는 2012. 5. 17. 제기되었으므로(기록 9면), 공소장에서는 "그 유예기간 중에 있다"고 기재한 것이다.

다음으로, 변론요지서 작성 날짜를 확인한다. 기록 2면에 제시된 날짜는 2012. 6. 15.이다. 변론요지서를 제출할 당시에는 이미 집행유예 기간이 경과하였으므로 형법 제62조 단서에 해당하지 않는다. 법원은 피고인 고기만에 대하여는 다시 집행유예를 선고할 수 있으므로, 변호인은 피고인 고기만에게 형법 제51조의 사항을 참작할 만한 사유가 있다는 점을 주장하면 된다.

그 밖의 정상관계는 우발적 범행, 합의 노력, 동종 전과의 부재, 진지한 반성 등 상식적으로 생각할 수 있는 점을 간단히 쓰면 된다. 실무에서와 달리 시험은 '무면공' 위주의 변론이므로, 집행유예 결격 사유의 부재를 제외한 나머지 정상 관계는 점수 배점이 그리 높지 않을 것이다.

제 3 장

익숙해져야 할 나무들:

전형적인 '무면공' 사유 등

본장의 기재례의 대부분은 〈사법연수원 형사재판실무의 '무면공' 기재례 중에서 변호사시험에 출제된 바 있는 쟁점과 비슷한 쟁점을 가진 것만을 추려내〉 유형화한 뒤 변론요지서의 경어체로 변형한 것이다. 나머지 기재례는 필자가 적당한 판결문을 변형한 것이다. 단순히 판결문 문장을 변론요지서 문장으로 변형한 것에 불과하므로 문장을 꼭 기재례와 같은 방식으로 써야 할 필요는 없다. 그러나 전형적인 '무면공' 사유를 잘 활용하면 변론요지서를 쓰는 방향을 잡는 데 큰 도움이 될 것이라고 생각한다. 평소에 기재례를 자주 읽어서 익숙해진 다음, 기재례에 살을 붙여서 변론하는 연습을 몇 번 해 보면 스스로 감을 잡을 수 있을 것이다. 그 외 검토의견서 기재례도 몇 개나마 보충하였다.

살을 붙여서 변론서를 작성하는 방법은 제4장에서 연습하기로 하고, 여기에서는 전형적인 '무면공' 사유들과 친해지기로 하자.

I 제325조 전단 무죄

1. 공소사실이 범죄를 구성하지 않는 경우

(1) 구성요건해당성이 없는 경우

• 이 사건 공소사실 중 피고인 A에 대한 여신전문금융업법위반의 점의 요지는 피고인이 ---. ~에서 ~과 같은 방법으로 도난된 직불카드를 사용하였다는 것입니다.

여신전문금융업법 제70조 제1항 제3호가 규정하고 있는 '사용'이라 함은 분실 또는 도난된 신용카드나 직불카드를 진정한 카드로서 신용카드나 직불카드의 본래의 용법에 따라 사용하는 경우를 말하는 것이므로, 피고인이 공소사실과 같이 도난된 직불카드를 현금자동지급기에 넣고 비밀번호 등을 입력하여 K의 예금계좌에서 피고인의 예금계좌로 돈을 이체하는 정보처리를 하게 하였다 하더라도 이는 직불카드에 포함된 이른바 현금카드 기능을 이용한 것일 뿐 직불카드를 본래의 용법에 따라 사용한 것이라 볼 수 없어, 여전법 제70조 제1항 제3호가 규정하고 있는 '사용'의 개념에 포함될 수 없습니다. (법리)

그렇다면 이 부분 공소사실은 범죄로 되지 아니하는 경우에 해당하므로 형사소송법 제325조 전단에 의하여 무죄를 선고하여 주시기 바랍니다. (사안의 적용 및 소결)

• 이 사건 공소사실 중 피고인 A에 대한 횡령의 점의 요지는, "~"는 것입니다.

민법 제746조에 불법의 원인으로 인하여 재산을 급여하거나 노무를 제공한 때에는 그 이익의 반환을 청구하지 못한다고 규정한 뜻은 급여를 한 사람은 그 원인행위가 법률상 무효임을 내세워 상대방에게 부당이득반환청구를 할 수 없고, 또 급여한 물건의 소유권이 자기에게 있다고 하여 소유권에 기한 반환청구도 할 수 없어서 결국 급여한 물건의 소유권은 급여를 받은 상대방에게 귀속된다는 것이므로,

위 공소사실 기재와 같이 피고인이 K로부터 '건축허가를 빨리 받을 수 있도록 공

무원인 관악구청 도시관리국장에게 전달하여 달라'는 부탁과 함께 뇌물공여의 목적으로 전달하여 달라는 뜻에서 돈 00원을 교부받은 것이라면, 그 돈은 불법원인급여물에 해당하여 그 소유권이 피고인에게 귀속되는 것으로서 피고인이 그 돈을 뇌물로 전달하지 않고 임의로 소비하였다고 하더라도 횡령죄가 성립하지 않습니다. (법리)

따라서 이 부분 공소사실은 범죄로 되지 아니하는 경우에 해당하므로 형사소송법 제325조 전단에 의하여 무죄를 선고하여 주시기 바랍니다. (사안의 적용 및 소결)

• 이 사건 공소사실 중 피고인 B에 대한 부정수표단속법위반의 점의 요지는, "피고인이 A가 위조하여 피고인에게 교부한 가계수표의 금액란을 ~원에서 ~원으로 변조하였다"는 것입니다.

부수법 제5조의 '변조'라 함은 진정하게 성립된 수표의 내용에 권한 없는 자가 그 수표의 동일성을 해하지 않는 한도에서 변경을 가하는 것을 말하고, 이미 타인에 의하여 위조된 수표의 기재사항을 권한 없이 변경하였다고 하더라도 이는 부수법 제5조의 '변조'에는 해당하지 않으므로, (법리)

피고인이 이미 A에 의하여 위조된 위 수표의 액면금 '~원'을 '~원'으로 변경하였다고 하더라도 이를 수표변조로 인한 부수법위반죄로 처벌할 수는 없습니다. (사안의 적용)

따라서, 이 부분 공소사실은 범죄로 되지 않는 경우에 해당하므로 형사소송법 제325조 전단에 의하여 무죄를 선고하여 주시기 바랍니다. (소결)

• 이 사건 공소사실 중 피고인 B에 대한 무고의 점의 요지는, "~"는 것입니다.

타인으로 하여금 형사처분을 받게 할 목적으로 공무소에 대하여 허위사실을 신고하였다고 하더라도, 신고된 범죄사실에 대한 공소시효가 완성되어 공소권이 소멸되었음이 신고 내용 자체에 의하여 분명한 경우에는 당해 국가기관의 직무를 그르치게 할 위험이 없으므로 무고죄가 성립하지 아니합니다. (법리)

그런데, 피고인이 고소한 범죄사실은 형법 제260조 제1항에 해당하는 범죄로서 그 법정형이 2년 이하의 징역, 500만원 이하의 벌금, 구류 또는 과료로 되어 있어 형사소송법 제250조, 형법 제50조, 형사소송법 부칙(2007. 12. 21.) 제3조, 구 형사소송법(2007. 12. 21. 법률 제8730호로 개정되기 전의 것) 제249조 제1항 제5호에 의하여 공소시효가 3년이므로, 위 공소사실에 의하더라도 피고인이 고소한 ---.에는 폭행행위가 종료된 때로부터 3년이 경과하였음이 역수상 명백하여 공소권이 이미 소멸한 사실을 고소하였다고 할 것이므로 위 고소사실이 허위라 할지라도 이를 무고죄로 처벌할 수는 없습니다. (사안의 적용)

그렇다면 이 부분 공소사실은 범죄로 되지 아니하는 경우에 해당하므로 형사소송법 제325조 전단에 의하여 무죄를 선고하여 주시기 바랍니다. (소결)

• 이 사건 공소사실 중 피고인 C에 대한 사기의 점의 요지는, "~"는 것입니다.

사기죄는 타인을 기망하고 착오에 빠뜨려 그 착오 즉, 하자 있는 의사에 터잡아 재산적 처분행위를 하도록 하여서 재물을 취득하거나 재산상 이익을 얻는 것을 의미하므로, 자기가 점유하는 타인의 재물을 횡령하기 위하여 기망수단을 쓴 경우에는 피기망자에 의한 재산처분행위가 없으므로 사기죄는 성립하지 아니합니다. (법리)

피고인이 위 공소사실 기재와 같이 피해자 K로부터 그 소유 임야의 매각위임을 받아 이를 타에 매도하여 매매대금 00원을 받았다면 그 매매대금은 의뢰자인 피해자의 소유에 귀속하여 피고인이 이를 보관하고 있는 상태여서, 피고인이 그 중 00원을 영득하기 위하여 00원에 매도하였다고 피해자를 기망하여 00원만 피해자에게 교부하고 나머지 00원을 불법영득하였다 하더라도 피해자의 재산처분행위가 있다고 볼 수 없어 사기죄를 구성하지는 않습니다. (사안의 적용)

따라서 이 부분 공소사실은 범죄로 되지 않는 경우에 해당하므로 형사소송법 제325조 전단에 의하여 무죄를 선고하여 주시기 바랍니다. (소결)

• 이 사건 공소사실 중 피고인 A에 대한 도로교통법위반의 점의 요지는, "피고인이 피해자 K 소유의 ~ 승용차를 운전하여 위 ~ 승용차를 수리비 00원 상당이 들도록 손괴하였다"는 것입니다.

도교법 제151조는 "~"라고 규정하고 있는바, 원래 형법에서는 고의가 아닌 과실로 재물을 손괴한 경우를 처벌하지 않고 있으나 도로운송에 즈음하여 차량운행과 관련 없는 제3자의 재물을 보호하려는 입법취지에서 도로교통법에 특별히 위와 같은 처벌 규정을 둔 것이어서 위 법조의 '그 밖의 재물' 중에는 범행의 수단 또는 도구로 제공된 차량 자체는 포함되지 아니한다고 해석하여야 합니다. 따라서 위 공소사실과 같이 피고인이 피해자 소유의 차량을 운전하다가 업무상 과실로 그 차량 자체를 손괴한 것은 위 법조의 구성요건에 해당하지 아니합니다. (법리)

그렇다면, 이 부분 공소사실은 범죄로 되지 아니하는 경우에 해당하므로 형사소송법 제325조 전단에 의하여 무죄를 선고하여 주시기 바랍니다. (사안의 적용 및 소결)

• 이 사건 공소사실 중 피고인 C에 대한 절도의 점의 요지는, 피고인이 ~로부터 교부받은 신용카드를 이용하여 피해자 주식회사 하나은행이 관리하는 현금자동지급기에서 예금 00원을 인출하여 이를 절취하였다는 것입니다.

신용카드 소유자를 기망하여 그 카드를 편취한 다음 이를 이용하여 현금지급기에서 예금을 인출한 경우, 비록 하자 있는 의사표시이기는 하지만 카드 소유자의 승낙에 의하여 사용권한을 부여받은 이상, 그 소유자가 승낙의 의사표시를 취소하기까지는 은행 등 금융기관은 신용카드 소유자의 지급정지 신청이 없는 한 카드 소유자의 의사에 따라 그의 계산으로 적법하게 예금을 지급할 수밖에 없는 것이므로, 현금지급기에서 카드소유자의 예금을 인출, 취득한 행위를 현금지급기 관리자의 의사에 반하여 그가 점유하고 있는 현금을 절취한 것이라 하여 이를 절도죄로 처단할 수는 없습니다. (법리)

따라서, 위 공소사실 기재와 같이 피고인이 예금주인 K를 기망하여 그 소유의 신용카드를 교부받음으로써 하자 있는 의사표시이기는 하지만 K의 승낙에 의하여 신용카드를 사용할 권한을 부여받은 이상, 피고인이 그 카드를 이용하여 현금자동지급기에서 예금을 인출한 행위는 절도죄를 구성하지 아니합니다. (사안의 적용)

그렇다면, 이 부분 공소사실은 범죄로 되지 아니하는 경우에 해당하므로 형사소송법 제325조 전단에 의하여 무죄를 선고하여 주시기 바랍니다. (소결)

(2) 형벌조항이 무효인 경우

아래 사안은 대구지법 2015. 9. 25. 선고 2014노4356 판결(2015. 12. 10.자 각급법원 판결공보 게재)을 변론요지서 양식으로 변형하여 써 본 것이다. 의료법위반 사안으로 시험에 출제될 만한 사건은 아니지만, 형벌조항이 무효여서 전단 무죄를 구하는 경우 변론하는 틀을 익히는 데에는 도움이 될 것이다.

• 이 사건 공소사실의 요지는 피고인은 ~에 있는 ~요양병원을 운영하는 사람으로서, 각종 병원에는 응급환자와 입원환자의 진료 등에 필요한 당직의료인을 두어야 함에도 불구하고, 피고인은 ---.경부터 ---.경까지 위 ~요양병원에 약 130여 명

의 입원환자의 진료 등에 필요한 당직의료인을 두지 않고 위 병원을 운영하였다는 것입니다.

법률이 아닌 하위규범에 범죄구성요건 등 국민의 자유와 권리를 제한하는 사항을 정하도록 위임하는 것은 반드시 법률규정 자체에서 이를 하위규범에 위임한다는 것을 명시하여야만 가능하고, 법률이 하위 법령에 전혀 위임조차 하지 아니하고 있는 사항에 대하여 마치 법률의 위임을 받은 것처럼 하위 법령이 국민의 자유와 권리를 제한하는 사항을 직접 상세히 규정할 수는 없습니다. (법리)

위 법리에 비추어 보면, 의료법 제41조는 "각종 병원에는 응급환자와 입원환자의 진료 등에 필요한 당직의료인을 두어야 한다"고만 규정하고 있을 뿐 당직의료인의 수, 당직의료인의 자격 등 당직의료인의 구체적 내용에 대해서는 의료법에 아무런 규정이 없고, 당직의료인의 구체적 내용을 정하는 것을 대통령령 등 하위법규에 위임하는 규정 또한 전혀 찾아볼 수 없습니다.

의료법 시행령 제18조 제1항이 병원의 규모에 따라 배치하여야 할 당직의료인의 수를 규정하고 있기는 하나, 이는 법률의 구체적 위임 없이 규정한 것인바, 법률이 하위 법령에 전혀 위임조차 하지 아니하고 있는 사항에 대하여 마치 법률의 위임을 받은 것처럼 하위 법령이 국민의 자유와 권리를 제한하는 사항을 직접 상세히 규정할 수는 없는 것이므로, 의료법 제90조에 따라 처벌되는 의료법 제41조 위반행위는 당직의료인을 전혀 두지 않은 경우에 한정된다 할 것이고, 이를 넘어서 의료법 시행령 제18조 제1항에 규정된 당직의료인 수를 준수하지 않은 행위를 처벌하는 것은 법률에 근거하지 않은 처벌로 죄형법정주의 원칙에 위반됩니다. (사안의 적용)

이 사건 당시 이 사건 병원에는 간호사 3명이 당직의료인으로 배치되어 근무하고 있었으므로, 피고인이 위와 같이 당직의료인을 배치한 이상 의료법 제41조를 위반하였다고 할 수 없고, 의료법 시행령에 규정된 당직의료인의 수를 충족하지 못하였다는 것만으로는 피고인을 처벌할 수 없습니다.

그렇다면 이 사건 공소사실은 범죄로 되지 아니하는 때에 해당되므로, 형소법 제325조 전단에 의하여 피고인에게 무죄를 선고하여 주시기 바랍니다. (소결)

2. 범죄 성립 조각 사유가 있는 경우

(1) 형법 제310조 적용 사안(2008도6342 판결 응용)

• 이 사건 공소사실은 "~건물관리회 회장인 피고인이 ---. ~ 에서 고소인과 공소
외인(이하 '고소인측'이라 합니다)이 관리회장인 피고인을 폭행한 사건의 형사재판에
서 각 벌금 30만 원의 유죄판결이 확정되었다는 내용이 기재된 결산보고서를 참석
회원들에게 배포함으로써 공연히 사실을 적시하여 고소인의 명예를 훼손하였다"는
것입니다.

공연히 사실을 적시하여 사람의 명예를 훼손한 행위가 형법 제310조에 따라서 위
법성이 조각되어 처벌되지 않기 위해서는 적시된 사실이 객관적으로 볼 때 공공의
이익에 관한 것으로서 행위자도 공공의 이익을 위하여 그 사실을 적시한 것이어야
하는데, 여기서 공공의 이익에 관한 것이라 함은 널리 국가 · 사회 기타 일반 다수인
의 이익에 관한 것뿐만 아니라 특정한 사회집단이나 그 구성원 전체의 이익에 관한
것도 포함된다고 하겠지만, 공공의 이익에 관한 것인지 여부는 적시된 사실 자체의
내용과 성질, 당해 사실의 공표가 이루어진 상대방의 범위, 그 표현의 방법 등 그 표
현 자체에 관한 여러 사정을 감안함과 동시에 그 표현에 의하여 훼손되거나 훼손될
수 있는 명예의 침해 정도 등을 비교 · 고려하여 결정하여야 하고, 사실을 적시한 행
위자의 주요한 목적이 공공의 이익을 위한 것이면 부수적으로 다른 목적이 있었다
고 하더라도 형법 제310조의 적용을 배제할 수 없습니다. (법리)

이 사건에서 피고인이 위 결산보고서를 통해 알린 형사재판의 내용인 고소인측의
범죄행위는, 피고인이 위 건물관리회장으로서의 업무를 수행함에 대해 고소인측이
정당한 근거 없이 불법적인 폭력의 행사로써 이에 항의하면서 저지른 것으로서 그
실질에 있어서 위 건물관리회 대표의 공적 업무를 방해하는 행위로 볼 수 있습니다.
고소인측은 위 건물관리회의 관리사무실 내에서 피고인을 상대로 공공연히 저지른
범행사실을 끝까지 부인하면서 형사재판에서 이를 다투어 왔으며, 위 범행의 동기
가 된 단전 · 단수 등의 조치에 대해서는 고소인측의 고소에 따른 수사결과 관리회
규약에 근거한 정당한 업무집행이라는 이유로 피고인은 무혐의처분을 받았습니다.

그러므로 고소인측의 위 범행이 단순히 피고인 개인에 대한 사적인 폭력의 행사
에 그친다고 볼 수 없음은 물론, 그 범행사실마저 부인하면서 이를 다투는 고소인측

의 행태에 대해 위 건물관리회 및 그 회장인 피고인의 업무수행의 정당성을 옹호함과 아울러 폭력적인 방법으로 이에 맞서는 것은 법적으로 용인되지 아니한다는 뜻을 위 형사재판의 결과만을 위 결산보고서에 간략히 소개하는 형태로 회원들에게 알린 행위는 위 건물관리회 대표의 공적 업무활동과 밀접한 관련이 있는 사안에 관하여 진실을 공표한 경우에 해당하여 건물관리회원 전체의 관심과 이익에 관한 것으로서 공공의 이익에 관한 것입니다. (공공의 이익에 관한 점에 대한 구체적 변론)

이러한 피고인의 행위는 그 주된 동기가 위 업무집행에 대한 회원들 신뢰를 확보하고 단체의 내부 질서를 바로 잡아 회원들의 단합을 도모하고자 하는 공공의 이익을 위한 것으로 볼 수 있으며, 설령 거기에 고소인에 대한 개인적인 동기가 함께 개재되어 있다 하더라도 위에서 본 그 주된 동기와 목적 및 필요성, 적시사실의 내용과 성질, 공표 상대방의 범위와 표현방법, 그로 인한 고소인의 명예훼손의 정도와 보호가치 등의 사정을 종합하여 볼 때 이를 공공의 이익을 위한 행위라고 평가함에 장애가 될 수 없습니다.

따라서 피고인의 행위는 공공의 이익에 관한 것이어서 명예훼손죄에 있어서 위법성이 조각됩니다. 피고인에 대하여 형소법 제325조 전단하여 의하여 무죄를 선고하여 주시기 바랍니다. (사안의 적용 및 소결)

(2) 상해죄에서 위법성 조각 사유(2009도12958 판결 응용)

• 이 사건 공소사실은 "피고인은 ---. ~ 에서, 피고인이 피해자 A의 남편인 B와 바람을 피웠다는 이유로 피해자 A가 … 피고인에게 … 타박상 등을 가하자, 이에 대항하여 … 피해자 A와 피해자 C에게 각 상해를 가하였다"는 것입니다.

맞붙어 싸움을 하는 사람 사이에서는 공격행위와 방어행위가 연달아 행하여지고 방어행위가 동시에 공격행위인 양면적 성격을 띠어서 어느 한쪽 당사자의 행위만을 가려내어 방어를 위한 정당행위라거나 정당방위에 해당한다고 보기 어려운 것이 보통입니다. 그러나 겉으로는 서로 싸움을 하는 것처럼 보이더라도 실제로는 한쪽 당사자가 일방적으로 위법한 공격을 가하고 상대방은 이러한 공격으로부터 자신을 보호하고 이를 벗어나기 위한 저항수단으로서 유형력을 행사한 경우에는, 그 행위가 새로운 적극적 공격이라고 평가되지 아니하는 한, 이는 사회관념상 허용될 수 있는 상당성이 있는 것으로서 위법성이 조각됩니다. (법리)

아래의 사실을 종합하여 보면 피고인의 이 사건 행위는 피해자들의 불법적인 공격으로부터 자신을 보호하고 이를 벗어나기 위한 저항수단으로 행하여진 것으로서 사회통념상 허용될 만한 상당성이 있는 행위이므로 위법성이 조각됩니다.

① 피해자 A는 … B와 피고인이 함께 팔짱을 끼고 나오는 장면을 목격하였습니다.

② 그 후 피고인과 B의 관계를 의심하게 된 A는 피고인의 휴대전화번호를 알아낸 후 이 사건 발생 전날부터 자신과 아들 C의 휴대전화를 이용하여 수십 회에 걸쳐 피고인에게 죽이겠다는 내용 등이 담긴 문자메시지를 보내거나 협박전화를 하였습니다.

③ 이에 피고인이 수신거부를 해놓고 전화를 받지 아니하자, A는 피고인의 주소를 알아낸 다음 ~와 함께 피고인이 살고 있는 아파트에 찾아와서 초인종을 누르고 아파트 현관문을 발로 차면서 문을 열어 달라고 소리치는 등 소란을 피웠습니다.

④ 이에 당시 혼자 집에 있던 피고인이 겁을 먹고 문을 열어주지 아니하자, A는 아들을 시켜 아파트 입구에 있던 B를 올라오게 하였고, B가 와서 초인종을 누른 다음 피고인에게 별문제가 없을 것이니 문을 열어 달라고 말하였습니다.

⑤ 이 말을 듣고 다소 안심한 피고인이 출입문을 열어주자 곧바로 위 A 일행이 피고인을 밀치고 신발을 신은 채로 피고인의 집 거실로 들어왔습니다.

⑥ 그 직후 A와 C는 서로 합세하여 피고인을 구타하기 시작하였고, 피고인은 이를 벗어나기 위하여 손을 휘저으며 발버둥치는 과정에서 A 등에게 공소사실 기재와 같은 상해를 가하게 되었습니다.

⑦ 이 과정에서 C는 소지하고 있던 담배를 꺼내 피우다가 불이 꺼지지 않은 담배를 피고인의 집 거실 바닥에 버린 결과 바닥이 그을렸습니다.

⑧ 그 후 공소외 4, 5 등이 위 싸움을 말리는 틈을 타서 피고인은 거실에 있던 무선전화기를 들고 안방으로 들어가 문을 잠그고 경찰에 신고하였습니다. (저항수단으로서 유형력을 행사한 사정을 구체적으로 기재)

이상에서 본 바와 같이 피해자들이 피해자 A의 남편과 피고인이 불륜을 저지른 것으로 생각하고 이를 따지기 위하여 피고인의 집을 찾아가 피고인을 폭행하기에 이른 것이라는 것만으로 피해자들의 위와 같은 공격행위가 적법하다고 할 수 없고, 피고인은 그러한 피해자들의 위법한 공격으로부터 자신을 보호하고 이를 벗어나기 위한 사회관념상 상당성 있는 방어행위로서 이 사건 유형력의 행사에 이르렀던 것입니다. 따라서 피고인에 대하여 형소법 제325조 전단에 의하여 무죄를 선고하여

주시기 바랍니다. (사안의 적용 및 소결)

(3) 형법 제16조 적용 사안

아래 사안은 대전지법 2015. 9. 3. 선고 2014노3176 판결(2015. 12. 10.자 각급법원 판결공보 게재, 검사가 상고하였으나 상고기각으로 확정됨)을 변론요지서 양식으로 변형하여 써 본 것이다. 하급심 판결이고 기록형 시험에 출제될 만한 법리는 아니지만, 범죄 성립 조각 사유가 있어 전단 무죄를 구하는 경우 변론하는 틀을 익히는 데에는 도움이 될 것이다.

• 이 사건 공소사실은 "피고인이 ---. ~ 피해자 A가 설치한 사전투표 독려 현수막을 ~ 방법으로 훼손하는 등 피해자들 소유의 사전투표 독려 현수막 총 ~개 시가 합계 ~원 상당을 손괴하였다"는 것입니다.

피고인의 행위가 재물손괴의 구성요건에는 해당합니다만, 다음과 같은 사정들을 종합하여 보면, 피고인은 이 사건 불법 현수막 철거 당시 <u>자신의 행위가 법령에 의하여 허용된 행위로서 죄가 되지 아니한다고 그릇 인식하였고, 그와 같이 그릇 인식함에 정당한 이유가 있었다고 보는 것이 옳습니다.</u>

1) 이 사건 당시 시행 중이던 이 사건 조례에 의하면 개인이 불법광고물을 수거하여 오면 ~구청이 보상을 할 수 있다는 의미로 이해됩니다.

2) 피고인은 이 사건 이전인 2012년경부터 단독 또는 바르게살기협의회 회원들과 함께 그 지역 불법 현수막을 철거하고, 철거한 현수막을 찍은 사진 또는 그러한 자신의 활동 내역을 기재한 글을 자신의 카카오스토리에 게시하였으며, 담당 공무원들과 함께 불법 현수막을 철거하기도 하였습니다. 그리고 피고인은 개인적으로 철거한 불법 현수막을 ~구청 주차장에 가져다 놓았습니다.

3) 피고인은 ---.경 ~구청장에게 불법으로 설치된 투표 독려 현수막을 철거하여 줄 것을 요청하기도 하였고, 이에 따라 ~구청 담당 공무원이 불법으로 설치된 투표 독려 현수막을 철거하기도 하였습니다.

4) ~구청장은 거리 청소 환경캠페인의 일환으로 불법 현수막 철거에 참여한 개인에게 봉사활동 시간을 인정하기도 하였고, 이 사건 조례를 근거로 대로변과 이면도로 등에 무단으로 부착된 광고물을 수거한 개인에게 일정금액을 보상하기로 하고, 이를 홍보하기도 하였습니다.

5) 피고인이 공소사실 기재와 같이 손괴한 현수막들은 지방자치단체가 관리하는 지정게시대에 부착되지 아니한 불법 현수막들이고, 그 현수막을 설치한 자들은 옥외광고물 등 관리법 제20조에 따라서 과태료 처분을 받았습니다.

6) 이 사건 조례상으로는, 구청장이 보상금을 지급하는 불법광고물 종류를 제한하는 규정은 찾아볼 수 없고, 피고인이 이 사건 이전에 개인적으로 불법 현수막을 철거한 행위와 관련하여, 어떠한 법적 분쟁이 발생하였다거나, 피고인이 형사 고발을 당하였다는 사정은 찾아볼 수 없습니다.

7) 지정게시대에 부착되지 아니한 불법 현수막의 경우, 경관을 해치고 보행자 또는 운전자의 시야를 방해하여 사고를 야기할 수 있고, 비록 피고인이 철거한 현수막은 피고인과 경쟁관계에 있던 시의원 후보 경선자들이 설치한 것이나, 당시 피고인의 주된 의사는 옥외광고물 등 관리법에 위반하여 설치된 불법 현수막을 철거한다는 것으로 보입니다. (착오에 대한 정당한 이유를 구체적으로 기재)

그렇다면 이 사건 공소사실은 죄가 되지 않는 경우에 해당하므로 형소법 제325조 전단에 의하여 피고인에게 무죄를 선고하여 주시기 바랍니다. (사안의 적용 및 소결)

3. 대향범에 대하여 공범에 관한 형법총칙 규정이 적용되지 않는 경우
  (2009도3642 판결 응용)

• 이 사건 공소사실 중 피고인 A에 대한 공무상비밀누설교사의 점의 요지는 "피고인 A가 피고인 B에게 부탁을 하여 ~사건의 체포영장 발부자 명단을 누설 받음으로써 피고인 B가 직무상 취득한 공무상 비밀인 ~사건의 체포영장 발부자 명단을 누설하도록 이를 교사하였다"는 것입니다.

  2인 이상의 서로 대향된 행위의 존재를 필요로 하는 대향범에 대하여는 공범에 관한 형법총칙 규정이 적용될 수 없습니다. 위 공소사실에 의하면 공무원인 피고인 B가 직무상 비밀을 누설한 행위와 피고인 A가 그로부터 그 비밀을 누설받은 행위는 대향범 관계에 있는데, 형법 제127조는 공무원 또는 공무원이었던 자가 법령에 의한 직무상 비밀을 누설하는 행위만을 처벌하고 있을 뿐 직무상 비밀을 누설받은 상대방을 처벌하는 규정이 없는 점에 비추어, 직무상 비밀을 누설받은 자에 대하여는 공범에 관한 형법총칙 규정이 적용될 수 없다고 보아야 합니다. (법리)

그렇다면, 이 부분 공소사실은 범죄로 되지 아니하는 경우에 해당하므로 형사소

송법 제325조 전단에 의하여 무죄를 선고하여 주시기 바랍니다. (사안의 적용 및 소결)

Ⅱ 제325조 후단 무죄

1. 공범인 공동피고인 중 1인에 대한 후단 무죄 사유

• 이 사건 공소사실 중 피고인 A에 대한 특수절도의 점의 요지는, 피고인은 ---. 피고인 B 및 D와 공모하여, 공소장 제2의 라 2)항 기재와 같이 합동하여 피해물품을 절취하였다는 것입니다.

그런데 피고인은 검찰 이래 이 법정에 이르기까지 피고인 B에게 ~의 열쇠를 주면서 자신의 돈과 통장이 들어있는 점퍼를 갖다 달라고 했을 뿐이고 피고인 B 및 D와 위 절도 범행을 공모한 사실이 없다고 주장하면서 위 공소사실을 부인하고 있습니다. (다투는 사실을 구체적으로 밝힘)

그렇다면 위 공소사실을 인정할 증거가 있는지 살펴보도록 하겠습니다.

사법경찰리가 작성한 피고인 B에 대한 제2회 피의자신문조서는 피고인이 이 법정에서 그 내용을 부인하는 취지로 증거로 함에 부동의하고 있으므로 증거능력이 없고,

증인 K가 이 법정에서 한 진술과 사법경찰리가 작성한 K에 대한 진술조서의 진술기재 가운데 B로부터 피고인이 열쇠를 주면서 금품을 훔쳐오라고 했다는 말을 들었다는 부분은, 피고인 아닌 자가 피고인 아닌 타인의 진술을 내용으로 하는 전문진술 또는 그 전문진술이 기재된 조서라 할 것인데, 피고인이 이를 증거로 함에 동의한 바 없을 뿐만 아니라 원진술자인 피고인 B가 이 법정에서 함께 재판을 받고 있어 원진술자가 형사소송법 제316조 제2항 소정의 공판기일에 진술할 수 없는 경우에 해당하지 않음이 분명하여 각 증거능력이 없습니다. (증거능력 없는 증거 배척)

나아가 검사가 작성한 피고인 B에 대한 피의자신문조서의 진술기재, 검사가 작성한 피고인에 대한 제2회 피의자신문조서 중 피고인 B의 진술기재, K가 작성한 고소

장의 기재는, 피고인 B가 피고인 및 D와 공모, 합동하여 위 범행을 하였다는 취지이나, (증거능력 있는 증거 나열)

피고인 B가 이 법정에서, 사실은 피고인이 위 단란주점 열쇠를 주면서 피고인의 돈과 통장이 들어있는 점퍼를 갖다주고, 혹시 다른 데서 돈을 빌릴 수 있으면 빌려달라는 말만 했을 뿐이고, 위 단란주점에서의 범행은 사전에 모의가 있었던 것이 아니라 현장에서 우발적으로 D와 사이에 공모가 이루어졌던 것인데, 수사기관에서는 피고인으로 인하여 L에 대한 특수절도의 점이 발각되었고, 어차피 피고인이 훔친 돈의 일부를 사용했기 때문에 피고인이 범행에 가담했던 것으로 시인했다고 그 진술을 번복한 것입니다. (피고인 B의 진술 번복 이유 해명)

그 밖에 증인 D가 이 법정에서 한 진술, 사법경찰리가 작성한 M에 대한 진술조서의 진술기재도 피고인의 위 변명에 부합하고 있는 점 등에 비추어 피고인 B의 진술은 그대로 믿기 어렵습니다. (신빙성 배척 근거 제시)

또한 검사가 작성한 피고인에 대한 제2회 피의자신문조서 중 K의 진술기재와 사법경찰리가 작성한 K에 대한 진술조서의 진술기재 가운데 피고인이 피고인 B 및 D와 공모하여 위 범행을 한 것에 대하여 잘못을 인정하였다는 취지의 부분은, K가 이 법정에서 한 진술에 의하면, 피고인이 위 범행의 공모를 인정한 것이 아니라 K로부터 위 범행에 대해 추궁을 받고 자신이 모든 책임을 지겠다고 말한 것 뿐인데 K가 이를 듣고 피고인이 위 범행의 공모를 인정한 것으로 <u>추측하여 진술한 것에 불과하므로 위 공소사실을 인정할 만한 증거가 되지 못합니다.</u> (부족증거)

그 밖에 압수된 한국은행권 00원권 35장(증 제5호)의 <u>현존만으로는 위 공소사실을 인정하기에 부족하고</u>, 달리 이를 인정할 증거가 없습니다. (부족증거)

따라서 이 부분 공소사실은 범죄의 증명이 없는 경우에 해당하므로 형사소송법 제325조 후단에 의하여 무죄가 선고되어야 합니다. (결론)

2. 공범 모두에게 후단 무죄 사유가 있는 경우

• 이 사건 공소사실 중 피고인 A, B에 대한 각 성폭법위반(특수강간)의 점의 요지는, "～. 이로써 피고인들은 합동하여 피해자들을 각각 강간하였다."는 것입니다.

그런데 피고인들은 검찰 이래 이 법정에 이르기까지 서로 좋아서 합의 하에 성교한 것이지 강제로 성교한 것이 아니라고 하면서 위 공소사실을 부인하고 있습니다.

(다투는 사실을 구체적으로 밝힘)

사법경찰리가 작성한 피고인 A에 대한 제3회 피의자신문조서는, 피고인 A는 이 법정에서 내용을 부인하고, 피고인 B는 이 법정에서 내용을 부인하는 취지로 부동의하므로, 그 증거능력이 없습니다. (증거능력 없는 증거 배척)

나아가 증인 K, L이 이 법정에서 한 각 진술, 검사 및 사법경찰리가 작성한 K, L에 대한 각 진술조서의 각 진술기재, K, L이 작성한 고소장의 기재는 피고인들이 자신들을 강간하였다는 내용이나, (증거능력 있는 증거 나열)

⑴ K는 범행 당시 피고인 A가 바지 주머니에서 맥가이버 칼을 꺼내 펼쳐 보이며 협박을 하였다고 진술하면서 특히 ~주택가 놀이터에서 술을 마실 때 피고인 A가 맥가이버 칼을 이용하여 맥주병 뚜껑을 딴 적이 있어 맥가이버 칼을 정확히 기억하고 있다고 진술하고 있는데 반하여, L은 범행 당시 두려움으로 고개를 숙이고 있어 맥가이버 칼을 보지 못하였다고 하면서 위 놀이터에서 마신 맥주는 병뚜껑을 돌려 따는 방식으로 되어 있어 당시 피고인들이 맥주병 뚜껑을 돌려 열었다고 진술하고 있어 그 진술에 차이가 있는 점, (진술 차이로 증명력 탄핵)

⑵ K, L은 범행 당시 피고인 A가 큰소리로 그들을 협박하였다고 진술하고 있지만, ~여관 종업원인 증인 M은 이 법정에서 ~호실은 카운터에서 복도 바로 건너편으로 약 3m 거리이고, ~호실은 카운터 옆 내실의 바로 위층인 데다가 ~여관은 오래된 벽돌조 건물로 특별한 방음시설이 설치되어 있지 않고 각 호실의 출입문 역시 나무판으로 된 여닫이 문이어서 밤에는 조금만 큰 소리가 나도 들을 수 있는데, 당시 피고인들 일행이 있던 ~호실이나 ~호실에서 큰 소리가 나지는 않았다고 진술하고 있어, K, L의 이 부분 진술은 객관적 위치에 있는 증인 M의 진술과 배치되는 점, (진술 차이로 증명력 탄핵)

⑶ K, L은 범행 당시 소리를 질러 다른 사람에게 구원 요청을 하지도 않았고, 특히 강간을 당한 직후 ~지구대 N 순경이 미성년자 혼숙을 단속하기 위하여 현장을 방문하였을 때에도 N 순경에게 구원 요청을 하지 않았다는 것인데, 이는 여관 아줌마에게 이야기하여 보았자 도와 줄 것 같지도 않았고 잘못하면 피고인들에게 더 많이 맞을 것 같았으며, N 순경이 현장을 방문하였을 때에는 이미 강간을 당한 후라 체념을 하였기 때문에 구원 요청을 하지 않은 것이라는 그들의 그 이유에 관한 진술을 감안하더라도, 강간을 당할 위험에 있거나 강간을 당한 직후 피해자들의 통상

적인 행동이라고는 보기 어려운 점, (상식에 비추어 이해되지 않는 점을 들어 증명력 탄핵)

(4) 증인 M이 이 법정에서 한 진술 및 숙박인명부 사본의 기재에 의하면, 피고인들은 처음 ~여관 ~호실에 투숙하였다가 다시 ~호실에 투숙하면서 모두 숙박부에 성명, 주민등록번호, 주소 등의 인적사항을 정확히 기재하였고, 특히 피고인 A는 성관계를 한 K와 헤어지면서 K에게 자신의 휴대폰 전화번호를 알려준 사실을 인정할 수 있는바, 이와 같이 범행을 전후하여 자신들의 인적사항을 노출시킨 피고인들의 행동은 강간범행을 저지르려고 하거나 저지른 직후의 범인들의 통상적인 행동이라고 보기 어려운 점, (상식에 비추어 이해되지 않는 점을 들어 증명력 탄핵)

(5) 증인 O가 이 법정에서 한 진술에 의하면, 피고인들 일행은 당일 아침 6시경 ~여관 바로 옆의 증인이 운영하는 ~해장국에서 해장국을 한 그릇씩 먹고, 그곳에서 K와 L은 수다스럽게 ~여관의 시설이 좋지 않다는 이야기까지 하고 K는 피우던 담배꽁초를 재떨이가 아닌 음식접시에 꺼 증인으로부터 핀잔을 들은 사실이 있고, K, L은 해장국집을 나와 K가 피고인 A로부터 그의 핸드폰 전화번호를 받고 나서 자신의 핸드폰 전화번호를 메모지에 적어 주었고, 피고인들이 00원을 주자 찜질방에 가서 더 자다가 각자 집에 들어갔다고 진술하고 있습니다.

경험칙상 강간을 당한 피해자들의 입장에서는 두려움에 어떻게라도 범인들과 서둘러 헤어지려고 행동하였을 것인데 위 인정사실과 같은 K, L의 행동은 이미 강간을 당하여 체념을 하였을 가능성을 감안하더라도 강간을 당한 이후의 피해자들의 통상적인 행동이라고 보기 어려운 점 등에 비추어 믿기 어렵습니다. (상식에 비추어 이해되지 않는 점을 들어 증명력 탄핵)

그렇다면 이 부분 공소사실은 범죄의 증명이 없는 경우에 해당하므로 형사소송법 제325조 후단에 의하여 무죄가 선고되어야 할 것입니다. (결론)

3. 공범 아닌 공동피고인 중 1인에 대한 후단 무죄 사유

• 이 사건 공소사실의 요지는, 피고인이 ~로부터 장물을 취득하였다는 것입니다.

그런데 피고인은 검찰 이래 이 법정에 이르기까지 일관하여 위 공소사실 기재의 일시, 장소에서 ~로부터 자기앞수표 1장을 교부받은 것은 사실이나 그 자기앞수표가 장물인 정을 알지 못하였다고 주장하여 위 공소사실을 부인하고 있습니다. (다투

는 사실을 구체적으로 밝혀 줌)

그렇다면 피고인이 위 자기앞수표 1장을 장물인 정을 알면서 취득한 것인지 여부가 이 사건의 쟁점이 된다고 할 것이므로, 이에 대한 증거가 있는지 여부를 살펴보고자 합니다. (쟁점의 정리)

사법경찰리가 작성한 피고인에 대한 피의자신문조서와 피고인이 작성한 진술서는 피고인이 이 법정에서 그 내용을 부인하므로 모두 그 증거능력이 없고, 사법경찰리가 작성한 ~에 대한 진술조서는 피고인이 증거로 함에 동의한 바 없고 원진술자의 진술에 의하여 성립의 진정이 인정되지도 아니하였으므로 증거능력이 없습니다. (증거능력 없는 증거 배척) 한편, 사법경찰리가 작성한 ~에 대한 진술조서의 진술기재만으로는 이를 인정하기에 부족하고 달리 위 공소사실을 인정할 만한 증거가 없습니다. (부족증거)

그렇다면 위 공소사실은 범죄의 증명이 없는 경우에 해당하므로 형사소송법 제325조 후단에 의하여 무죄를 선고하여 주시기 바랍니다. (결론)

4. 자백 이외 보강증거가 없는 경우

• 이 사건 공소사실은 피고인이 ~을 절취하였다는 점에 있습니다.

피고인이 위와 같은 절취 범행을 저지른 사실 자체는 인정합니다. (공소사실을 다투지 않음을 밝힘) 그러나 피고인의 자백 외에는 위 자백을 보강할 만한 증거가 없습니다. (쟁점의 도출)

따라서 위 자백은 피고인에게 불리한 유일의 증거에 해당하고 이를 유죄의 증거로 삼을 수 없으므로, 결국 위 공소사실은 범죄의 증명이 없는 경우에 해당하여 형사소송법 제325조 후단에 따라 무죄를 선고하여 주시기 바랍니다. (자백보강법칙의 법리 제시 및 사안의 적용)

Ⅲ 제1호 면소(확정판결)

1. 포괄일죄 관계(기판력의 시적 범위)

• 이 사건 공소사실 중 피고인 A에 대한 폭처법위반(공동공갈)의 점의 요지는, 피고인이 B와 함께 (언제) (어디서) (어떻게) ~하였다는 것입니다.

피고인은 ---. ~법원에서 폭처법위반(상습상해)죄로 징역 ~년에 집행유예 ~년을 선고받고 ---. 위 판결은 ---. 확정되었습니다(검찰측 증거목록 _번 증거인 2009고단1234 판결문 등본 참조). (확정판결이 있는 사실)

그런데 폭처법 제2조 제1항에서 말하는 상습이란 같은 항 각 호에 열거된 모든 범죄행위를 포괄한 폭력행위의 습벽을 의미하는 것이라고 해석함이 상당하므로, 위와 같은 습벽을 가진 자가 폭력행위 등 처벌에 관한 법률 제2조 제1항 각 호에 열거된 형법 각 조 소정의 다른 수종의 죄를 범하였다면 그 각 행위는 그 각 호 중 가장 중한 법정형의 상습폭력범죄의 포괄일죄에 해당합니다. 이 경우 폭력의 습벽이 인정된다면 단독으로 위 각개 폭력행위를 하였는지 아니면 다른 사람과 공동하여 하였는지 여부는 상습범의 포괄일죄로 처단하는 데에 있어 문제가 되지 않습니다. 위 판결이 확정된 범죄사실과 그 판결 선고 전에 범한 이 사건 폭처법위반(공동공갈)의 공소사실은 그 범행의 일시, 수단, 방법 및 피고인의 전과 등에 비추어 모두 피고인의 폭력행위의 습벽이 발현되어 저질러진 것이므로, 위 확정판결이 있었던 폭처법위반(상습상해)죄의 범죄사실과 그 판결 선고 전의 이 사건 폭처법위반(공동공갈)의 공소사실은 모두 포괄일죄의 관계에 있습니다.

그렇다면 위 확정판결의 효력은 그와 포괄일죄의 관계에 있는 이 사건 폭처법위반(공동공갈)의 공소사실에 대하여도 미치므로, (확정판결의 효력이 미치는 범위) 결국 이 부분 공소사실은 확정판결이 있은 때에 해당하므로 형사소송법 제326조 제1

호에 의하여 면소를 선고하여 주시기 바랍니다. (사안의 적용 및 소결)

2. 상상적 경합(기판력의 객관적 범위)

• 이 사건 공소사실의 요지는 피고인이 2012. 11. 22. 22:00경부터 같은 날 23:00까지 ~에 있는 피해자 좌명월이 운영하는 '거기단란주점'에서 평소 그녀가 피고인을 푸대접하였다는 이유로, 홀에 있는 손님들을 상대로 피해자를 가리키며 "건물매수 중개를 의뢰하여 놓고 중개수수료도 주지 않고 몸으로 때우려는 파렴치 한 여자"라고 큰소리치는 등 소란을 피워 그 단란주점에 들어오려던 손님들을 들 어오지 못하게 함으로써 위력으로 피해자의 단란주점 영업업무를 방해하였다는 것입니다.

피고인은 위 범죄사실 자체는 인정합니다. (다투지 않음을 밝힘) 그런데 피고인은 2013. 2. 13. 서울중앙지방법원에서 명예훼손죄로 벌금 500만 원을 선고받아 2013. 2. 21. 확정되었고, 그 확정판결의 범죄사실은 "피고인이 위 공소사실 기재 일시, 장소에서 단란주점 홀에 있는 손님들 앞에서 피해자를 지칭하며 '건물 수수료 도 주지 않고 몸으로 때우려는 파렴치한 여자'라고 큰소리치고 욕설을 함으로써 공 연히 허위의 사실을 적시하여 명예를 훼손하였다"는 것입니다(서울서초경찰서장이 작 성한 피고인에 대한 조회회보서, 서울중앙지방법원 ~사건 판결등본 각 참조). (확정판결이 있는 사실)

위 확정판결의 범죄사실과 이 부분 공소사실은 모두 피고인이 같은 일시, 장소에 서 피해자가 운영하는 단란주점을 찾은 손님들에게 피해자가 중개수수료를 주지 않 는다는 취지로 큰 소리를 치며 욕설하는 등 소란을 피웠다는 1개의 행위가 업무방해 죄와 명예훼손죄라는 두 개의 죄에 해당하는 경우이므로, 위 두 죄는 형법 제40조 에 정한 상상적 경합의 관계에 있습니다.

그렇다면 위 확정판결의 기판력은 그와 상상적 경합의 관계에 있는 이 부분 업무 방해의 공소사실에도 미친다 할 것입니다.

결국 이 부분 공소사실은 확정판결이 있은 때에 해당하므로 형사소송법 제326조 제1호에 따라 면소를 선고하여 주시기 바랍니다.

• 이 사건 공소사실의 요지는, "피고인은 ---. 위와 같은 업무상의 과실로 피해자 ~에게 ~등의 상해를 입게 하였다."는 것입니다.

피고인은 위 범죄사실 자체는 인정합니다. (다투지 않음을 밝힘) 그런데 피고인은 ---. 도교법위반죄로 약식명령을 발령받아 ---. 그 약식명령이 확정되었는데, 그 범죄사실은 피고인이 ---. ~를 손괴하였다는 내용의 것입니다(~경찰서장이 작성한 피고인에 대한 범죄경력자료조회 및 ~법원 ~ 사건의 약식명령 등본 각 참조: 검찰측 증거목록 중 _번 증거 및 _번 증거). (확정판결이 있는 사실) 즉 이 사건 공소는 동일한 교통사고로 그 택시에 타고 있던 승객에게 상해를 입힌 사실에 관하여 제기된 것임이 명백합니다.

그렇다면 약식명령이 확정된 위 도교법위반죄와 이 사건으로 공소제기된 교특법위반죄는 모두 피고인의 동일한 업무상 과실로 발생한 수개의 결과로서 형법 제40조에 정해진 상상적 경합관계에 있어서, 이미 확정된 위 약식명령의 효력은 이 사건 공소사실에도 미칩니다. (확정판결의 효력이 미치는 범위)

결국 위 공소사실은 확정판결이 있은 때에 해당하므로 형사소송법 제326조 제1호에 의하여 면소를 선고하여 주시기 바랍니다. (소결)

3. 기초사실 동일(통고처분)

• 이 사건 공소사실의 요지는, 피고인은 ---. 피해자 ~에게 ~ 상해를 가하였다는 것입니다.

피고인은 위 범죄사실 자체는 인정합니다. 그런데 피고인은 이 사건 당일 ~경찰서장으로부터 피고인이 위 피해자를 뒤따라가 불안감을 조성하였다는 이유로 경범죄처벌법 제1조 제24항 위반으로 범칙금 ~원의 통고처분을 받고, ---. 위 범칙금을 납부한 사실이 있습니다. (확정판결이 있는 사실)

검찰측 증거목록 _번 ~통고처분서의 기재에 의하면 이 사건 공소사실과 위 경범죄처벌법법위반의 범죄사실은 같은 장소, 같은 시간에 벌어진 하나의 역사적 사실로서 그 기초가 되는 사회적 사실관계가 기본적인 점에 있어서 동일합니다. (확정판결의 효력이 미치는 범위)

그런데 경범죄처벌법 제7조 제3항에 의하면 범칙금 납부 통고처분을 받고 범칙금을 납부한 사람은 그 범칙행위에 대하여 다시 벌받지 아니한다고 규정하고 있고, 이는 위 통고처분에 의한 범칙금 납부에 확정판결에 준하는 효력을 인정한 것입니다.

결국 이 사건 공소사실은 확정판결이 있은 때에 해당하므로 형사소송법 제326조
제1호에 따라 면소를 선고하여 주시기 바랍니다. (소결)

Ⅳ 제3호 면소(공소시효 완성)

• 이 사건 공소사실의 요지는, 피고인은 ---. 제시기일에 지급되지 아니할 것을 예상하면서 발행일자를 백지로 하여 액면 ~원인 당좌수표 1장을 발행하여 ~에게 교부하였는데 그가 ---.로 발행일자를 보충기재하여 ---. ~은행 ~지점에 제시하였으나 무거래로 지급되지 아니하게 하였다는 것입니다.

위 죄는 부정수표단속법 제2조 제2항 제1호에 의하면 법정형이 5년 이하의 징역 또는 수표금액의 10배 이하의 벌금으로 되어 있어 형사소송법 제250조, 형법 제50조, 형사소송법 부칙(2007. 12. 21.) 제3조, 구 형사소송법(2007. 12. 21. 법률 제8730호로 개정되기 전의 것) 제249조 제1항 제4호에 의하여 <u>공소시효가 5년입니다. (공소시효 기간)</u> 한편 <u>발행일을 백지로 하여 수표를 발행하는 경우 위 죄는 수표를 발행한 때에 성립한다고 할 것입니다. (공소시효의 기산점)</u>

그런데 이 사건 공소는 위 당좌수표의 발행일부터 5년이 경과한 후인 ---. 에 제기되었습니다. 따라서 이 사건 공소는 공소시효가 완성되었을 때에 해당한다고 할 것이므로 부정수표법위반의 점에 대하여 형사소송법 제326조 제3호에 의하여 면소를 선고하여 주시기 바랍니다. (사안의 적용 및 소결)

• 이 사건 공소사실의 요지는, 피고인은 ~을 손괴하였다는 것입니다.

폭처법위반(공동손괴)죄는 폭처법 제2조 제2항, 제1항 제1호, 형법 제366조에 의하여 그 법정형이 4년 6월 이하의 징역 또는 ~원 이하의 벌금에 해당하는 범죄로서 형사소송법 제250조, 형법 제50조, 형사소송법 부칙(2007. 12. 21.) 제3조, 구 형사소송법(2007. 12. 21. 법률 제8730호로 개정되기 전의 것) 제249조 제1항 제4호에 의하여 그 <u>공소시효가 3년입니다. (공소시효 기간)</u>

그런데 이 사건 공소는 범죄행위가 종료된 때부터 3년이 경과된 ---.에 제기되었습니다. 따라서 이 사건 공소는 공소시효가 완성되었을 때에 해당하므로 이 점에 대하여 형사소송법 제326조 제3호에 의하여 면소를 선고하여 주시기 바랍니다. (사안의 적용 및 소결)

• 피고인 B에 대한 공소사실 중 도교법위반(무면허운전)의 점의 요지는, "~"는 것입니다.

위 죄는 도로교통법 부칙(2005. 5. 31.) 제7조, 구 도로교통법(2005. 5. 31. 법률 제~호로 개정되기 전의 것) 제109조 제1호, 제40조 제1항에 의하면 법정형이 1년 이하의 징역 또는 300만원 이하의 벌금으로 되어 있어 형사소송법 제250조, 형법 제50조, 형사소송법 부칙(2007. 12. 21.) 제3조, 구 형사소송법(2007. 12. 21. 법률 제8730호로 개정되기 전의 것) 제249조 제1항 제4호에 의하여 그 공소시효가 3년입니다. (공소시효 기간)

그런데 이 사건 공소는 범죄행위가 종료된 때부터 3년이 경과한 ---.에 제기되었습니다. 따라서 이 사건 공소는 공소시효가 완성되었을 때에 해당하므로 이 점에 대하여 형사소송법 제326조 제3호에 의하여 면소를 선고하여 주시기 바랍니다. (사안의 적용 및 소결)

• 이 사건 공소사실 중 피고인 A에 대한 ---. 도박의 점의 요지는 ~ 도박을 하였다는 것입니다.

도박죄는 형법 제246조 제1항 본문에 의하여 그 법정형이 5,000,000원 이하의 벌금 또는 과료에 해당하는 범죄로서 형사소송법 제250조, 형법 제50조, 형사소송법 부칙(2007. 12. 21.) 제3조, 구 형사소송법(2007. 12. 21. 법률 제8730호로 개정되기 전의 것) 제249조 제1항 제5호에 의하여 그 공소시효가 3년입니다. (공소시효 기간)

그런데 이 사건 공소는 범죄행위가 종료된 때부터 3년이 경과한 ---.에 제기되었습니다. 따라서 이 사건 공소는 공소시효가 완성되었을 때에 해당하므로 이 점에 대하여 형사소송법 제326조 제3호에 의하여 면소를 선고하여 주시기 바랍니다. (사안의 적용 및 소결)

제4호 면소(법령개폐로 형 폐지)

• 이 사건 공소사실인 폭력행위등처벌에관한법률위반의 점의 요지는 피고인이 ---. 야간에 ~와 같은 방법으로 재물의 효용을 해하였다는 것입니다.

검사는 이에 대하여 구 폭력행위 등 처벌에 관한 법률(2006. 3. 24. 법률 제7891호로 개정되기 전의 것, 이하 '구 폭력행위 등 처벌에 관한 법률'이라 합니다) 제2조 제2항, 제1항, 형법 제366조를 적용하여 공소를 제기하였습니다. 그러나 2006. 3. 24. 법률 제7891호로 개정 · 시행된 폭력행위 등 처벌에 관한 법률에 의하면, 구 폭력행위 등 처벌에 관한 법률 제2조 제2항 중 야간에 범한 같은 조 제1항 소정의 범죄에 대한 가중처벌 부분이 삭제되어 폐지되었습니다. (법령의 개폐 사실)

그렇다면, 이는 형사소송법 제326조 제4호에서 정한 '범죄 후 법령개폐로 형이 폐지되었을 때'에 해당하므로 면소를 선고하여 주시기 바랍니다. (사안의 적용 및 소결)

Ⓥ 제2호 공소기각(공소제기 절차 무효)

1. 공소제기 전 고소취소

• 이 사건 공소사실의 요지는, 피고인이 ~를 모욕하였다는 것입니다.

이는 형법 제311조에 해당하는 죄로서 형법 제312조 제1항에 의하여 피해자의 고소가 있어야 공소를 제기할 수 있는 사건입니다. (법리) 그런데 이 사건 피해자 ~는 이 사건 공소제기 전인 ---. 이미 피고인에 대한 고소를 취소하였습니다(피고인측 증거목록 증거_번). (사안의 적용)

그렇다면 이 사건은 공소제기의 절차가 법률의 규정에 위반되어 무효인 때에 해당한다고 할 것이므로 이 점에 대하여 형사소송법 제327조 제2호에 의하여 공소를 기각하여 주시기 바랍니다. (소결)

2. 처벌불원

• 이 사건 공소사실의 요지는, 피고인이 ~를 협박하였다는 것입니다.

이는 형법 제283조 제1항에 해당하는 죄로서 같은 조 제3항에 의하여 피해자의 명시한 의사에 반하여 공소를 제기할 수 없는 것입니다. (법리) 그런데 ~가 작성한 진술서(검찰측 증거목록 증거_번)의 기재에 의하면 피해자 ~는 이 사건 공소제기 전인 ---. 이미 피고인의 처벌을 바라지 않는다는 의사를 명시적으로 표시하였습니다. (사안의 적용)

그렇다면 위 공소는 공소제기의 절차가 법률의 규정에 위반되어 무효인 때에 해당하므로 형사소송법 제327조 제2호에 따라 공소를 기각하여 주시기 바랍니다. (소결)

3. 고소없음

• 이 사건 공소사실의 요지는, 피고인이 ～을 <u>절취</u>하였다는 것입니다.

이는 형법 제329조에 해당하는 죄로서 형법 제344조에 의하여 준용되는 형법 제328조 제2항에 의하면 피해자와 범인 간에 위 조항에 정해진 친족관계가 있는 경우에는 피해자의 고소가 있어야 공소를 제기할 수 있는 사건입니다. (법리)

피고인과 피해자 ～는 동거하지 않는 4촌 형제간이어서 위 조항에 정해진 친족관계가 있다고 할 것인데(피고인측 증거목록 _번 가족관계등록부 참조), 위 피해자는 피고인을 고소한 사실이 없습니다. (사안의 적용)

따라서 이 부분에 관한 공소는 공소제기의 절차가 법률의 규정에 위반되어 무효인 때에 해당한다 할 것이므로 형사소송법 제327조 제2호에 의하여 공소를 기각하여 주시기 바랍니다. (소결)

4. 공소장일본주의 위배(2012도2957 판결 응용)

• 이 사건 공소장에 기재된 죄명과 적용법조에 비추어, 이 부분 공소사실을 범죄 구성요건 사실의 특정에 필요한 정도로 적절히 기재한다면 "～"이 될 것입니다. 그런데 이 사건 공소장의 모두사실에 ['ㅇㅇ역전식구' 세력화 이전 ㅇㅇ지역 폭력배의 이합집산], ['ㅇㅇ역전식구'의 세력화 배경], [운영자금 조달], [조직적 지휘, 통솔체계 확립 시도], [조직의 단합과 결속 도모] 등을 장황하게 기재하고 있습니다.

이러한 공소사실 기재는 폭처법위반(단체 등의 구성 · 활동)죄, 폭처법위반(단체 등의 업무방해)죄, 폭처법위반(단체 등의 집단 · 흉기 등 협박)죄, 폭처법위반(단체 등의 공동협박)죄를 염두에 둔 것으로서, 그 범죄들이 피고인에게 기소된 죄보다 법정형이 훨씬 무겁거나 가중처벌되는 사정에 비추어, 피고인이 충분히 그 기소된 범죄들을 저지를 수 있는 자라는 강한 유죄의 심증을 불러일으키게 합니다.

이 부분 공소사실이 피고인의 범죄전력이나 피고인이 속한 조직의 위세를 이용한 협박 및 업무방해를 그 내용으로 하고 있어 공소사실의 특정을 위하여 피고인의 범죄전력, 범죄의 동기나 경위, 범행의 배경이 되는 정황 등을 기재할 필요가 있다고는 하지만, 모두사실의 ['ㅇㅇ역전식구'세력화 이전 ㅇㅇ지역 폭력배의 이합집산] 부분은 피고인과 관계가 없는 과거 존재하였던 폭력단체들의 악행을 기재하였을 뿐이고, 이는 그 다음의 ['ㅇㅇ역전식구'의 세력화 배경] 부분과 함께 피고인이 속하였다고 기재된 단체가 과거 존재하였던 폭력단체들의 계보를 이어 악행을 일삼는 또 다른 폭력단체라는 점을 암시하는 기능을 함에 그칩니다.

  그리고 검사가 ['ㅇㅇ역전식구'의 세력화 배경] 이하 [조직의 단합과 결속 도모]까지 부분을 공소사실의 특정에 필요한 정황으로 기재하였다면 이는 요증사실에 해당함에도, ['ㅇㅇ역전식구'의 세력화 배경] 가운데 ~식구파의 와해과정, 공소외인의 살인미수 범행, 비상대책위원회 방해과정 등에 대하여 제대로 증거가 제출되지도 않았습니다.

  피고인의 변호인이 제1회 공판기일 전에 제출한 의견서에서 이 사건 공소장이 공소장일본주의에 위배된다고 기재하였고 제1회 공판기일에서 공소사실 낭독 후에 그 의견서를 진술하여 공소장 기재 방식에 대하여 이의를 한 이상, 공소장일본주의 위배 여부는 공소장에 기재된 사실이 법관에게 예단을 생기게 하여 법관이 범죄사실의 실체를 파악하는 데 장애가 될 수 있는지 여부를 기준으로 판단하여야 합니다. (법리) 따라서 비록 귀 법원이 공판절차 초기 쟁점정리 과정에서 이 사건 공소장 중 모두사실은 범죄의 구성요건과 상관이 없어 심리하지 않겠다고 고지하고 증거조사 등의 공판절차를 진행하였다 하더라도 공소장 기재 방식의 하자가 치유된다고 볼 수 없어, 이 부분 공소사실은 법관에게 예단을 생기게 하여 법관이 범죄사실의 실체를 파악하는 데 장애가 될 수 있도록 기재되어 있어 공소장일본주의에 위배됩니다. (사안의 적용)

  그렇다면 이 부분 공소는 공소제기의 절차가 법률의 규정에 위반되어 무효인 때에 해당하므로 형소법 제327조 제2호에 의하여 공소기각의 판결을 하여 주시기 바랍니다. (소결)

VII 제5호 공소기각(고소취소)

1. 공소제기 후 고소취소(2013. 6. 18. 이전의 범행일 경우)

• 이 사건 공소사실 중 피고인 A에 대한 성폭법위반(특수강도강간등)의 점의 요지는, "~"는 것입니다.

성폭법 제3조 제2항은 "~"라고 규정하고 있는바, 같은 법 제3조 제2항이 형법의 특정조문을 명시하는 규정형식을 취하고 있다는 점, 같은 법 제3조 제2항, 형법 제298조의 특수강도강제추행죄는 특수강도죄와 강제추행죄의 결합범으로서 특수강도의 신분을 가지게 된 자가 강제추행이라는 새로운 고의 아래 강제추행에 나아갈 때 성립하는 범죄라는 점 등에 비추어 보면, 같은 법 제3조 제2항 소정의 <u>특수강도 강제추행죄의 주체는 형법의 제334조 소정의 특수강도범 및 특수강도미수범의 신분을 가진 자에 한정되는 것으로 보아야</u> 하고, 형법 제335조, 제342조에서 규정하고 있는 <u>준특수강도범 내지 준특수강도미수범은 같은 법 제3조 제2항의 행위주체가 될 수 없다고 할 것입니다. (법리)</u>

그렇다면 이 사건과 같이 준특수강도미수범으로 강제추행행위에 나아간 피고인에 대하여는 같은 법 제3조 제2항 소정의 성폭법위반(특수강도강간등)죄로 처벌할 수 없고 <u>단지 강제추행죄만이 성립할 수 있을 것입니다. (사안의 적용)</u>

그런데 <u>강제추행죄는 형법 제298조에 해당하는 죄로서 구 형법 제306조(2012. 12. 18. 법률 제11574호로 개정되기 전의 것)에 의하여 피해자의 고소가 있어야 공소를 제기할 수 있는 사건인데, (법리)</u> 피해자 K는 이 사건 공소제기 후인 ---. 피고인에 대한 고소를 취소하였습니다(고소취소장 참고). (사안의 적용)

그렇다면 이 점에 대한 공소는 형사소송법 제327조 제5호에 의하여 기각하여 주시기 바랍니다. (소결)

• 이 사건 공소사실의 요지는, 피고인은 ~를 강간하였다는 것입니다.

이는 형법 제297조에 해당하는 죄로서 구 형법 제306조(2012. 12. 18. 법률 제11574호로 개정되기 전의 것)에 의하여 피해자의 고소가 있어야 공소를 제기할 수 있는 사건입니다. (법리) 그런데 고소인 ~는 이 사건 공소제기 후인 ---. 피고인에 대한 고소를 취소하였습니다(고소취소장 참고). (사안의 적용) 그러므로 이 사건 공소를 형사소송법 제327조 제5호에 의하여 기각하여 주시기 바랍니다. (소결)

2. 고소취소(고소불가분 원칙)

• 피고인 ~에 대한 이 사건 공소사실 중 모욕의 점은, 위 피고인이 ~와 공모하여 ~ 공연히 피해자 ~를 모욕하였다라고 함에 있습니다.

이는 형법 제311조에 해당하는 죄로서 형법 제312조 제1항에 의하여 피해자의 고소가 있어야 공소를 제기할 수 있는 사건입니다. (법리)

그러나 고소인 ~는 이 사건 공소제기 후인 ---. ~에 대한 고소를 취소하였습니다(합의서 참고). 공범 중 1인에 대한 고소의 취소는 다른 공범자에 대하여도 효력이 있으므로 결국 피고인에 대한 위 공소사실은 고소가 있어야 공소를 제기할 수 있는 사건에 대하여 고소의 취소가 있은 때에 해당한다 할 것입니다. (사안의 적용)

따라서 이 사건 공소를 형사소송법 제327조 제5호에 의하여 기각하여 주시기 바랍니다. (소결)

제6호 공소기각(처벌의사 철회 등)

1. 처벌의사 철회

• 이 사건 공소사실의 요지는, 피고인은 ~에 대하여 폭행을 가하였다는 것입니다.

이는 형법 제260조 제1항에 해당하는 죄로서 같은 조 제3항에 의하여 <u>피해자의 명시한 의사에 반하여 공소를 제기할 수 없는 사건</u>입니다. (법리)

그런데 피해자는 <u>이 사건 공소가 제기된 후인 ---. 피고인에 대한 처벌을 희망하는 의사표시를 철회하였습니다</u>(기록 0면 탄원서 참조). 따라서 이 사건 공소는 형사소송법 제327조 제6호에 의하여 기각하여 주시기 바랍니다. (사안의 적용 및 소결)

2. 교통사고처리특례법위반 – 처벌의사 철회

• 피고인 B에 대한 공소사실 중 교특법위반의 점의 요지는, " 피고인이 ---. 중앙선을 침범한 과실로 ~ 피해자로 하여금 ~ 뇌진탕 등을 입게 하였다."는 것입니다.

그런데 <u>교특법 제3조 제2항 단서 제2호 전단의 "도교법 제13조 제3항의 규정에 위반하여 중앙선을 침범한 경우"</u>라 함은 <u>중앙선 침범행위가 교통사고 발생의 직접적인 원인이 된 경우</u>를 뜻하므로 중앙선 침범행위가 교통사고발생의 직접적인 원인이 아니라면 비록 교통사고가 중앙선을 넘은 지점에서 일어났다고 하더라도 이에 해당한다고 할 수 없습니다. (교특법 제3조 제2항 단서 적용의 법리)

그런데 이 사건에서 피고인의 중앙선 침범행위가 교통사고발생의 직접적인 원인이 아닙니다.

위 사고 장소는 편도 1차로의 직선 도로로서 황색실선으로 표시된 중앙선이 설치되어 있습니다(기록 00면 교통사고 보고 참조). 피고인은 위 승용차를 운전하여 자기 차로를 따라 진행하던 중 위 사고 장소 부근에 이르러 피고인의 진행 차로 가운데 부분을 따라 위 자전거를 탄 채 앞서 진행하던 피해자를 발견하고 위 자전거를 추월하기 위하여 중앙선에 걸쳐 진행하는 순간 피해자가 도로 왼쪽에 있는 마을진입로로 들어가기 위하여 갑자기 위 자전거를 왼쪽으로 꺾어 위 승용차 앞으로 들어오는 것을 뒤늦게 발견하고 급제동조치를 취하였으나 미처 피하지 못하고 중앙선을 넘은 곳에서 위 승용차의 앞부분으로 위 자전거의 왼쪽 옆부분을 들이받아 그 충격으로 피해자로 하여금 상해를 입게 한 것입니다.

이는 단지 피고인의 일방적인 주장이 아니라 참고인 K, L도 검사의 수사과정에서 동일한 취지로 진술하고 있는 것입니다(검사가 작성한 K, L에 대한 각 진술조서의 각 진술기재 참조).

피고인이 사고를 낸 장소가 중앙선을 넘은 지점이라는 이유만으로 위 <u>사고가 교특법 제3조 제2항 단서 제2호 전단에서 규정한 중앙선 침범사고에 해당한다고 할 수 없습니다.</u> (사안의 적용)

그렇다면, 이 부분 공소사실은 교특법 제3조 제2항 본문에 의하여 <u>피해자의 명시한 의사에 반하여 공소를 제기할 수 없는 사건인바,</u> (교특법 제3조 제2항 본문 적용의 법리) 피해자는 이 사건 공소제기 후인 ---. 피고인에 대한 처벌을 희망하는 의사표시를 철회하였습니다(공증인가 법무법인 M이 작성한 인증서 참조). (사안의 적용)

그러므로 이 부분 공소를 형사소송법 제327조 제6호에 의하여 기각하여 주시기 바랍니다. (소결)

3. 부정수표단속법위반 – 수표회수

• 이 사건 공소사실 중 수표번호 00, 00 수표에 관한 각 부수법위반의 점의 요지는, "~"는 것입니다.

위 공소사실은 부수법 제2조 제2항, 제1항에 해당하는 죄로서 같은 법 제2조 제4항에 의하면 수표를 발행하거나 작성한 자가 그 수표를 회수하거나, 회수하지 못하였을 경우라도 수표소지인의 명시한 의사에 반하여는 각 공소를 제기할 수 없다고 규정되어 있습니다. 이는 <u>수표를 발행하거나 작성한 자가 그 수표를 회수한 경우 수표소지인이 처벌을 희망하지 않는 의사표시를 한 것과 마찬가지로 보아 반의사불벌죄로 규정한 것이라고 해석함이 상당하다</u> 할 것입니다. (법리)

피고인은 이 사건 공소제기 후인 ---. 수표번호 00 수표를, 같은 달 -. 수표번호

○○ 수표를 각 회수하였으므로 형사소송법 제327조 제6호에 의하여 이 부분에 대한 공소를 각 기각하여 주시기 바랍니다. (사안의 적용 및 소결)

• 이 사건 공소사실 중 피고인 C에 대한 수표번호 ~ 수표에 관한 부수법위반의 점의 요지는, 피고인이 ---. 주식회사 하나은행 ~지점과 당좌수표계약을 체결하고 수표거래를 하여 오다가 ---. 위 은행 당좌수표 1장을 발행하여 그 수표의 소지인이 지급제시기간 내인 ---. 위 수표를 위 은행에 지급제시하였으나 거래정지처분으로 지급되지 아니하게 하였다는 것입니다.

위 공소사실은 부수법 제2조 제2항, 제1항에 해당하는 죄로서 같은 법 제2조 제4항에 의하면 수표를 발행하거나 작성한 자가 그 수표를 회수하거나, 회수하지 못하였을 경우라도 수표소지인의 명시한 의사에 반하여는 공소를 제기할 수 없다고 규정되어 있습니다. 이는 수표를 발행하거나 작성한 자가 그 수표를 회수한 경우 수표소지인이 처벌을 희망하지 아니하는 의사표시를 한 것과 마찬가지로 보아 반의사불벌죄로 규정한 것이라고 해석함이 상당하다 할 것입니다. (법리)

그런데 피고인은 이 사건 공소제기 후인 ---. 위 수표를 회수하였습니다(제출한 당좌수표 참조). 그러므로 이 사건 공소를 형사소송법 제327조 제6호에 의하여 기각하여 주시기 바랍니다. (사안의 적용 및 소결)

Ⅸ   유죄(축소사실 인정)

1. 구성요건 중 일부만 인정

• 이 사건 공소사실 중 특수폭행의 점의 요지는, 피고인이 위험한 물건인 등산용 칼을 휴대한 채 피해자에게 폭행을 가하였다는 것입니다.

형법 제261조에 규정한 위험한 물건의 '휴대'라 함은 위험한 물건을 범행에 사용할 의도로 소지하거나 이용하는 것을 의미하고 범행과는 무관하게 우연히 소지한 경우를 포함하는 것은 아니라 할 것입니다. ('휴대'에 대한 법리)

그런데 피고인은 경찰 이래 이 법정에 이르기까지, 위 등산용 칼은 전에 피고인이 등산을 가기 위하여 구입한 것으로 그 당시 바지주머니에 우연히 들어 있었을 뿐이고, 피해자를 구타할 당시 위 칼을 꺼내든 적이 없었고 사용할 생각도 없었다고 진술하고 있습니다. (다투는 사실을 구체적으로 밝힘)

사법경찰리가 작성한 K에 대한 진술조서의 진술기재만으로는 피고인이 위 칼을 이 사건 범행에 사용할 의도로 소지하거나 이용하였다는 사실을 인정하기에 부족하고 달리 이를 인정할 만한 증거가 없습니다. (다투는 사실을 입증하는 증거가 부족) 그렇다면 피고인에게는 형법 제260조 제1항의 폭행죄만이 성립한다 할 것입니다. (결론 - 축소사실 인정)

2. 일죄만 성립

(1) 상상적 경합 관계

• 피고인 B에 대한 공소사실 중 도로교통법위반(사고후미조치)의 점의 요지는, 피고인은 ---. ~에서 ~한 경위로 K 운전의 오토바이의 왼쪽 옆부분을 들이받아 그 충격으로 앞바퀴 교환 등 수리비가 00원이 들 정도로 위 오토바이를 손괴하고도 곧

정차하여 필요한 조치를 취하지 아니하였다는 것입니다.

그런데 도로교통법 제54조 제1항의 취지는 도로에서 일어나는 교통상의 위험과 장해를 방지, 제거하여 안전하고 원활한 교통을 확보함을 그 목적으로 하는 것이지 피해자의 물적 피해를 회복시켜 주기 위한 규정은 아니며, 이 경우 운전자가 현장에서 취하여야 할 조치는 사고의 내용, 피해의 태양과 정도 등 사고 현장의 상황에 따라 적절히 강구되어야 할 것이고, 그 정도는 건전한 양식에 비추어 통상 요구되는 정도의 조치를 말한다고 할 것입니다. ('사고후미조치'에 관한 법리)

이 사건에서, 위 사고 후 도로 상에 넘어진 피해 오토바이는 피고인이 그의 차량을 운전하여 사고 현장을 떠나기 전 피해자들을 부축하여 부근의 ~슈퍼 앞 의자로 데려가 피해자들의 상태를 확인하는 사이에 다른 사람에 의해 ~슈퍼 앞으로 옮겨졌습니다. 피해 오토바이는 위 사고의 충격으로 앞바퀴 등 일부가 뒤틀어지기는 하였지만 파손되지는 아니하여 도로 상에 파편 등의 파손물이 흐트러져 있지는 아니하였습니다. 이러한 사실은 피고인의 진술뿐만 아니라 검사가 작성한 K에 대한 진술조서의 진술기재, 사법경찰리가 작성한 L, M에 대한 각 진술조서의 각 진술기재 및 사법경찰리가 작성한 교통사고보고(수사기록 00면)에 의하여 뒷받침되고 있습니다. ('조치' 필요성이 없었다는 점에 대한 사실관계)

이러한 점을 종합하면 피고인이 그의 차량을 운전하여 사고 현장을 떠날 당시 교통상의 위험과 장해를 방지, 제거하여 안전하고 원활한 교통을 확보하기 위한 더 이상의 특별한 조치가 필요하였다고 볼 수 없어 설령 피고인이 피해 오토바이에 대한 조치를 직접 취하지 않았다고 하더라도 도로교통법 제54조 제1항에서 규정하는 필요한 조치를 할 의무를 위반하였다고 할 수 없습니다. (미조치에 관한 법리를 이 사건에 적용)

그렇다면, 피고인에게는 이와 상상적 경합관계에 있는 각 특가법위반(도주차량)죄만이 성립하고, 도로교통법위반(사고후미조치)죄는 성립하지 않는다고 할 것입니다. (결론)

(2) 법조경합 관계

• 이 사건 공소사실 중 피고인 A에 대한 특수상해의 점의 요지는, 피고인이 ~에서 ~라는 사유로 ~승용차로 ~에게 상해를 가하였다는 것입니다.

기본범죄를 통하여 고의로 중한 결과를 발생하게 한 경우에 가중 처벌하는 부진정결과적가중범에 있어서, 고의로 중한 결과를 발생하게 한 행위가 별도의 구성요건에 해당하고 그 고의범에 대하여 결과적가중범에 정한 형보다 더 무겁게 처벌하는 규정이 있는 경우에는 그 고의범과 결과적가중범이 상상적 경합관계에 있다고 보아야 할 것이지만, 위와 같이 고의범에 대하여 더 무겁게 처벌하는 규정이 없는 경우에는 결과적가중범이 고의범에 대하여 특별관계에 있다고 해석되므로 결과적가중범만 성립하고 이와 법조경합의 관계에 있는 고의범에 대하여는 별도로 죄를 구성한다고 볼 수 없습니다. (법리)

그런데, 특수공무집행방해치상죄는 중한 결과에 대하여 과실이 있는 경우뿐 아니라 고의가 있는 경우에도 성립하는 부진정결과적가중범이고, 그 고의범인 특수상해죄의 법정형이 부진정결과적가중범인 특수공무집행방해치상죄의 법정형과 비교하여 더 무겁지 아니하므로, 결국 특수공무집행방해치상죄가 특수상해죄에 대하여 특별관계에 있다고 해석되어 특수공무집행방해치상죄만 성립하고 특수상해죄에 대하여는 별도로 죄를 구성한다고 볼 수 없다고 할 것입니다. (사안의 적용)

그렇다면 피고인에게는 특수공무집행방해치상죄만이 성립할 뿐이고, 이와 별도로 특수상해죄가 성립하지 않습니다. (소결)

• 이 사건 공소사실 중 사문서위조 및 위조사문서행사의 점은, 피고인이 행사할 목적으로 절취한 은행신용카드 1장을 이용하여 ~명의의 사문서인 매출전표 1장을 위조하고, 그 위조한 매출전표를 ~에게 교부하여 행사하였다는 것입니다.

절취한 신용카드를 사용하기 위하여 매출전표에 서명하고 그 매출전표를 교부하는 행위는 신용카드부정사용으로 인한 여신전문금융업법위반죄에 흡수되어 여신전문금융업법위반죄 1죄만이 성립하고 별도로 사문서위조죄 및 위조사문서행사죄는 성립하지 아니합니다. (법리)

따라서 피고인에게는 여신전문금융업법위반죄만이 성립할 뿐 사문서위조 및 위조사문서행사죄가 성립한다고 볼 수 없습니다. (사안의 적용 및 소결)

3. 주위적 공소사실 무죄, 예비적 공소사실 유죄

• 이 사건 공소사실 중 피고인 B에 대한 주위적 공소사실인 특수절도의 점의 요지는, 피고인이 A와 함께 ---. ~에서 피고인은 출입문 입구에서 망을 보고, A는 미

리 준비한 만능열쇠와 철사로 출입문을 열고 들어가 ～의 피해물품을 합동하여 절취하였다는 것입니다.

이에 대하여 피고인은 검찰 이래 이 법정에 이르기까지 ――.중순경 A로부터 한국산업은행 총재 발행 00원 권 산업금융채권 2장을 처분하여 달라는 부탁을 받고 위 채권 2장을 취득한 사실은 있지만, A와 합동하여 ～의 피해물품을 절취한 사실은 없다고 진술하면서 위 공소사실을 부인하고 있습니다. (다투는 사실을 밝힘)

사법경찰리가 작성한 피고인에 대한 제3회 피의자신문조서는 피고인이 이 법정에서 그 내용을 부인하므로, 사법경찰리가 작성한 A에 대한 제2회 피의자신문조서와 피고인에 대한 제1회 피의자신문조서 중 A 진술부분은 피고인이 이 법정에서 그 내용을 부인하는 취지로 증거로 함에 부동의하고 있으므로 각 증거능력이 없습니다. (증거능력 없는 증거의 증거능력 배척)

또한, 제1회 공판조서 중 A의 진술기재, 검사가 작성한 A에 대한 피의자신문조서와 피고인에 대한 제2회 피의자신문조서 중 A 진술부분의 각 진술기재는 A가 피고인과 합동하여 위 절도 범행을 저질렀다는 내용이나, A는 그 후 제2회 공판기일에 이르러 자신의 단독 범행이라고 위 진술내용을 번복하였습니다.

증인 K의 증언과 L이 작성한 112 신고내역서에 의하면 피고인은 위 공소사실 일시에 피고인 운영의 카페에서 음주 소란행위를 한 취객을 112에 신고하여 출동한 경찰관들과 함께 양재지구대에 가 있었던 사실이 확실하므로, A가 수사기관에서 한 진술은 믿기 어렵다고 할 것입니다. (증거능력 있는 증거의 증명력 탄핵)

사법경찰리가 작성한 M에 대한 진술조서의 진술기재와 사법경찰리가 작성한 압수조서(수사기록 48면) 중 디지털 캠코더 1대를 A로부터 압수하였다는 취지의, 압수조서(수사기록 56면) 중 산업금융채권 2장을 피고인으로부터 압수하였다는 취지의 각 기재 및 압수된 만능열쇠 1개(증 제2호), 당좌수표 2장(증 제4, 5호), 100,000원 권 자기앞수표 12장(증 제6호)의 각 현존만으로는 위 공소사실을 인정하기에 부족하며, 달리 이를 인정할 증거가 없습니다. (부족증거)

따라서 주위적 공소사실에는 형소법 제325조 후단 무죄 사유가 있다고 할 것이므로, 피고인에게는 예비적 공소사실인 장물취득죄만이 성립한다고 하겠습니다. (소결: 축소사실 인정)

X 검토의견서

1. 죄 수

> • 공무원이 취급하는 사건에 관하여 청탁 또는 알선을 할 의사와 능력이 없음에
> 도 청탁 또는 알선을 한다고 기망하고 금품을 교부받은 사안

(1) 쟁 점

검사는 피고인을 사기 및 변호사법 위반의 실체적 경합범으로 기소하였는데, 두 죄의 죄수 문제 및 두 죄 중 형이 더 무거운 사기죄로 처벌하는 경우 변호사법 제116조에 의하여 몰수 · 추정할 수 있는지 여부

(2) 검 토

가. 공무원이 취급하는 사건에 관하여 청탁 또는 알선을 할 의사와 능력이 없음에 도 청탁 또는 알선을 한다고 기망하고 금품을 교부받은 경우, 사기죄와 변호 사법위반죄가 성립하고, 두 죄는 상상적 경합 관계에 있음.

나. 한편 실체적 경합범으로 공소제기된 수죄를 법원은 공소장 변경 없이도 상상 적 경합범으로 처단할 수 있고, 형법 제40조가 규정하는 1개의 행위가 수개의 죄에 해당하는 경우에는 '가장 중한 형에 정한 형으로 처벌한다' 함은 그 수개 의 죄명 중 가장 중한 형을 규정한 법조에 의하여 처단한다는 취지와 함께 다 른 법조의 최하한의 형보다 가볍게 처단할 수 없다는 취지 즉, 각 법조의 상한 과 하한을 모두 중한 형의 범위 내에서 처단한다는 것으로 포함한다는 것으로 새겨야 함.

다. 따라서 상상적 경합관계에 있는 사기죄와 변호사법위반죄에 대하여 형이 더

무거운 사기죄에 정한 형으로 처벌하는 경우에도 필요적 몰수·추징에 관한 변호사법 제116조에 의하여 청탁 명목으로 받은 금품 상당액을 추징할 수 있음

(3) 소 결

실체적 경합범이 아니라 상상적 경합범에 해당함을 주장하고, 필요적 몰수·추징 대비하여 검사가 주장하는 몰수·추징 금액이 맞는지 확인 필요함.

> • 직무를 집행하는 공무원에 대하여 위험한 물건을 휴대하여 고의로 상해를 가한 사안

(1) 쟁 점

검사는 피고인을 특수공무집행방해치상 및 특수상해를 상상적 경합으로 기소하였는데, 두 죄 중 특수공무집행방해치상죄 외에 특수상해죄가 별도로 성립하는지 문제됨

(2) 검 토

가. 기본범죄를 통하여 고의로 중한 결과를 발생하게 한 경우에 가중 처벌하는 부진정결과적 가중범에서, 고의로 중한 결과를 발생하게 한 행위가 별도의 구성요건에 해당하고 그 고의범에 대하여 결과적 가중범에 정한 형보다 더 무겁게 처벌하는 규정이 있는 경우에는 그 고의범과 결과적 가중범이 상상적 경합관계에 있지만, 위와 같이 고의범에 대하여 더 무겁게 처벌하는 규정이 없는 경우에는 결과적 가중범이 고의범에 대하여 특별관계에 있으므로 결과적 가중범만 성립하고 이와 법조경합의 관계에 있는 고의범에 대하여는 별도로 죄를 구성하지 않음.

나. 특수공무집행방해치상죄는 중한 결과에 대하여 과실이 있는 경우뿐 아니라 고의가 있는 경우에도 성립하는 부진정결과적 가중범이고, 고의범인 특수상해죄의 법정형이 부진정결과적 가중범인 특수공무집행방해치상죄의 법정형과 비교하여 더 무겁지 아니하므로, 결국 특수공무집행방해치상죄가 특수상해죄에 대하여 특별관계에 있다고 해석됨.

다. 이 사건에서 특수공무집행방해치상죄만 성립하고 특수상해죄가 별도로 성립 하지 아니함.

(3) 소 결

특수공무집행방해치상의 점에 대해서는 정상 관계 변론하고, 특수상해의 점에 대해서는 이유 무죄(형소법 제325조 전단)를 주장해야 함.

• 동일한 피해자에 대한 다수의 사기죄의 죄수가 문제된 사안

---

(1) 쟁 점

피해자 한화손해보험 주식회사에 대한 각 사기죄가 실체적 경합범으로 기소되었는데, 두 죄의 죄수관계가 문제됨.

(2) 검 토

가. 사기죄에 있어 동일한 피해자에 대하여 수회에 걸쳐 기망행위를 하여 금원을 편취한 경우 범의가 단일하고 범행방법이 동일하다면 사기죄의 포괄1죄만이 성립한다고 할 것이나, 범의의 단일성과 계속성이 인정되지 아니하거나 범행방법이 동일하지 않은 경우에는 각 범행은 실체적 경합범에 해당함.

나. 이 사건 각 범행은 죄명과 피해자, 피해법익, 범행방법이 동일하기는 하나, 범행 동기가 ~~~ 하여 다르고, 범행 기간이 ~~~~로 상당히 떨어져 있는 점 등에 비추어 보면 범의의 단일성과 계속성을 인정하기 어려움.

(3) 소 결

실체적 경합범 관계에 있음을 인정하고 정상 관계 변론 필요함.

2. 기 타

전형적인 표현을 익히는 정도로 봐 주기 바란다.

• 두 개의 형이 선고되어야 하는 사안 금고 이상의 판결이 확정된 교통사고처리특례법위반죄의 전과가 있어 그 판결이 확정되기 전에 범한 상해죄 및 사기죄는 형

법 제37조 후단의 경합범에 해당하므로, 확정판결 전 범죄에 대하여 하나의 형을, 그 후 범죄에 대하여 또 하나의 형이 선고되는 사안에 해당함.

• **집행유예 결격사유가 있는 사안**　형집행종료일이 ~이고, 이 사건은 그로부터 3년이 지나기 전에 범한 범죄로 피고인은 누범이므로 형법 제62조 제1항 단서의 집행유예 결격사유에 해당하여 집행유예는 불가능함,

특가법위반(절도)죄 위헌제청신청과 그 전후
- 법조인으로서 '유익한 조언(Quality Tips') 주고받기

간통죄 위헌 결정으로 온 나라가 시끄러웠던 날, 필자는 헌법재판소의 또 다른 결정에 마음이 한껏 들떴다. 필자가 2014년 8월에 위헌제청신청을 한 특가법 제5조의4 제1항 관련 사건에서 위헌 결정(2014헌가16 등)이 났기 때문이다. '3년 이상의 유기징역'이라는 높은 법정형 때문에 생계형 절도범도 중형을 피할 수 없어 언론에서는 위 조항을 '장발장법'이라는 별명으로 불렀는데, 기억하기 쉬운 그 별명 때문인지 '장발장법 위헌 결정을 이끌어낸 변호사'라는 과분한 수식어까지 달게 됐다.

돌이켜보면 운이 좋았다. 대단한 법리를 짜내어 위헌제청신청을 한 것이 아니라 적절한 타이밍에 '무임승차'를 한 결과였기 때문이다. '정답'을 미리 알게 된 수험생이 자신감에 가득 차 시험장에 간 경우에 비유해도 좋을 것이다. '무임승차'를 가능하게 한 '정답'은 헌법재판소가 2014년 4월에 내놓은 구 특가법 제11조 제1항에 대한 재판관 전원일치의 위헌 결정(2011헌바2)이었다. 위 법률조항은 마약류관리에 관한 법률에서 처벌하는 일정한 종류의 마약 범죄를 추가 구성요건표지 없이 법정형만 올려 가중처벌하는 조항이었는데, 헌재는 결정문에서 **"일반법에 대비되는 특별법은 개념적으로 특별법의 구성요건이 일반법의 모든 구성요건을 포함하면서 그 밖의 특별한 표지까지 포함한 경우를 뜻한다. … 만일 구성요건 표지의 추가 없이 법정형만을 가중하려고 한다면 일반법의 법정형을 올리면 되지 따로 특별법을 제정할 필요가 없기 때문이다."**는 법리를 처음으로 선언하였다.

위 법리는 너무 당연하게 보이지만 당시엔 헌재가 입장을 획기적으로 전환하여 내놓은 것 같았다. 헌재는 그동안 "어떤 범죄를 어떻게 처벌할 것인가 하는 문제 즉 법정형의 종류와 범위의 선택은 … 여러 가지 요소를 종합적으로 고려하여 입법자가 결정할 사항으로서 광범위한 입법재량 내지 형성의 자유가 인정되어야 할 분야"라는 전제에서, "어떤 유형의 범죄에 대하여 특별히 형을 가중할 필요가 있는 경우라 하더라도 그 가중의 정도가 통상의 형사처벌과 비교하여 현저히 형벌 체계상의 정당성과 균형을 잃은 것이 명백한 경우에는 … 위헌적 법률이 된다"(헌재 1992. 4. 28. 선고 90헌바24 결정 이후로 현재까지 반복되고 있는 법리)고 하여 형사특별법에서 가중처벌이라는 **법형식** 자체를 문제 삼기보다는 개별적으로 가중의 정도가 헌법적 한계 내에 있는지를 판단하는 입장이었기 때문이다. 그런데 위 결정은 가중처벌 규정의 '형식'만 보면서, 형식이 정당하지 않다면 곧바로 위헌이라고 판단한 것이다. 오히려 위 법리에 따르면 형식이 정당하지 않다면 가중처벌의 필요성이나 가중 정도의 적정성을 판단할 필요도 없다.

위 법리에 비춰보면, 형법에 규정되어 있는 상습절도죄를 아무런 추가 구성요건표지 없이 법정형만 올려 가중처벌하는 특가법위반(절도)죄는 위헌임이 분명했다. '무임승차'는 그렇게 이루어졌다. 선례 법리를 그대로 가져왔으니 정작 그 위헌 결정은 법리적으로는 주목할 이유는 없었는데, 위 조항이 워낙 광범위하게 적용되는 조문이어서 세간의 관심을 끌었던 것이다.

한편 특가법위반(절도)죄 위헌 결정 이후 필자는 몇몇 변호사들로부터 폭처법 상 '위험한 물건을 휴대하여 폭행한 자'를 처벌하는 조항(폭처법 제3조 제1항, 제2조 제1항 제1호, 형법 제260조 제1항)에 대하여 위헌제청신청을 하려고 한다며 조언(?)을 구한다는 연락을 받고*, 조언까지는 아니어도 필자의 경험을 말해주기도 했다. 필자도 그 무렵 위 조항과 '위험한 물건을 휴대하여 상해한 자'를 처벌하는 조항(폭처법 제3조 제1항, 제2조 제1항 제3호, 형법 제257조 제1항)에 대해 위헌제청 신청을 했고, 수원지방법원에서 이를 받아들였

---

* 폭처법 상 위험한 물건을 휴대하여 폭행한 자를 처벌하는 조항은 형법 제261조와 똑같은 구성요건을 규정하면서도 법정형만 가중하고 있어 위헌이 명백해 보인다. 한편 폭처법 상 위험한 물건을 휴대하여 협박한 자를 처벌하는 조항(폭처법 제3조 제1항, 제2조 제1항 제1호, 형법 제283조 제1항)도 마찬가지다. 위 조항은 형법 제284조와 똑같은 구성요건을 규정하면서도 법정형만 가중하고 있어 위헌임이 분명하다.

다.** 그 후 헌법재판소에서 2015. 9. 24. 폭처법 상 '위험한 물건을 휴대하여 폭행한 자'를 처벌하는 조항 등에 대해 위헌 결정을 하였고, 헌재의 위헌 취지를 반영하여 2016. 1. 16. 법률 제13718호로 폭처법, 특가법, 형법이 동시에 일부 개정되어 추가 구성요건표지 없이 법정형만 올려 가중처벌하는 법률조항은 모두 삭제되었다.

　　필자는 QT 제3판 개정판 서문에서 "되도록 자주, 그리고 많이, 서로 마음의 빚을 지고 갚는 것이 … 실력 향상의 지름길"이라고 썼다. 수험생에게 하는 조언이었지만, 위헌제청 신청을 하면서 얼굴도 모르는 선배 법조인들에게 '마음의 빚'을 많이 진 덕분에 '실력' ('무임승차'도 '실력'으로 볼 수 있다면^^)이 늘었다는 생각이 들었다. 위헌 결정은 어느 날 갑자기 하늘에서 뚝 떨어진 것이 아니라, 많은 법조인들이 형사특별법의 헌법적 정당성과 관련하여 '가중처벌을 하려면 가중의 근거가 되는 추가 구성요건표지가 필요하다'는 당연한 법리를 줄기차게 외친 주장이 쌓였고, 더 이상 그 주장을 외면할 근거를 찾기 어려운 시점이 되어 나온 것이기 때문이다. 필자가 진 빚에 비하면 아무것도 아니지만, 후배 또는 동료 변호사에게 필자의 경험을 이야기해주면서 마음의 빚을 아주 조금은 갚기도 한 것 같다. 그리고 보면 법조인 생활도 서면 등의 글을 통해 끊임없이 '유익한 조언(Quality Tips)'을 주고받는 상호작용이 아닌가 싶다.

** 폭처법 상 위험한 물건을 휴대하여 상해한 자를 처벌하는 조항과 똑같은 조항은 없다. 그런데 폭처법 상 위험한 물건을 휴대하여 폭행한 자를 처벌하는 조항이 위헌이 되면 위험한 물건을 휴대하여 폭행한 자는 형법 제261조에 따라 그 법정형이 '5년 이하의 징역 또는 1천만 원 이하의 벌금'인데 비하여, 위험한 물건을 휴대하여 상해한 자에 대한 법정형은 폭처법에 따라 '3년 이상의 유기징역'이 되므로, 그 가중처벌의 정도가 형벌체계상의 정당성과 균형을 잃은 것이 명백해 보인다는 생각이 들었고, 재판부도 그렇게 판단하였다. 그러나 헌법재판소는 2015. 9. 24. 위 조항에 대해서는 합헌 결정을 하였다. 제청법원과 같은 의견으로 위헌 의견을 밝힌 재판관은 1인뿐이었다. 그 후 2016. 1. 16. 법률 제13718호에서 위 조항이 삭제되고, 형법 제258조의2(특수상해)가 신설되면서 법정형이 폭처법 조항보다 낮아진 것으로 필자는 위로를 삼아야 했다.

제 **4** 장

숲을 헤쳐나가는 실전연습:

기록 보면서 답안 작성하기

형사법 기록형 문제는 50여 쪽에 이르는 기록을 보면서 답안 구성을 해야 하므로 핵심 부분에 체크하는 것과 효율적인 메모작성이 무엇보다 중요하다. 사실관계를 다투는 경우와 법률관계를 다투는 경우를 잘 구분하고, 특히 사실관계를 다툴 때는 기록을 꼼꼼하게 읽으며 정리를 잘 해 두어야 한다. 단계별 접근에서 설명한 것과 같이 공소장과 증거목록을 두 축으로 하여 기록의 맥을 잡는 연습이 필요하다.

　이상과 같은 점을 유념하면서 답안에 필요한 내용을 기록에서 어떻게 찾아내 쓸 수 있는지를 변호사시험 형사법 기록형의 예를 통해 연습해 보기로 한다.

Ⅰ 제5회 변호사시험 형사법 기록형

1. 기록에 체크, 메모할 부분

2016년도 제5회 변호사시험 문제

시험과목	형사법(기록형)

응시자 준수사항

1. 시험 시작 전 문제지의 봉인을 손상하는 경우, 봉인을 손상하지 않더라도 문제지를 들추는 행위 등으로 문제 내용을 미리 보는 경우 그 답안은 영점으로 처리됩니다.

2. 답안은 흑색 또는 청색 필기구(사인펜이나 연필 사용 금지) 중 한 가지 필기구만을 사용하여 답안 작성란(흰색 부분) 안에 기재하여야 합니다.

3. 답안지에 성명과 수험번호 등을 기재하지 않아 인적사항이 확인되지 않는 경우에는 영점으로 처리되는 등 불이익을 받게 됩니다. 특히 답안지를 바꾸어 다시 작성하는 경우, 성명 등의 기재를 빠뜨리지 않도록 유의하여야 합니다.

4. 답안지에는 문제내용을 쓸 필요가 없으며, 답안 이외의 사항을 기재하거나 밑줄 기타 어떠한 표시도 하여서는 안 됩니다. 답안을 정정할 경우에는 두 줄로 긋고 다시 써야 하며, 수정액 등은 사용할 수 없습니다.

5. 시험 종료 시각에 임박하여 답안지를 교체했더라도 시험 시간이 끝나면 그 즉시 새로 작성한 답안지를 회수합니다.

6. 시험 시간이 지난 후에는 답안지를 일절 작성할 수 없습니다. 이를 위반하여 **시험 시간이 종료되었음에도 불구하고 계속 답안을 작성할 경우 그 답안은 영점으로 처리됩니다.**

7. 답안은 답안지의 쪽수 번호 순으로 써야 합니다. **배부된 답안지는 백지 답안이라도 모두 제출**하여야 하며, **답안지를 제출하지 아니한 경우 그 시간 시험과 나머지 시험에 응시할 수 없습니다.**

8. 지정된 시간까지 지정된 시험실에 입실하지 않거나 시험관리관의 승인 없이 시험 시간 중에 시험실에서 퇴실한 경우, 그 시간 시험과 나머지 시간의 시험에 응시할 수 없습니다.

9. 시험 시간 중에는 어떠한 경우에도 문제지를 시험장 밖으로 가지고 갈 수 없고, 그 시험 시간이 끝난 후에는 문제지를 시험장 밖으로 가지고 갈 수 있습니다.

【문 제】

피고인 김갑동에 대해서는 법무법인 명변 담당변호사 김변호가 객관적인 입장에서 대표변호사에게 보고할 검토의견서를, 피고인 이을남에 대해서는 변호사 이변론의 입장에서 변론요지서를 작성하되, 다음 쪽 검토의견서 및 변론요지서 양식 중 **본문 Ⅰ, Ⅱ 부분**만 작성하시오.

【작성요령】

1. 학설·판례 등의 견해가 대립되는 경우, 한 견해를 취할 것. 단, 대법원 판례와 다른 견해를 취하여 의견을 제시하고자 하는 경우에는 대법원 판례의 취지를 적시할 것.

2. 증거능력이 없는 증거는 실제 소송에서는 증거로 채택되지 않아 증거조사가 진행되지 않지만, 이 문제에서는 시험의 편의상 증거로 채택되어 증거조사가 진행된 것을 전제하였음. 따라서 필요한 경우 증거능력에 대하여도 논할 것.

3. 검토의견서에서는 제2회 공판기일에 이루어진 재판장의 석명사항에 대한 쟁점도 반영하여 작성할 것

【주의사항】

1. 쪽 번호는 편의상 연속되는 번호를 붙였음.

2. 조서, 기타 서류에는 필요한 서명, 날인, 무인, 간인, 정정인이 있는 것으로 볼 것.

3. 증거목록, 공판기록 또는 증거기록 중 '생략'이라고 표시된 부분에는 법에 따른 절차가 진행되어 그에 따라 적절한 기재가 있는 것으로 볼 것.

4. 공판기록과 증거기록에 첨부하여야 할 일부 서류 중 '생략' 표시가 있는 것, '증인선서서'와 수사기관의 조서에 첨부하여야 할 '수사과정확인서'는 적법하게 존재하는 것으로 볼 것.

5. 송달이나 접수, 통지, 결재가 필요한 서류는 모두 적법한 절차를 거친 것으로 볼 것.

【검토의견서 양식】

검토의견서 (45점)

사 건 　2015고합1223 특정경제범죄가중처벌등에관한법률위반(사기) 등
피고인 　김갑동

Ⅰ. 피고인 김갑동에 대하여
　1. 사문서위조, 위조사문서행사의 점
　2. 특정경제범죄가중처벌등에관한법률위반(사기)의 점
　3. 변호사법위반의 점
　4. 절도의 점
　5. 범인도피교사의 점

※ 평가제외사항 – 공소사실의 요지, 정상관계 (답안지에 기재하지 말 것)

2016. 1. 5.

담당변호사 김변호 ⑩

【변론요지서 양식】

변론요지서 (55점)

사 건 　2015고합1223 특정경제범죄가중처벌등에관한법률위반(사기) 등
피고인 　이을남

　위 사건에 관하여 피고인 이을남의 변호인 변호사 이변론은 다음과 같이 변론합니다.

다 음

Ⅱ. 피고인 이을남에 대하여
　1. 사문서위조, 위조사문서행사, 공전자기록등불실기재, 불실기재공전자기록등행사, 사기의 점
　2. 범인도피의 점

※ 평가제외사항 – 공소사실의 요지, 정상관계 (답안지에 기재하지 말 것)

2016. 1. 5.

피고인 이을남의 변호인 변호사 이변론 ⑩

서울중앙지방법원 제23형사부 귀중

이 부분만
쓸 것

기록내용 시작

➡ 공판기록이 먼저 나오고, 수사기록은 뒤에 편철됨

서 울 중 앙 지 방 법 원

			미결구금
구속만료			
최종만료			
대행 갱신 만 료			

구 공 판 **형사제1심소송기록**

기일 1회기일	사건번호	2015고합1223		담 임	제23부	주 심	다
12/4 A10 12/18 P3	사 건 명	가. 특정경제범죄가중처벌등에관한법률위반(사기) 나. 사문서위조 다. 위조사문서행사 라. 공전자기록등불실기재 마. 불실기재공전자기록등행사 바. 사기 사. 변호사법위반 아. 절도 자. 범인도피교사 차. 범인도피					
	검 사	성수연		2015형제151223호			
	피 고 인	1. 가.나.다.라.마.바.사.아.자. 김갑동 2. 가.나.다.라.마.바.차 이을남					
	공소제기일	2015. 10. 16.					
	변 호 인	사선 법무법인 명변 담당변호사 김변호(피고인 김갑동) 사선 변호사 이변론(피고인 이을남)					

확 정	
보존종기	
종결구분	
보 존	

완결 공람	담 임	과 장	국 장	주심 판사	재판장	원장

접 수 공 람	과 장	국 장	원 장
	㉘	㉘	㉘

공 판 준 비 절 차

회 부 수명법관 지정	일자	수명법관 이름	재 판 장	비 고

법 정 외 에 서 지 정 하 는 기 일

기일의 종류	일 시			재 판 장	비 고
1회 공판기일	2015.	12.	4. 10:00	㉘	

서울중앙지방법원

목 록		
문 서 명 칭	장 수	비 고
증거목록	7	검사
공소장	11	
변호인선임서	(생략)	피고인 김갑동
변호인선임서	(생략)	피고인 이을남
영수증(공소장부본 등)	(생략)	피고인 깁갑동
영수증(공소장부본 등)	(생략)	피고인 이을남
영수증(공판기일통지서)	(생략)	변호사 김변호
영수증(공판기일통지서)	(생략)	변호사 이변론
국민참여재판 의사 확인서(불희망)	(생략)	피고인 김갑동
국민참여재판 의사 확인서(불희망)	(생략)	피고인 이을남
의견서	(생략)	피고인 김갑동
의견서	(생략)	피고인 이을남
공판조서(제1회)	15	
공판조서(제2회)	17	
증인신문조서	19	정고소
증인신문조서	20	한직원
증거신청서	21	변호사 이변론
통장사본	21	
증거신청서	22	변호사 김변호
약식명령등본	23	

증 거 목 록 (증거서류 등)

2015고합1223

① 김갑동
② 이을남
신청인 : 검사

2015형제151223호

순번	증거방법 작성	증거방법 쪽수(수)	증거방법 쪽수(증)	증거방법 증거명칭	증거방법 성명	참조사항 등	신청기일	증거의견 기일	증거의견 내용	증거결정 기일	증거결정 내용	증거조사기일	비고
1	사경	26		고소장	정고소		1	1	① ○ ② ×				
2	〃	27		진술조서	정고소		1	1	① ○ ② ×				
3	〃	(생략)		부동산매매계약서 사본			1	1	① ○ ② ○				
4	〃	29		등기사항 전부증명서			1	1	① ○ ② ○				
5	〃	(생략)		소장사본	박갑수		1	1	① ○ ② ○				
6	〃	30		진술조서	박갑수		1	1	① ○ ② ○				
7	〃	31		소장사본	김갑동		1	1	① ○ ② ○				
8	〃	32		부동산매매계약서 사본		(생략)	1	1	① ○ ② ○	(생략)			
9	〃	33		피의자신문조서	김갑동		1	1	① ○ ② ○				
10	〃	35		피의자신문조서	이을남		1	1	② ○○○× ① ○				× 내용부인이므로
11	〃	37		수사보고 (진술서 등 첨부)			1	1	② ○				
12	〃	37		진술서	이을남		1	1	② ○ ① ○				
13	〃	38		진술서	나부자		1	1	① ○ ② ○				
14	〃	38		자동차등록원부 등본			1	1	① ○ ② ○				
15	〃	(생략)		필적감정서			1	1	① ○ ② ○				
16	〃	39		피의자신문조서 (제2회)	김갑동		1	1	① ○ ② ×				× 실질이 내용부인이므로

(1번, 2번 비고란) ○ ○ 부동의 ⇒ 정고소의 진정성립 인정

※ 증거의견 표시 - 피의자신문조서: 인정 ○, 부인 ×
　　　　　　　　　(여러 개의 부호가 있는 경우, 적법성/성립/임의성/내용의 순서임)
　　　　　　　 - 기타 증거서류: 동의 ○, 부동의 ×
　　　　　　　 - 진술이 특히 신빙할 수 있는 상태 하에서 행하여졌다는 점 부인: "특신성 부인"(비고란 기재)
※ 증거결정 표시: 채 ○, 부 ×
※ 증거조사 내용은 제시, 내용고지

증 거 목 록 (증거서류 등)

2015고합1223

2015형제151223호

① 김갑동
② 이을남
신청인 : 검사

순번	증 거 방 법 작성	쪽수(수)	쪽수(증)	증 거 명 칭	성 명	참조사항등	신청기일	증거의견 기일	증거의견 내용	증거결정 기일	증거결정 내용	증거조사기일	비고
17	사경	41		피의자신문조서 (제2회)	이을남		1	1	② ○ ① ○				
18	〃	43		고소장	왕근심		1	1	① ○ ② ○				
19	〃	44		피의자신문조서 (제3회)	김갑동		1	1	① ○ ② ×		×		부동의 ⇒ 실질이 내용부인이므로
20	〃	(생략)		조회회보서	김갑동		1	1	① ○ ② ○				
21	〃	(생략)		조회회보서	이을남		1	1	① ○ ② ○				
22	검사	46		피의자신문조서 (대질)	김갑동		1	1	① ○ ② ×		○		부동의 ⇒ 김갑동의 진정성립 인정
					이을남		1	1	② ○ ① ○				
23	〃	(생략)		부동산감정서		(생략)	1	1	① ○ ② ○	(생략)			
24	〃	(생략)		수사보고			1	1	① ○ ② ○				
25	〃	(생략)		가족관계증명서			1	1	① ○ ② ○				
26	〃	(생략)		가족관계증명서			1	1	② ○ ① ○				
27	〃	(생략)		판결문			1	1	① ○ ② ○				
28	〃	(생략)		판결확정증명			1	1	① ○ ② ○				
29	〃	(생략)		제적등본			1	1	① ○ ② ○				

※ 증거의견 표시 - 피의자신문조서: 인정 ○, 부인 ×
　　　　　　　　　(여러 개의 부호가 있는 경우, 적법성/성립/임의성/내용의 순서임)
　　　　　　　 - 기타 증거서류: 동의 ○, 부동의 ×
　　　　　　　 - 진술이 특히 신빙할 수 있는 상태 하에서 행하여졌다는 점 부인: "특신성 부인"(비고란 기재)
※ 증거결정 표시: 채 ○, 부 ×
※ 증거조사 내용은 제시, 내용고지

				증거결정			
증 거 방 법	쪽수 (공)	입증취지 등	신청 기일	기일	내용	증거조사기일	비고

증 거 목 록 (증인 등)
2015고합1223

① 긴갑동
② 이을남

2015형제151223호　　　　　　　　　　　　　　　　신청인 : 검사

증 거 방 법	쪽수 (공)	입증취지 등	신청 기일	기일	내용	증거조사기일	비고
증인 정고소 ➡ 증거순번 1, 2번 부동의하여 증인으로 나옴	19	공소사실 1항	1	1	○	2015. 12. 18. 15:00 (실시)	
증인 한직원	20	〃	1	1	○	〃	

※ 증거결정 표시 : 채 ○, 부 ×

증 거 목 록 (증거서류 등)

2015고합1223

① 김갑동
② 이을남

2015형제151223호

신청인 : 피고인 및 변호인

순번	증 거 방 법					참조사항등	신청기일	증거의견		증거결정		증거조사기일	비 고
	작성	쪽수(수)	쪽수(공)	증 거 명 칭	성 명			기일	내용	기일	내용		
1			21	통장사본			2	2	○				②신청
2			23	약식명령등본			2	2	○				①신청
					(생략)				(생략)				

➡ 이을남에게 유리한 증거 (순번 1)

➡ 김갑동에게 유리한 증거 (순번 2)

※ 증거의견 표시 - 피의자신문조서: 인정 ○, 부인 ×
　　　　　　　　　(여러 개의 부호가 있는 경우, 적법성/성립/임의성/내용의 순서임)
　　　　　　 - 기타 증거서류: 동의 ○, 부동의 ×
　　　　　　 - 진술이 특히 신빙할 수 있는 상태 하에서 행하여졌다는 점 부인: "특신성 부인"(비고란 기재)
※ 증거결정 표시: 채 ○, 부 ×
※ 증거조사 내용은 제시, 내용고지

서 울 중 앙 지 방 검 찰 청

2015. 10. 16.

사건번호   2015년 형제151223호

수 신 자   서울중앙지방법원   발신자

검 사 성수연 성수연 (인)

제   목   **공소장**

아래와 같이 공소를 제기합니다.

Ⅰ. 피고인 관련사항

1. 피 고 인   김갑동 (70****-1******), 45세

직업 부동산중개업, 010-****-****

주거 서울 서초구 법원로2길 1, 3동 101호(서초동, 무지개아파트)

등록기준지 대구 북구 산격동 500

죄   명   특정경제범죄가중처벌등에관한법률위반(사기), 사문서위조, 위

조사문서행사, 공전자기록등불실기재, 불실기재공전자기록등행

사, 사기, 변호사법위반, 절도, 범인도피교사

적용법조   특정경제범죄 가중처벌 등에 관한 법률 제3조 제1항 제2호, 형

법 제347조 제1항,/제231조,/제234조,/제228조 제1항,/제229조,/

제329조,/제151조 제1항,/변호사법 제111조 제1항, 제116조,/형

법 제30조, 제31조 제1항, 제37조, 제38조.

구속여부   불구속

변 호 인   법무법인 명변, 담당변호사 김변호

2. 피 고 인   이을남 (74****-1******), 41세   **1223**

직업 무직, 010-****-****

주거 서울 중구 남대문시장8길 222

등록기준지 서울 도봉구 쌍문동 88

죄   명   특정경제범죄가중처벌등에관한법률위반(사기), 사문서위조, 위조

사문서행사, 공전자기록등불실기재, 불실기재공전자기록등행사,

사기, 범인도피

<table>
<tr><td>접수
No. 15511
2015. 10. 16.
서울중앙지방법원
형사접수실</td><td>공소제기일</td></tr>
</table>

적용법조　특정경제범죄 가중처벌 등에 관한 법률 제3조 제1항 제2호, 형
　　　　　　법 제347조 제1항,/제231조,/제234조,/제228조 제1항,/제229조,/
　　　　　　제151조 제1항,/제30조, 제37조, 제38조.
구속여부　불구속
변 호 인　변호사 이변론

Ⅱ. 공소사실

1. 피고인들의 공동범행

가. 사문서위조, 위조사문서행사

피고인들은 사실은 망 박병서(2014. 3. 1. 사망)의 생전에 그로부터 박병서 소유의 과천시 중앙동 100 대지 2,015㎡(이하 '이 사건 대지'라 한다)를 매수한 사실이 없음에도 불구하고 이 사건 대지의 소유권을 취득하기 위해 박병서 명의의 문서를 위조·행사하기로 공모하여, 2014. 5. 7. 19:00경 서울 종로구 종로5길 15에 있는 피고인 김갑동 운영의 갑부동산 사무실에서 행사할 목적으로 권한없이 '2014. 2. 25. 박병서가 김갑동에게 이 사건 대지를 매도한다'는 취지의 매매계약서를 작성하고 말미에 박병서의 서명·날인을 함으로써 권리의무에 관한 사문서인 박병서 명의의 부동산매매계약서 1장을 위조하고, 2014. 5. 8. 서울중앙지방법원에서 그 위조사실을 모르는 법원공무원에게 원고 김갑동, 피고 박병서로 하는 위 대지에 대한 소유권이전등기를 청구하는 소장을 제출하면서 위와 같이 위조한 부동산매매계약서를 첨부, 제출함으로써 이를 행사하였다.

나. 특정경제범죄가중처벌등에관한법률위반(사기)

피고인들은 공모하여, 피고인 김갑동은 2014. 5. 8. 서울중앙지방법원에서 위와 같이 위조한 박병서 명의의 부동산매매계약서를 첨부한 소장을 제출하면서 피고 박병서의 주소에 피고인 이을남의 주소를 기재하고,〈피고인 이을남은 마치 자신이 박병서인 것처럼 자신의 집으로 소장 부본을 송달받는 방법으로 법원을 기망〉하여 2014. 8. 13. 이에 속은 법원 담당재판부로부터 피고인 김갑동 앞으로 이 사건 대지에 대한 소유권이전등기를 명하는 승소 판결을 받았다.

이로써 피고인들은 공모하여 피해자 박갑수 소유의 이 사건 대지 시가 5억 원 상당을 편취하였다.

다. 공전자기록등불실기재, 불실기재공전자기록등행사

피고인들은 공모하여, 피고인 이을남은 2014. 8. 18. 위와 같이 받은 승소판결을 마치 피고 박병서인 것처럼 송달받아 피고인 김갑동에게 전달하고, 피고인 김갑동은 2014. 9. 15. 수원지방법원 안양지원 과천등기소에서, 사실은 피고인 김갑동이 망 박병서로부터 이 사건 대지를 매수한 사실이 없음에도 불구하고 마치 매수한 것처럼 법원을 기망하여 받은 승소확정판결에 기하여 소유권이전등기 신청서류를 작성, 제출한 다음 그 사정을 모르는 등기공무원이 이 사건 대지의 소유권이전등기를 마치는 전산입력을 하도록 함으로써 공무원에게 허위신고를 하여 공전자기록에 불실의 사실을 기록하게 하고, 즉석에서 그 공전자기록을 비치하게 하여 이를 행사하였다.

라. 사기

피고인들은 이 사건 대지를 다른 사람에게 처분하여 매매대금을 편취하기로 공모하여,〈피고인 이을남은 2014. 9. 20. 위 갑부동산 사무실에서 친구인 피해자 정고소에게 이 사건 대지를 시세보다 저렴하게 매수할 수 있다며 피고인 김갑동을 소개해 주고,〉피고인 김갑동은 피해자에게 마치 이 사건 대지를 박병서로부터 정상적으로 매수하여 소유권을 취득한 것처럼 거짓말하여 이에 속은 피해자로부터 즉석에서 계약금 4,000만 원을, 2014. 9. 24. 중도금 1억 6,000만 원을, 2014. 9. 30. 잔금 2억 원을 각각 교부받아 피해자로부터 매매대금 명목으로 합계 4억 원을 편취하였다.

2. 피고인 김갑동

가. 변호사법위반

피고인은 2013. 5. 7. 14:00경 서울 양천구 목동동로 135에 있는 목동빌라 302호 왕근심의 집에서 왕근심의 아들이 사기 혐의로 검찰수사를 받고 있다는 사실을 알게 되자 피고인이 마치 담당검사에게 청탁하여 선처할 수 있는 것처럼 말하고 왕근심으로부터 청탁에 필요한 돈으로 현금 500만 원을 교부받았다.

이로써 피고인은 공무원이 취급하는 사건에 관하여 청탁을 한다는 명목으로 금품을 받았다.

나. 절도

피고인은 2015. 3. 1. 22:20경 서울 종로구 종로5길 16에 있는 반줄커피숍 앞에서, 별거 중인 피고인의 처인 피해자 나부자 소유의 01다2323호 포르쉐 승용차(시가 1억 3,000만 원 상당)에 차열쇠가 꽂힌 채 주차된 것을 발견하고 몰래 운전하여 가 이를 절취하였다.

다. 범인도피교사

피고인은 2015. 3. 1. 23:00경 서울 서초구 법원로2길 1, 3동 101호에 있는 피고인의 집에서, 위와 같이 포르쉐 승용차를 절취한 사실을 은폐하고자 이을남에게 전화하여 그가 승용차를 절취하였다고 자수해 달라고 말하여 허위자백할 것을 마음먹게 하였다. 그리하여 이을남은 2015. 3. 2. 09:00경 서울서초경찰서에 자수하여 자신이 위 포르쉐 승용차를 절취하였다는 취지로 허위로 진술하였다.
이로써 피고인은 이을남으로 하여금 벌금 이상의 형에 해당하는 죄를 범한 자를 도피하게 하도록 교사하였다.

3. 피고인 이을남

피고인은 2015. 3. 2. 09:00경 서울서초경찰서에서 사실은 김갑동이 위와 같이 나부자 소유의 포르쉐 승용차를 절취하였음에도 불구하고 마치 피고인이 절취한 것처럼 경찰서에 자수하여 허위로 진술함으로써 벌금 이상의 형에 해당하는 죄를 범한 김갑동을 도피하게 하였다.

Ⅲ. 첨부서류
  1. 변호인선임서 2통 (생략)

서 울 중 앙 지 방 법 원

공 판 조 서

제 1 회 ➡ 사실을 다투는 죄와 법리를 다투는 죄 구분

사　　　건　　2015고합1223 특정경제범죄가중처벌등에관한법률위반(사기) 등

재판장 판사　최진훈　　　　　　　　기　일:　　　　2015. 12. 4. 10:00

　　　판사　김정환　　　　　　　　장　소:　　　　　제425호 법정

　　　판사　류동영　　　　　　　　공개 여부:　　　　　　　공개

법원사무관　도혜광　　　　　　　고 지 된

　　　　　　　　　　　　　　　　다음기일:　　　2015. 12. 18. 15:00

피 고 인　　　1. 김갑동　　2. 이을남　　　　　　　　　각 출석

검　　사　　　석보라　　　　　　　　　　　　　　　　　　출석

변 호 인　　　법무법인 명변 담당변호사 김변호 (피고인 1을 위하여)　　출석

　　　　　　　변호사 이변론 (피고인 2를 위하여)　　　　　　　출석

재판장

　　피고인들은 진술을 하지 아니하거나 각개의 물음에 대하여 진술을 거부할
　　수 있고, 이익되는 사실을 진술할 수 있음을 고지

재판장의 인정신문

　　성　　　　　명 : 1. 김갑동　　　2. 이을남

　　주민등록번호 : 각 공소장 기재와 같음

　　직　　　　　업 :　　　　〃

　　주　　　　　거 :　　　　〃

　　등 록 기 준 지 :　　　　〃

재판장

　　피고인들에 대하여

　　주소가 변경될 경우에는 이를 법원에 보고할 것을 명하고, 소재가 확인되지
　　않을 때에는 피고인들의 진술 없이 재판할 경우가 있음을 경고

검　사

　　공소장에 의하여 공소사실, 죄명, 적용법조 낭독

- 15 -

피고인 김갑동

● 사실관계 다툼 없음 ➡ 법리 검토

공소사실 모두 인정하나(1항은 이을남이 주도하였다고 진술)

피고인 이을남

● 공소사실 1항 사실관계 다툼

〈매매계약서가 위조된 줄 몰랐고, 김갑동이 박병서의 과천시 대지를 실제로 매수한 것으로 믿고 김갑동과 정고소를 도와준 것〉이며, 공소사실 3항은 인정한다고 진술

● 사실관계 다툼 없음 ➡ 법리 검토

피고인 김갑동의 변호인 변호사 김변호

피고인 김갑동을 위하여 유리한 변론을 함. (변론기재는 생략).

피고인 이을남의 변호인 변호사 이변론

피고인 이을남을 위하여 유리한 변론을 함. (변론기재는 생략).

재판장

증거조사를 하겠다고 고지

증거관계 별지와 같음(검사, 변호인)

재판장

각각의 증거조사 결과에 대하여 의견을 묻고 권리를 보호하는 데에 필요한 증거조사를 신청할 수 있음을 고지

소송관계인

별 의견 없다고 각각 진술

재판장

변론 속행

2015. 12. 4.

법 원 사 무 관　　　도혜광 ㊞

재판장　판 사　　　최진훈 ㊞

서 울 중 앙 지 방 법 원
공 판 조 서

제 2 회 ➡ 사실을 다투는 죄에 대하여 사실관계 정리

사　　　건	2015고합1223 특정경제범죄가중처벌등에관한법률위반(사기) 등		
재판장 판사	최진훈	기　일:	2015. 12. 18. 15:00
판사	김정환	장　소:	제425호 법정
판사	류동영	공개 여부:	공개
법원사무관	도혜광	고 지 된	
		다음기일:	2016. 1. 8. 15:00

피 고 인	1. 김갑동　　2. 이을남	각 출석
검　　사	석보라	출석
변 호 인	법무법인 명변 담당변호사 김변호 (피고인 1을 위하여)	출석
	변호사 이변론 (피고인 2를 위하여)	출석
증　　인	정고소, 한직원	각 출석

재판장
　　전회 공판심리에 관한 주요사항의 요지를 공판조서에 의하여 고지
소송관계인
　　변경할 점이나 이의할 점이 없다고 진술
재판장
　　출석한 증인 정고소, 한직원을 별지와 같이 신문하다.
증거관계 별지와 같음(검사, 변호인)
재판장
　　각 증거조사 결과에 대하여 의견을 묻고 권리를 보호하는 데에 필요한 증거
　　조사를 신청할 수 있음을 고지
소송관계인
　　별 의견 없으며, 달리 신청할 증거도 없다고 각각 진술
재판장
　　증거조사를 마치고 피고인신문을 하겠다고 고지
검　사
　　(검찰 피의자신문조서와 동일한 내용으로 피고인 김갑동 신문. 신문사항 생략)
피고인 김갑동의 변호인 변호사 김변호

(피고인 김갑동에게 유리한 사항 신문. 신문사항 생략)

피고인 이을남의 변호인 변호사 이변론

피고인 김갑동에게

문 피고인은 과천시 대지를 이전받아 정고소에게 처분할 때 형편이 어떠했나요.

답 부동산 경기가 안 좋아 제 상가 세입자들이 갑자기 전출하고 새로운 세입자
가 없어서 2억 정도 보증금을 급히 반환해주어야 했습니다. ➡ 김갑동의 경제적 어려움
⇒ 사기 범행의 동기 추정

문 피고인은 사망한 박병서와 평소 친분관계가 어떠하였나요.

답 제가 예전에 여러 건 중개를 해 준 적 있어서 친했습니다. 재산이 많은 노인
이라 생각했는데 자식 이야기를 물어보면 대답이 없고 사망 후에 장례를 치
러 주는 사람도 없어서 친인척 없는 독거노인으로 알았습니다.

문 독거노인이 죽자 무연고 재산을 가로채려고 피고인 주도로 범행한 것 아닌가요.

답 그렇다면 제가 이을남에게 큰 돈을 줄 이유가 없겠지요.

문 피고인은 이을남에게 5,000만 원을 준 증거가 있는가요. ➡ 객관적 증거가 부족하다는 의미

답 오늘 증인으로 나온 한직원의 말을 들어보아도 명백합니다.

검 사

(검찰 피의자신문조서와 동일한 내용으로 피고인 이을남 신문. 신문사항 생략)

피고인 이을남의 변호인 변호사 이변론

(피고인 이을남에게 유리한 사항 신문. 신문사항 생략)

피고인 김갑동의 변호인 변호사 김변호

피고인 이을남에게

문 피고인이 박병서 행세를 하면서 소장부본과 승소판결문을 송달받아 주었기 때
문에 김갑동 앞으로 과천시 대지를 소유권이전등기할 수 있었던 것 아닌가요.

답 예. 하지만 김갑동을 너무 믿었던 것이 제 잘못입니다.

재판장

피고인신문을 마쳤음을 고지

검사에게

피고인 김갑동의 절도와 관련하여 포르쉐 승용차는 김갑동 명의로 등록되어
있는데 절도죄가 성립할 수 있는지 검토할 것을 명

재판장 ┄● 석명사항

변론 속행 (변론 준비를 위한 검사, 변호인들의 요청으로)

2015. 12. 18.

법 원 사 무 관 도혜광 ㊞
재판장 판 사 최진훈 ㊞

서 울 중 앙 지 방 법 원

증인신문조서 (제2회 공판조서의 일부)

사 건 2015고합1223 특정경제범죄가중처벌등에관한법률위반(사기) 등
증 인 이 름 정고소
생년월일 및 주거 (생략)

___

재판장

증인에게 형사소송법 제148조 또는 제149조에 해당하는가의 여부를 물어
증인이 이에 해당하지 아니함을 인정하고, 위증의 벌을 경고한 후 별지
선서서와 같이 선서를 하게 하였다. 다음에 신문할 증인은 재정하지 아니하였다.

검사

문 (증거목록 순번 1, 2를 제시, 열람케 하고) 증인은 수사기관에서 사실대로 진 ┐진정성립 인정
술하고 진술한 대로 기재되어 있음을 확인한 다음 서명, 날인하였는가요. ┘⇒ 증거능력 부여

답 예. 그렇습니다.

문 증인은 박갑수로부터 소송을 당한 후 김갑동에게 매매대금을 돌려달라고 따지
면서 어떤 말을 들었는가요.

답 김갑동이 이미 돈을 다 써버렸고 그 중 5,000만 원은 이을남에게 나누어주었
다고 하였습니다. 전문진술 : 316조 2항 요건 검토 ⇒ 원진술자 진술 불능 × ⇒ 증거능력 ×

문 이을남에게도 확인하였나요.

답 예. 이을남도 돈을 받아 여자친구에게 주었다고 하였습니다. 316조 1항 요건 검토
⇒ 증거능력 ○

문 그 때 이을남이 5,000만 원을 받았다고 하였나요.

답 얼마를 받았다고 했는지는 잘 기억나지 않지만, 올봄에 이을남이 김갑동으로 ┐부족증거
부터 받은 돈이 있는데, 그 돈을 여자친구에게 주었다고 한 것은 기억납니다. ┘

2015. 12. 18.

법 원 사 무 관   도혜광 ㉔

재판장 판 사   최진훈 ㉔

서 울 중 앙 지 방 법 원
증 인 신 문 조 서 (제2회 공판조서의 일부)

사   건   2015고합1223   특정경제범죄가중처벌등에관한법률위반(사기) 등
증 인 이 름   한직원
              생년월일 및 주거 (생략)

재판장
　　증인에게 형사소송법 제148조 또는 제149조에 해당하는가의 여부를 물어
　　증인이 이에 해당하지 아니함을 인정하고, 위증의 벌을 경고한 후 별지
　　선서서와 같이 선서를 하게 하였다.

검사
문   증인은 피고인 김갑동과 어떤 사이인가요.
답   피고인 김갑동이 운영하는 갑부동산의 중개보조원으로 근무하고 있습니다.
문   증인은 피고인 이을남을 아는가요.   ···▶ 증인의 지위 ➡ 신빙성 탄핵
답   예. 김갑동의 먼 친척 동생인데 사무실에 자주 찾아와서 압니다.
문   증인은 김갑동이 이을남에게 돈을 주는 것을 목격한 적이 있는가요.
답   예. 5,000만 원을 주는 것을 보았습니다.
문   어떤 방법으로 주었나요.   ···▶ 날짜 확인
답   김갑동이 매매대금 수령 후 이을남에게 1,000만 원을 송금하라고 해서 제가
　　김갑동 계좌에서 이을남 계좌로 스마트뱅킹으로 송금했고, 〈김갑동이 사무실을
　　찾아온 이을남에게 현금으로 4,000만 원을 줬습니다.〉

　　　　　　　　　　　　　　　　　　　　　　　　　　　　　굳이 현금으로
　　　　　　　　　　　　　　　　　　　　　　　　　　　　　4천만원을 줄
피고인 이을남의 변호인 변호사 이변론   이유?
문   현금 4,000만 원을 어떻게 주었나요.
답   편지봉투 크기의 돈봉투 여러 개에 나누어 담아 주는 것을 보았습니다.

2015. 12. 18.
법 원 사 무 관   도혜광 ㉘
재판장 판 사   최진훈 ㉘

증거신청서

사　건　2015고합1223 특정경제범죄가중처벌등에관한법률위반(사기) 등
피고인　이을남

위 사건에 관하여 피고인 이을남의 변호인은 피고인의 이익을 위하여 다음 증거서류를 증거로 신청합니다.

다　음

1. 통장사본 1부. 끝.

2015. 12. 18.

피고인 이을남의 변호인
변호사　　이변론 ㊞

서울중앙지방법원 제23형사부 귀중

보 통 예 금 통 장

예금주	이을남	개설은행	국민은행 광화문지점
계좌번호	987-04-673210	개설일자	2013-11-07

거래일시	출금	입금	잔액	비고
2014-09-20	50,000		2,100,000	ATM
2014-10-01		5,000,000	7,100,000	창구입금-이을남
2014-11-08	2,000,000		5,100,000	ATM
2014-12-10	1,000,000		4,100,000	BC카드
2015-01-10	100,000		4,000,000	SK텔레콤
2015-01-10	700,000		3,300,000	국민카드
2015-02-10	400,000		2,900,000	BC카드
2015-02-10	100,000		2,800,000	SK텔레콤
2015-03-01	500,000		2,300,000	ATM
2015-03-02		10,000,000	12,300,000	스마트뱅킹이체-김갑동
2015-03-02	10,000,000		2,300,000	여친병원비
2015-03-10	100,000		2,200,000	SK텔레콤

(이하 생략)

원본과 상이함이 없음을 확인합니다. 변호사 이변론 ㊞

증거신청서

사 건   2015고합1223 특정경제범죄가중처벌등에관한법률위반(사기) 등
피고인   김갑동

위 사건에 관하여 피고인 김갑동의 변호인은 피고인의 이익을 위하여 다음 증거서
류를 증거로 신청합니다.

다 음

1. 약식명령등본 1부. 끝.

2015. 12. 18.

피고인 김갑동의 변호인
변호사   김변호 ㉑

서울중앙지방법원 제23형사부 귀중

서 울 남 부 지 방 법 원
약 식 명 령

사　　건　2015고약2127　사기

피 고 인　김갑동

　　　　　(인적사항 생략)

주 형 과　피고인을 벌금 2,000,000(이백만)원에 처한다.

부수처분　피고인이 위 벌금을 납입하지 않는 경우 금 100,000원을 1일로 환산한
　　　　　기간 위 피고인을 노역장에 유치한다.
　　　　　피고인에 대하여 위 벌금에 상당한 금액의 가납을 명한다.

범죄사실　별지 기재와 같다.

적용법령　형법 제347조 제1항, 형사소송법 제334조 제1항

검사 또는 피고인은 이 명령등본을 송달받은 날로부터 7일 이내에 정식재판을 청구
할 수 있습니다.

2015. 10. 30.

판 사　김 정 봉

(별지)

범 죄 사 실

　피고인은 2013. 5. 7. 14:00경 서울 양천구 목동동로 135 목동빌라 302호 장봉
구의 집에서, 아들 장사기가 서울남부지방검찰청에서 사기 혐의로 수사를 받고 있
다는 사실을 알게 되자 사실은 피고인이 아는 검사도 없고 담당검사에게 청탁하여
선처를 요구할 의사나 능력이 없음에도 불구하고 장봉구의 처 피해자 왕근심에게
마치 피고인이 담당검사에게 청탁하여 장사기를 선처할 수 있는 것처럼 말하여 이
에 속은 피해자로부터 현금 500만 원을 교부받아 이를 편취하였다.

제	1	책
제	1	권

➡ 여기서부터 수사기록

서울중앙지방법원
증거서류등(검사)

사 건 번 호	2015고합1223	담임	제23형사부	주심	다
	20 노		부		
	20 도		부		

사 건 명	가. 특정경제범죄가중처벌등에관한법률위반(사기) 나. 사문서위조 다. 위조사문서행사 라. 공전자기록등불실기재 마. 불실기재공전자기록등행사 바. 사기 사. 변호사법위반 아. 절도 자. 범인도피교사 차. 범인도피

검 사	성수연	2015년 형제151223호

피 고 인	1. 가.나.다.라.마.바.사.아.자. **김갑동** 2. 가.나.다.라.마.바.차 **이을남**

공소제기일	2015. 10. 16.

1심 선고	20 . . .	항소	20 . . .
2심 선고	20 . . .	상고	20 . . .
확 정	20 . . .	보존	

	제 1 책
	제 1 권

구공판	**서 울 중 앙 지 방 검 찰 청** **증 거 기 록**				
검 찰	사건번호	2015년 형제151223호	법원	사건번호	2015년 고합1223호
	검 사	성수연		판 사	
피 고 인	1. 가.나.다.라.마.바.사.아.자 **김갑동** 2. 가.나.다.라.마.바.차. **이을남**				
죄 명	가. 특정경제범죄가중처벌등에관한법률위반(사기) 나. 사문서위조 다. 위조사문서행사 라. 공전자기록등불실기재 마. 불실기재공전자기록등행사 바. 사기 사. 변호사법위반 아. 절도 자. 범인도피교사 차. 범인도피				
공소제기일	2015. 10. 16.				
구 속	각 불구속			석 방	
변 호 인					
증 거 물	없음				
비 고					

고 소 장

서울서초경찰서 접수인(1234호)(2014.10.27.)

고 소 인　　정 고 소
(인적사항 생략)

피고소인　　김갑동, 이을남
(인적사항 생략)

죄　　명　　사기

피고소인 김갑동은 서울 종로구 종로5길 15에서 '갑부동산'을 운영하는 부동산 중개업자이고 피고소인 이을남은 고소인을 김갑동에게 소개시켜 준 사람입니다.

고소인은 좋은 부동산 투자처를 찾고 있던 중 친구인 이을남으로부터 "과천시에 외사촌 형 김갑동이 소유한 좋은 땅이 있는데 급전이 필요하여 시세보다 저렴하게 내놓으려고 하니 빨리 계약해라"라는 소개를 받게 되었습니다. 이에 고소인은 2014. 9. 20. 김갑동, 이을남이 있는 가운데, 김갑동으로부터 매매대금 4억 원에 과천시 중앙동 100 대지를 매수하는 부동산매매계약을 체결하고 즉석에서 계약금 4,000만 원, 2014. 9. 24. 중도금 1억 6,000만 원, 2014. 9. 30. 잔금 2억 원을 지급하고 소유권이전등기를 받았습니다.

그런데 최근 박갑수란 사람이 저에게 소유권이전등기말소를 구하는 소를 제기하여 사정을 알아보니, 이 대지는 원래 박갑수의 아버지 박병서 소유였던 것으로 박병서가 사망한 후 박갑수가 상속받은 것인데 김갑동 앞으로 잘못 소유권이전등기가 된 것이라 합니다.

피고소인들은 정상적으로 소유권을 취득하지도 않은 부동산을 마치 아무런 문제가 없는 것처럼 고소인을 속여 매매대금 4억 원을 받아갔으니 이를 편취한 것입니다. 증거자료는 조사시 제출 예정이니 피고소인들을 조사하여 엄벌해주시기 바랍니다.

2014. 10. 27.

고소인　정 고 소 ㊞

서울서초경찰서장 귀중

진술조서 ➡ 이을남 관련 부분 위주로 보면 됨

| 성   명 : 정고소 |
| 주민등록번호, 직업, 주거, 등록기준지, 직장주소, 연락처는 각각 (생략) |

위의 사람은 피의자 김갑동 등에 대한 사기 피의사건에 관하여 2014. 11. 3. 서
울서초경찰서 수사과 사무실에 임의 출석하여 다음과 같이 진술하다.
[피의자와의 관계, 피의사실과의 관계 등(생략)**]**

문   진술인이 피의자들을 상대로 고소한 취지는 무엇인가요.

답   피의자들이 저에게 과천시 중앙동 100 대지를 매도하고 총 4억 원을 받아
     갔는데 원래 소유자인 박갑수로부터 소유권이전등기말소청구소송을 당하여
     대지를 빼앗기게 될 상황입니다. 피의자들이 타인 소유의 부동산을 팔고 매
     매대금을 편취하였다는 것입니다.

문   피의자가 매매대금을 지급한 경위가 구체적으로 어떻게 되는가요.

답   저는 2014. 9.초순경 토지수용보상금으로 4억 원 정도를 받게 되어 좋은 투
     자처를 찾고 있었습니다. 그러던 중 한동안 연락이 없던 고향친구 이을남을
     만나게 되어 제 사정을 이야기했더니 이을남이 저에게 "과천시에 외사촌 형
     김갑동이 소유한 좋은 땅이 있는데 급전이 필요하여 시세보다 저렴하게 내
     놓으려 하니 빨리 계약해라"면서 김갑동을 소개해 주었습니다. 김갑동은 종
     로에서 오랫동안 부동산중개업에 종사하여 정보도 많고 투자가치가 높은 부
     동산을 많이 알고 있다고 했습니다. 그래서 고소인은 2014. 9. 20. 김갑동이
     운영하는 갑부동산 사무실에 찾아가서 김갑동, 이을남을 만났는데, 김갑동은
     "과천시 대지는 투자가치가 높아서 내가 매수하여 소유한 것이다. 정부청사
     가 이전하고 개발이 시작되면 가치가 급등할 것이다. 지금도 시세는 5억 원
     이나 되지만, 내가 지금 돈이 급하고 또 동생 친구라니 4억 원에 싸게 팔겠
     다."라고 하길래 저는 솔깃하여 즉석에서 매매대금 4억 원에 계약을 체결하
     고 바로 계약금 4,000만 원을 주고, 2014. 9. 24. 중도금 1억 6,000만 원,
     2014. 9. 30. 잔금 2억 원을 지급하고 소유권이전등기를 받았습니다.

이때 고소인이 부동산매매계약서를 제출하여 사본하여 조서말미에 편철하다.

문   김갑동으로부터 매수하여 매매대금도 김갑동에게 교부하였는데, 이을남은
     고소인을 어떻게 속였는가요.

답 　처음부터 저를 유혹하여 김갑동과 계약하게 하였으며, 제가 나중에 김갑동 　➡ 전문진술을
　　으로부터 듣기로는 이을남과 매매대금을 나누어 사용하였다고 하였습니다. 　　기재한 서면
　　　　　　　　　　　　　　　　　　　　　　　　　　　　　　　　　　　　　 312조 4항 +
문 　무엇을 믿고 매매대금을 지급한 것인가요. 　　　　　　　　　　　　　　　 316조 2항

답 　김갑동이 자기가 소유한 대지라면서 등기 내역을 제게 열람시켜 주었는데 　➡ 원진술자
　　박병서로부터 김갑동 앞으로 소유권이전등기가 되어 있어서 등기 상 아무런 　　김갑동의
　　문제가 없었고, 또한 친구인 이을남이 설마 저에게 사기치리라고는 생각도 　　진술불능요건
　　못했기 때문에 피의자들을 믿었습니다. 　➡ 부족증거

이때 고소인이 등기사항전부증명서를 제출하여 조서말미에 편철하다.

문 　고소인은 소유권이전등기까지 마쳤는데 무슨 피해를 보았다는 것인가요.

답 　과천시 대지는 김갑동 소유가 아니었습니다.

문 　그게 무슨 말인가요.

답 　제가 박갑수란 사람으로부터 소유권이전등기말소청구 소송을 당했습니다.
　　이 대지는 원래 박병서 소유이고 박병서가 2014. 3. 1. 사망하여 박갑수가
　　상속받은 것인데 김갑동이 매매계약서를 위조하고 박병서 앞으로 소유권이
　　전등기청구의 소를 제기하여 김갑동 앞으로 소유권이전등기를 받아갔다고
　　합니다. 그래서 제가 소유권이전등기 받은 것도 말소될 처지입니다.

이때 고소인이 소장을 제출하여 사본하여 조서말미에 편철하다.

문 　이에 대해 피의자들은 어떤 반응이었는가요.

답 　피의자들은 아무 문제 없다며 저를 안심시켰지만 변호사와 상담해보니 제가
　　패소할 수도 있다고 하였습니다. 이런 문제 있는 부동산을 멀쩡한 것처럼
　　저에게 매도하였기 때문에 피해가 생긴 것입니다. 피의자들을 수사하여 엄
　　벌해 주시고 제가 매매대금 4억 원을 반환받을 수 있게 해 주십시오.

문 　이상의 진술은 사실인가요

답 　예. 사실대로 진술하였습니다.

위의 조서를 진술자에게 열람하게 하였던바, 진술한 대로 오기나 증감·변경할
것이 전혀 없다고 말하므로 간인한 후 서명날인하게 하다.

진술자　정 고 소　㉑

2014.　11.　3.
서울서초경찰서
사법경찰관　경위　권 장 기　㉑

등기사항전부증명서(말소사항 포함)-토지

[토지] 경기도 과천시 중앙동 100 고유번호 1234-5678-1000001

【표 제 부】 (토지의 표시)

표시번호	접 수	소재지번	지목	면적	등기원인 및 기타사항
1	(생략)				
2	2000년 6월 27일	경기도 과천시 중앙동 100	대	2015㎡	부동산등기법 제177조의 6 제1항의 규정에 의하 2000년 11월 22일 전산이기

【갑 구】 (소유권에 관한 사항)

순위번호	등기목적	접 수	등기원인	권리자 및 기타사항
		(생략)		
2	소유권이전	1987년 11월 3일 제54321호	1987년11월1일 상속	소유자 박병서 (인적사항 생략)
3	소유권이전	2014년 9월 15일 제12345호	2014년2월25일 매매	소유자 김갑동 (인적사항 생략)
4	소유권이전	2014년 9월 30일 제22345호	2014년9월20일 매매	소유자 정고소 (인적사항 생략)

【을 구】 (소유권 외의 권리에 관한 사항)

순위번호	등기목적	접 수	등기원인	권리자 및 기타사항
		기재사항 없음(생략)		

2014년 10월 20일

법원행정처 등기정보중앙관리소 전산운영책임관 박전산

진술조서

성 명 : 박갑수
주민등록번호, 직업, 주거, 등록기준지, 직장주소, 연락처는 각각 (생략)

위의 사람은 피의자 김갑동 등에 대한 사기 피의사건에 관하여 2014. 11. 14. 서울서초경찰서 수사과 사무실에 임의 출석하여 다음과 같이 진술하다.

[피의자와의 관계, 피의사실과의 관계 등(생략)**]**

문 진술인은 김갑동과 정고소를 상대로 민사소송 중인가요.

답 예. 제가 상속받은 과천시 대지를 김갑동이 무단으로 소유권이전등기한 다음 정고소에게 처분하여 등기를 모두 말소하는 소송 중에 있습니다.

문 어떤 이유로 소송하게 된 것인가요.

답 저는 오래전 미국에 이민 가서 아버지 박병서 혼자 한국에 계시다가 2014. 3. 1. 사망하였는데 제가 너무 바빠 2014. 9.경에야 입국하여 아버지 재산정리를 하던 중 아버지 소유의 과천시 대지가 김갑동 앞으로 소유권이전등기된 것을 발견하였습니다. 김갑동은 아버지가 생전에 종종 부동산거래를 맡기시던 부동산중개업자로 알고 있는데 김갑동 앞으로 아버지 소유 대지가 넘어간 것이 이상했습니다. 등기 경위를 추적해보니 김갑동이 매매계약서를 위조하여 아버지를 상대로 허위주소를 기재하여 소를 제기한 후 승소판결을 받아 그것으로 소유권이전등기를 한 것 같습니다.

이때 진술인이 소장과 매매계약서의 각 사본을 제출하여 조서 말미에 편철하다.

문 혹시 박병서가 김갑동에게 실제로 과천시 대지를 매도한 것 아닌가요.

답 제가 유일한 상속인이어서 아버지는 평소에도 중요한 재산거래는 저와 상의 후 처리하셨습니다. 또 과천시 대지는 조상 대대로 살던 곳이라 제가 상속받아도 처분하지 말라고 생전에 누차 말씀하셨기 때문에 처분하셨을 리가 없습니다. 잔금지급일도 아버지 사후로 기재되어 있는 것으로 보아 매매계약서 위조가 분명합니다.

문 과천시 대지는 시가가 어떻게 되는가요.

답 상속재산 정리를 하면서 알아보니 시가가 최소 5억 원은 되었습니다. ➡ 시가 5억원 대지를 4억원으로 매도한다니 김갑동, 정고소에게 모두 이익이 된다고 믿었다는 이을남의 진술 신빙성 뒷받침

문 이상의 진술은 사실인가요.

답 예. 법원을 속여 제 상속재산을 빼앗아간 김갑동을 엄벌해 주십시오.

위의 조서를 진술자에게 열람하게 하였던바, 진술한 대로 오기나 증감·변경할 것이 전혀 없다고 말하므로 간인한 후 서명무인하게 하다.

진술자 박 갑 수 (무인)

2014. 11. 14.
서울서초경찰서
사법경찰관 경위 권 장 기 ㊞

소   장

원 고   김갑동 (주소 등 인적사항 생략)
피 고   박병서 (45****-1******)
　　　　서울 중구 남대문시장8길 222

소유권이전등기청구의 소

청 구 취 지

1. 피고는 원고에게 과천시 중앙동 100 대 2,015㎡에 관하여 2014. 2. 25. 매매를
   원인으로 한 소유권이전등기절차를 이행하라.
2. 소송비용은 피고가 부담한다.
라는 재판을 구합니다.

청 구 원 인

원고는 피고와의 사이에 2014. 2. 25. 청구취지 기재 부동산에 관하여 매매대금 4억
원으로 하는 매매계약을 체결하고 2014. 3. 25. 매매대금 지급을 완료하였으므로 피
고는 원고에게 위 부동산에 대해 소유권이전등기절차를 이행할 의무가 있습니다.
(이하 생략)

입 증 방 법

1. 부동산매매계약서

　　　　　　　　　　2014. 5. 8.
　　　　　　　　　　원고 김 갑 동 ㉑

서울중앙지방법원 귀중

부동산매매계약서

매도인과 매수인 쌍방은 아래 표시 부동산에 관하여 다음 계약 내용과 같이 매매계약을 체결한다.

1. 부동산의 표시

경기 과천시 중앙동 100 대 2,015㎡

2. 계약내용

제1조(목적) 위 부동산의 매매에 대하여 매도인과 매수인은 합의에 의하여 매매대금을 아래와 같이 지불하기로 한다.

매매대금 사억 원(₩400,000,000)

계약금 오천만 원(₩50,000,000)은 계약시에 지불하고 영수함.

중도금 일억오천만 원(₩150,000,000)은 2014. 3. 5.에 지불하며,

잔금 이억 원(₩200,000,000)은 2014. 3. 25.에 지불한다.

제2조(소유권이전 등) 매도인은 매매대금의 잔금 수령과 동시에 매수인에게 소유권이전등기에 필요한 모든 서류를 교부하고 등기절차에 협력하며, 위 부동산의 인도일은 2014. 3. 25.로 한다. (이하 생략)

2014년 2월 25일

매도인 박병서 (인적사항 생략)　　박병서 ㊞

매수인 김갑동 (인적사항 생략)　　김갑동 ㊞

피 의 자 신 문 조 서

피 의 자 : 김 갑 동

위의 사람에 대한 사기 등 피의사건에 관하여 2014. 11. 28. 서울서초경찰서 수사과 사무실에서 사법경찰관 경위 권장기는 사법경찰리 경사 변동구를 참여하게 하고, 아래와 같이 피의자임에 틀림없음을 확인하다.

문   피의자의 성명, 주민등록번호, 직업, 주거, 등록기준지 등을 말하십시오.
답   성명은 김갑동(金甲東)
     주민등록번호, 직업, 주거, 등록기준지, 직장주소, 연락처는 각각 (생략)

사법경찰관은 피의사건의 요지를 설명하고 사법경찰관의 신문에 대하여 「형사소송법」 제244조의3에 따라 진술을 거부할 수 있는 권리 및 변호인의 참여 등 조력을 받을 권리가 있음을 피의자에게 알려주고 이를 행사할 것인지 그 의사를 확인하다.

진술거부권 및 변호인 조력권 고지 등 확인

1. 귀하는 일체의 진술을 하지 아니하거나 개개의 질문에 대하여 진술을 하지 아니할 수 있습니다.
1. 귀하가 진술을 하지 아니하더라도 불이익을 받지 아니합니다.
1. 귀하가 진술을 거부할 권리를 포기하고 행한 진술은 법정에서 유죄의 증거로 사용될 수 있습니다.
1. 귀하가 신문을 받을 때에는 변호인을 참여하게 하는 등 변호인의 조력을 받을 수 있습니다.

문   피의자는 위와 같은 권리들이 있음을 고지받았는가요.
답   예. 고지를 받았습니다.
문   피의자는 진술거부권을 행사할 것인가요.
답   아닙니다.
문   피의자는 변호인의 조력을 받을 권리를 행사할 것인가요.
답   변호사 없이 조사를 받겠습니다.

이에 사법경찰관은 피의사실에 관하여 다음과 같이 피의자를 신문하다.

[피의자의 범죄전력, 경력, 학력, 가족 · 재산 관계 등(생략)]

문   피의자는 정고소를 알고 있나요.

답   예. 제가 소유하던 과천시 중앙동 100 대지를 매수한 사람입니다.

문   정고소는 피의자 소유도 아닌 대지를 매도하고 매매대금 4억 원을 편취하였
      다고 고소하였는데 사실인가요.

답   아닙니다. 제가 박병서로부터 매수하여 제 앞으로 소유권이전등기하라는 법
      원의 승소판결도 받았고 그에 따라 제 명의로 등기도 마쳐서 정고소에게 소
      유권이전등기까지 해 주었습니다. 시가가 최소 5억 원 하는 것인데 4억 원에
      싸게 판 것이고 등기도 다 넘겨줬는데 도대체 무슨 손해를 봤다는 것인가요?

문   피의자는 박병서로부터 실제로 과천시 대지를 매수하였나요.

답   예 그렇습니다.

문   박병서의 아들 박갑수는 박병서가 자신 몰래 피의자에게 처분하였을 리가
      없다고 하는데요.

답   저는 박병서가 아들이 있는 줄도 몰랐습니다. 의지할 곳 없이 혼자 지내던   ─┐ 범죄 부인
      노인인데 갑자기 아들이라고 나타난 것이 오히려 수상합니다. 아무튼 저는   ➡ 나중에 번■
      법원에서 승소판결을 받았습니다. 법원 판결을 받은 것이 죄가 되나요?   ➡ 김갑동 진■
                                                                              신빙성 탄■

문   이상의 진술에 대하여 이의나 의견이 있는가요.

답   없습니다.

위의 조서를 진술자에게 열람하게 하였던바, 진술한 대로 오기나 증감·변경할
것이 전혀 없다고 하므로 간인한 후 서명무인하게 하다.

              진술자 김 갑 동 (무인)

              2014.   11.   28.

      서울서초경찰서

      사법경찰관   경위   권 장 기 ㉑
      사법경찰리   경사   변 동 구 ㉑

피 의 자 신 문 조 서

> **피 의 자 : 이을남**
>
> 위의 사람에 대한 사기 등 피의사건에 관하여 2014. 12. 10. 서울서초경
> 찰서 수사과 사무실에서 사법경찰관 경위 권장기는 사법경찰리 경사 변동구
> 를 참여하게 하고, 아래와 같이 피의자임에 틀림없음을 확인하다.

문   피의자의 성명, 주민등록번호, 직업, 주거, 등록기준지 등을 말하십시오.
답   성명은   이을남(李乙男)
     주민등록번호, 직업, 주거, 등록기준지, 직장주소, 연락처는 각각 (생략)

사법경찰관은 피의사건의 요지를 설명하고 사법경찰관의 신문에 대하여 「형사소
송법」 제244조의3에 따라 진술을 거부할 수 있는 권리 및 변호인의 참여 등 조
력을 받을 권리가 있음을 피의자에게 알려주고 이를 행사할 것인지 그 의사를 확
인하다.

진술거부권 및 변호인 조력권 고지 등 확인

> 1. 귀하는 일체의 진술을 하지 아니하거나 개개의 질문에 대하여 진술을 하지
>   아니할 수 있습니다.
> 1. 귀하가 진술을 하지 아니하더라도 불이익을 받지 아니합니다.
> 1. 귀하가 진술을 거부할 권리를 포기하고 행한 진술은 법정에서 유죄의 증거
>   로 사용될 수 있습니다.
> 1. 귀하가 신문을 받을 때에는 변호인을 참여하게 하는 등 변호인의 조력을
>   받을 수 있습니다.

문   피의자는 위와 같은 권리들이 있음을 고지받았는가요.
답   예. 고지를 받았습니다.
문   피의자는 진술거부권을 행사할 것인가요.
답   아닙니다.
문   피의자는 변호인의 조력을 받을 권리를 행사할 것인가요.
답   변호사 없이 조사를 받겠습니다.

이에 사법경찰관은 피의사실에 관하여 다음과 같이 피의자를 신문하다.
[피의자의 범죄전력, 경력, 학력, 가족·재산 관계 등(생략)]

문 피의자는 김갑동과 정고소가 매매계약을 하도록 소개한 사실이 있나요.
답 예. 그런 사실이 있습니다. 김갑동은 외사촌 형, 정고소는 고향친구입니다.
문 그런데 정고소가 피의자와 김갑동을 사기로 고소한 사실을 알고 있나요.
답 예. 저도 당황스럽습니다. 저는 김갑동이 과천시 대지를 저렴한 가격으로 팔겠다고 하고, 정고소가 투자처를 구한다길래 연결시켜준 것인데 고소당하고 보니 앞으로는 남의 일에 끼어들지 말아야겠다는 생각이 듭니다.
문 정고소는 과천시 대지가 김갑동 소유가 아니었다는데 어떻게 된 것인가요.
답 저는 당연히 김갑동 소유인줄 알았습니다.
문 그렇게 믿은 이유가 무엇인가요.
답 김갑동이 자기 고객 박병서로부터 과천시 대지를 매수하였다며 매매계약서를 제게 보여주어서 저는 당연히 매매계약이 있었던 것으로 알았습니다.

➡ 문서위조에 이을남이 관여×

문 피의자는 김갑동이 박병서를 상대로 민사소송을 한 것을 아는가요.
답 예. 알고 있습니다. 김갑동이 "박병서와 매매계약을 체결하고 잔금도 지급했는데 등기하기 전에 죽어버렸고 상속인도 없어 등기이전이 골치 아프다. 박병서를 상대로 소송해서 등기를 이전할테니 도와달라."라고 하였습니다. 그래서 저는 김갑동에게 제 주소를 알려주어 김갑동은 소장 피고 주소란에 제 주소를 기재하고 저는 박병서인 것처럼 소장 부본을 수령했습니다.
문 피의자 주소로 소장을 송달받는 것은 법원을 속이는 것이 아닌가요.
답 그것은 제가 잘못한 것을 인정합니다.
문 정고소가 소유권을 취득하지 못하게 되면 결국 피의자의 잘못으로 정고소가 손해를 보게 되는데 어떻게 처리할 것인가요.
답 그렇게 되면 제가 정고소에게 사기친 것이 되는데, 저도 김갑동으로부터 돈을 받았기 때문에 정고소에 대해서 책임을 져야 하겠지요.
문 이상의 진술에 대하여 이의나 의견이 있는가요.
답 없습니다.

이을남의 변호인은 이 부분이 이을남에게 불리한 것으로 보고 내용부인 (증거순번 10번 ② 부분)
➡ 증거능력×

위의 조서를 진술자에게 열람하게 하였던바, 진술한 대로 오기나 증감·변경할 것이 전혀 없다고 말하므로 간인한 후 서명무인하게 하다.

진술자 이 을 남 (무인)

2014. 12. 10.

서울서초경찰서
사법경찰관 경위 권 장 기 ㊞
사법경찰리 경사 변 동 구 ㊞

서 울 서 초 경 찰 서

제2015-532호   2015. 3. 2

수 신 : 경찰서장

참 조 : 수사과장

제 목 : 수사보고(진술서 등 첨부)

　　　금일 09시경 피의자 이을남이 경찰서에 자진출석하여 자동차 절도를 자수하
겠다고 하여 진술서를 제출받았고, 이을남이 절취한 01다2323호 포르쉐 승용차에
대한 도난신고 내역을 조회하여 본바, 2015. 3. 1. 야간에 112 신고 접수되어 서
울종로경찰서에서 수사 중이므로 종로경찰서에 접수된 나부자의 진술서를 송부받
았고, 서울서초구청에서 위 승용차에 대한 자동차등록원부등본을 교부받아 첨부하
였음을 보고합니다.

첨부 : 이을남 진술서, 나부자 진술서, 자동차등록원부등본

수사과 경제1팀

경사 변 동 구 ㉑

진 술 서

성명　　이을남 (인적사항 생략)

진술거부권 고지 및 변호인 조력 등 확인 (생략)

1. 저는 2015. 3. 1. 22:20경 서울 종로구에 있는 반줄커피숍 앞에 세워진 01다
2323호 포르쉐 승용차에 차열쇠가 꽂힌 채 주차된 것을 발견하고 견물생심에
이을 훔친 사실이 있습니다.

1. 잘못을 깊이 반성하고 자수하오니 선처 바랍니다. 훔친 자동차는 반환합니다.

2015. 3. 2.

진술자 이 을 남 ㉑

진 술 서

성 명 나부자 (인적사항 생략)

1. 저는 2015. 3. 1. 22:20경 서울 종로구에 있는 반줄커피숍 앞에서 제 소유의 01다2323호 포르쉐 승용차를 도난당하였습니다.
1. 이 승용차는 별거중인 남편 김갑동 명의로 등록되어 있지만 김갑동과 헤어지면서 김갑동이 저에게 준 것이므로 제 소유이고 시가는 1억 3,000만 원 상당입니다.
1. 도난당한 장소가 김갑동의 사무실 인근이고, 최근 김갑동과 사이가 좋지 않아 김갑동을 피하고 있었는데 갑자기 차가 없어진 것으로 보아 김갑동이 제 차를 훔쳐간 것으로 보입니다.
1. 김갑동을 철저히 수사하여 엄벌해 주십시오.

2015. 3. 1.

진술인 나 부 자 ㊞

등록이 필요한 동산의 소유관계에 대한 판례법리 상기

자동차등록원부(갑) 등본

제231454호 총 1 면 중 제 1 면

자동차등록번호	01다2323	제원관리번호	A03-1-234-300-002	말 소 등 록 일	
차 명	포르쉐			차 종	승 용
차 대 번 호	DQWERDDG2140975	원동기형식	O4FKJ	용 도	자가용
모 델 연 도	2014	색상	은색	출 처 구 분	신조차
최 초 등 록 일	2014-10-02	세부유형		제 작 연 월 일	2014. 07. 10.
최 종 소 유 자	김 갑 동			주민(법인)등록번호	생 략
사 용 본 거 지 (차 고 지)	서울특별시 서초구 법원로2길 1, 3동 101호(서초동, 무지개아파트)				
검 사 유 효 기 간	2014-10-02 ~ 2018-10-01			등록사항 확인일	
				폐쇄일	

순위번호 주등록	순위번호 부기등록	사 항 란	주 민(법 인) 등 록 번 호	등 록 일	접 수 번 호
1-1		신규등록(신조차) 성명(상호): 김갑동(70****-1******) 주소 : (생략)	70****-1******	2014-10-02	014894

이 등본은 자동차등록원부(갑)의 기재사항과 틀림없음을 증명합니다.

2015년 3월 2일

서울서초구청장 [서울서초구청장인]

피 의 자 신 문 조 서 (제 2 회)

피 의 자 : 김갑동

　위의 사람에 대한 사기 등 피의사건에 관하여 2015. 3. 19. 서울서초경찰서 수사과 사무실에서 사법경찰관 경위 권장기는 사법경찰리 경사 변동구를 참여하게 하고, 피의자에 대하여 다시 아래의 권리들이 있음을 알려주고 이를 행사할 것인지 그 의사를 확인하다.

진술거부권 및 변호인 조력권 고지 등 확인

1. 귀하는 일체의 진술을 하지 아니하거나 개개의 질문에 대하여 진술을 하지 아니할 수 있습니다.
1. 귀하가 진술을 하지 아니하더라도 불이익을 받지 아니합니다.
1. 귀하가 진술을 거부할 권리를 포기하고 행한 진술은 법정에서 유죄의 증거로 사용될 수 있습니다.
1. 귀하가 신문을 받을 때에는 변호인을 참여하게 하는 등 변호인의 조력을 받을 수 있습니다.

문　피의자는 위와 같은 권리들이 있음을 고지받았는가요.

답　예. 고지을 받았습니다.

문　피의자는 진술거부권을 행사할 것인가요.

답　아닙니다.

문　피의자는 변호인의 조력을 받을 권리를 행사할 것인가요.

답　변호사 없이 조사을 받겠습니다.

이에 사법경찰관은 피의사실에 관하여 다음과 같이 피의자를 신문하다.

문　피의자는 박갑수 명의의 부동산매매계약서를 위조한 사실이 있나요.

답　아니오. 그런 사실이 없습니다.

이때 피의자에게 국립과학수사연구원에서 2015. 3. 16.자로 받은 필적감정서를 보여주면서

문　매매계약서에 기재된 박병서의 필적은 박병서의 것이 아니라 오히려 피의자의 것과 동일하다는 감정결과가 나왔는데 피의자가 작성한 것이 아닌가요.

답　(묵묵부답하다)

문   박병서의 아들인 박갑수는 과천시 대지의 거래 사실을 박병서로부터 전혀 들은 적 없고 박병서도 선대로부터 내려오는 땅이라 처분할 계획이 전혀 없었다는데 피의자가 위조한 것 아닌가요.

답   (묵묵부답하다)

문   이을남은 피의자가 자신에게 주소를 빌려달라고 하여 피의자가 박병서를 상대로 소를 제기하면서 이을남이 박병서인 것처럼 소장을 송달받아주었다고 하는데 매매계약서를 위조하였기 때문에 이렇게 일을 처리한 것 아닌가요.

답   죄송합니다. 사실 박병서 허락없이 제가 매매계약서를 위조하였습니다. 하지만 이을남이 모두 주도한 것입니다. 제가 고종사촌 동생인 이을남에게 제 고객인 박병서가 혼자 살다가 과천시에 알짜배기 땅을 놔두고 죽어버렸다고 하니 이을남이 "정고소라고 눈먼 친구가 하나 있으니 같이 등을 쳐 먹자. 형님이 박병서를 상대로 소송을 제기하고 내가 피고 행세를 하고 소장을 송달받아 줄테니 승소판결을 받고 형님 앞으로 등기를 받아와라. 그러면 내가 친구를 데려와 과천시 대지를 팔아 매매대금을 챙기고 돈을 나눠가지자."라고 하였습니다. 저는 요즘 급전이 필요하던 차에 그에 혹하여 이을남이 하자는 대로 했고 매매대금을 받아 이을남이 요구하는 대로 5,000만 원도 건네주었습니다. 이을남에게 5,000만 원을 건네줄 때에는 제 사무실 직원인 한직원도 목격하였습니다.

문   이상의 진술에 대하여 이의나 의견이 있는가요.   ▶ 범행을 주도한 자가
    4억원 중 5천만원만 요구?

답   없습니다.

위의 조서를 진술자에게 열람하게 하였던바, 진술한 대로 오기나 증감·변경할 것이 전혀 없다고 하므로 간인한 후 서명무인하게 하다.

진술자 긴 갑 동 (무인)

2015. 3. 19.

서울서초경찰서

사법경찰관   경위   권 장 기 ⑪

사법경찰리   경사   변 동 구 ⑪

피 의 자 신 문 조 서 (제 2 회)

> 피 의 자 : 이을남
>
> 위의 사람에 대한 사기 등 피의사건에 관하여 2015. 4. 1. 서울서초경찰서 수사과 사무실에서 사법경찰관 경위 권장기는 사법경찰리 경사 변동구를 참여하게 하고, 피의자에 대하여 다시 아래의 권리들이 있음을 알려주고 이를 행사할 것인지 그 의사를 확인하다.

진술거부권 및 변호인 조력권 고지 등 확인

> 1. 귀하는 일체의 진술을 하지 아니하거나 개개의 질문에 대하여 진술을 하지 아니할 수 있습니다.
> 1. 귀하가 진술을 하지 아니하더라도 불이익을 받지 아니합니다.
> 1. 귀하가 진술을 거부할 권리를 포기하고 행한 진술은 법정에서 유죄의 증거로 사용될 수 있습니다.
> 1. 귀하가 신문을 받을 때에는 변호인을 참여하게 하는 등 변호인의 조력을 받을 수 있습니다.

문   피의자는 위와 같은 권리들이 있음을 고지받았는가요.

답   예. 고지을 받았습니다.

문   피의자는 진술거부권을 행사할 것인가요.

답   아닙니다.

문   피의자는 변호인의 조력을 받을 권리를 행사할 것인가요.

답   변호사 없이 조사을 받겠습니다.

이에 사법경찰관은 피의사실에 관하여 다음과 같이 피의자를 신문하다.

문   김갑동은 피의자가 주도하여 김갑동으로 하여금 박병서를 상대로 허위로 소송을 제기하게 하여 승소판결을 받아 과천시 대지의 소유권이전등기를 김갑동 앞으로 넘기고 피의자가 데려온 정고소에게 과천시 대지를 처분한 다음 그 대가로 김갑동으로부터 돈도 받았다는데 사실인가요.

답   형님이 그렇게 말하였나요? 어이가 없습니다. 저는 형님이 박병서로부터 과천시 대지를 실제로 매수해서 매수인 앞으로 소유권이전등기를 넘기는 소송을 하고 이전등기한 것으로 알았지 제가 뭐가 아쉬워 주도하겠습니까?

문   피의자는 김갑동으로부터 허위로 소송을 하고 정고소를 속여 과천시 대지를
      처분한 대가로 5,000만 원을 받지 않았나요.

답   아닙니다. 5,000만 원이나 받은 적 없습니다. 형님이 거짓말을 하는 것입니
      다. 형님이 그렇게 나오신다면 저도 할 말이 있습니다.

문   무슨 할 말이 있는가요.

답   사실 얼마 전에 포르쉐 자동차 절도 건으로 자수한 것은 허위자수입니다.
      제가 훔친 것이 아니라 형님이 별거 중인 형수님 나부자의 차를 훔친 것인
      데 저에게 대신 범인으로 자수해 달라고 하여 제가 형님 대신 뒤집어 쓴
      것입니다.

문   상세히 진술해 보세요.

답   형님이 삼일절에 술에 만취하여 형님 사무실 옆 커피숍을 지나다가 나부자
      의 포르쉐 승용차 안에 차 열쇠가 꽂힌 채로 발레파킹된 것을 발견하고 몰
      래 운전해 왔다고 합니다. 그런데 나부자가 형님을 의심하여 절도로 즉시
      신고하였고〈형님은 경찰의 출석 연락을 받고 음주운전이 발각될 것을 걱정
      하여 제가 훔친 것으로 자수해 달라고 부탁하였습니다. 형님은 음주전과가
      두 번 있어서 이번에 걸리면 구속될 수도 있다면서〉제가 대신 자수하는 대
      가로 1,000만 원을 주었습니다. ┈┈● 김갑동을 위하여 범인도피 실행   ┈┈┈● 시기 확인

문   이상의 진술에 대하여 이의나 의견이 있는가요.

답   없습니다.

위의 조서를 진술자에게 열람하게 하였던바, 진술한 대로 오기나 증감·변경할
것이 전혀 없다고 하므로 간인한 후 서명무인하게 하다.

진술자 이 을 남   (무인)

2015.   4.   1.

서울서초경찰서
사법경찰관   경위   권 장 기 ㉿
사법경찰리   경사   변 동 구 ㉿

고 소 장

서울서초경찰서 접수인(311호)(2015. 4. 22.)

고 소 인   왕 근 심
　　　　　(인적사항 생략)

피고소인   김 갑 동
　　　　　(인적사항 생략)

죄   명   변호사법위반

　　피고소인은 고소인의 남편 장봉구의 친구입니다. 피고소인은 2013. 5. 7. 14:00
경 서울 양천구 목동동로 135 목동빌라 302호에 있는 고소인의 집에 고소인의 남
편을 만나러 찾아왔는데, 고소인의 아들 장사기가 마침 서울남부지방검찰청에서 사
기 혐의로 수사를 받고 있어 고소인은 평소 부동산중개업을 하며 법에 대해 지식이
있는 피고소인에게 그에 대해 상담하게 되었습니다. 피고소인은 아는 검사가 많이
있어 담당검사에게 청탁하여 선처할 수 있는 것처럼 말하길래 고소인은 솔깃하여
피고소인이 요구하는 500만 원을 현금으로 교부하였습니다. 그런데도 고소인의 아
들 장사기는 이후에 구속되었으며 피고소인은 아직도 500만 원을 돌려주지도 않고
있습니다.
　　귀 서에서 피고소인을 수사 중이라고 하는데, 담당조사관이 이 사건도 함께 수
사해 줄 것을 요청하오니 피고소인을 구속 수사하여 엄벌해 주시기 바랍니다.

2015. 4. 22.

고소인   왕 근 심 ㉑

서울서초경찰서장 귀중

피 의 자 신 문 조 서 (제 3 회)

피 의 자 : 김갑동

위의 사람에 대한 사기 등 피의사건에 관하여 2015. 5. 20. 서울서초경찰서 수사과 사무실에서 사법경찰관 경위 권장기는 사법경찰리 경사 변동구를 참여하게 하고, 피의자에 대하여 다시 아래의 권리들이 있음을 알려주고 이를 행사할 것인지 그 의사를 확인하다.

진술거부권 및 변호인 조력권 고지 등 확인

1. 귀하는 일체의 진술을 하지 아니하거나 개개의 질문에 대하여 진술을 하지 아니할 수 있습니다.
1. 귀하가 진술을 하지 아니하더라도 불이익을 받지 아니합니다.
1. 귀하가 진술을 거부할 권리를 포기하고 행한 진술은 법정에서 유죄의 증거로 사용될 수 있습니다.
1. 귀하가 신문을 받을 때에는 변호인을 참여하게 하는 등 변호인의 조력을 받을 수 있습니다.

문   피의자는 위와 같은 권리들이 있음을 고지받았는가요.
답   예. 고지를 받았습니다.
문   피의자는 진술거부권을 행사할 것인가요.
답   아닙니다.
문   피의자는 변호인의 조력을 받을 권리를 행사할 것인가요.
답   변호사 없이 조사를 받겠습니다.

이에 사법경찰관은 피의사실에 관하여 다음과 같이 피의자를 신문하다.
문   피의자는 피해자 나부자 소유의 01다2323호 포르쉐 승용차를 절취하고도 이을남으로 하여금 허위로 자수하게 한 사실이 있는가요.
답   예. 그렇습니다. 죄송합니다.
문   상세히 진술해 보세요.
답   나부자는 별거 중인 처입니다. 나부자와의 사이에 아들도 있는데 작년에 성격차이로 헤어져서 별거하게 되었습니다. 헤어지면서 그간 살림도 잘해 주고 아들도 낳아주어서 고마운 마음에 제 명의로 등록된 포르쉐 승용차를 주었습니다. 그런데 별거한 후로는 연락도 잘 안되고 아들 얼굴도 안 보여줘서 괘씸하게 생각하였습니다. 지난 삼일절 밤 10시 20분쯤에 술에 만취하여 제 사무실 옆 커피숍을 지나가다가 마침 그 포르쉐 승용차에 차 열쇠가 꽂힌 채로 주차된 것을 발견하고 차를 빼앗아와야겠다고 생각하여 몰래 운전해왔습니다. 그런데 잠시 후 바로 나부자가 저를 자동차 절도범으로 신고해서 경찰서로 나오라는 경찰 연락을 받았습니다. 자동차야 나부자가 전적으로 운행・관리하던 것으로 나부자의 소유이니 돌려주면 그만이지만 문제는 제가 술을 엄청 마시고 운전해 온 것이라 경찰서에 나가면 음주운전이 발각되어 처벌받을 것이 겁이 났습니다. 제가 음주운전으로 벌금과 집행유예로 처벌받은 전과가 2번 있어서 삼진아웃에 걸리면 구속될 것이 걱정되었습니다. 그래서 고종사촌 동생인 이을남에게 훔친 것으로 자수해달라고 부탁하였습니다. 이을남은 절도 전과도 없고 차를 돌려주면 차주인도 크게 문제삼지 않을 것 같았습니다.

문　피의자는 이을남이 허위로 자수하는 대가로 1,000만 원을 주었는가요.

답　아닙니다. 물론 제가 이을남에게 허위로 자수하는 대가로 돈을 주었지만, 이을남과 짜고서 박병서의 계약서를 위조하고 법원을 속여 소유권이전등기를 넘겨오는 대가를 포함하여 총 5,000만 원을 준 것입니다.

이을남 진술과 다른 부분

문　피의자는 왕근심으로부터 수사 청탁 대가로 500만 원을 받은 사실이 있는가요.

이때 왕근심의 고소장을 피의자에게 보여주다.

답　예. 왕근심이 고소한 내용을 모두 인정합니다. 조속히 500만 원을 돌려주도록 하겠습니다.

문　이상의 진술에 대하여 이의나 의견이 있는가요.

답　없습니다.

위의 조서를 진술자에게 열람하게 하였던바, 진술한 대로 오기나 증감・변경할 것이 전혀 없다고 하므로 간인한 후 서명무인하게 하다.

진술자 김 갑 동 (무인)

2015. 5. 20.

서울서초경찰서
사법경찰관　경위　권 장 기 [인]
사법경찰리　경사　변 동 구 [인]

피의자신문조서(대질)

성   명 : 김갑동
주민등록번호 : (생략)

위의 사람에 대한 특정경제범죄가중처벌등에관한법률위반(사기) 등 피의사건에 관하여 2015. 8. 12. 서울중앙지방검찰청 601호 검사실에서 검사 성수연은 검찰주사 전주사를 참여하게 한 후, 아래와 같이 피의자임에 틀림없음을 확인하다.
주민등록번호, 직업, 주거, 등록기준지, 직장 주소, 연락처는 각각 (생략)

검사는 피의사실의 요지를 설명하고 검사의 신문에 대하여 「형사소송법」 제244조의3에 따라 진술을 거부할 수 있는 권리 및 변호인의 참여 등 조력을 받을 권리가 있음을 피의자에게 알려주고 이를 행사할 것인지 그 의사를 확인하다.

[진술거부권 및 변호인 조력권 고지하고 변호인 참여 하에 진술하기로 함(생략)]

[피의자의 병역, 학력, 가족관계, 재산 및 월수입, 건강상태 등(생략)]

이때 검사는 피의자 이을남을 입실하게 하다.
문   피의자의 성명, 주민등록번호, 직업, 등록기준지 등을 진술하세요.
답   성명은 이을남,
        (기타 인적사항 생략)

검사는 피의사실의 요지를 설명하고 검사의 신문에 대하여 「형사소송법」 제244조의3에 따라 진술을 거부할 수 있는 권리 및 변호인의 참여 등 조력을 받을 권리가 있음을 피의자에게 알려주고 이를 행사할 것인지 그 의사를 확인하다.

[진술거부권 및 변호인 조력권 고지하고 변호인 참여 하에 진술하기로 함(생략)]

[피의자의 병역, 학력, 가족관계, 재산 및 월수입, 건강상태 등(생략)]

이때 검사는 피의자 김갑동을 상대로 신문하다.
문   피의자는 과천시 중앙동 100 대지 2,015㎡에 대하여 매매대금 4억 원, 매도인 박병서, 매수인 피의자로 된 매매계약서를 위조한 사실이 있는가요.
답   예. 2014. 5. 7. 19:00경 서울 종로구 종로5길 15에 있는 갑부동산 사무실에서 제가 매매계약서 용지에 임의로 내용을 작성하고 사망한 박병서의 서명을 한 다음 박병서의 막도장을 파서 날인했습니다. ➡ 위조는 김갑동 혼자서 실행

- 46 -

문   이러한 범행을 한 이유가 무엇인가요.

답   자식 없고 재산 많은 고객인 박병서가 죽어서 그 재산이 욕심나던 차에, 이런 이야기를 이을남과 하게 되었는데, 이을남이 박병서의 부동산을 정고소에게 팔고 매매대금을 나눠가지자고 하여 범행하게 되었습니다.

이을남에게

문   피의자는 김갑동의 진술과 같이 김갑동과 공모하여 위조하였는가요.

답   아닙니다. 거짓말입니다. 김갑동이 박병서로부터 과천시 대지를 매수하였는데 박병서가 죽어서 등기이전을 못 받았다며 박병서 상대로 소송을 할테니 주소를 빌려달라고 하여 도와준 것입니다. 저는 위조한 적 없습니다.

김갑동에게

문   위조한 매매계약서를 어떻게 사용하였는가요.

답   2014. 5. 8. 서울중앙지방법원에서 피고를 박병서로 하여 과천시 대지에 대한 소유권이전등기청구의 소를 제기하면서 소장에 첨부하여 제출했습니다.

문   이을남의 말처럼 피의자 혼자서 위조한 것 아닌가요.

답   아닙니다. 정고소에게 전매할 생각으로 함께 위조한 것이지 안 그러면 부동산 경기도 안 좋은데 굳이 제 앞으로 소유권을 가져올 이유가 없습니다.

문   그래서 소송은 어떻게 진행되었나요.

답   피고 박병서의 주소에 이을남의 주소를 적어 소장을 작성하여 소장이 이을남 집으로 송달되었고, 저만 원고로 재판에 출석하고 피고는 불출석하여 2014. 8. 13. 승소판결을 선고받았습니다.

문   과천시 대지의 시가는 어떻게 되는가요.

답   계약상 4억 원에 매수한 것으로 되었는데 실제 시가는 5억 원입니다.

문   승소판결을 받아 피의자 앞으로 2014. 9. 15.자로 소유권이전등기하였나요.

답   예. 제가 과천등기소에 소유권이전등기신청을 하였습니다.

문   피의자는 허위의 사실을 신고하여 등기한 것이네요.

답   예. 그렇습니다.

이을남에게

문   피의자는 박병서 행세를 하여 승소판결을 송달받아 김갑동에게 전달해 주어 김갑동 앞으로 등기가 완료되도록 도와준 것인가요.

답   예. 그것은 사실입니다. 하지만 김갑동을 믿었습니다.

김갑동에게

문   피의자는 그 다음 정고소에게 과천시 대지를 처분하였지요.

답 예. 2014. 9. 20. 제 사무실에서 이을남이 데려온 정고소에게 제가 과천
시 대지를 박병서로부터 정상적으로 매수한 것처럼 거짓말하여 계약을
체결하고 이후 매매대금 총 4억 원을 받았습니다. 이을남이 시킨 것입
니다.

이을남에게

문 김갑동의 말이 사실인가요.

답 아닙니다. 저는 정말 김갑동이 박병서로부터 과천시 대지를 매수한 것으로
믿었습니다. 시세가 5억 원인데 김갑동도 급전이 필요하고 시세보다 저렴
한 4억 원에 처분한다니 김갑동과 정고소 모두에게 좋은 일이라고 생각했
습니다.

김갑동에게

문 이을남의 말이 사실인가요.

답 이을남이 아니었으면 이렇게 엄청난 일을 꾸미지는 않았을 것입니다. 그렇
지 않으면 이을남에게 5,000만 원이나 되는 돈을 줄 이유가 없었습니다.

문 이을남에게 돈을 나누어 주었는가요.

답 예. 정고소로부터 매매대금을 받아 1,000만 원은 이을남 계좌로 송금하
고, 4,000만 원은 현금으로 주었는데, 제 직원인 한직원이 모두 목격하였
습니다.

이을남에게

문 김갑동으로부터 돈을 받은 것이 사실인가요.

답 제 계좌로 1,000만 원을 받았지만 이는 김갑동이 나부자의 승용차를 훔쳐왔는
데 걸리면 음주운전이 발각되니 제가 훔친 것으로 한 대가를 받은 것입니다.

〔여백 메모〕 1천만원 송금시기 확인

문 한직원이 모두 보았다는데 한직원을 불러서 대질조사를 할까요.

답 (잠시 침묵하다가) 사실 경찰 조사 때 숨긴 것이 있는데 사실대로 말씀드리
겠습니다. 현금으로 500만 원을 더 받았습니다.

문 그 500만 원은 무슨 대가로 받았나요.

답 김갑동을 도와 제 주소지로 박병서에 대한 소장을 송달 받아주고, 판결문도
송달 받아 김갑동을 도와주고, 정고소도 소개해 준 대가로 받았습니다.

문 현금 4,000만 원을 받고 500만 원으로 축소하여 거짓진술하는 것 아닌가요.

답 아닙니다.

김갑동에게

문 이을남의 말이 사실인가요.

답 거짓말입니다. 경찰에서 거짓말해 놓고 또 말을 교묘하게 바꾸네요.

문 피의자는 2013. 5. 7. 14:00경 목동빌라 302호 왕근심의 집에서 왕근심의
아들의 사기 사건 수사청탁 명목으로 현금 500만 원을 받았지요.

답 예. 인정합니다. 왕근심의 남편 장봉구가 목동에서 사업하는 제 친구인데 이 일로 저를 고소해서 양천경찰서에서 조사받았던 적이 있습니다.

문 피의자는 왕근심의 아들이 실제로 선처를 받도록 할 의사나 능력이 있었나요.

답 아니오. 그냥 돈이 필요해서 속였고 받은 돈은 모두 생활비로 썼습니다.

문 피의자는 2015. 3. 1. 22:20경 서울 종로구 종로5길 16에 있는 반줄커피숍 앞에서, 나부자 소유의 01다2323호 포르쉐 승용차를 훔친 사실이 있지요.

답 예. 이 차는 제가 2014. 10.초순경 구입하여 별거 중인 제 처 나부자에게 재산분할 명목으로 준 것인데, 올해 삼일절에 술을 먹고 지나가다가 훔쳐왔습니다.

문 피의자는 훔친 사실을 숨기려고 이을남에게 허위자수하게 하였지요.

답 예. 경찰연락을 받았는데 출석하면 음주운전이 들통날까 겁이 나서, 그날 밤 11시경 이을남에게 급히 전화해 절도범으로 자수해달라고 부탁했습니다.

이을남에게

문 김갑동의 진술이 사실인가요.

답 예. 제 여자친구 아버지가 위암수술을 받고 수술비가 급하였습니다. 김갑동이 1,000만 원을 준다길래 그리했습니다. 죄송합니다.

피의자들에게

문 조서에 진술한 대로 기재되지 아니하였거나 사실과 다른 부분이 있는가요.

답 (김갑동) 없습니다. (이을남) 없습니다.

위의 조서를 진술자들에게 열람하게 하였던바, 진술한 대로 오기나 증감·변경할 것이 전혀 없다고 말하므로 간인한 후 서명무인하게 하다.

진술자 김 갑 동 (무인) 변호인 김 변 호 [인]
이 을 남 (무인) 변호인 이 변 론 [인]

2015. 8. 12.

서울중앙지방검찰청
검 사 성 수 연 [인]
검찰주사 전 주 사 [인]

법원에 제출되어 있는 기타 증거들

※ 편의상 다음 증거서류의 내용을 생략하였으나, 법원에 증거로 적법하게 제출되어 있음을 유의하여 변론할 것.

○ **부동산매매계약서 사본**
 - 김갑동이 정고소에게 과천시 대지를 매도함(정고소의 경찰 진술 내용과 동일)

○ **소장 사본**
 - 원고 박갑수가 2014. 10. 7. 수원지방법원 안양지원에 피고 김갑동, 정고소를 상대로 과천시 중앙동 100 대지 2,015㎡에 대하여 피고들 명의로 마친 소유권이전등기의 각 말소등기절차를 이행하라고 청구하는 내용

○ **필적감정서**
 - 국립과학수사연구원에서 매매계약서에 기재된 박병서의 필적은 박병서의 것과 다르고 김갑동의 필적과 일치함을 감정 후 2015. 3. 16.자로 회보함

○ **피고인들에 대한 각 조회회보서**
 - 김갑동 : 범죄경력자료로 2012. 3. 6. 서울중앙지방법원 도로교통법위반(음주운전)죄 벌금 300만 원, 2012. 5. 7. 서울중앙지방법원 도로교통법위반(음주운전)죄 징역 6월 및 집행유예 2년. 수사경력자료로 2015. 8. 3. 서울남부지방검찰청 사기죄 처분미상전과
 - 이을남 : 2013. 9. 5. 부산지방법원 도박죄 벌금 100만 원

○ **부동산감정서**
 - 과천시 중앙동 100 대지 2,015㎡의 2014년 시가는 5억 원으로 감정

○ **수사보고서 및 각 가족관계증명서**
 - 2015. 10. 15. 현재, 김갑동은 배우자(妻) 나부자, 자녀(子) 김자손을 두고 있으나 나부자와 이혼소송 중으로 별거상태에 있고, 김갑동의 부(父)는 김성균, 이을남의 모(母)는 김선영인데, 김선영은 김성균의 동생임

○ **판결문, 판결확정증명**   ⌐----● 이을남에게 김갑동은 이종사촌
 - '피고 박병서는 원고 김갑동에게 과천시 중앙동 100 대지 2,015㎡에 대하여 2014. 2. 25. 매매를 원인으로 한 소유권이전등기절차를 이행하라'는 취지로 2014. 8. 13. 서울지방법원에서 판결 선고하고, 2014. 9. 1. 판결 확정

○ **제적등본**
 - 박병서는 2014. 3. 1. 사망함

확 인 : 법무부 법조인력과장

2. 기록 보면서 작성한 답안

[문제 1]

Ⅰ. 피고인 김갑동에 대하여

1. 사문서위조, 위조사문서행사의 점

가. 피고인은 2014. 5. 7. 박병서 명의의 부동산매매계약서 1장을 위조하고, 2014. 5. 8. 이를 행사하였는데, 박병서는 2014. 3. 1. 사망하였음. 사자 명의 문서위조 및 동행사죄도 성립하는지가 쟁점. (쟁점 도출)

나. 문서위조죄는 문서의 진정에 대한 공공의 신용을 보호법익으로 하는 것이므로 행사할 목적으로 작성된 사문서가 일반인으로 하여금 당해 명의인의 권한 내에서 작성된 문서라고 믿게 할 수 있는 정도의 형식과 외관을 갖추고 있으면 사문서위조죄가 성립하고, 위와 같은 요건을 구비한 이상 명의인이 문서의 작성일자 전에 이미 사망하였더라도 그러한 문서 역시 공공의 신용을 해할 위험성이 있으므로 사문서위조죄가 성립함(판례의 태도). (법리 및 적용)

다. 소결 – 피고인이 자백하고 증거 충분하므로 범죄사실 인정하고 정상관계 변론해야 함. (적용)

2. 특정경제범죄가중처벌등에관한법률위반(사기)의 점

가. 소송사기에 있어서 피기망자인 법원의 재판은 피해자의 처분행위에 갈음하는 내용과 효력이 있는 것이어야 하고, 그렇지 아니하는 경우에는 착오에 의한 재물의 교부행위가 있다고 할 수 없어서 사기죄는 성립되지 아니함. 따라서 피고인의 제소가 사망한 자를 상대로 한 것이라면 그 판결은 그 내용에 따른 효력이 생기지 아니하여 상속인에게 그 효력이 미치지 아니하므로, 사기죄를 구성할 수 없음. (법리) 피고인이 소장을 제출한 날은 2014. 5. 8.이고, 당시 박병서는 이미 사망하였으므로, 사기죄 성립하지 않음. (적용)

나. 소결 – 범죄가 되지 않는 경우이므로 형소법 제325조 전단에 따라 무죄를 구하여야 함.

3. 변호사법위반의 점

가. 피고인은 2015. 10. 30. 서울남부지방법원 2015고약217호 사건에서 사기죄로 벌금 200만 원의 약식명령을 받은 사실이 있음. 위 약식명령의 범죄사실은 피고인이 2013. 5. 7. 14:00경 목동빌라 302호에서 피해자 왕근심을 기망하여 피해자로부터 현금 500만 원을 교부받아 편취하였다는 것. 위 약식명령은 2015. 12. 15. 확정되었음. (확정된 약식명령의 내용)

나. 위 약식명령의 사기 범죄사실과 이 사건 변호사법위반의 범죄사실은 피고인이 2013. 5. 7. 14:00경 목동빌라 302호에서 왕근심에게서 500만 원을 받았다는 동일한 사실관계에 관한 것임. 따라서 위 약식명령의 사기죄와 이 사건 공소사실은 형법 제40조 소정의 상상적 경합의 관계에 있고, 위 확정된 약식명령의 효력은 이 사건 변호사법위반의 점에도 미침. (법리 및 적용)

다. 소결 – 이 사건 범죄사실은 '확정판결이 있은 때'에 해당하므로 형소법 제326조 제1호 사유에 의한 면소 판결을 구하여야 함.

4. 절도의 점

가. 절취의 대상인 포르쉐승용차는 피고인 명의로 등록되어 있으나, 피고인의 법률상 처 나부자가 전적으로 운행 · 관리하고 있음. 이와 관련, 재판장이 절도죄의 성부 여부에 대하여 검토를 명함. (쟁점의 도출)

나. 절도죄의 객체는 타인이 점유하는 타인 소유 재물임. 한편 자동차 소유권의 득실변경은 등록을 함으로써 그 효력이 생기고 그와 같은 등록이 없는 한 그 소유권을 취득할 수 없는 것이 원칙이지만, 당사자 사이에 그 소유권을 그 등록 명의자 아닌 자가 보유하기로 하였다는 등의 특별한 사정이 있는 경우에는 그 내부관계에 있어서는 그 등록 명의자 아닌 자가 소유권을 보유하게 됨(판례의 태도). (법리) 이 사건에서 피고인이 나부자에게 차량을 사 주었다고 하면서, 그 차량이 나부자 소유라는 점에 대하여 다툼이 없으므로, 피고인과 나부자 내부관계에서는 그 소유권이 나부자에게 있음. (적용)

다. 한편 피고인은 나부자와 별거 중이나 법률상으로는 부부이므로, 이 사건 피해자는 피고인의 '배우자'에 해당함. 따라서 형법 제344조가 준용하는 형법 제328조 제1항에 따라 절도죄는 그 형이 면제됨. (법리)

라. 소결 – 피고인 자백하고 보강증거도 있으므로 유죄 인정되나, 형법 제328조 제1항, 제344조에 따라 형면제 판결을 구하여야 함.

5. 범인도피교사의 점

가. 범인이 자신을 위하여 타인으로 하여금 허위의 자백을 하게 한 경우 그 범인을 범인은닉죄의 교사범으로 처벌할 수 있는지에 대하여 학설 대립이 있음. 학계의 다수는 자기도피를 정범으로 처벌할 수 없으면 그에 대한 교사 역시 처벌할 수 없다는 부정설의 입장임. 소수설은 이 경우는 자기비호의 연장에 불과하고 이 경우는 자기비호권의 한계를 일탈한 것으로서 기대가능성이 인정되기 때문에 교사범이 성립한다는 긍정설의 입장임. (쟁점의 도출 – 학설 대립)

나. 한편 판례는 위와 같은 경우는 방어권의 남용으로 범인도피교사죄가 성립한다고 보고(긍정설), 그 타인이 형법 제151조 제2항에 의하여 처벌을 받지 아니하는 친족에 해당한다 하여 달리 보지 아니함. (판례법리)

다. 피고인의 교사를 받고 허위자백을 한 이을남은 김갑동과 사촌관계에 있는 친족인데, 판례에 따르면 이을남에 대한 범인도피죄 성립 여부와 관계없이 피고인에 대하여는 교사죄 성립함. 그러나 학설의 다수설인 부정설에 따르면 이 경우는 처벌할 수 없음. (적용)

라. 소결 – 피고인의 이익을 위하여 학설의 다수설인 부정설을 원용하며 무죄 변론하되, 예비적으로 판례의 입장에 따라 유죄 인정하고 정상관계 변론 필요.

[문제 2]

II. 피고인 이을남에 대하여

1. 사문서위조, 위조사문서행사, 공전자기록등불실기재, 불실기재공전자기록등행사, 사기의 점

위 피고인은 매매계약서가 위조된 줄 몰랐고, 김갑동이 박병서의 과천시 대지를 실제로 매수한 것으로 믿고 김갑동과 정고소를 도와준 것이므로, 김갑동과 공모하여 위 죄를 저질렀다는 공소사실에 대하여 무죄를 주장하고 있습니다. 아래에서는 피고인이 김갑동과의 공모한 사실을 입증할 증거가 있는지 살펴보겠습니다. (사실관계를 다투고 쟁점을 도출)

가. 증거능력 없는 증거

공소사실에 부합하는 증거 중에서 아래의 증거는 증거능력이 없습니다.

① 사경 작성 이을남에 대한 피신조서는 피고인 이을남이 내용부인하였으므로 증거능력이 없습니다.

② 이 사건에서 김갑동은 공범인 공동피고인인데, 사경 작성 김갑동에 대한 피신조서(제2, 3회)는 피고인 이을남이 내용부인하였으므로 증거능력이 없습니다.

③ 사경 작성 정고소에 대한 진술조서 중 "제가 나중에 김갑동으로부터 듣기로는 이을남과 매매대금을 나누어 사용하였다고 하였습니다"는 부분은 전문진술(정고소가 김갑동으로부터 들은 말)을 기재한 서류에 해당합니다. 위와 같은 경우 판례에 의하면 형소법 제312조 제4항과 제316조 제2항의 요건이 모두 충족되어야 증거능력이 있는데, 김갑동이 법정에 나와 있어 원진술자의 진술불능 요건을 충족하지 못하므로, 위 증거는 증거능력이 없습니다.

④ 정고소의 증언 중 "김갑동이 이미 돈을 다 써버렸고 그 중 5천만 원은 이을남에게 나누어주었다고 하였습니다"고 한 부분은 피고인 아닌 자(김갑동)의 진술을 그 내용으로 하므로 형소법 제316조 제2항이 적용됩니다. 그런데 원진술자 김갑동이 법정에 나와 있어 진술불능 요건을 충족하지 못하므로 증거능력이 없습니다. (증거능력 없는 증거 배척)

나. 김갑동과 한직원 진술의 신빙성

검사 작성 김갑동·이을남에 대한 피신조서(대질) 중 김갑동 진술 부분은 공범인 공동피고인 김갑동이 제1회 공판기일에서 증거동의함으로써 진정성립을 인정하였다고 볼 수 있으므로 증거능력은 있습니다. 위 증거와 김갑동의 이 법정에서의 진술은 공통적으로, 피고인 이을남이 이 사건 범죄를 주도하였고 그 대가로 김갑동이 피고인 이을남에게 5천만 원을 주었다는 내용입니다. 이에 더하여 증인 한직원은 김갑동이 시켜 피고인 이을남 계좌로 1천만 원을 송금하였고, 김갑동이 사무실에서 피고인 이을남에게 현금 4천만 원을 주는 것을 보았다고 합니다. (공소사실에 들어맞는 증거의 주요 내용) 이에 대하여 피고인 이을남은 김갑동에게서 1천만 원을 받은 사실은 있으나, 이는 김갑동의 부탁으로 포르쉐 승용차를 피고인 이을남이 운전하였다고 허위자백한 대가로 받은 것이고, 현금 4천만 원이 아니라 500만 원을 받은 사실이 있다고 주장하였습니다. (피고인 변소 요지) 다음과 같은 점을 종합하여 보면 피고인 이을남의 주장이 경험칙에 부합하고, 김갑동과 한직원 진술은 믿기 어렵습니다. (증거능력 있는 증거의 증명력 탄핵)

① 김갑동은 이을남이 이 사건을 주도했다고 하면서 이을남이 요구하는 대로 이을남에게 5천만 원을 주었다고 하였습니다. 김갑동이 정고소에게서 매매대금으로 4억 원을 받았는데, 이 일을 주도했다는 이을남이 그 중 5천만 원만 요구하였다는 것은 경험칙상 믿기 어렵습니다.

다음으로, 김갑동은 이을남에게 1천만 원을 계좌로 송금하였고, 나머지 4천만 원은 사무실에서 현금으로 주었다고 주장하는데 1천만 원만 계좌로 송금하고, 그보다 훨씬 많은 4천만 원을 굳이 현금으로 찾아서 줄 합리적 이유를 찾을 수 없습니다.

② 한직원은 편지봉투 크기의 돈 봉투 여러 개에 담아주는 것을 보았다고 하면서 김갑동이 이을남에게 현금 4천만 원을 주었다고 증언하였습니다. 그러나 한직원이 본 것은 현금 500만 원일 가능성이 큽니다.

즉 이을남은 2014. 10. 1. 은행 창구에서 500만 원을 입금한 사실이 있는데(통장 사본 참조), 위 돈이 김갑동에게서 받은 현금 500만 원입니다. 김갑동은 2014. 8. 13. 자신 앞으로 이 사건 대지에 대한 소유권이전등기를 명하는 승소 판결을 받았고, 2014. 9. 15. 그 명의로 등기가 마쳐졌습니다. 이을남이 현금 500만 원을 입금한 날이 김갑동 명의로 등기가 마쳐진 후 약 15일 후로 근접하고 있는 점은 이을남 주장의 신빙성을 뒷받침합니다. 반면 한직원은 김갑동의 직원이어서 김갑동이 시키는 대로 현금 500만 원을 4천만 원으로 부풀려 증언하였을 개연성이 큽니다.

이을남은, 김갑동이 법원에서 오는 소장 부본을 받아달라고 부탁해서 그 부탁을 들어주는 대가로 현금 500만 원을 받았을 뿐이라고 주장하였습니다. 이을남이 박병서라고 하면서 소장 부본을 대신 수령한 행위가 떳떳한 행위는 아닙니다만, 이을남은 시가 5억 원 대지를 4억 원에 매도한다니 김갑동과 정고소 둘 다에게 이익이 되는 것으로 생각하였던 것입니다.

③ 김갑동이 이을남에게 1천만 원을 송금한 시기를 보더라도 김갑동과 한직원의 진술은 믿기 어렵습니다. 한직원은 "김갑동이 매매대금 수령 후 이을남에게 1천만 원을 송금하라고 해서 제가 김갑동 계좌에서 이을남 계좌로 스마트뱅킹으로 송금했"다고 하는데, 김갑동이 정고소에게서 매매대금 잔금을 받은 날은 2014. 9. 30.이고, 1천만 원을 송금한 날은 그로부터 5개월여 지난 2015. 3. 2.입니다. 매매대금 수령 후 그 대가로 돈을 송금하였다면 매매대금 수령 시기와 송금 시기가 5개월이나 차이 날 수 없습니다.

김갑동이 포르쉐 승용차를 가져간 때가 2015. 3. 1. 22:30경이고, 이을남이 김갑동 대신 허위자백한 때는 2015. 3. 2. 09:00경인데, 이을남의 허위자백이 있었던 날 김갑동이 이을남에게 1천만 원을 송금하였다는 사실에 비추어보면 김갑동이 이을남에게 허위자백의 대가로 위 돈을 송금하였다는 이을남 말이 경험칙에 부합합니다. 한편 이을남은 같은 날 1천만 원을 어디론가 이체하면서 '여친병원비'라고 기재해 놓았는데, 위 기재는 여자친구 병원비가 없어 허위자백을 하고 돈을 받았다는 이을남의 진술을 뒷받침합니다.

④ 김갑동이 정고소에게 이 사건 대지를 처분할 때 2억 원 정도 보증금을 급히 반환해주어야 할 사정이 있어(김갑동의 피고인 진술) 김갑동이 그 돈을 마련하기 위해 이 사건 범행을 한 것으로 보이는 점, 김갑동은 박병서를 친인척 없는 독거노인으로 알고 있었으나 이을남은 박병서를 전혀 몰랐던 점, 김갑동은 처음에는 이 사건 범죄를 부인하다(사경 작성 제1회 피신조서), 매매계약서에 기재된 박병서 서명이 김갑동 필체와 동일함이 밝혀지자 그제야 범죄를 인정하면서 사실은 이을남이 이 사건을 주도했다고 진술하여 자신의 책임을 덜고자 한 의도가 보이는 점, 김갑동은 이을남과 함께 박병서 명의 서류를 위조했다고 하면서도 매매계약서는 김갑동이 독자적으로 작성한

것으로 밝혀진 점 등을 더해 보면 이 사건 범죄는 김갑동이 독자적으로 저지른 범죄임을 충분히 알 수 있습니다.

이상의 점을 종합하면 김갑동과 한직원의 진술은 경험칙, 상식 등에 비추어 믿을 수 없습니다.

다. 부족증거

정고소는 피고인 이을남이 처음부터 정고소를 유혹하여 김갑동과 계약하게 하였고, 정고소는 피고인 이을남이 설마 친구인 자신에게 사기치리라고는 생각 못했기에 피고인들을 믿었다고 합니다(고소장 및 정고소에 대한 진술조서). 피고인 이을남이 정고소를 김갑동에게 소개시켜 이 사건 매매계약에 이른 것, 이을남이 박병서인 척하며 소장 부본을 받고 그 대가로 김갑동으로부터 500만 원을 받은 것은 사실이나 위와 같은 사실 및 소장, 매매계약서 사본 등만으로는 이을남이 김갑동과 공모하여 이 사건 범죄를 하였다는 점을 입증하기에 턱없이 부족합니다. (부족증거)

라. 소결

그렇다면 피고인 이을남이 김갑동과 공모하였음을 전제로 하는 이 사건 공소사실은 합리적 의심의 여지 없이 증명되었다고 할 수 없어 '범죄의 증명이 없는 때'에 해당하므로 피고인은 형소법 제325조 후단에 의하여 무죄입니다.

2. 범인도피의 점

피고인은 공소사실 자체는 인정합니다. 피고인이 김갑동을 도피하게 한 이유는 김갑동이 포르쉐 승용차 절취 당시 음주한 상태여서 절도 외 음주운전으로까지 처벌받을 것이 두려워 김갑동이 간곡히 부탁했기 때문입니다.

한편 김갑동의 부(父)는 김성균, 이을남의 모(母)는 김선영인데, 김선영은 김성균의 동생이어서 피고인 이을남에게 김갑동은 이종사촌의 관계에 있습니다.

피고인은 친족인 김갑동을 위하여 이 사건 범죄를 범한 것이므로, 형법 제151조 제2항에 따라 처벌할 수 없습니다. (법리 및 적용) 따라서 이 점에 대해서는 형소법 제325조 전단에 따라 무죄를 선고하여 주시기 바랍니다.

Ⅱ 제4회 변호사시험 형사법 기록형

1. 기록에 체크, 메모할 부분

2015년도 제4회 변호사시험 문제

시험과목	형사법(기록형)

응시자 준수사항

1. 시험 시작 전 문제지의 봉인을 손상하는 경우, 봉인을 손상하지 않더라도 문제지를 들추는 행위 등으로 문제 내용을 미리 보는 경우 그 답안은 영점으로 처리됩니다.

2. 답안은 흑색 또는 청색 필기구(사인펜이나 연필 사용 금지) 중 한 가지 필기구만을 사용하여 답안 작성란(흰색 부분) 안에 기재하여야 합니다.

3. 답안지에 성명과 수험번호 등을 기재하지 않아 인적사항이 확인되지 않는 경우에는 영점으로 처리되는 등 불이익을 받게 됩니다. 특히 답안지를 바꾸어 다시 작성하는 경우, 성명 등의 기재를 빠뜨리지 않도록 유의하여야 합니다.

4. 답안지에는 문제내용을 쓸 필요가 없으며, 답안 이외의 사항을 기재하거나 밑줄 기타 어떠한 표시도 하여서는 안 됩니다. 답안을 정정할 경우에는 두 줄로 긋고 다시 써야 하며, 수정액 등은 사용할 수 없습니다.

5. 시험 종료 시각에 임박하여 답안지를 교체했더라도 시험 시간이 끝나면 그 즉시 새로 작성한 답안지를 회수합니다.

6. 시험 시간이 지난 후에는 답안지를 일절 작성할 수 없습니다. 이를 위반하여 **시험 시간이 종료되었음에도 불구하고 계속 답안을 작성할 경우 그 답안은 영점으로 처리됩니다.**

7. 답안은 답안지의 쪽수 번호 순으로 써야 합니다. **배부된 답안지는 백지 답안이라도 모두 제출**하여야 하며, **답안지를 제출하지 아니한 경우 그 시간 시험과 나머지 시험에 응시할 수 없습니다.**

8. 지정된 시간까지 지정된 시험실에 입실하지 않거나 시험관리관의 승인 없이 시험 시간 중에 시험실에서 퇴실한 경우, 그 시간 시험과 나머지 시간의 시험에 응시할 수 없습니다.

9. 시험 시간 중에는 어떠한 경우에도 문제지를 시험장 밖으로 가지고 갈 수 없고, 그 시험 시간이 끝난 후에는 문제지를 시험장 밖으로 가지고 갈 수 있습니다.

【문 제】

피고인 김갑동의 특정범죄가중처벌등에관한법률위반(뇌물)의 점에 대해서는 변론요지서를, 피고인 이을남의 사문서위조, 위조사문서행사, 사기, 폭력행위등처벌에관한법률위반(집단·흉기등협박), 명예훼손의 점에 대해서는 법무법인 공정 담당변호사 이사랑이 객관적인 입장에서 대표변호사에게 보고할 검토의견서를 작성하되, 다음 쪽 변론요지서 및 검토의견서 양식 중 **본문 Ⅰ, Ⅱ, Ⅲ, Ⅳ 부분**만 작성하시오.

【작성요령】

1. 학설·판례 등의 견해가 대립되는 경우, 한 견해를 취할 것. 단, 대법원 판례와 다른 견해를 취하여 의견을 제시하고자 하는 경우에는 대법원 판례의 취지를 적시할 것.

2. 증거능력이 없는 증거는 실제 소송에서는 증거로 채택되지 않아 증거조사가 진행되지 않지만, 이 문제에서는 시험의 편의상 증거로 채택되어 증거조사가 진행된 것을 전제하였음. 따라서 필요한 경우 증거능력에 대하여도 논할 것.

3. 검토의견서에서는 제2회 공판기일에 이루어진 재판장의 석명사항에 대한 검사의 향후 소송대응 및 법원의 판단을 염두에 두고 작성할 것.

【주의사항】

1. 쪽 번호는 편의상 연속되는 번호를 붙였음.

2. 조서, 기타 서류에는 필요한 서명, 날인, 무인, 간인, 정정인이 있는 것으로 볼 것.

3. 증거목록, 공판기록 또는 증거기록 중 '(생략)'이라고 표시된 부분에는 법에 따른 절차가 진행되어 그에 따라 적절한 기재가 있는 것으로 볼 것.

4. 공판기록과 증거기록에 첨부하여야 할 일부 서류 중 '(생략)' 표시가 있는 것, '증인선서서'와 수사기관의 조서에 첨부하여야 할 '수사과정확인서'는 적법하게 존재하는 것으로 볼 것.

5. 송달이나 접수, 통지, 결재가 필요한 서류는 모두 적법한 절차를 거친 것으로 볼 것.

【변론요지서 양식】

변론요지서 (50점)

사 건   2014고합1277 특정범죄가중처벌등에관한법률위반(뇌물) 등
피고인   김갑동

 위 사건에 관하여 피고인 김갑동의 변호인 변호사 김힘찬은 다음과 같이
변론합니다.

다 음

Ⅰ. 특정범죄가중처벌등에관한법률위반(뇌물)의 점

※ **평가제외사항 – 공소사실의 요지, 정상관계 (답안지에 기재하지 말 것)**

2015. 1. 6.

피고인 김갑동의 변호인 변호사 김힘찬 ㉑

서울중앙지방법원 제26형사부 귀중

【검토의견서 양식】

이 부분만
쓸 것

검토의견서 (50점)

사 건   2014고합1277 특정범죄가중처벌등에관한법률위반(뇌물) 등
피고인   이을남

Ⅱ. 사문서변조, 변조사문서행사, 사기의 점
Ⅲ. 폭력행위등처벌에관한법률위반(집단·흉기등협박)의 점
Ⅳ. 명예훼손의 점

※ **평가제외사항 – 공소사실의 요지, 정상관계 (답안지에 기재하지 말 것)**

2015. 1. 6.

담당변호사 이사랑 ㉑

기록내용 시작

➡ 공판기록이 먼저 나오고, 수사기록이 뒤에 편철됨

			미결구금
구속만료			
최종만료			
대행 갱신 만 료			

서 울 중 앙 지 방 법 원

구공판 형사제1심소송기록

기일 1회기일	사건번호	2014고합1277	담 임	제26부	주 심	다
12/5 A10 12/19 P3	사 건 명	가. 특정범죄가중처벌등에관한법률위반(뇌물) 나. 폭력행위등처벌에관한법률위반(집단·흉기등협박) 다. 사기 라. 뇌물공여 마. 사문서변조 바. 변조사문서행사 사. 명예훼손				
	검 사	구영재		2014형제99999호		
	피 고 인	1. 가. 2. 나.다.라.마.바.사.	김갑동 이을남			
	공소제기일	2014. 10. 17.				
	변 호 인	사선 변호사 김힘찬(피고인 김갑동) 사선 법무법인 공정 담당변호사 이사랑(피고인 이을남)				

확 정	
보존종기	
종결구분	
보 존	

	담 임	과 장	국 장	주심 판사	재판장	원장
완결 공람						

접 수 공 람	과 장	국 장	원 장
	㊞	㊞	㊞

공 판 준 비 절 차

회 부 수명법관 지정 일자	수명법관 이름	재 판 장	비 고

법정외에서지정하는기일

기일의 종류	일 시				재 판 장	비 고
1회 공판기일	2014.	12.	5.	10:00	㊞	

서울중앙지방법원

목 록		
문 서 명 칭	장 수	비 고
증거목록	8	검사
공소장	10	
변호인선임신고서	(생략)	피고인 김갑동
변호인선임신고서	(생략)	피고인 이을남
영수증(공소장부본 등)	(생략)	피고인 깁갑동
영수증(공소장부본 등)	(생략)	피고인 이을남
영수증(공판기일통지서)	(생략)	변호사 김힘찬
영수증(공판기일통지서)	(생략)	변호사 이사랑
국민참여재판 의사 확인서(불희망)	(생략)	피고인 깁갑동
국민참여재판 의사 확인서(불희망)	(생략)	피고인 이을남
의견서	(생략)	피고인 김갑동
의견서	(생략)	피고인 이을남
공판조서(제1회)	14	
공소장변경허가신청	16	
영수증(공소장변경허가신청서부본)	(생략)	변호사 이사랑
공판조서(제2회)	17	
증인신문조서	20	박고소
증인신문조서	21	황금성

서울중앙지방법원

목 록 (구속관계)		
문 서 명 칭	장 수	비 고
긴급체포서 ┐ 긴급체포의	13	피고인 이을남
피의자석방보고 ┘ 적법성 검토	(생략)	피고인 이을남

증 거 목 록 (증거서류 등)
2014고합1277

2014형제99999호

① 긴갑동
② 이을남
신청인: 검사

순번	증거방법 작성	쪽수(수)	쪽수(증)	증거명칭	성명	참조사항등	신청기일	증거의견 기일	증거의견 내용	증거결정 기일	증거결정 내용	증거조사기일	비고
1	검사	41		피의자신문조서	이을남		1	1	② ○ / ① ×				○ 부동의
2	〃	45		〃	김갑동		1	1	① ○ / ② ×				○ ⇒ 각 공동피고인의 동의 + 반대신문 기회
3	〃	47		수사보고 (금융거래내역)			1	1	① ○ / ② ○				
4	〃	〃		각 금융거래내역	이을남		1	1	① ○ / ② ○				
5	〃	48		수사보고 (조은숙에 대한 소재수사)			1	1	① ○ / ② ○				
6	사경	24		피의자신문조서	이을남		1	1	② ○ / ① ×				×
7	〃	26		〃 (제2회)	이을남		1	1	② ○ / ① ×				× 내용부인이므로
8	〃	28		피의자신문조서	김갑동		1	1	① ○○○○× / ② ×				×
9	〃	30		압수조서 및 압수목록(수첩)		(생략)	1	1	① ○ / ② ○		(생략)		
10	〃	31		고소장	박고소		1	1	② ×				○
11	〃	32		차용증(사본)	박고소		1	1	② ○				부동의
12	〃	(생략)		금융거래내역	박고소 황금성		1	1	② ○				⇒ 박고소의 진정성립 인정
13	〃	33		진술조서	박고소		1	1	② ×				
14	〃	35		압수조서 및 압수목록(칼)			1	1	② ○				
15	〃	36		피의자신문조서 (제3회)	이을남		1	1	② ○				
16	〃	38		진술조서	황금성		1	1	② ×				○ 부동의 ⇒ 황금성의 진정성립 인정
17	〃	40		진술서	조은숙		1	1	① × / ②				× 부동의 ⇒ 314조
18	〃	(생략)		각 조회회보서	김갑동 이을남		1	1	① ○ / ② ○				
19	〃	(생략)		수첩(증 제1호)			1	1	① × / ② ○				× 위수증
20		49		고소장	김갑동		2	2	② ○				

※ 증거의견 표시 - 피의자신문조서: 인정 ○, 부인 ×
　　　　　　　　(여러 개의 부호가 있는 경우, 적법성/성립/임의성/내용의 순서임)
　　　　　　- 기타 증거서류: 동의 ○, 부동의 ×
　　　　　　- 진술이 특히 신빙할 수 있는 상태 하에서 행하여졌다는 점 부인: "특신성 부인"(비고란 기재)
※ 증거결정 표시: 채 ○, 부 ×
※ 증거조사 내용은 제시, 내용고지

증 거 목 록 (증인 등)
2014고합1277

① 긴갑동
② 이을낚

2014형제99999호

신청인: 검사

증 거 방 법	쪽수 (공)	입증취지 등	신청 기일	증거결정		증거조사기일	비고
				기일	내용		
등산용 칼 (증 제2호)		공소사싴 2의 나항	1	1	○	2014. 12. 19. 15:00 (싴시)	
증인 박고소 증거순번 10, 13번 부동의하여 증인 신청		공소사싴 2의 가, 나항	1	1	○	〃	
증인 황금성 증거순번 16번 부동의하여 증인 신청		공소사싴 2의 가항	1	1	○	〃	

※ 증거결정 표시: 채 ○, 부 ×

서 울 중 앙 지 방 검 찰 청

2014. 10. 17.

사건번호   2014년 형제99999호

수 신 자   서울중앙지방법원

제   목   **공소장**

검사 구영재는 아래와 같이 공소를 제기합니다.

I. 피고인 관련사항

1. 피 고 인   김갑동 (70****-1******), 44세

직업 구청 공무원, 010-****-****

주거   서울 강남구 강남대로 111 강남아파트 101동 101호

등록기준지 부산 서구 원양로 1010

죄   명   특정범죄가중처벌등에관한법률위반(뇌물)

적용법조   특정범죄 가중처벌 등에 관한 법률 제2조 제1항 제3호, 제2항, 형법 제129조 제1항, 제134조

구속여부   불구속

변 호 인   없음

1277

공소제기일

2. 피 고 인   이을남 (64****-1******), 50세

직업   건설회사 대표이사, 010-****-****

주거   서울 서초구 반포대로 222 래미안아파트 202동 202호

등록기준지   경북 김천시 영남대로 22

죄   명   폭력행위등처벌에관한법률위반(집단·흉기등협박), 사기, 뇌물공여, 사문서변조, 변조사문서행사, 명예훼손

적용법조   형법 제133조 제1항, 제129조 제1항, 제231조, 제234조, 제347조 제1항, 폭력행위 등 처벌에 관한 법률 제3조 제1항, 제2조 제1항 제1호, 형법 제283조 제1항, 제307조 제1항, 제37조, 제38조, 제48조 제1항

구속여부   불구속

변 호 인   없음

Ⅱ. 공소사실

1. 피고인들의 범행

피고인 김갑동은 서울 서초구청 건축계장으로 서초구의 건축허가 등 건축 관련 업무를 담당하는 공무원이고, 피고인 이을남은 을남건설 주식회사를 경영하는 대표이사이다.

가. 피고인 김갑동의 특정범죄가중처벌등에관한법률위반(뇌물)

피고인은 2014. 5. 8. 19:00경 서울 서초구 서초대로 130(서초구청 맞은 편)에 있는 '란' 커피숍에서, 이을남으로부터 을남건설 주식회사가 서울 서초구 방배로 240에 요양병원을 신축하기 위해 신청한 건축허가 절차를 신속히 처리하여 달라는 청탁을 받고, 그 자리에서 100만 원, 다음 날 09:00경 위 커피숍 앞에서 2,900만 원 등 합계 3,000만 원을 받았다.

이로써 피고인은 공무원의 직무에 관하여 뇌물을 수수하였다.

나. 피고인 이을남의 뇌물공여

피고인은 위 가.항 기재 일시, 장소에서 김갑동에게 위와 같이 청탁하면서 2회에 걸쳐 합계 3,000만 원을 교부하여 공무원의 직무에 관하여 뇌물을 공여하였다.

2. 피고인 이을남

가. 사문서변조, 변조사문서행사, 사기

피고인은 2009. 2. 1. 서울 서초구 반포대로 222 래미안아파트 202동 202호에 있는 피고인의 집에서 피해자 박고소로부터 "나 대신 사채업자인 황금성을 찾아가 3억 원 한도에서 돈을 빌려서 전해 달라."라는 부탁을 받고 피해자가 차용금액란을 공란으로 하여 작성한 차용증을 교부받았다.

피고인은 2009. 2. 2. 위 피고인의 집에서 위 차용증의 차용금액란에 "6억 원"이라고 임의로 기재하고, 서울 강남구 강남대로 333 황금빌라 G동에 있는 위 황금성의 집에 찾아가 황금성에게 위와 같이 변조한 차용증을 마치 진정한 것처럼 교부하면서 "박고소가 작성해 준 차용증을 가져왔으니 6억 원을 빌려 달라."라고 말하여 그 무렵 이에 속은 황금성으로부터 선이자를 공제한 5억 5,000만 원을 송금받았다.

이로써 피고인은 피해자로부터 위임받은 범위를 초과하여 행사할 목적으로 권리의무에 관한 사문서인 피해자 명의의 차용증을 변조 및 행사하여 피해자로 하여금 3억 원의 채무를 초과 부담하게 함으로써 3억 원을 편취하였다.

나. 폭력행위등처벌에관한법률위반(집단 · 흉기등협박)

피고인은 2009. 2. 3. 11:00경 그 무렵 피해자 박고소(42세)가 피고인에게 전화를 걸어 위와 같이 피해자의 차용증을 변조한 것을 따지자 화가 나서 위험한 물건인 등산용 칼(칼날길이 7㎝)을 휴대하고 서울 서초구 반포대로 444 반포빌라 D동에 있는 위 피해자의 집에 찾아가 "계속 시비를 걸면 평생 불구로 만들어 버리겠다."라고 말하여 피해자를 협박하였다.

다. 명예훼손

피고인은 2014. 7. 30. 10:00경 서울 서초구 서초구청 건축계 사무실에서 그곳 사무실 직원 10여 명이 듣고 있는 가운데 피해자 김갑동에게 "이 나쁜 새끼, 거짓말쟁이"라고 소리침으로써 공연히 사실을 적시하여 피해자의 명예를 훼손하였다.

Ⅲ. 첨부서류

1. 긴급체포서 1통
2. 피의자석방보고 1통 (생략)

검사   구영재   ㉑

긴 급 체 포 서

제 2014-5432호

피의자	성 명	이을남 (李乙男)
	주민등록번호	64 **** – 1 ****** (50세)
	직 업	건설업
	주 거	서울 서초구 반포대로 222 래미안아파트 202동 202호
변 호 인		

　　위 피의자에 대한 뇌물공여 등 피의사건에 관하여 「형사소송법」 제200조의3
제1항에 따라 동인을 아래와 같이 긴급체포함

2014. 7. 30.

서울서초경찰서

사법경찰관　경위 권장기　(인)

체 포 한 일 시	2014. 7. 30. 14:00 ── p. 30 압수시각과 비교
체 포 한 장 소	서울서초경찰서 수사과
범 죄 사 실 및 체 포 의 사 유	피의자는 을남건설 주식회사 대표이사로서, 2014. 5. 8. 19:00 서울 서초구에 있는 '란' 커피숍에서, 서초구청 건축계장 김갑동에게 요양병원 건축허가 절차를 신속히 처리하여 달라는 청탁을 하면서, 그 자리에서 100만 원을 교부하여 공무원의 직무에 관하여 뇌물을 공여한 것으로 도망하거나 증거인멸의 우려가 있고, 긴급을 요하여 체포영장을 받을 시간적 여유가 없음.
체 포 자 의 관 직 및 성 명	서울서초경찰서 경위 권장기
인 치 한 일 시	2014. 7. 30. 14:00
인 치 한 장 소	서울서초경찰서 수사과
구 금 한 일 시	2014. 7. 30. 14:30
구 금 한 장 소	경찰서 유치장 내
구금을 집행한 자의 관 직 및 성 명	경찰서 유치장 근무 순경 유민규

서 울 중 앙 지 방 법 원

공 판 조 서

제 1 회 ➡ 사실을 다투는 죄와 법리를 다투는 죄 구분

사 건	2014고합1277 특정범죄가중처벌등에관한법률위반(뇌물) 등		
재판장 판사	김성우	기 일:	2014. 12. 5. 10:00
판사	이주현	장 소:	제425호 법정
판사	박정훈	공개 여부:	공개
법원사무관	김효원	고 지 된	
		다음기일:	2014. 12. 19. 15:00
피 고 인	1. 김갑동 2. 이을남		각 출석
검 사	최상준		출석
변 호 인	변호사 김힘찬 (피고인 1을 위하여)		출석
	법무법인 공정 담당변호사 이사랑 (피고인 2를 위하여)		출석

재판장

    피고인들은 진술을 하지 아니하거나 각개의 물음에 대하여 진술을 거부할
    수 있고, 이익되는 사실을 진술할 수 있음을 고지

재판장의 인정신문

    성   명 : 1. 김갑동   2. 이을남
    주민등록번호 : 각 공소장 기재와 같음
    직   업 :   〃
    주   거 :   〃
    등 록 기 준 지 :   〃

재판장

    피고인들에 대하여
    주소가 변경될 경우에는 이를 법원에 보고할 것을 명하고, 소재가 확인되지
    않을 때에는 피고인들의 진술 없이 재판할 경우가 있음을 경고

검 사

    공소장에 의하여 공소사실, 죄명, 적용법조 낭독

- 14 -

피고인 김갑동   ● 사실관계 다툼

　　피고인 이을남으로부터 돈을 받은 사실이 없다고 진술

피고인 이을남   ● 피고인 김갑동의 진술과 대립됨   ● 사실인정하나, 명예훼손
　　　　　　　　　　　　　　　　　　　　　　　　　　　　　　　　　성립하는지 검토 요함

　　피고인 김갑동에게 돈을 준 것과 박고소를 찾아가 "계속 시비를 걸면 평생 불

　　구로 만들어 버리겠다."라고 협박한 사실 및 서초구청에서 고함을 친 사실은

　　인정하나,／박고소 명의의 차용증을 변조 및 행사하여 돈을 편취한 사실이 없

　　다고 진술   ● 사실관계 다툼

피고인 김갑동의 변호인 변호사 김힘찬

　　피고인 김갑동을 위하여 유리한 변론을 함. (변론기재는 생략).

피고인 이을남의 변호인 법무법인 공정 담당변호사 이사랑

　　피고인 이을남을 위하여 유리한 변론을 함. (변론기재는 생략).

재판장

　　증거조사를 하겠다고 고지

증거관계 별지와 같음(검사, 변호인)

재판장

　　각각의 증거조사 결과에 대하여 의견을 묻고 권리를 보호하는 데에 필요한

　　증거조사를 신청할 수 있음을 고지

소송관계인

　　별 의견 없다고 각각 진술

재판장

　　변론 속행

2014. 12. 5.

법 원 사 무 관　　　　김효원 ㊞

재판장　판 사　　　　김성우 ㊞

서울중앙지방검찰청

(02-530-3114)

제2014-111호 2014. 12. 18.

수신 서울중앙지방법원 발신 서울중앙지방검찰청

제목 공소장변경허가신청 검사 강 민 지 (인)

귀원 2014고합1277호 피고인 이을남에 대한 명예훼손

■ 추가

피고사건의 공소장을 다음과 같이 □ 철회 하고자 합니다.

□ 변경

다음

1. 죄명에

"예비적 죄명 : 모욕"을,

2. 적용법조에

"예비적 적용법조 : 형법 제311조"를,

3. 공소사실에

"예비적 공소사실 : 피고인 이을남은 2014. 7. 30. 10:00경 서울 서초구 서초구청 건축계 사무실에서 그곳 사무실 직원 10여 명이 듣고 있는 가운데 피해자 김갑동에게 "이 나쁜 새끼, 거짓말쟁이"라고 소리침으로써 공연히 피해자를 모욕하였다."

모욕죄는 친고죄. 적법한 고소있는지 확인 요!

를 각각 추가함. (인)

서 울 중 앙 지 방 법 원
공 판 조 서

제 2 회

사　　　　건	2014고합1277 특정범죄가중처벌등에관한법률위반(뇌물) 등		
재판장 판사	김성우	기　일:	2014. 12. 19. 15:00
판사	이주현	장　소:	제425호 법정
판사	박정훈	공개 여부:	공개
법 원 사 무 관	김효원	고 지 된	
		다음기일:	2015. 1. 9. 15:00
피 고 인	1. 김갑동　2. 이을남		각 출석
검　　　사	강민지		출석
변 호 인	변호사 김힘찬 (피고인 1을 위하여)		출석
	법무법인 공정 담당변호사 이사랑 (피고인 2를 위하여)		출석
증　　　인	박고소, 황금성		각 출석

재판장
　　전회 공판심리에 관한 주요사항의 요지를 공판조서에 의하여 고지
소송관계인
　　변경할 점이나 이의할 점이 없다고 진술
재판장
　　2014. 12. 18.자 공소장변경허가신청을 허가한다는 결정 고지
검 사
　　위 서면에 의하여 변경된 공소사실, 죄명 및 적용법조 낭독
피고인 이을남 및 그 변호인 법무법인 공정 담당변호사 이사랑
　　예비적 공소사실을 모두 인정한다고 진술
재판장　　　　　　　　　　　　　●→ 법리문제(적법한 고소 유무)
　　출석한 증인 박고소, 황금성을 별지와 같이 신문하다.
증거관계 별지와 같음(검사, 변호인)
재판장
　　각 증거조사 결과에 대하여 의견을 묻고 권리를 보호하는 데에 필요한 증거
　　조사를 신청할 수 있음을 고지
소송관계인
　　별 의견 없으며, 달리 신청할 증거도 없다고 각각 진술

재판장

　　증거조사를 마치고 피고인신문을 하겠다고 고지

검　사

피고인 김갑동에게

문　피고인은 2014. 5. 15.경 퇴근길에 '란' 커피숍에 간 사실이 있나요.

답　예.

문　그때 '란' 커피숍 주인 조은숙에게 "저번에 이을남과 함께 오고 나서 1주일도 안 되었는데 커피숍 인테리어가 바뀌었네."라는 말을 한 사실이 있지요.

답　그러한 사실이 없습니다.

피고인 이을남에게

문　피고인 김갑동은 2014. 5. 8. 피고인과 만난 사실도 없다고 하나 피고인이 그 날 피고인 김갑동을 만난 사실은 분명하지요.

답　예.

문　피고인은 박고소로부터 위임받은 범위를 초과하여 박고소 명의의 차용증을 변조 및 행사하여 박고소로 하여금 3억 원의 채무를 초과 부담하도록 한 사실이 있지요.

답　아니오. 그런 사실이 없습니다.

문　피고인은 2009. 2. 3. 등산용 칼을 지니고 박고소를 찾아가 "계속 시비를 걸면 평생 불구로 만들어버리겠다."라고 협박한 사실이 있지요.

답　검찰에서 진술한 바와 같이 그렇게 말한 사실은 있습니다.

피고인 김갑동의 변호인 변호사 김힘찬 ┐ 이을남 주장에 대한 탄핵

피고인 이을남에게

문　피고인은 2014. 5. 9. 12:30 서울 출발 아시아나 항공편으로 부산에 내려간 사실이 있지요.

답　예.

문　서울에는 언제 돌아왔나요.

답　대략 1주일 정도 있다가 귀경하였습니다.

문　부산에는 왜 간 것인가요.

답　업무상 출장입니다.

문　구체적으로 어떤 일인지 말할 수 있나요.

답　여러 사람을 만났고 구체적으로 말할 정도는 아닙니다.

문　혹 그 무렵 부산에서 도박한 것은 아닙니까.

답　아닙니다.

문 부산에서 머문 1주일간 어디에 투숙하였나요.

답 호텔은 아니고, 아는 사람 집에 투숙하였습니다.

문 피고인 김갑동에게 2,900만 원은 어떻게 전달하였나요.

답 5만 원권을 쇼핑백에 담아서 주었습니다.

문 쇼핑백은 어떤 종류인지 설명할 수 있나요.

답 오래되어서 분명하지 않습니다.

문 피고인 김갑동은 보통 출퇴근할 때 빈손으로 출퇴근하는데, 당시 피고인으로
    부터 쇼핑백을 받아서 그대로 들고 구청으로 들어가던가요.   ⌉ 상식에 비추어

답 지금은 정확히 기억은 안 나지만 그냥 들고 들어간 것 같습니다.   ⌋ 진술의 신빙성 탄핵

문 피고인은 그 돈을 피고인 김갑동에게 교부하기 전에 어떻게 보관한 것인가요.

답 2014. 5. 7.에 현금으로 인출하여 제 사무실 서랍에 보관하고 있다가 아침에
    가져가서 준 것입니다.

문 피고인 김갑동에게 주기 위해 5. 7. 미리 인출해 둔 것인가요.

답 예.

문 2,900만 원에 대해서 교부하였다는 점을 피고인의 진술 외에 증명할 자료가
    있나요.

답 따로는 없습니다. 교부한 것이 사실입니다.

피고인 이을남의 변호인 법무법인 공정 담당변호사 이사랑

피고인 이을남에게

문 피고인은 박고소의 정당한 위임을 받아 황금성으로부터 돈을 빌려서 박고소
    에게 전달한 것이지요.

답 예. 그렇습니다.

재판장

    피고인신문을 마쳤음을 고지

검사에게

    공소사실 중 제2의 가항에 대한 죄명, 피해자 등을 검토해 보고 적절한 조치 ⌉ ➡ 검토의견서에
    를 할 것을 명하다.   ⌋   반영

재판장

    변론 속행 (변론 준비를 위한 검사, 변호인들의 요청으로)

                        2014. 12. 19.

                법 원 사 무 관   김효원 ㊞
                재판장 판 사   김성우 ㊞

서 울 중 앙 지 방 법 원

증 인 신 문 조 서 (제2회 공판조서의 일부)

사   건   2014고합1277   특정범죄가중처벌등에관한법률위반(뇌물) 등
증 인 이 름   박고소
            생년월일 및 주거는 (생략)

재판장

　　증인에게 형사소송법 제148조 또는 제149조에 해당하는가의 여부를 물어
　　증인이 이에 해당하지 아니함을 인정하고, 위증의 벌을 경고한 후 별지
　　선서서와 같이 선서를 하게 하였다. 다음에 신문할 증인은 재정하지 아니하였다.

검사

　　증인에게 수사기록 중 증인이 작성한 고소장과 사법경찰리가 작성한 증인에
　　대한 진술조서를 보여주고 이를 열람하게 한 후,
문　증인은 고소장을 직접 작성하여 경찰에 제출하고, 경찰에서 사실대로 진술하고   진정성립 인정
　　그 조서를 읽어보고 서명, 무인한 사실이 있고, 그 진술조서는 그때 경찰관에게   ➡ 증거능력 ○
　　진술한 내용과 동일하게 기재되어 있는가요.
답　예. 그렇습니다.

피고인 이을남의 변호인 법무법인 공정 담당변호사 이사랑
문　증인이 먼저 이을남을 찾아가 황금성으로부터 돈을 빌려달라고 부탁한 것은
　　맞지요.
답　예. 그렇습니다.

2014. 12. 19.

법 원 사 무 관   김효원 ㊞

재판장 판 사   김성우 ㊞

서울중앙지방법원

증인신문조서 (제2회 공판조서의 일부)

사 건 2014고합1277 특정범죄가중처벌등에관한법률위반(뇌물) 등
증 인 이 름 황금성
생년월일 및 주거는 (생략)

재판장

증인에게 형사소송법 제148조 또는 제149조에 해당하는가의 여부를 물어 증인이 이에 해당하지 아니함을 인정하고, 위증의 벌을 경고한 후 별지 선서서와 같이 선서를 하게 하였다.

검사

증인에게 수사기록 중 사법경찰관이 작성한 증인에 대한 진술조서를 보여주고 이를 열람하게 한 후,

문 증인은 경찰에서 사실대로 진술하고 그 조서를 읽어보고 서명, 무인한 사실이 있고, 그 진술조서에는 그때 경찰관에게 진술한 내용과 동일하게 기재되어 있는가요.

답 예. 그렇습니다.

진정성립 인정
➡ 증거능력 O

문 통상 사채업을 하는 사람이 돈을 빌려주는 절차는 어떻게 되나요.

답 〈본인 확인을 거쳐〉자력이나 신용을 평가하여 대출액을 정합니다.

통상적 절차 따랐는지 확인

피고인 이을남의 변호인 법무법인 공정 담당변호사 이사랑

문 증인은 이을남이 아니라 박고소를 채무자로 생각하고 돈을 빌려준 것이지요.

답 예. 그렇습니다.

2014. 12. 19.

법 원 사 무 관 김효원 ㊞
재판장 판 사 김성우 ㊞

제	1	책
제	1	권

➡ 여기서부터 수사기록

서울중앙지방법원
증거서류등(검사)

사 건 번 호	2014고합1277	담임	제26형사부	주심	다
	20 노		부		
	20 도		부		

사 건 명	가. 특정범죄가중처벌등에관한법률위반(뇌물) 나. 폭력행위등처벌에관한법률위반(집단·흉기등협박) 다. 사기 라. 뇌물공여 마. 사문서변조 바. 변조사문서행사 사. 명예훼손

검 사	구영재	2014년 형제99999호

피 고 인	1. 가. 2. 나.다.라.마.바.사.	**김갑동** **이을남**

공소제기일	2014. 10. 17.		
1심 선고	20 . . .	항소	20 . . .
2심 선고	20 . . .	상고	20 . . .
확 정	20 . . .	보존	

<table>
<tr><td colspan="2" rowspan="2"></td><td>제 1 책</td></tr>
<tr><td>제 1 권</td></tr>
</table>

구공판	**서 울 중 앙 지 방 검 찰 청** **증 거 기 록**				
검 찰	사건번호	2014년 형제99999호	법원	사건번호	2014년 고합1277호
	검 사	구영재		판 사	

피 고 인	1. 가. 2. 나.다.라.마.바.사.	**김갑동** **이을남**

죄 명	가. 특정범죄가중처벌등에관한법률위반(뇌물) 나. 폭력행위등처벌에관한법률위반(집단·흉기등협박) 다. 사기 라. 뇌물공여 마. 사문서변조 바. 변조사문서행사 사. 명예훼손

공소제기일	2014. 10. 17.		
구 속	각 불구속	석 방	
변 호 인			
증 거 물	있음		
비 고			

피 의 자 신 문 조 서

> **피 의 자 : 이을남**
>
> 위의 사람에 대한 명예훼손 피의사건에 관하여 2014. 7. 30. 서울서초경찰서 수사과 사무실에서 사법경찰관 경위 권장기는 사법경찰리 경사 변동구를 참여하게 하고, 아래와 같이 피의자임에 틀림없음을 확인하다.

문   피의자의 성명, 주민등록번호, 직업, 주거, 등록기준지 등을 말하십시오.
답   성명은 이을남(李乙男)

　　　 주민등록번호, 직업, 주거, 등록기준지, 직장주소, 연락처는 각각 (생략)

　사법경찰관은 피의사건의 요지를 설명하고 사법경찰관의 신문에 대하여 「형사소송법」 제244조의3에 따라 진술을 거부할 수 있는 권리 및 변호인의 참여 등 조력을 받을 권리가 있음을 피의자에게 알려주고 이를 행사할 것인지 그 의사를 확인하다.

진술거부권 및 변호인 조력권 고지 등 확인

> 1. 귀하는 일체의 진술을 하지 아니하거나 개개의 질문에 대하여 진술을 하지 아니할 수 있습니다.
> 2. 귀하가 진술을 하지 아니하더라도 불이익을 받지 아니합니다.
> 3. 귀하가 진술을 거부할 권리를 포기하고 행한 진술은 법정에서 유죄의 증거로 사용될 수 있습니다.
> 4. 귀하가 신문을 받을 때에는 변호인을 참여하게 하는 등 변호인의 조력을 받을 수 있습니다.

문   피의자는 위와 같은 권리들이 있음을 고지받았는가요.
답   예. 고지를 받았습니다.
문   피의자는 진술거부권을 행사할 것인가요.
답   아닙니다.
문   피의자는 변호인의 조력을 받을 권리를 행사할 것인가요.
답   변호사 없이 조사를 받겠습니다.
이에 사법경찰관은 피의사실에 관하여 다음과 같이 피의자를 신문하다.

[피의자의 범죄전력, 경력, 학력, 가족 · 재산 관계 등(생략)]

문   피의자는 2014. 7. 30. 10:00경 서울 서초구 서초구청 건축계 사무실에서 그
     곳 사무실 직원 10여 명이 듣고 있는 가운데 피해자 김갑동에게 "이 나쁜
     새끼, 거짓말쟁이"라고 소리침으로써 공연히 사실을 적시하여 피해자의 명
     예를 훼손한 사실이 있나요.

답   예.

문   피의자가 그렇게 한 이유는 무엇인가요.

답   김갑동이 저에게 섭섭하게 하였기 때문입니다.

문   어떤 점이 섭섭하였나요.

답   제가 투자자를 구하여 서울 서초구 방배동에 요양병원을 건축하려고 오랫동
     안 준비해왔는데, 민원을 이유로 계속하여 허가를 미루었습니다. 법적으로는
     문제도 없고 여러 번 하소연도 하였음에도 곧 될 것이니 조금만 기다려보라
     고 해 놓고는 이제 와서 결재가 안 된다고 하면서 반려하였습니다. 너무 손
     해가 막심하고 투자자도 그만두려고 하여 억울한 생각에 구청을 찾아간 것
     인데 제가 잘못하였다고 생각합니다.

문   그렇다고 하여 담당공무원에게 가서 행패까지 부렸나요.

답   이렇게 된 마당에 사실대로 진술하겠습니다. <u>사실은 김갑동에게 잘 부탁한
     다고 하면서 100만 원을 준 사실이 있습니다.</u> ⇒ 이때 긴급체포 ⇒ 도주의 우려?
                                                              증거인멸 우려?

문   이상의 진술에 대하여 이의나 의견이 있는가요.

답   없습니다.

위의 조서를 진술자에게 열람하게 하였던바, 진술한 대로 오기나 증감 · 변경할
것이 전혀 없다고 말하므로 간인한 후 서명무인하게 하다.

                         진술자 이 을 남 (무인)

                    2014.   7.   30.

                    서울서초경찰서
                    사법경찰관   경위   권 장 기 ㉑
                    사법경찰리   경사   변 동 구 ㉑

피 의 자 신 문 조 서 (제 2 회)

피 의 자 : 이을남

　위의 사람에 대한 뇌물공여 등 피의사건에 관하여 2014. 7. 30. 서울서초경찰서 수사과 사무실에서 사법경찰관 경위 권장기는 사법경찰리 경사 변동구를 참여하게 하고, 피의자에 대하여 다시 아래의 권리들이 있음을 알려주고 이를 행사할 것인지 그 의사를 확인하다.

---

1. 귀하는 일체의 진술을 하지 아니하거나 개개의 질문에 대하여 진술을 하지 아니할 수 있습니다.
2. 귀하가 진술을 하지 아니하더라도 불이익을 받지 아니합니다.
3. 귀하가 진술을 거부할 권리를 포기하고 행한 진술은 법정에서 유죄의 증거로 사용될 수 있습니다.
4. 귀하가 신문을 받을 때에는 변호인을 참여하게 하는 등 변호인의 조력을 받을 수 있습니다.

문　　피의자는 위와 같은 권리들이 있음을 고지받았는가요.

답　　예. 고지를 받았습니다.

문　　피의자는 진술거부권을 행사할 것인가요.

답　　아닙니다.

문　　피의자는 변호인의 조력을 받을 권리를 행사할 것인가요.

답　　변호사 없이 조사를 받겠습니다.

이에 사법경찰관은 피의사실에 관하여 다음과 같이 피의자를 신문하다.

문　　피의자는 김갑동을 알고 있나요.

답　　예.

문　　피의자는 김갑동에게 돈을 준 사실이 있나요.

답　　예.

문　그 경위를 자세히 진술하시오.

답　제가 2014. 1.경 제 고향 선배 절친해에게서 돈을 투자받아 서울 서초구 방배동에 요양병원을 세우기로 하였습니다. 제가 그 절차를 모두 진행하기로 하고 절차에 들어가는 비용으로 절친해로부터 1월경 1억 원을 미리 입금받았습니다. 대지를 매수하기 위해 소개인을 만나는 등 많은 비용을 써 가면서 진행해 오다가 건축허가에 편의를 봐 주겠다는 김갑동의 말을 믿고 2014. 5. 8. 19:00경 서울 서초구 서초구청 맞은 편에 있는 '란' 커피숍에서 100만 원을 지급한 것입니다.

문　그 돈을 지급하였다는 사실을 인정할 다른 증거가 있나요.

답　예. 제가 그 사실을 수첩에 기재까지 해 두었습니다.

문　이상의 진술에 대하여 이의나 의견이 있는가요.

답　없습니다.

위의 조서를 진술자에게 열람하게 하였던바, 진술한 대로 오기나 증감·변경할 것이 전혀 없다고 말하므로 간인한 후 서명무인하게 하다.

진술자　이 을 남 (무인)

2014.　7.　30.

서울서초경찰서

사법경찰관　경위　권 장 기 ㊞

사법경찰리　경사　변 동 구 ㊞

피의자신문조서

> **피 의 자 : 김갑동**
>
> 위의 사람에 대한 뇌물수수 피의사건에 관하여 2014. 7. 30. 서울서초경찰서 수사과 사무실에서 사법경찰관 경위 권장기는 사법경찰리 경사 변동구를 참여하게 하고, 아래와 같이 피의자임에 틀림없음을 확인하다.

문   피의자의 성명, 주민등록번호, 직업, 주거, 등록기준지 등을 말하십시오.

답   성명은   김갑동(金甲東)

주민등록번호, 직업, 주거, 등록기준지, 직장주소, 연락처는 각각 (생략)

사법경찰관은 피의사건의 요지를 설명하고 사법경찰관의 신문에 대하여 「형사소송법」 제244조의3에 따라 진술을 거부할 수 있는 권리 및 변호인의 참여 등 조력을 받을 권리가 있음을 피의자에게 알려주고 이를 행사할 것인지 그 의사를 확인하다.

진술거부권 및 변호인 조력권 고지 등 확인

> 1. 귀하는 일체의 진술을 하지 아니하거나 개개의 질문에 대하여 진술을 하지 아니할 수 있습니다.
> 2. 귀하가 진술을 하지 아니하더라도 불이익을 받지 아니합니다.
> 3. 귀하가 진술을 거부할 권리를 포기하고 행한 진술은 법정에서 유죄의 증거로 사용될 수 있습니다.
> 4. 귀하가 신문을 받을 때에는 변호인을 참여하게 하는 등 변호인의 조력을 받을 수 있습니다.

문   피의자는 위와 같은 권리들이 있음을 고지받았는가요.

답   예. 고지를 받았습니다.

문   피의자는 진술거부권을 행사할 것인가요.

답   아닙니다.

문   피의자는 변호인의 조력을 받을 권리를 행사할 것인가요.

답   변호사 없이 조사를 받겠습니다.

이에 사법경찰관은 피의사실에 관하여 다음과 같이 피의자를 신문하다.

[피의자의 범죄전력, 경력, 학력, 가족 · 재산 관계 등(생략)]

문   피의자는 이을남을 알고 있나요.

답   예. 방배동에서 요양병원을 운영하겠다고 하면서 건축허가신청을 한 사람으로 별다른 관계는 없습니다.

문   <u>피의자는 2014. 5. 8. '란' 커피숍에서 이을남을 만난 사실이 있나요.</u>   > 이 부분이 불리하다고 판단해 김갑동의 변호인은 이를 내용부인

답   예. 그렇습니다.

문   그날 이을남으로부터 돈을 받은 사실이 있나요.

답   그런 사실은 전혀 없습니다.

문   이을남은 피의자에게 100만 원을 주었다고 하는데요.

답   이을남이 거짓말을 하는 것입니다.

문   이상의 진술에 대하여 이의나 의견이 있는가요.

답   없습니다.

위의 조서를 진술자에게 열람하게 하였던바, 진술한 대로 오기나 증감 · 변경할 것이 전혀 없다고 말하므로 간인한 후 서명무인하게 하다.

진술자   김 갑 동 (무인)

2014. 7. 30.

서울서초경찰서

사법경찰관   경위   권 장 기 ㊞

사법경찰리   경사   변 동 구 ㊞

압 수 조 서

　　피의자 이을남에 대한 뇌물공여 등 피의사건에 관하여 <mark>2014. 8. 1. 13:00경</mark> 서울 서초구 반포대로 233 을남건설 주식회사 사무실에서 사법경찰관 경위 권장기는 사법경찰리 경사 변동구를 참여하게 하고 별지 목록의 물건을 다음과 같이 압수하다.

```
● 체포시각으로부터
  24시간이내인지
● 확인(p. 13)
```

압 수 경 위

　　피의자 이을남에 관한 뇌물공여 등 혐의로 서울서초경찰서에서 피의자를 긴급체포한 후, <mark>형사소송법 제217조 제1항에 따라</mark> 피의자의 을남건설 주식회사 사무실을 수색하던 중 책상 서랍에 보관 중인 피의자 소유의 수첩을 발견한바, 그 수첩에 "2014. 5. 8. 100만 원, 란"이라고 기재되어 있어 뇌물공여 혐의의 증거라고 사료되고, 긴급히 압수할 필요가 있어 별지 압수목록과 같이 영장 없이 압수하다.

참여인	성 명	주민등록번호	주 소	서명 또는 날인
			(기재 생략)	

2014년 8월 1일

서울서초경찰서 수사과

사법경찰관　　경위　　권 장 기 (인)

사법경찰리　　경사　　변 동 구 (인)

압 수 목 록

번호	품 명	수량	소지자 또는 제출자	소유자	경찰의견	비 고
1	수첩	1개	이을남(인적사항 생략)	이을남	압수	이을남 (무인)

고 소 장

서울서초경찰서 접수인(5555호)(2014.8.6.)

고 소 인   박 고 소 (주민등록번호: 67****-1******)

주소   서울 서초구 반포대로 444 반포빌라 D동

기타 인적사항(생략)

피고소인   1. 이 을 남

인적사항(생략)

죄   명   사기 등

피고소인은

1. 2009. 2. 2. 서울 강남구 강남대로 333 황금빌라 G동 사채업자 황금성의 집에서 피고소인이 제 멋대로 조작한 고소인 명의의 6억 원짜리 차용증을 제시하면서 "박고소가 작성해 준 차용증을 가져왔으니 6억 원을 빌려 달라."라고 거짓말하여 6억 원을 빌리고,

2. 2009. 2. 3. 고소인이 피고소인에게 전화를 걸어 차용증을 변조한 것을 따지자 등산용 칼을 가지고 제 집까지 찾아와 "계속 시비를 걸면 평생 불구로 만들어 버리겠다."라고 협박하였습니다.

피고소인을 조사하여 엄벌해주시기 바랍니다.

참 고 자 료

1. 차용증(사본)
2. 금융거래내역서

2014. 8. 6.

고소인   박 고 소 ㊞

서울서초경찰서장 귀중

차 용 증

차용인 : 박 고 소
휴대폰   010-1234-××××

차용금액 : 6억 원

오늘 박고소는 황금성으로부터 위 금액의 돈을 차용했음을
확인하고, 1년 내로 위 돈을 갚을 것을 약속합니다.

2009. 2. 2.

박 고 소 ㉙

진 술 조 서

성   명 : 박 고 소
주민등록번호, 직업, 주거, 등록기준지, 직장주소, 연락처는 각각 (생략)

위의 사람은 피의자 이을남에 대한 사기 등 피의사건에 관하여 2014. 8. 13. 서울서초경찰서 수사과 사무실에 임의 출석하여 다음과 같이 진술하다.

[피의자와의 관계, 피의사실과의 관계 등(생략)]

문   진술인이 박고소인가요.

답   예. 그렇습니다.

문   피의자를 상대로 고소한 취지는 무엇인가요.

답   제 고향 선배인 이을남이 사기를 쳐서 저를 빚더미에 앉게 했다는 것과 흉기를 지니고 와서 저를 협박했다는 것입니다.

문   사기와 관련된 구체적인 고소 내용은 무엇인가요.

답   제가 땅 장사를 하는데 좋은 물건이 나와서 이를 구입하려다 보니 3억 원 정도가 모자랐습니다. 그래서 2009. 2. 1. 이을남의 집에 찾아가 이을남에게 그 다음 날 사채업자인 황금성을 찾아가 제 대신 3억 원의 한도에서 돈을 빌려달라고 부탁했던 것인데, 이을남이 2009. 2. 2. 제 차용증을 변조하여 황금성으로부터 6억 원을 빌렸습니다.

이때 고소인이 제출한 차용증을 보여주면서

문   이 차용증은 누가 작성한 것인가요.

답   금액란을 공란으로 해서 제가 작성한 것인데, 이을남이 마음대로 6억 원이라고 적어넣은 것입니다.

문   금액란은 왜 공란으로 해 두었나요.

답   황금성으로부터 3억 원을 모두 빌릴 수 있을지 알 수 없었기 때문에 이을남에게 3억 원 범위 내에서 실제로 빌리는 액수를 대신 채워넣도록 한 것입니다. 그래서 차용증 작성일도 실제로 돈을 빌린 날인 2009. 2. 2.로 제가 기재했던 것입니다.

문   이을남이 황금성으로부터 빌린 돈을 전달받았나요.

답   고소장에 첨부된 금융거래내역과 같이 2009. 2. 2. 이을남으로부터 3억 원을 송금받은 것이 전부입니다.

문   이을남이 고소인을 협박한 내용은 무엇인가요.

답   2009. 2. 2. 저녁에 황금성이 제게 전화를 걸어 돈을 잘 받았느냐고 물어봐서 제가 3억 원을 잘 전달받았다고 했습니다. 그러자 황금성이 깜짝 놀라면서 자신은 이을남에게 6억 원에서 선이자만 공제한 금액을 송금했다면서 제게 자신의 금융거래내역까지 보내주었습니다. 그래서 2009. 2. 3. 10:00경 이을남에게 전화를 걸어 왜 차용증을 조작했느냐고 따지니 약 한 시간 후인 11:00경 제 집에 너덜너덜해진 등산용 배낭을 메고 찾아와서는 "계속 시비를 걸면 평생 불구로 만들어 버리겠다."라고 협박했습니다. 이을남이 떠난 후 가슴이 너무 답답해서 집 밖으로 나왔는데 집 앞 쓰레기봉투 놓아두는 곳에 아까 이을남이 가져왔던 배낭이 보였습니다. 무엇인지 궁금해서 배낭을 열어보니 등산용 칼과 찢어진 등산복 상의가 들어있었습니다. 제가 이을남에게 대항했으면 죽을 수도 있었겠다는 생각이 들며 간담이 서늘해졌습니다. 훗날 필요할지도 몰라서 이을남의 칼을 보관해 두었는데 오늘 경찰에 증거로 제출하겠습니다.

문   그런데 왜 그 즉시 고소를 하지 않았나요.

답   보시면 아시겠지만 저는 왜소한 체구인데 반해서 이을남은 체육대학에서 유도선수를 한 사람이라서 너무 겁이 났습니다. 그런데 얼마 전에 이을남이 뇌물죄로 구속될지도 모른다는 소문을 듣고 이제는 진실을 말할 수 있을 것 같아서 용기를 내어 고소를 하게 된 것입니다.

문   이상의 진술은 사실인가요

답   예. 사실대로 진술하였습니다.

위의 조서를 진술자에게 열람하게 하였던바, 진술한 대로 오기나 증감·변경할 것이 전혀 없다고 말하므로 간인한 후 서명무인하게 하다.

진술자 박 고 소   (무인)

2014.   8.   13.

서울서초경찰서

사법경찰관 경위   권 장 기 ㉑

압 수 조 서 (임의제출)

피의자 이을남에 대한 폭력행위등처벌에관한법률위반(집단·흉기등협박) 피의사건에 관하여 2014. 8. 13. 15:00경 서울서초경찰서 수사과 사무실에서 사법경찰관 경위 권장기는 사법경찰리 경사 변동구를 참여하게 하고 별지 목록의 물건을 다음과 같이 압수하다.

압 수 경 위

피의자 이을남의 폭력행위등처벌에관한법률위반(집단·흉기등협박) 혐의에 관하여 고소인이 관련 증거라며 피의자 이을남의 등산용 칼 1자루를 임의로 제출하므로, 증거물로 사용하기 위하여 영장 없이 압수하다.

참여인	성 명	주민등록번호	주 소	서명 또는 날인
			(기재 생략)	

2014년 8월 13일
서울서초경찰서 수사과
사법경찰관　　경위　　권 장 기 (인)
사법경찰리　　경사　　변 동 구 (인)

압 수 목 록

번호	품 명	수량	소지자 또는 제출자	소유자	경찰의견	비 고
2	등산용 칼 (칼날길이 7cm)	1자루	박고소(인적사항 생략)	이을남	압수	박고소 (무인)

피의자신문조서 (제3회)

피 의 자 : 이을남

위의 사람에 대한 명예훼손 등 피의사건에 관하여 2014. 8. 20. 서울서초경찰서 수사과 사무실에서 사법경찰관 경위 권장기는 사법경찰리 경사 변동구를 참여하게 하고, 피의자에 대하여 다시 아래의 권리들이 있음을 알려주고 이를 행사할 것인지 그 의사를 확인하다.

1. 귀하는 일체의 진술을 하지 아니하거나 개개의 질문에 대하여 진술을 하지 아니할 수 있습니다.
2. 귀하가 진술을 하지 아니하더라도 불이익을 받지 아니합니다.
3. 귀하가 진술을 거부할 권리를 포기하고 행한 진술은 법정에서 유죄의 증거로 사용될 수 있습니다.
4. 귀하가 신문을 받을 때에는 변호인을 참여하게 하는 등 변호인의 조력을 받을 수 있습니다.

문 　피의자는 위와 같은 권리들이 있음을 고지받았는가요.

답 　예. 고지를 받았습니다.

문 　피의자는 진술거부권을 행사할 것인가요.

답 　아닙니다.

문 　피의자는 변호인의 조력을 받을 권리를 행사할 것인가요.

답 　변호사 없이 조사를 받겠습니다.

이에 사법경찰관은 피의사실에 관하여 다음과 같이 피의자를 신문하다.

문 　피의자는 박고소 명의의 차용증을 변조 및 행사한 사실이 있나요.

답 　아니오. 그런 사실이 없습니다.

이때 피의자에게 고소인이 제출한 차용증을 보여주면서

문   위 차용증은 누가 작성한 것인가요.

답   박고소가 전부 작성한 것입니다.

문   박고소를 대신하여 황금성으로부터 얼마를 빌렸고, 이를 어떻게 처분하였나요.

답   차용증에 쓰여진 바와 같이 6억 원을 빌려서 그날 그 돈 전부를 박고소에게 전해주었습니다.

문   피의자는 2009. 2. 3. 11:00경 박고소를 찾아가 "불구로 만들겠다."라고 협박한 사실이 있나요.

답   예. 그런 사실이 있습니다.

문   이상의 진술에 대하여 이의나 의견이 있는가요.

답   없습니다.

위의 조서를 진술자에게 열람하게 하였던바, 진술한 대로 오기나 증감·변경할 것이 전혀 없다고 말하므로 간인한 후 서명무인하게 하다.

진술자 이 을 남 (무인)

2014.   8.   20.

서울서초경찰서

사법경찰관   경위   권 장 기 ㉑

사법경찰리   경사   변 동 구 ㉑

진술조서

```
성        명 : 황 금 성
주민등록번호, 직업, 주거, 등록기준지, 직장주소, 연락처는 각각 (생략)
```

위의 사람은 피의자 이을남에 대한 사기 등 피의사건에 관하여 2014. 8. 21. 서울서초경찰서 수사과 사무실에 임의 출석하여 다음과 같이 진술하다.

[피의자와의 관계, 피의사실과의 관계 등(생략)**]**

문   진술인이 황금성인가요.

답   예. 그렇습니다.

문   진술인은 피의자 이을남을 통해서 박고소에게 돈을 빌려준 사실이 있나요.

답   예. 이을남이 2009. 2. 2. 전화로 자신이 잘 아는 박고소가 급전이 필요한데 얼마를 빌려줄 수 있느냐고 물어봐서 제가 6억 원까지 빌려줄 수 있다고 했습니다. 그러자 그날 이을남이 제 집에 찾아와서 "박고소가 작성해준 차용증을 가져왔으니 6억 원을 빌려달라."라고 했습니다. 저는 이을남의 말만 믿고 선이자 5,000만 원을 공제한 5억 5,000만 원을 이을남의 계좌로 송금했습니다. 그리고 그날 저녁에 박고소에게 전화를 걸어 돈을 잘 받았느냐고 물어보니 자신은 이을남에게 최대 3억 원만 빌려달라고 하면서 차용 금액란을 비워둔 차용증을 만들어준 사실은 있지만, 6억 원짜리 차용증은 만든 사실이 없고 이을남으로부터 3억 원만 전달받았다고 했습니다.

문   박고소와는 원래부터 알던 사이인가요.

답   아니오. 2009. 2. 2. 이을남이 전화를 걸어 돈을 빌려줄 수 있냐고 물어볼 때 처음 들어본 사람입니다. 제가 다른 일로 바빠서 박고소에게 직접 연락한 것은 이을남에게 돈을 송금한 날 저녁에 차용증에 적힌 전화번호로 전화를 걸었을 때가 처음입니다. 이럴 줄 알았으면 돈을 빌려주기 전에 진작 연락해 볼 걸 그랬습니다.

문   박고소가 돈을 갚을 의사나 능력도 없으면서 이을남과 짜고 진술인의 돈을 편취한 것은 아닌가요.

답   나중에 확인해보니 박고소는 이을남을 통해서 위 돈을 빌릴 당시 건실한 사
      업가로서 돈을 갚을 능력이 충분했기 때문에 처음부터 돈을 갚을 의사나 능
      력이 없으면서 이을남과 짜고 사기를 친 것은 아니라고 생각합니다. 이을남
      은 박고소를 위해서 위 돈을 빌려갈 무렵에 대박피라미드라는 다단계업체에
      투자를 했다가 큰 손해를 봐서 빚이 많았다는 사실을 제가 잘 알고 있었지
      만, 제 돈을 갚을 사람은 박고소이기 때문에 이을남의 재산 상태는 별로 관
      계가 없다고 생각했었습니다. 다만 박고소가 이을남에게 본건 차용금과 관
      련하여 얼마 범위에서 위임을 했는지에 대해서 박고소와 이을남 중 누가 거
      짓말을 하는 것인지는 정말로 모르겠습니다.

문   이상의 진술은 사실인가요
답   예. 모두 사실입니다.

위의 조서를 진술자에게 열람하게 하였던바, 진술한 대로 오기나 증감·변경할
것이 전혀 없다고 말하므로 간인한 후 서명무인하게 하다.

                    진술자 황 균 성 (무인)

                    2014. 8. 21.

                    서울서초경찰서

                    사법경찰관   경위   권 장 기 ㉙

진 술 서

성 명   조은숙   (65****-2******)

주 소, 전화번호   (생략)

1. 저는 경찰의 요청으로 서울 서초경찰서에 출석하여 다음과 같이 인의로 진술합니다.

    ┄┄┄● 312조 5항, 4항의 서류

1. 저는 서울 서초구 서초동 서초구청 맞은 편에서 '난' 커피숍을 운영하고 있습니다.

1. 김갑동은 저의 커피숍을 관할하는 서초구청 건축계장이므로 평소 안면이 있고, 이을남은 서초동에서 사업을 하면서 가끔씩 저의 커피숍에 오므로 알고 있습니다.

1. 김갑동과 이을남은 가끔씩 저의 커피숍에 들르기도 하지만 함께 만났는지는 제가 기억이 분명하지 않습니다. 다만, 김갑동이 2014. 5월 스승의 날쯤에 퇴근 길에 저의 커피숍에 들러 "저번에 이을남과 함께 오고 나서 1주일도 안되었는데 커피숍 인테리어가 바꿔었네."라고 말한 것은 그 무렵 제가 커피숍 인테리어 공사를 하였기 때문에 기억합니다.

    > 김갑동의 전문진술을 기재한 서류
    > ➡ 증인으로 출석한 바 없으므로 314조 적용

1. 저의 커피숍 근처에 '난'이라는 이름이 들어가는 커피숍은 저희 1곳뿐이지만 '난'이라는 이름이 들어가는 음식점이나 술집 등 다른 가게들은 많이 있는 것으로 알고 있습니다.

2014.   8.   25.

진술자   조 은 숙   ㊞

피의자신문조서

성   명: 이을남
주민등록번호: (생략)

위의 사람에 대한 명예훼손 등 피의사건에 관하여 2014. 9. 17. 서울중앙지방검찰청 901호 검사실에서 검사 구영재는 검찰주사 전주사를 참여하게 한 후, 아래와 같이 피의자임에 틀림없음을 확인하다.
주민등록번호, 직업, 주거, 등록기준지, 직장주소, 연락처는 각각 (생략)

검사는 피의사실의 요지를 설명하고 검사의 신문에 대하여 「형사소송법」 제244조의3에 따라 진술을 거부할 수 있는 권리 및 변호인의 참여 등 조력을 받을 권리가 있음을 피의자에게 알려주고 이를 행사할 것인지 그 의사를 확인하다.

진술거부권 및 변호인 조력권 고지 등 확인

1. 귀하는 일체의 진술을 하지 아니하거나 개개의 질문에 대하여 진술을 하지 아니할 수 있습니다.
2. 귀하가 진술을 하지 아니하더라도 불이익을 받지 아니합니다.
3. 귀하가 진술을 거부할 권리를 포기하고 행한 진술은 법정에서 유죄의 증거로 사용될 수 있습니다.
4. 귀하가 신문을 받을 때에는 변호인을 참여하게 하는 등 변호인의 조력을 받을 수 있습니다.

문   피의자는 위와 같은 권리들이 있음을 고지받았는가요.
답   예. 고지받았습니다.
문   피의자는 진술거부권을 행사할 것인가요.
답   아닙니다.
문   피의자는 변호인의 조력을 받을 권리를 행사할 것인가요.
답   아닙니다. 혼자서 조사를 받겠습니다.

이에 검사는 피의사실에 관하여 다음과 같이 피의자를 신문하다.

[피의자의 병역, 학력, 가족관계, 재산 및 월수입, 건강상태 등(생략)]

문   피의자는 박고소, 황금성을 아는가요.

답   예. 박고소는 고향 후배로서 건설업자이고, 황금성은 대학 때부터 알던 친구로서 사채업자입니다.

문   피의자는 박고소를 대신하여 황금성으로부터 돈을 빌린 사실이 있나요.

답   예. 2009. 2. 1. 박고소가 제 집에 찾아와서는 "좋은 땅이 나왔는데 돈이 좀 부족하다. 형님 친구 중 사채업자가 있다고 들었는데 그에게 잘 이야기해서 6억 원만 빌려달라."라고 부탁을 하면서 6억 원짜리 차용증을 써 주었습니다. 그래서 제가 다음 날 황금성에게 전화를 해서 "건설업을 하는 박고소라는 고향 후배가 있는데 얼마까지 빌려줄 수 있느냐."라고 물어보니 황금성이 6억 원까지 가능하다고 해서 그 즉시 황금성에게 찾아가 "아까 전화로 말했던 박고소가 작성해 준 차용증을 가져왔으니 6억 원을 빌려달라."라고 하면서 차용증을 건네 주었고 잠시 후 황금성이 제 계좌로 선이자를 공제한 5억 5,000만 원을 송금해주었습니다.

이때 검사는 박고소 명의의 차용증을 제시하면서

문   얼핏 보기에도 차용증 금액란의 글씨체가 다른 것으로 보이는데 어떤가요.

답   (잠시 머뭇거리다가) 실은 그 부분은 제가 채워넣은 것입니다.

문   그런데 왜 박고소가 직접 차용증을 작성했다고 하였나요.

답   박고소가 제게 금액을 대신 적어달라고 부탁했기 때문에 박고소가 직접 작성한 것이나 다름없고 제가 멋대로 작성한 것이 아니라고 생각했기 때문입니다.

문   위와 같이 빌린 돈은 어떻게 하였나요.

답   그날 즉시 박고소에게 5억 5,000만 원 모두 송금해주었습니다.

이때 검사는 박고소가 제출한 금융거래내역을 제시하면서

문   박고소의 금융거래내역을 살펴보면 피의자로부터 3억 원을 받은 자료만 있는데 어떤가요.

답   (이때 피의자는 대답을 하지 못하다가) 오래 전 일이라 제가 착각을 한 것 같습니다. 지금 생각났는데 그날 황금성으로부터 송금받은 계좌에서 3억 원은 박고소의 계좌로 송금하고 2억 5,000만 원은 현금으로 찾아서 박고소에게 직접 건네 준 것이 확실합니다.

진술 번복 + 굳이 2억5천만원을 현금으로 찾아서 줄 필요? ➡ 신빙성 없음

문   피의자는 등산용 칼을 지니고 박고소를 찾아가 협박한 사실이 있나요.

답   저는 억울합니다. 2009. 2. 3. 아침에 제가 등산을 하려고 청계산에 가던 중
이었는데, 10:00경 박고소가 제게 전화를 해서 다짜고짜 왜 자신의 차용증
을 변조했냐고 따져서 제가 너무 황당해서 즉시 방향을 돌려 11:00경 박고
소의 집에 찾아가 "더 이상 엉뚱한 시비를 걸면 평생 불구로 살 수도 있
다."라고 점잖게 타일렀을 뿐이고 협박까지 한 것은 아닙니다.

문   박고소의 말에 의하면, 피의자는 유도선수까지 한 건장한 체구이고 박고소
는 왜소한 체격이어서 피의자의 말에 너무 겁이 났다고 하는데 어떤가요.

답   뭐 그럴 수도 있겠네요. 하지만 박고소의 몸이 부실한 것이 제 탓인가요.

문   등산용 칼은 왜 가져갔나요.

답   실은 그날 아침에 산행을 가려고 짐을 챙기다보니 등산용 배낭, 상의, 칼이
모두 낡아서 이 참에 낡은 것들은 버리고 청계산 앞 단골 매장에서 새 것
들로 구입하려고 위 등산용 칼을 상의로 몇 겹으로 싸서 배낭에 넣어 가지
고 나왔던 것입니다. 그런데 중간에 위와 같은 박고소의 항의 전화를 받고
너무 화가 나서 저도 모르게 위 배낭을 등에 멘 채로 박고소를 찾아가 위
와 같이 박고소에게 따끔하게 충고한 후 그 집을 나오다 집 앞에 놓인 쓰
레기봉투들을 보니 버리려고 메고 나왔던 배낭이 생각나서 쓰레기봉투들 옆
에 배낭을 버려두고 온 것입니다.

〔단지 지니고 있었으므로 ⇒ '휴대' ✕〕

문   피의자는 무심코 등산용 칼을 가지고 갔다고 하지만 박고소를 협박할 당시
피의자가 위 칼을 지니고 있었던 것은 사실이지요.

답   (못마땅하다는 듯이) 예. 그건 사실입니다.

문   피의자는 김갑동에게 건축허가 건과 관련하여 100만 원을 준 사실이 있나요.

답   예. 2014. 5. 8. 19:00경 서울 서초구 서초대로 130(서초구청 맞은 편)에 있
는 '란' 커피숍에서 김갑동에게 서울 서초구 방배로 240에 건축할 요양병원
건축허가 절차를 신속히 처리해달라고 부탁하면서 100만 원을 준 사실이
있습니다.

검사는 경찰에서 압수한 피의자 작성의 수첩을 제시하면서

문   이것은 피의자가 작성한 수첩이 맞나요.

답   예.

문   이 수첩 3면에 보면, "2014. 5. 8. 100만 원, 란"이라는 숫자가 기재되어 있
는데 이것은 그날 사용한 돈의 액수를 나타내는 것인가요.

답   서초구청 맞은 편 '란' 커피숍에서 김갑동에게 100만 원을 주었다는 내용을
쓴 것입니다.

문   왜 100만 원을 주었나요.

답   요양병원 건축허가 절차를 신속히 처리해달라는 명목이었습니다.

문   피의자는 그 외에도 김갑동에게 뇌물을 주었나요.

답   예. 지금 생각해보니 2014. 5. 9. 09:00경 위 커피숍 앞에서 위와 같은 명목
     으로 2,900만 원을 더 주었습니다.

문   그 경위를 진술하시오. ┈┈● 왜 지금에서야 진술? (진술의 신빙성 떨어짐)

답   제가 5. 9. 09:00경 위 커피숍 앞에서 출근하는 김갑동을 기다렸다가 만나서
     5만 원권 현금 2,900만 원을 쇼핑백에 넣어 전달하였습니다.

문   피의자는 위 건축허가 건과 관련하여 김갑동을 찾아가 소란을 피운 사실이
     있나요.

답   예. 김갑동이 위 돈을 받고도 제 부탁을 들어주지 않아 2014. 7. 30. 10:00
     경 서초구청 건축계 사무실로 김갑동을 찾아가 직원 10여 명이 들을 수 있
     게 "이 나쁜 새끼, 거짓말쟁이"라고 크게 말한 적이 있습니다.

문   박고소, 김갑동과 관련된 금융거래내역을 제출할 수 있나요.

답   예. 김갑동과 관련된 것은 다른 것은 없고 제가 그 돈을 저의 계좌에서
     2014. 5. 7. 인출하였다는 사실을 나타내는 거래내역은 조만간 제출하도록
     하겠습니다. 박고소와 관련된 금융거래내역도 같이 제출하겠습니다.

문   조서에 진술한 대로 기재되지 아니하였거나 사실과 다른 부분이 있는가요.

답   없습니다.

위의 조서를 진술자에게 열람하게 하였던바, 진술한 대로 오기나 증감·변경할 것
이 전혀 없다고 말하므로 간인한 후 서명무인하게 하다.

진술자 이 을 남   (무인)

2014. 9. 17.

서울중앙지방검찰청
검   사 구 영 재   ㊞
검찰주사 전 주 사   ㊞

피의자신문조서

성   명 : 김갑동

주민등록번호 : (생략)

위의 사람에 대한 특정범죄가중처벌등에관한법률위반(뇌물) 피의사건에 관하여 2014. 9. 18. 서울중앙지방검찰청 901호 검사실에서 검사 구영재는 검찰주사 전주사를 참여하게 한 후, 아래와 같이 피의자임에 틀림없음을 확인하다.

주민등록번호, 직업, 주거, 등록기준지, 직장주소, 연락처는 각각 (생략)

검사는 피의사실의 요지를 설명하고 검사의 신문에 대하여 「형사소송법」 제244조의3에 따라 진술을 거부할 수 있는 권리 및 변호인의 참여 등 조력을 받을 권리가 있음을 피의자에게 알려주고 이를 행사할 것인지 그 의사를 확인하다.

진술거부권 및 변호인 조력권 고지 등 확인

1. 귀하는 일체의 진술을 하지 아니하거나 개개의 질문에 대하여 진술을 하지 아니할 수 있습니다.
2. 귀하가 진술을 하지 아니하더라도 불이익을 받지 아니합니다.
3. 귀하가 진술을 거부할 권리를 포기하고 행한 진술은 법정에서 유죄의 증거로 사용될 수 있습니다.
4. 귀하가 신문을 받을 때에는 변호인을 참여하게 하는 등 변호인의 조력을 받을 수 있습니다.

문   피의자는 위와 같은 권리들이 있음을 고지받았는가요.

답   예. 고지받았습니다.

문   피의자는 진술거부권을 행사할 것인가요.

답   아닙니다.

문   피의자는 변호인의 조력을 받을 권리를 행사할 것인가요.

답   아닙니다. 혼자서 조사를 받겠습니다.

이에 검사는 피의사실에 관하여 다음과 같이 피의자를 신문하다.

[피의자의 병역, 학력, 가족관계, 재산 및 월수입, 건강상태 등(생략)]

문   피의자는 서초구청에서 무슨 일을 하나요.

답   2001. 3.부터 현재까지 서초구청 건축계장으로서 건축허가 등 건축관련 업무를 맡고 있습니다.

문   피의자는 직무와 관련하여 이을남으로부터 돈을 받은 사실이 있나요.

답   아니오. 일체의 돈을 받은 사실이 없습니다.

문   피의자는 서초구청 맞은 편에 있는 '란' 커피숍에서 이을남을 만난 사실이 있지요.

답   위 커피숍에서 이을남을 만난 사실도 없습니다.

문   그럼 다른 장소에서 이을남을 만난 사실도 없나요.

답   제가 근무하는 서초구청 사무실에 찾아왔을 때는 만났지만 사무실 바깥에서 따로 만난 사실은 없습니다.

문   피의자는 경찰에서는 '란' 커피숍에서 이을남을 만난 사실을 인정하지 않았나요.

답   제가 '란' 커피숍에 가끔씩 들른 적이 있었고, 이을남을 저희 사무실에서 민원 관계로 가끔씩 본 사실이 있는데, 갑자기 경찰관이 신문하자 경황이 없어서 혼동한 것입니다. 사실은 사무실 바깥에서 만난 적이 없습니다.

문   피의자가 '란' 커피숍에서 이을남을 만난 사실이 있다면 뇌물을 받은 사실이 밝혀질 것 같아서 이을남을 만난 사실 자체를 부인하는 것은 아닌가요.

답   아닙니다.

문   이을남은 2014. 5. 8. 100만 원, 그 다음 날 2,900만 원을 피의자에게 주었다고 하는데 어떤가요.

답   전혀 그런 사실이 없습니다.

문   조서에 진술한 대로 기재되지 아니하였거나 사실과 다른 부분이 있는가요.

답   없습니다.

위의 조서를 진술자에게 열람하게 하였던바, 진술한 대로 오기나 증감·변경할 것이 전혀 없다고 말하므로 간인한 후 서명무인하게 하다.

진술자 김 갑 동   (무인)

2014. 9. 18.

서울중앙지방검찰청

검   사 구 영 재   ㉑

검찰주사 전 주 사   ㉑

서울중앙지방검찰청

<table>
<tr><td align="center">주임검사</td></tr>
<tr><td align="center">㊞</td></tr>
</table>

수신   검사 구영재
제목   수사보고(피의자 이을남 금융거래내역 제출)

　위 사건에 관하여 피의자 이을남이 자신의 금융거래내역을 제출하였기에 보고
합니다.

첨부 : 금융거래내역. 끝.

2014. 10. 8.

위 보고자 검찰주사   전 주 사 ㊞

계좌개설인 인적사항

　계좌번호 : (생략)   개설점 : 신안은행 법조타운지점

　개 설 일 : (생략)

　성   명 : 이을남 (기타 인적사항 생략)

거래내역서

조회기간(2009. 2. 1. - 2009. 2. 7.)

거래일시	출금	내용	입금	내용	잔액	
2009-02-01			1,000,000	대박피라미드	15,000,000	〕도박정황
	5,000,000	대박피라미드			10,000,000	
2009-02-02			550,000,000	황금성	560,000,000	
	300,000,000	박고소			260,000,000	
2009-02-05	10,000,000	대박피라미드			250,000,000	〕이을남은 2억5천만
2009-02-07	10,000,000	대박피라미드			240,000,000	원을 현금으로 찾아

박고소에게 주었다고
하나 금융거래내역은
위 주장과 다름

조회기간(2014. 5. 4. - 2014. 5. 10.)

거래일시	출금	내용	입금	내용	잔액
2014-05-07	30,000,000				100,000

- 47 -

서울서초경찰서

주임검사
㊞

수신 검사 구영재
제목 조은숙에 대한 소재수사 보고

1. 서울중앙지방검찰청 검사 구영재의 2014. 10. 13. 유선 지휘 내용

○ 서울서초경찰서에서 송치한 서울중앙지방검찰청 2014형제99999호 피의자 김갑동에 대한 특정범죄가중처벌등에관한법률위반(뇌물) 등 피의사건과 관련임

○ 서울중앙지방검찰청에서 위 사건의 보완수사를 위하여 주요 참고인인 조은숙에게 서울중앙지방검찰청 901호 검사실로 2014. 10. 13. 10:00에 출석하라는 출석요구서를 발송하였으나, 수취인 부재로 반송되었고, 경찰 진술서에 기재된 조은숙의 휴대전화(010-****-****)는 계속 전원이 꺼져 있어 소재 파악이 어려우므로 2014. 10. 13. 서울서초경찰서에 위 조은숙에 대한 소재수사를 지휘함

2. 위 조은숙에 대한 소재수사 보고

○ 2014. 10. 15. 3회에 걸쳐 위 조은숙의 휴대전화로 연락한바, 역시 전원이 꺼져 있으므로 10. 16. 10:00 직접 위 조은숙의 주거지에 임하여 소재 확인하였음

○ 위 조은숙 주거지에는 현재 조은숙의 노모 이영란(82세)만 기거하고 있는바, 이영란의 진술에 의하면 조은숙은 2014. 10. 12. 재미교포인 딸 박순덕 방문차 미국 뉴욕 시로 출국하였고, 두 달 정도 머물다가 귀국하겠다고 하였으나 자신은 나이가 많아 정확한 연락처나 귀국일은 잘 모르겠다고 하므로, 출입국 사실을 조회한바, 위 조은숙이 2014. 10. 12. 출국하여 귀국하지 않은 사실을 확인하였으므로 보고합니다. 끝.

314조의 '진술불능'요건 충족×

2014. 10. 17.

서울서초경찰서

경위 권 장 기 ㊞

고 소 장

고 소 인   김 갑 동
            인적사항(생략)

피고소인   1. 이 을 남
            인적사항(생략)

죄   명   모욕

　피고소인은 2014. 7. 30. 10:00경 서울 서초구 서초구청 건축계 사무실에서 그곳 사무실 직원 10여 명이 듣고 있는 가운데 고소인에게 "이 나쁜 새끼, 거짓말쟁이"라고 소리침으로써 공연히 피해자를 모욕하였습니다.

　피고소인을 조사하여 죄가 인정되면 엄중하게 처벌해 주시기 바랍니다.

                    2014. 12. 18.

              고소인   김 갑 동 ⑳

접　수
No. 16555
2014. 12. 18.
서울중앙지방검찰청
종합접수실

고소일
➡ p. 10 공소제기일(2014.10.17.)
　보다 늦음
➡ 적법한 고소×

기타 법원에 제출되어 있는 증거들

※ 편의상 다음 증거서류의 내용을 생략하였으나, 법원에 증거로 적법하게 제출되어 있음을 유의하여 변론할 것.

○ **수첩**

- 3면에 "2014. 5. 8. 100만 원, 란"이라고 기재되어 있음
  2014. 5. 9.
  ➡ 2,900만원은 왜 수첩에는 기재가 없나?

○ **금융거래내역(박고소 고소장 첨부)**

- 황금성이 2009. 2. 2. 이을남 계좌로 5억 5,000만 원 송금
- 이을남이 2009. 2. 2. 박고소 계좌로 3억 원 송금

○ **피고인들에 대한 각 조회회보서**

- 김갑동 : 전과 없음
- 이을남 : 2014. 9. 5. 부산지방법원 도박죄 벌금 100만 원

확 인 : 법무부 법조인력과장

2. 기록 보면서 작성한 답안

[피고인 김갑동 – 변론요지서]

Ⅰ. 특정범죄가중처벌등에관한법률위반(뇌물)의 점

위 피고인은 피고인 이을남으로부터 돈을 받은 사실이 없다고 다투고 있으므로, 아래에서는 피고인이 이을남으로부터 돈을 받은 사실을 입증할 증거가 있는지 살펴보겠습니다. (사실관계를 다투고 쟁점을 도출)

가. 증거능력 없는 증거

공소사실에 부합하는 증거 중에서 아래의 증거는 증거능력이 없습니다.

① 피고인에 대한 사경 작성 피신조서는 피고인이 내용부인하였으므로 형소법 제312조 제3항의 요건을 갖추지 못해 증거능력이 없습니다.

② 이 사건에서 이을남은 공범인 공동피고인인데, 사경 작성 이을남에 대한 피신조서는 피고인이 내용부인의 취지로 부동의하였으므로 형소법 제312조 제3항의 요건을 갖추지 못해 증거능력이 없습니다.

③ 조은숙은 경찰의 요청으로 경찰서에 가 진술서를 작성하였으므로 위 진술서는 형소법 제312조 제5항, 같은 조 제4항의 적용을 받는 서류인데, 그 진술서에 피고인이 2014년 스승의 날쯤에 '란' 커피숍에서 "커피숍 인테리어가 바뀌었네"라고 말했다고 기재된 부분은 조은숙이 김갑동으로부터 들은 말을 기재한 것으로 전문진술을 기재한 진술서에 해당합니다. 위와 같은 서류는 형소법 제312조 제4항 및 제314조의 요건을 갖추어야 증거능력이 인정됩니다.

그런데 조은숙이 일시적으로 미국으로 출국하였다는 내용의 소재수사보고서만으로는 '외국 거주 등 그 밖에 이에 준하는 사유로 인하여 진술할 수 없는 때'라고 볼 수 없습니다. 따라서 위 증거는 형소법 제314조의 요건을 갖추지 못하여 증거능력이 없습니다.

④ 이을남의 수첩은 다음과 같은 이유로 위법수집증거에 해당하여 증거능력이 없습니다. 먼저 이을남에 대한 체포 과정이 위법합니다. 이을남은 2014. 7. 30. 14:00경 서울서초경찰서에서 뇌물공여 혐의로 긴급체포되었습니다. 그런데 이을남은 김갑

동에 대한 명예훼손 혐의에 대한 수사를 받기 위해 경찰서에 출석하였고, 위 혐의에 대해 수사를 받던 도중 자진해서 김갑동에게 100만 원을 교부한 사실을 밝혔으므로, 위 체포에서 형소법 제200조의3 제1항이 요구하는 긴급성 및 필요성이 있다고 할 수 없습니다. 이을남에 대한 긴급체포가 위법하다면 긴급체포 후 이루어진 압수도 위법합니다.

나아가 압수 자체도 법률을 위반한 압수입니다. 경찰은 이을남을 2014. 7. 30. 14:00에 체포하고, 2014. 8. 1. 13:00 이을남의 사무실에서 위 수첩을 압수하였습니다. 긴급체포된 자가 소유, 소지 보관하는 물건에 대한 압수는 체포한 때부터 24이내 이루어져야 하는데(형소법 제217조 제1항), 위 압수는 체포한 때로부터 24시간이 넘어 이루어졌으므로 위법한 압수이고 따라서 수첩 및 압수조서는 증거로 사용할 수 없습니다. (증거능력 없는 증거 배척)

나. 이을남 진술의 신빙성

검사 작성 이을남에 대한 피신조서(대질)는 공범인 공동피고인 이을남이 제1회 공판기일에서 증거동의함으로써 진정성립을 인정하였다고 볼 수 있으므로 증거능력은 있습니다. 위 증거와 이을남의 이 법정에서의 진술은 공통적으로, 이을남이 2014. 5. 8. 19:00 서초구청 앞 커피숍 '란'에서 100만 원, 그 다음날 09:00경 서초구청 입구에서 5만 원 권 2,900만 원을 쇼핑백에 넣어 피고인에게 교부하였다는 내용입니다. (공소사실에 들어맞는 증거의 주요 내용) 그러나 다음과 같은 점을 종합하여 보면 이을남 진술은 믿기 어렵습니다. (증거능력 있는 증거의 증명력 탄핵)

① 이을남은 2014. 7. 30. 경찰서에서 피고인에 대한 명예훼손의 점에 대하여 피의자 신분으로 수사를 받는 과정에서 피고인에게 100만 원을 뇌물로 주었다고 처음 주장하였고, 2014. 9. 17. 검찰청에서 수사를 받으면서 위 100만 원 외에 2,900만 원을 추가로 교부한 사실을 진술하였습니다.

이을남이 피고인에게 뇌물을 교부한 것이 사실이라면, 경찰이 물어보지도 않은 뇌물교부 혐의에 대해 스스로 실토하면서 자신이 교부하였다는 뇌물 중 적은 금액에 대해서만 실토할 합리적 이유가 없습니다.

② 나아가 이을남은 2014. 5. 8. 피고인에게 100만 원을 주었다고 하면서 '2014. 5. 8. 100만 원, 란'이라고 기재해 놓았다고 주장합니다. 이을남이 2014. 5. 8. 피고인과 '란'에서 만났다는 것을 뒷받침할 아무런 증거가 없으므로, 위 수첩 기재 내용을 이을남이 '피고인에게' 100만 원을 주었다는 것으로 해석할 아무런 근거가 없습니다.

오히려 2,900만 원에 대해서는 수첩에 적혀 있지 않은 사실에 비추어 보면, 수첩 문구는 피고인에 대한 뇌물공여와는 아무런 상관이 없는 문구로 해석해야 합니다.

③ 이을남은 2014. 5. 7. 현금으로 3천만 원을 출금하였고, 그 중 2,900만 원을 2014. 5. 9. 오전에 피고인에게 교부하였다고 주장합니다. 그런데 이을남의 주장에 의하더라도 이을남은 2014. 5. 8. 커피숍 란에서 피고인에게 100만 원을 주었습니다. 현금으로 찾은 돈을 굳이 하루밤 사이에 나눠 교부할 합리적 이유도 찾기 어렵습니다. 오히려 이을남이 2014. 5. 9. 부산으로 내려간 사실, 2014. 9. 5. 부산지방법원에서 도박죄로 벌금 100만 원을 받은 사실을 보태어보면 이을남이 위 현금으로 인출한 3천만 원으로 부산에서 도박을 했을 가능성도 배제하기 어렵습니다.

④ 또한 뇌물은 은밀하게 교부되는 것이 보통인데, 이을남이 피고인과 아무런 약속도 없이 출근길에 구청 앞에서 무작정 기다리다 교부하였다는 것은 선뜻 믿어지지 않습니다. 이을남은 2,900만 원을 5만 원권으로 쇼핑백에 담아 주었다고 합니다만, 피고인이 출근길에 거액의 현금이 든 쇼핑백을 들고 사무실로 출근한다는 것은, 뇌물공여를 받은 공무원이 통상적으로 취할 수 있는 행동이 아닙니다.

⑤ 피고인이 이을남으로부터 뇌물을 받았다면 건축허가를 내주었어야 하나, 이을남은 건축허가를 받지 못하였습니다. 이을남은 그런 점에다 피고인에 대한 명예훼손으로 수사를 받게 되자 자신의 책임을 덜기 위해 이런 주장을 할 가능성이 커 보입니다.

이상의 점을 종합하면 이을남의 진술은 경험칙, 상식 등에 비추어 믿을 수 없습니다. (진술의 신빙성 탄핵)

다. 소결

피고인이 이을남으로부터 돈을 교부받았음을 전제로 하는 이 사건 공소사실은 합리적 의심의 여지 없이 증명되었다고 할 수 없어 결국 '범죄의 증명이 없는 때'에 해당하므로 피고인에게 형소법 제325조 후단에 따라 무죄를 선고하여 주시기 바랍니다.

[피고인 이을남 – 검토의견서]
Ⅱ. 사문서변조, 변조사문서행사, 사기의 점
1. 사실 인정 관련 – 정당한 위임 여부

피고인은 박고소의 정당한 위임을 받아 황금성으로부터 돈을 빌려 박고소에게 전달한 것이라고 주장하므로, 사실인정과 관련하여서는 차용증에 기재된 6억 원에 대하여 정당한 위임이 있는지가 쟁점. (쟁점의 도출)

박고소와 황금성의 법정에서의 진술 및 수사기관에서의 진술, 그리고 2009. 2. 2. 피고인이 황금성으로부터 5억 5천만 원을 송금받은 뒤 박고소에게 3억 원만을 송금한 금융거래내역 등의 증거를 종합하면 피고인이 박고소로부터 3억 원에 대하여만 차용 위임을 받은 사실을 인정할 수 있음. (증거로 인정되는 사실)

반면 피고인이 처음에는 5억 5천만 원 전액을 송금하였다고 하였다가 2억 5천만 원은 현금으로 인출하였다고 진술을 번복한 점, 피고인이 현금을 인출한 금융거래내역이 없고 오히려 피고인 계좌에 2009. 2. 5.까지 2억 5천만 원이 남아 있었던 점, 5억 5천만 원 중 3억 원만 송금하고 나머지 2억 5천만 원을 굳이 현금으로 인출하여 교부할 합리적인 이유가 없는 점 등에 비추어 보면 피고인 주장은 믿기 어려워 받아들여지지 않을 가능성이 큼. (피고인 주장의 신빙성 검토)

2. 법리적 쟁점
가. 사문서변조인지 사문서위조인지

이 사건 공소사실은 박고소의 정당한 위임 범위를 초과한 금액을 차용증에 기재한 행위 및 위 차용증을 행사한 행위를 사문서변조 및 변조사문서행사로 의율하고 있음. (문제의 소재)

그러나 금액란이 공란으로 되어 있는 차용증을 교부받아 위임 범위를 초과한 금액을 기재한 행위는 사문서변조가 아닌 사문서위조임. (법리)

한편 사문서변조와 사문서위조, 각 그 행사죄는 법정형이 10년 이하의 징역으로 같고 사실관계 자체는 동일하므로, 사문서변조와 그 행사의 점이 사문서위조 및 그 행사의 점으로 공소장 변경을 통해 혹은 재판부 직권으로 변경된다고 하더라도 피고인에게 실질적 불이익을 주는 경우가 아니어서 이에 대해 군이 다툴 필요는 없음. (공소장 변경가능성 및 그에 대한 대처방안 검토)

나. 사기의 점에서 피해자

이 사건 공소사실은 피고인이 황금성을 기망하고 박고소로 하여금 3억 원의 채무를 초과 부담하게 했다고 하여(처분행위) 기망의 상대는 황금성, 편취의 상대는 박고소로 구성하고 있음. (문제의 소재)

사기죄는 타인을 기망하여 착오에 빠뜨리고 처분행위를 유발하여 재물을 교부받거나 재산상 이익을 얻음으로써 성립하는 것으로, 기망, 착오, 재산적 처분행위 사이에 인과관계가 있어야 함. (법리) 그런데 박고소는 피고인에게 3억 원에 대하여만 위임을 하였으므로, 이를 초과하는 범위에 대해서는 피고인에게 정당한 권한이 없어 그 소비대차 계약은 무효이고, 황금성이 통상적인 절차인 본인확인 절차를 거치지 않고 대출액을 정하였으므로 표현대리가 성립할 여지도 없음. 따라서 박고소는 황금성에게서 3억 원만 차용하였을 뿐이고, 이를 넘는 채무 부담이라는 처분행위는 성립하지 않음. (적용)

오히려 이 사건은 피해자를 황금성으로 구성하여야 함. 피고인은 황금성에게 위조된 문서를 행사하면서 위임 범위에 관하여 거짓말을 하였고(기망행위), 황금성이 이에 속아(착오) 5억 5천만 원을 송금하였으며(처분행위), 황금성은 피고인의 기망행위를 알았다면 정당한 범위를 넘는 돈은 빌려주지 않았을 것이므로(인과관계) 이 사건은 황금성을 피해자로 하는 사기에 해당함. (법리 및 적용)

한편 이 사건 공소사실이 피해자를 박고소에서 황금성으로 변경한다 하더라도 사실관계는 동일하고, 피고인에게 실질적 불이익을 주는 것이 아니어서, 이의할 필요는

없음. (공소장 변경가능성 및 그에 대한 대처방안 검토)

다. 사기의 점에서 편취금액

피고인이 피해자 황금성으로부터 교부받은 돈 전액을 사기죄의 편취액으로 보아야 하고, 위임받은 범위를 초과하는 금액만을 편취액 또는 이득액으로 보아야 하는 것은 아니므로, 편취금액은 3억 원이 아닌 5억 5천만 원임. (법리 및 적용)

편취금액이 5억 원 이상이면 형법이 아닌 특경가법을 적용하여야 하는데, 이는 법정형이 더 중한 범죄이므로 공소장 변경 절차 없이 피고인을 특경가법위반(사기)으로 처벌할 수는 없음. 그러나 이 사건에서 편취금액이 바뀌어도 공소사실의 동일성은 인정되므로, 검사가 공소장변경신청을 하면 법원은 이를 허가해 줄 것으로 예상됨. (공소장 변경가능성에 대한 검토)

3. 소결 - 사문서위조 및 위조사문서행사의 점, 그리고 황금성에 대한 3억 원 편취의 점에 대해 피고인이 자백하도록 설득할 필요가 있음. 편취금액을 5억 5천만 원으로 변경하더라도 공소사실의 동일성이 인정되므로 이의할 필요는 없고, 편취액 변제를 하도록 피고인을 설득할 필요가 있음.

Ⅲ. 폭력행위등처벌에관한법률위반(집단 · 흉기등협박)의 점

1. 쟁점

당시 피고인이 메고 있던 가방에 등산용 칼이 들어있었다는 사실만으로 피고인이 위험한 물건인 등산용 칼을 '휴대'한 것인지에 대하여 검토를 요하고, 축소사실인 협박죄에 대하여는 공소시효 도과 여부에 관하여 검토를 요함. (쟁점의 도출)

2. '위험한 물건 휴대' 여부

"흉기 기타 위험한 물건을 휴대하여 그 죄를 범한 자"란 범행현장에서 그 범행에 사용하려는 의도 아래 흉기 또는 위험한 물건을 소지하거나 몸에 지니는 경우를 가리키는 것이지 그 범행과는 전혀 무관하게 우연히 이를 소지하게 된 경우까지를 포함하는 것은 아님. (법리)

피고인은 당시 등산을 가던 중 등산용 칼이 낡아서 이를 버리기 위해 이를 가방에 넣어두었던 것일 뿐 범행 당시 이를 전혀 인식하지 못하였으므로, 위험한 물건을 '휴대'하였다고 볼 증거가 부족함. (적용)

3. 협박죄의 공소시효 완성

피고인이 "계속 시비를 걸면 평생 불구로 만들어 버리겠다"고 말한 사실은 인정하고 있고 증거 충분하므로 축소사실인 협박죄는 성립함. 협박죄는 형법 제283조 제1항에 의하여 그 법정형이 3년 이하의 징역, 500만원 이하의 벌금, 구류 또는 과료에 해당하는 범죄로 형소법 제250조, 형법 제50조, 형소법 제249조 제1항 제5호에 의하여 그 공소시효가 5년임. (법리)

그런데 이 사건 공소는 범죄행위가 종료된 2009. 2. 3.로부터 5년이 경과된 2014. 10. 17. 제기되었으므로 공소시효가 완성됨. (적용)

4. 소결 – 이 사건 공소 사실 중 '위험한 물건인 등산용 칼을 휴대하였다'는 부분에 대하여는 형소법 제325조 전단에 따른 이유 무죄를 구하고, 협박죄 부분은 공소시효가 완성되었을 때에 해당하므로 형소법 제326조 제3호에 따른 면소 판결을 구하여야 함.

IV. 명예훼손의 점

1. 쟁점

피고인은 공소사실 기재대로 소리친 점은 인정하고 있고 전파가능성도 인정됨. 다만 피고인의 행위가 명예훼손죄인지 모욕죄인지 검토를 요함. (쟁점의 도출)

2. 명예훼손죄와 모욕죄의 구분

사실 적시 명예훼손죄에서 사실의 적시는 사람의 사회적 평가를 저하시키는 데 충분한 구체적 사실을 말하므로, 이를 적시하지 아니하고 단지 모멸적인 언사를 사용하여 타인의 사회적 평가를 경멸하는 자기의 추상적 판단을 표시하는 것은 모욕에 해당하고 명예훼손죄에는 해당하지 아니함. (법리)

피고인이 김갑동에게 "이 나쁜 새끼, 거짓말쟁이"라고 한 말은 구체적 사실 적시

없이 단지 모멸적인 언사를 사용한 데 불과하므로 예비적 공소사실인 모욕죄만 성립함. (적용)

3. 적법한 고소 여부

모욕죄는 고소가 있어야 공소를 제기할 수 있는데(형법 제312조) 김갑동은 2014. 10. 17. 이 사건 공소가 제기된 후인 2014. 12. 18. 고소의 의사표시를 하였으므로 이 사건 고소는 부적법함. (법리 및 적용)

4. 소결 – 주위적 공소사실에 대해서는 형소법 제325조 후단 무죄를, 예비적 공소사실에 대해서는 형소법 제327조 제2호에 따른 공소기각의 판결을 구하여야 함.

제3회 변호사시험 형사법 기록형

1. 기록에 체크, 메모할 부분

2014년도 제3회 변호사시험 문제

시험과목	형사법(기록형)

응시자 준수사항

1. 시험 시작 전 문제지의 봉인을 손상하는 경우, 봉인을 손상하지 않더라도 문제지를 들추는 행위 등으로 문제 내용을 미리 보는 경우 그 답안은 영점으로 처리됩니다.

2. 답안은 흑색 또는 청색 필기구(사인펜이나 연필 사용 금지) 중 한 가지 필기구만을 사용하여 답안 작성란(흰색 부분) 안에 기재하여야 합니다.

3. 답안지에 성명과 수험번호 등을 기재하지 않아 인적사항이 확인되지 않는 경우에는 영점으로 처리되는 등 불이익을 받게 됩니다. 특히 답안지를 바꾸어 다시 작성하는 경우, 성명 등의 기재를 빠뜨리지 않도록 유의하여야 합니다.

4. 답안지에는 문제내용을 쓸 필요가 없으며, 답안 이외의 사항을 기재하거나 밑줄 기타 어떠한 표시도 하여서는 안 됩니다. 답안을 정정할 경우에는 두 줄로 긋고 다시 써야 하며, 수정액 등은 사용할 수 없습니다.

5. 시험 종료 시각에 임박하여 답안지를 교체했더라도 시험 시간이 끝나면 그 즉시 새로 작성한 답안지를 회수합니다.

6. 시험 시간이 지난 후에는 답안지를 일절 작성할 수 없습니다. 이를 위반하여 **시험 시간이 종료되었음에도 불구하고 계속 답안을 작성할 경우 그 답안은 영점으로 처리됩니다.**

7. 답안은 답안지의 쪽수 번호 순으로 써야 합니다. **배부된 답안지는 백지 답안이라도 모두 제출**하여야 하며, **답안지를 제출하지 아니한 경우 그 시간 시험과 나머지 시험에 응시할 수 없습니다.**

8. 지정된 시간까지 지정된 시험실에 입실하지 않거나 시험관리관의 승인 없이 시험 시간 중에 시험실에서 퇴실한 경우, 그 시간 시험과 나머지 시간의 시험에 응시할 수 없습니다.

9. 시험 시간 중에는 어떠한 경우에도 문제지를 시험장 밖으로 가지고 갈 수 없고, 그 시험 시간이 끝난 후에는 문제지를 시험장 밖으로 가지고 갈 수 있습니다.

【문제】

피고인 김갑동에 대해서는 법무법인 공정 담당변호사 김힘찬이 객관적인 입장에서 대표변호사에게 보고할 검토의견서를, 피고인 이을남에 대해서는 변호인 이사랑의 변론요지서를 작성하되, 다음 쪽 검토의견서 및 변론요지서 양식 중 **본문 Ⅰ, Ⅱ 부분**만 작성하시오.

> ※ 검토의견서에서는 공소장의 죄명 내지 구성요건에 대한 의율이 잘못되었을 경우 관련 법률적 쟁점 및 이에 대한 의견과 더불어 적합한 의율변경을 하여 의율변경된 죄명 내지 구성요건에 대한 법률적 쟁점 및 이에 대한 의견도 제시할 것.

【작성요령】

1. 학설·판례 등의 견해가 대립되는 경우, 한 견해를 취할 것. 단, 대법원 판례와 다른 견해를 취하여 의견을 제시하고자 하는 경우에는 대법원 판례의 취지를 적시할 것.

2. 증거능력이 없는 증거는 실제 소송에서는 증거로 채택되지 않아 증거조사가 진행되지 않지만, 이 문제에서는 시험의 편의상 증거로 채택되어 증거조사가 진행된 것을 전제하였음. 따라서 필요한 경우 증거능력에 대하여도 논할 것.

3. 검토의견서에 기재한 내용은 변론요지서에서, 변론요지서에 기재한 내용은 검토의견서에서 각각 인용 가능.

【주의사항】

1. 쪽 번호는 편의상 연속되는 번호를 붙였음.

2. 조서, 기타 서류에는 필요한 서명, 날인, 무인, 간인, 정정인이 있는 것으로 볼 것.

3. 증거목록, 공판기록 또는 증거기록 중 '(생략)'이라고 표시된 부분에는 법에 따른 절차가 진행되어 그에 따라 적절한 기재가 있는 것으로 볼 것.

4. 공판기록과 증거기록에 첨부하여야 할 일부 서류 중 '(생략)' 표시가 있는 것, '증인선서서'와 수사기관의 조서에 첨부하여야 할 '수사과정확인서'는 적법하게 존재하는 것으로 볼 것.

5. 송달이나 접수, 통지, 결재가 필요한 서류는 모두 적법한 절차를 거친 것으로 볼 것.

6. 시험의 편의상 주소기재는 도로명 주소가 아닌 지번주소로 하였음.

【검토의견서 양식】

검토의견서

사 건　2013고합1277 특정경제범죄가중처벌등에관한법률위반(횡령) 등
피고인　김갑동

Ⅰ. 피고인 김갑동에 대하여 (25점)
　　1. 배임의 점
　　2. 특정경제범죄가중처벌등에관한법률위반(횡령)의 점

※ **평가제외사항 – 공소사실의 요지, 정상관계 (답안지에 기재하지 말 것)**

2014.　1.　4.

법무법인 공정 변호사 김힘찬 ⑩

이 부분만
쓸 것

【변론요지서 양식】

변론요지서

사 건　2013고합1277 특정경제범죄가중처벌등에관한법률위반(횡령) 등
피고인　이을남

위 사건에 관하여 피고인 이을남의 변호인 변호사 이사랑은 다음과 같이 변론합니다.

다　음

Ⅰ. 피고인 이을남에 대하여 (75점)
　　1. 특정경제범죄가중처벌등에관한법률위반(횡령)의 점
　　2. 강도의 점
　　3. 현금 절도, 여신전문금융업법위반의 점
　　4. 점유이탈물횡령의 점
　　5. 금목걸이 절도의 점

※ **평가제외사항 – 공소사실의 요지, 정상관계 (답안지에 기재하지 말 것)**

2014.　1.　4.

피고인 이을남의 변호인 변호사 이사랑 ⑩

서울중앙지방법원 제26형사부 귀중

기록내용 시작

➡ 공판기록이 먼저 나오고, 수사기록이 뒤에 편철됨

		미결구금
구속만료		
최종만료		

서울중앙지방법원

구 공 판 **형사제1심소송기록**

대행 갱신 만 료

기일 1회기일	사건번호	2013고합1277	담임	제26부	주심	다
12/5 A10						
12/19 P3	사 건 명	가. 특정경제범죄가중처벌등에관한법률위반(횡령) 나. 배임 다. 강도 라. 절도 마. 여신전문금융업법위반 바. 점유이탈물횡령				
	검 사	구사현		2013형제99999호		
	피 고 인	1. 가.나. 2. 가.다.라.마.바.	**김갑동** **이을남**			
	공소제기일	2013. 10. 18.				
	변 호 인	사선 법무법인 공정 담당변호사 김힘찬(피고인 김갑동) 사선 변호사 이사랑(피고인 이을남)				

확 정	
보존종기	
종결구분	
보 존	

	담 임	과 장	국 장	주심 판사	재판장	원장
완결 공람						

접 수 공 람	과 장	국 장	원 장
	㊞	㊞	㊞

공 판 준 비 절 차

회 부 수명법관 지정 일자	수명법관 이름	재 판 장	비 고

법정외에서지정하는기일

기일의 종류	일 시				재 판 장	비 고
1회 공판기일	2013.	12.	5.	10:00	㊞	

서울중앙지방법원

목 록		
문 서 명 칭	장 수	비 고
증거목록	8	검사
공소장	10	
변호인선임신고서	(생략)	피고인 김갑동
변호인선임신고서	(생략)	피고인 이을남
영수증(공소장부본 등)	(생략)	피고인 깁갑동
영수증(공소장부본 등)	(생략)	피고인 이을남
영수증(공판기일통지서)	(생략)	변호사 김힘찬
영수증(공판기일통지서)	(생략)	변호사 이사랑
국민참여재판 의사 확인서(불희망)	(생략)	피고인 깁갑동
국민참여재판 의사 확인서(불희망)	(생략)	피고인 이을남
의견서	(생략)	피고인 김갑동
의견서	(생략)	피고인 이을남
공판조서(제1회)	15	
공판조서(제2회)	17	
증인신문조서	20	박고소
증인신문조서	21	나부인

서울중앙지방법원

목 록 (구속관계)		
문 서 명 칭	장 수	비 고
체포영장	13	피고인 이을남
피의자석방보고	(생략)	피고인 이을남

증 거 목 록 (증거서류 등)

2013고합1277

① 김갑동
② 이을남

2013형제99999호   신청인: 검사

순번	증거방법 작성	증거방법 쪽수(수)	증거방법 쪽수(증)	증거명칭	성명	참조사항 등	신청기일	증거의견 기일	증거의견 내용	증거결정 기일	증거결정 내용	증거조사기일	비고
1	검사	37		피의자신문조서 (대질- 김갑동, 이을남)	김갑동		1	1	①② ○ / ① ○ / ② ×		○		공소사실 1항 부분 / 공소사실 2항 부분 / 〃 부동의 ⇒각 공동피고인의 동의 + 반대신문 기회
					이을남		1	1	①② ○ / ① × / ② ○		○		공소사실 1항 부분 / 공소사실 2항 부분 / 〃
2	〃	(생략)		각 세금계산서			1	1	①② ○				
3	〃	46		증명서	전총무		1	1	① ○ / ② ×		×		부동의 ⇒전총무의 진정성립×
4	〃	(생략)		사망진단서사본	전총무		1	1	①② ○				
5	〃	47		피의자신문조서 (제2회)	이을남		1	1	② ○				
6	사경	24		고소장	박고소		1	1	① ○ / ② ×		○		
7	〃	(생략)		부동산매매계약서	김갑동 박고소	(생략)	1	1	①② ○	(생략)			부동의 ⇒박고소의 진정성립
8	〃	(생략)		영수증	김갑동		1	1	①② ○				
9	〃	25		각 등기사항전부증명서			1	1	①② ○				
10	〃	27		진술조서	박고소		1	1	① ○ / ② ×		○		
11	〃	29		피의자신문조서	김갑동		1	1	①② ○ / ① ○ / ② ×		×		공소사실 1,3의 가, 나, 다 항 부분 / 공소사실 2항 부분 / 〃 실질이 내용부인이므로
12	〃	32		고소장	김갑동		1	1	② ○				
13	〃	(생략)		신한카드 사용내역			1	1	② ○				
14	〃	33		압수조사			1	1	② ○				
15	〃	34		피의자신문조서	이을남		1	1	② ○				
16	〃	(생략)		각 가족관계증명서			1	1	② ○				
17	〃	(생략)		각 조회회보서	김갑동 이을남		1	1	①② ○				

※ 증거의견 표시 - 피의자신문조서: 인정 ○, 부인 ×
           (여러 개의 부호가 있는 경우, 적법성/성립/임의성/내용의 순서임)
      - 기타 증거서류: 동의 ○, 부동의 ×
      - 진술이 특히 신빙할 수 있는 상태 하에서 행하여졌다는 점 부인: "특신성 부인"(비고란 기재)
※ 증거결정 표시: 채 ○, 부 ×
※ 증거조사 내용은 제시, 내용고지

증 거 목 록 (증인 등)

2013고합1277

① 김갑동
② 이을남

2013형제99999호

신청인: 검사

증 거 방 법	쪽수 (공)	입증취지 등	신청 기일	증거결정		증거조사기일	비고
				기일	내용		
캐논 디지털 카메라 (증 제2호)		공소사실 3의 다. 항	1	1	○	2013. 12. 19. 15:00 (식시)	
균목걸이 (증 제3호)		공소사실 3의 라. 항	1	1	○	"	
증인 박고소	20	공소사실 1항, 2항	1	1	○	"	
증인 나부인	21	공소사실 2항	1	1	○	"	

※ 증거결정 표시: 채 ○, 부 ×

서 울 중 앙 지 방 검 찰 청

2013. 10. 18.

사건번호   2013년 형제99999호

수 신 자   서울중앙지방법원

제   목   **공소장**

　　　　　검사 구사현은 아래와 같이 공소를 제기합니다.

Ⅰ. 피고인 관련사항

1. 피 고 인   김갑동 (53****-1******), 60세

　　　　　　　직업 갑동주식회사 대표이사, 010-****-****

　　　　　　　주거 서울 서초구 양재동 751-5, 02-533-4784

　　　　　　　등록기준지 경기 성남시 수정구 태평동 1429

　　죄   명   특정경제범죄가중처벌등에관한법률위반(횡령), 배임

　　적용법조   특정경제범죄 가중처벌 등에 관한 법률 제3조 제1항 제2호, 형법 제355조 제1항, 제2항, 제30조, 제37조, 제38조

　　구속여부   불구속

　　변 호 인   없음

1277

접　수
No. 15511
2013. 10. 18.
서울중앙지방법원
형사접수실

2. 피 고 인   이을남 (63****-1******), 50세

　　　　　　　직업 갑동주식회사 경리부장, 010-****-****

　　　　　　　주거 서울 관악구 봉천동 123 봉천빌라 1동 지하 103호

　　　　　　　등록기준지 서울 동작구 상도2동 375

　　죄   명   특정경제범죄가중처벌등에관한법률위반(횡령), 강도, 절도, 여신전문금융업법위반, 점유이탈물횡령

　　적용법조   특정경제범죄 가중처벌 등에 관한 법률 제3조 제1항 제2호, 형법 제355조 제1항, 제333조, 제329조, 여신전문금융업법 제70조 제1항 제4호, 형법 제360조 제1항, 제30조, 제37조, 제38조

　　구속여부   불구속

　　변 호 인   없음

Ⅱ. 공소사실

피고인 김갑동은 서울 서초구 서초동 89에 있는 갑동주식회사의 대표이사이고, 피고인 이을남은 위 회사의 경리부장이다.

1. 피고인 김갑동의 배임

피고인 김갑동은 피해자 갑동주식회사 재산을 성실히 관리해야 할 의무에 위배하여 2012. 3. 15. 위 회사 사무실에서 시가 3억 원 상당의 위 회사 소유의 서울 종로구 관철동 50-1 대 300㎡에 관하여 채권자 박고소, 채권최고액 2억 원으로 하는 근저당권을 설정하여 주고 박고소로부터 1억 5,000만 원을 대출받았다.

이로써 피고인 김갑동은 위 2억 원에 해당하는 재산상의 이익을 취득하고 피해자에게 같은 액수에 해당하는 손해를 가하였다.

2. 피고인들의 공동범행-특정경제범죄가중처벌등에관한법률위반(횡령)

피고인들은 피해자 갑동주식회사가 소유하는 시가 6억 원 상당의 서울 구로구 개봉동 353-4 대 500㎡를 임의로 처분하여 그 돈을 각자 개인적으로 사용하기로 공모하였다.

피고인 김갑동은 2012. 4. 15. 위 회사 사무실에서 피해자 박고소와 위 토지에 관하여 매수인 박고소, 매매대금 4억 원으로 하는 매매계약을 체결한 후 같은 날 계약금 1억 원, 중도금 2억 원 합계 3억 원을 수령하였다.

그럼에도 불구하고 피고인 김갑동은 2012. 5. 9. 위 회사 사무실에서 이미 피해자 박고소에게 위와 같이 매도한 위 토지를 최등기에게 매매대금 4억 원에 매도하는 계약을 체결하고, 2012. 5. 10. 서울남부지방법원 구로등기소에서 최등기의 명의로 소유권이전등기를 마쳤다.

이로써 피고인들은 공모하여 피해자들에 대하여 각각 재물을 횡령하였다.

3. 피고인 이을남

가. 강도

피고인 이을남은 2012. 5. 20. 갑동주식회사 사무실에서 피해자 김갑동에게 "신용카드를 주지 않으면 회사 토지를 마음대로 처분한 것을 경찰에 알려 콩밥을 먹게 하겠다. 내게는 힘 좀 쓰는 동생들도 있다."라고 협박하여 피해자의 반항을 억압하고 피해자로부터 피해자 명의의 신용카드 1장(카드번호 : 4***-****-****-****)을 빼앗아 강취하였다.

나. 절도, 여신전문금융업법위반

피고인 이을남은 2012. 5. 21. 서울 서초구 서초동 456-2에 있는 신한은행 현금자동지급기 코너에서 위와 같이 강취한 피해자 김갑동의 신용카드를 현금자동지급기에 투입하고, 피해자가 위 신용카드 교부시 알려준 신용카드 비밀번호와 금액을 입력하여 피해자의 예금계좌에서 현금 100만 원을 인출하였다.

이로써 피고인 이을남은 강취한 위 신용카드를 사용하여 피해자의 재물을 절취하였다.

다. 점유이탈물횡령 ┈┈● 범죄일이 오래전이므로 공소시효 완성 여부를 먼저 검토

피고인 이을남은 2008. 9.말경 서울 종로구에 있는 경복궁에서 일본인 여성으로 보이는 피해자 성명불상자가 그곳 벤치 옆에 두고 간 피해자 소유의 시가 250만 원 상당의 캐논 디지털 카메라 1대를 습득하고도 피해자에게 반환하는 등 필요한 절차를 취하지 아니한 채 자신이 가질 생각으로 가지고 가 이를 횡령하였다.

라. 절도

피고인 이을남은 2011. 12.중순경 서울 관악구 봉천동에 있는 피고인의 집 인근에 있는 봉천금은방에서 업주인 피해자 성명불상자가 잠시 자리를 비운 사이 진열대 위에 놓여있던 피해자 소유의 시가 150만 원 상당의 금목걸이 1개를 몰래 가져가 이를 절취하였다.

Ⅲ. 첨부서류

1. 체포영장 1통
2. 피의자석방보고 1통 (생략)

검사 구사현 ㉑

체 포 영 장

서울중앙지방법원

<table>
<tr><td>영 장 번 호</td><td colspan="2">1547</td><td>죄 명</td><td>강도 등</td></tr>
<tr><td rowspan="3">피 의 자</td><td>성 명</td><td>이을남</td><td>직 업</td><td>갑동주식회사 경리부장</td></tr>
<tr><td>주민등록번호</td><td colspan="3">63**** - 1******</td></tr>
<tr><td>주 소</td><td colspan="3">서울 관악구 봉천동 123 봉천빌라 1동 지하 103호</td></tr>
<tr><td>청구한 검사</td><td colspan="2">강형준</td><td>청 구 일 자</td><td>2013. 6. 28.</td></tr>
<tr><td>변 호 인</td><td colspan="2"></td><td>유 효 기 간</td><td>2013. 7. 8.</td></tr>
<tr><td>범죄사실의 요지</td><td colspan="2">별지 기재와 같다.</td><td>인치할 장소</td><td>□ 서울중앙지방검찰청
■ 서울서초경찰서</td></tr>
<tr><td>구금할 장소</td><td colspan="4">■ 서초경찰서유치장 □ ( )구치소 □ ( )교도소</td></tr>
<tr><td colspan="3">■ 피의자는 정당한 이유 없이 수사기관의 출석요구에 응하지 아니하였다.

□ 피의자는 정당한 이유 없이 수사기관의 출석요구에 응하지 아니할 우려가 있다.

□ 피의자는 일정한 주거가 없다 (다액 50만 원 이하의 벌금, 구류 또는 과료에 해당하는 사건).</td><td colspan="2">피의자가 별지 기재와 같은 죄를 범하였다고 의심할 만한 상당한 이유가 있고, 체포의 사유 및 체포의 필요가 있으므로, 피의자를 체포한다.

유효기간이 경과하면 체포에 착수할 수 없고, 유효기간이 경과한 경우 또는 유효기간내라도 체포의 필요가 없어진 경우에는 영장을 반환하여야 한다.

2013. 7. 1.
판 사 한현주 [인]</td></tr>
<tr><td>체 포 일 시</td><td colspan="2">2013. 7. 5. 09:00</td><td>체 포 장 소</td><td>피의자의 주거지</td></tr>
<tr><td>인 치 일 시</td><td colspan="2">2013. 7. 5. 10:00</td><td>인 치 장 소</td><td>서울서초경찰서 수사과 경제범죄수사팀 사무실</td></tr>
<tr><td>구 금 일 시</td><td colspan="2"></td><td>구 금 장 소</td><td></td></tr>
<tr><td>집행불능사유</td><td colspan="4"></td></tr>
<tr><td>처리자의 소속 관서, 관직</td><td colspan="2">서울서초경찰서 수사과</td><td>처리자 서명날인</td><td>경위 배양수 [인]</td></tr>
</table>

범죄사실

피의자는 2012. 5. 20. 서울 서초구 서초동 89 소재 갑동주식회사 사무실에서 피해자 김갑동에게 "신용카드를 주지 않으면 회사 토지를 마음대로 처분한 것을 경찰에 알려 콩밥을 먹게 하겠다. 내게는 힘 좀 쓰는 동생들도 있다."라고 협박하여 피해자 김갑동 명의의 신용카드 1장 (카드번호 : 4***-****-****-****)을 강취하였다.

피의자는 2012. 5. 21. 서울 서초구 서초동 456-2에 있는 신한은행의 현금자동지급기 코너에서 위와 같이 강취한 김갑동의 신용카드를 현금자동지급기에 투입하고, 김갑동이 신용카드 교부시 알려준 신용카드 비밀번호와 금액을 입력하는 방법으로 현금 100만 원을 인출하였다.

피의자는 2008. 9.말경 서울 종로구에 있는 경복궁에서 일본인 여성으로 보이는 피해자 성명불상자가 그곳 벤치 옆에 두고 간 피해자 성명불상자 소유의 시가 250만 원 상당의 캐논 디지털 카메라 1대를 습득하고도 피해자 성명불상자에게 반환하는 등 필요한 절차를 취하지 아니한 채 자신이 가질 생각으로 가지고 가 이를 횡령하였다.

서 울 중 앙 지 방 법 원

공 판 조 서

제 1 회 ➡ 사실을 다투는 죄와 법리를 다투는 죄 구분

사 건	2013고합1277 특정경제범죄가중처벌등에관한법률위반(횡령) 등		
재판장 판사	김상혁	기 일:	2013. 12. 5. 10:00
판사	이채은	장 소:	제425호 법정
판사	김시화	공개 여부:	공개
법원사무관	성진수	고 지 된	
		다음기일:	2013. 12. 19. 15:00
피 고 인	1. 김갑동 2. 이을남		각 출석
검 사	이유진		출석
변 호 인	법무법인 공정 담당변호사 김힘찬 (피고인 1을 위하여)		출석
	변호사 이사랑 (피고인 2를 위하여)		출석

재판장

피고인들은 진술을 하지 아니하거나 각개의 물음에 대하여 진술을 거부할 수 있고, 이익되는 사실을 진술할 수 있음을 고지

재판장의 인정신문

성 명: 1. 김갑동 2. 이을남

주민등록번호: 각 공소장 기재와 같음

직 업: 〃

주 거: 〃

등 록 기 준 지: 〃

재판장

피고인들에 대하여

주소가 변경될 경우에는 이를 법원에 보고할 것을 명하고, 소재가 확인되지 않을 때에는 피고인들의 진술 없이 재판할 경우가 있음을 경고

검 사

공소장에 의하여 공소사실, 죄명, 적용법조 낭독

- 15 -

피고인 김갑동

〈갑동주식회사는 피고인 김갑동이 소유하는 회사이므로 서울 종로구 관철동 50-1 대 300㎡에 근저당권을 설정한 것에 대해서 처벌받는 것은 억울하고,〉〈박 고소에게 매도한 서울 구로구 개봉동 353-4 대 500㎡를 다시 최등기에게 이전 등기해 준 부분은 잘못을 인정한다〉고 진술

● 법리에 오류가 있는지 검토 ●

● 법리다툼

피고인 이을남

〈피고인 김갑동이 위 개봉동 토지를 이중으로 파는 데 공모한 사실이 없고,〉 나머지 공소사실은 인정한다고 진술

● 사실관계 다툼

● 법리다툼

피고인 김갑동의 변호인 변호사 김힘찬

피고인 김갑동을 위하여 유리한 변론을 함. 변론기재는 (생략).

피고인 이을남의 변호인 변호사 이사랑

피고인 이을남을 위하여 유리한 변론을 함. 변론기재는 (생략).

재판장

증거조사를 하겠다고 고지

증거관계 별지와 같음(검사, 변호인)

재판장

각각의 증거조사 결과에 대하여 의견을 묻고 권리를 보호하는 데에 필요한 증거조사를 신청할 수 있음을 고지

소송관계인

별 의견 없다고 각각 진술

재판장

변론 속행

2013. 12. 5.

법 원 사 무 관   성진수 ㊞

재판장 판 사   김상혁 ㊞

서 울 중 앙 지 방 법 원

공 판 조 서

제 2 회 ➡ 사실을 다투는 죄에 대한 사실관계 정리

사 건	2013고합1277 특정경제범죄가중처벌등에관한법률위반(횡령) 등		
재판장 판사	김상혁	기 일:	2013. 12. 19. 15:00
판사	이채은	장 소:	제425호 법정
판사	김시화	공개 여부:	공개
법원사무관	성진수	고 지 된	
		다음기일:	2014. 1. 9. 15:00

피 고 인	1. 김갑동 2. 이을남	각 출석
검 사	이유진	출석
변 호 인	법무법인 공정 담당변호사 김힘찬 (피고인 1을 위하여)	출석
	변호사 이사랑 (피고인 2를 위하여)	출석
증 인	박고소, 나부인	각 출석

재판장

　　전회 공판심리에 관한 주요사항의 요지를 공판조서에 의하여 고지

소송관계인

　　변경할 점이나 이의할 점이 없다고 진술

출석한 증인 박고소, 나부인을 별지와 같이 신문하다

증거관계 별지와 같음(검사, 변호인)

재판장

　　각 증거조사 결과에 대하여 의견을 묻고 권리를 보호하는 데에 필요한 증거

　　조사를 신청할 수 있음을 고지

소송관계인

　　별 의견 없으며, 달리 신청할 증거도 없다고 각각 진술

재판장

　　증거조사를 마치고 피고인신문을 하겠다고 고지

검 사

피고인 김갑동에게

문 피고인은 2012. 3. 15. 갑동주식회사가 소유하는 서울 종로구 관철동 50-1 대 300㎡에 관하여 임의로 채권자 박고소, 채권최고액 2억 원으로 하는 근저당권을 설정하여 주고 박고소로부터 1억 5,000만 원을 빌린 사실이 있지요.

답 예. 그렇습니다.　　　　　　　　　　● 공범인 공동피고인의 법정진술 ⇒ 증거능력○

문 피고인은 이을남과 공모하여 2012. 4. 15. 위 회사 소유의 서울 구로구 개봉동 353-4 대 500㎡에 관하여 매수인 박고소, 매매대금 4억 원으로 하는 매매계약을 체결한 후 같은 날 계약금 1억 원, 중도금 2억 원 합계 3억 원을 수령하였음에도 2012. 5. 9. 최등기에게 위 토지를 다시 매도하고 2012. 5. 10. 최등기 앞으로 위 토지의 소유권이전등기를 마친 사실이 있지요.

답 예. 그렇습니다.

피고인 이을남에게

문 피고인은 김갑동과 공모하여 2012. 4. 15. 위 회사 소유의 서울 구로구 개봉동 353-4 대 500㎡에 관하여 매수인 박고소, 매매대금 4억 원으로 하는 매매계약을 체결한 후 같은 날 계약금 1억 원, 중도금 2억 원 합계 3억 원을 수령하였음에도 2012. 5. 9. 최등기에게 위 토지를 다시 매도하고 2012. 5. 10. 최등기 앞으로 위 토지의 소유권이전등기를 마친 사실이 있지요.

답 김갑동과 최등기 사이를 오가며 매매가 성사되도록 도와준 사실은 있으나 소유권이전등기 당시까지는 김갑동이 위 토지를 이미 박고소에게 매도한 사실은 몰랐습니다.

문 피고인은 2012. 5. 20. 김갑동에게 "신용카드를 주지 않으면 회사 토지를 마음대로 처분한 것을 경찰에 알려 콩밥을 먹게 하겠다. 내게는 힘 좀 쓰는 동생들도 있다."라고 협박하여 김갑동으로부터 김갑동 명의의 신용카드 1장을 빼앗은 사실이 있지요.

답 예. 그렇습니다. 하지만 그렇다고 해서 강도죄로까지 처벌받는 것은 억울합니다.

　　　　　　　　　　　　　　　　　● '강취' 포섭 여부 검토(축소사실 인정)

문 피고인은 2012. 5. 21. 신한은행 현금자동지급기에서 위와 같이 강취한 김갑동의 신용카드를 사용하여 김갑동의 예금계좌에서 현금 100만 원을 인출한 사실이 있지요.

답 예. 그렇습니다.

문 피고인은 2008. 9.말경 경복궁 안 벤치 옆에 놓여있던 성명불상자 소유의 시가 250만 원 상당의 캐논 디지털 카메라 1대를 몰래 가져가고, 2011. 12.중순경 봉천금은방에서 업주가 잠시 자리를 비운 사이 진열대 위에 놓여있던 업주 소유의 시가 150만 원 상당의 금목걸이 1개를 몰래 가져간 사실이 있지요.

답 예. 그렇습니다.

피고인 이을남의 변호인 변호사 이사랑

　　문답 기재 (생략)

재판장

　　피고인신문을 마쳤음을 고지

재판장

　　변론 속행 (변론 준비를 위한 변호인들의 요청으로)

2013. 12. 19.

법 원 사 무 관　　　성진수 ㊞

재판장 판 사　　　김상혁 ㊞

서울중앙지방법원

증인신문조서 (제2회 공판조서의 일부)

사　　건　　2013고합1277 특정경제범죄가중처벌등에관한법률위반(횡령) 등
증　인　이　름　　박고소
　　　　생년월일 및 주거는 (생략)

재판장

　　증인에게 형사소송법 제148조 또는 제149조에 해당하는가의 여부를 물어 증인이 이에 해당하지 아니함을 인정하고, 위증의 벌을 경고한 후 별지 선서서와 같이 선서를 하게 하였다. 다음에 신문할 증인은 재정하지 아니하였다.

검사

　　증인에게 수사기록 중 증인이 작성한 고소장과 사법경찰리가 작성한 증인에 대한 진술조서를 보여주고 이를 열람하게 한 후,

문　증인은 고소장을 직접 작성하여 경찰에 제출하고, 경찰에서 사실대로 진술하고 그 조서를 읽어보고 서명, 무인한 사실이 있고, 그 진술조서는 그때 경찰관에게 진술한 내용과 동일하게 기재되어 있는가요.

답　예. 그렇습니다.

문　김갑동과 이을남을 함께 고소한 이유는 무엇인가요.

답　김갑동에게 제가 매수한 토지의 잔금을 치르러 간 날 김갑동이 최등기에게 그 토지를 매도한 사실을 알고 그렇다면 받은 돈이라도 돌려달라고 하였더니, 김갑동이 "받은 돈은 이을남과 함께 다 써버렸다."라고 하여 김갑동과 이을남이 함께 계획적으로 범행을 한 것이라고 생각해서 두 사람 모두 고소한 것입니다.

증거순번 6, 10 ➡ 진정성립 인정

316조 2항 요건 ➡ 원진술자 진술 불능×

피고인 이을남의 변호인 변호사 이사랑

　　문답 기재 (생략)

2013. 12. 19.

법원사무관　　성진수 ㊞

재판장 판사　　김상혁 ㊞

서울중앙지방법원

증인신문조서 (제2회 공판조서의 일부)

사   건   2013고합1277   특정경제범죄가중처벌등에관한법률위반(횡령) 등
증 인 이 름   나부인
            생년월일 및 주거는 (생략)

재판장
    증인에게 형사소송법 제148조 또는 제149조에 해당하는가의 여부를 물어
    증인이 이에 해당하지 아니함을 인정하고, 위증의 벌을 경고한 후 별지
    선서서와 같이 선서를 하게 하였다.

검 사
문   증인은 김갑동, 이을남을 아는가요.
답   예. 김갑동은 남편이 교통사고를 당한 때부터 저희 가족을 경제적으로 많
    이 도와주고 계신 고마운 분이고, 이을남은 남편의 친구입니다.
문   남편뿐만 아니라 증인도 개인적으로 김갑동이나 이을남과 가까운가요.
답   그렇지는 않습니다. 다만, 매년 현충일 무렵에 이을남의 집에 생일 음식을
    싸다 준 일은 있습니다. 10여년 전에 봉천동 판자촌에 있는 이을남의 집에
    처음 가보았는데 보증금 300만 원에 월세 20만 원짜리 단칸방에서 혼자
    어렵게 살아가고 있어 남편이 저를 보내서 매년 이을남의 생일을 챙겨왔
    는데 10년 넘게 이을남의 생활이 나아지는 것이 없으니 안타깝습니다.
검사는 전총무 명의의 증명서를 증인에게 제시하고 이를 열람하게 한 뒤,   전총무 진술의
문   증인은 2013. 6. 5.자 전총무 명의의 증명서에 대해서 아는가요.   신빙성?
답   예. 그때쯤 남편이 교통사고로 입원해 있을 때 김갑동이 갑자기 찾아와 남
    편과 이야기를 하다가 남편이 다쳐 글을 쓰지 못하니 남편 말을 받아 적
    어달라고 부탁하여 남편이 불러주는 대로 제가 직접 자필로 작성한 것으
    로 본문과 성명을 모두 제가 직접 적은 것이 맞습니다. 하지만 그 내용이
    사실인지 여부는 모릅니다.
피고인 이을남의 변호인 변호사 이사랑
    문답 기재 (생략)

2013. 12. 19.
법 원 사 무 관   성진수 ㊞
재 판 장 판 사   김상혁 ㊞

제	1	책
제	1	권

➡ 여기서부터 수사기록

서울중앙지방법원
증거서류등(검사)

사 건 번 호	2013고합1277	담임	제26형사부	주심	다
	20 노		부		
	20 도		부		
사 건 명	가. 특정경제범죄가중처벌등에관한법률위반(횡령) 나. 배임 다. 강도 라. 절도 마. 여신전문금융업법위반 바. 점유이탈물횡령				
검 사	구사현		2013년 형제99999호		
피 고 인	1. 가.나. 2. 가.다.라.마.바.		**김갑동** **이을남**		
공소제기일	2013. 10. 18.				

1심 선고	20 . . .	항소	20 . . .
2심 선고	20 . . .	상고	20 . . .
확 정	20 . . .	보존	

					제 1 책	
					제 1 권	

구공판	**서 울 중 앙 지 방 검 찰 청**				
	증 거 기 록				

검 찰	사건번호	2013년 형제99999호	법원	사건번호	2013년 고합1277호
	검 사	구사현		판 사	

피 고 인	1. 가.나. 2. 가.다.라.마.바.	**김갑동** **이을남**

죄 명	가. 특정경제범죄가중처벌등에관한법률위반(횡령) 나. 배임 다. 강도 라. 절도 마. 여신전문금융업법위반 바. 점유이탈물횡령

공소제기일	2013. 10. 18.		
구 속	각각 불구속	석 방	
변 호 인			
증 거 물	있음		
비 고			

고 소 장

서초경찰서 접수인(5555호)(2013. 5. 6.)

고 소 인　　　박 고 소
　　　　　　　　인적사항(생략)

피고소인　　　1. 김 갑 동
　　　　　　　　인적사항(생략)
　　　　　　　2. 이 을 남
　　　　　　　　인적사항(생략)

죄　　　명　　배임, 횡령

　　피고소인들은 공모하여,

　　2012. 3.경 갑동주식회사 소유의 시가 3억 원 상당의 서울 종로구 관철동 50-1 대 300㎡에 관하여 채권자 박고소, 채권최고액 2억 원으로 하는 근저당권을 설정하고 박고소로부터 1억 5,000만 원을 대출받아 갑동주식회사에 대하여 배임 행위를 하고,

　　2012, 4.경 위 회사 소유의 시가 6억 원 상당의 서울 구로구 개봉동 353-4 대 500㎡를 피해자인 고소인 박고소에게 4억 원에 매도하는 계약을 체결한 후 같은 날 계약금 1억 원, 중도금 2억 원을 수령하였음에도 2013. 5.경 최등기에게 위 토지를 4억 원에 매도한 후 소유권이전등기를 경료하여 위 토지를 횡령하였습니다.

　　피고소인들을 조사하여 죄가 인정되면 엄중하게 처벌해 주시기 바랍니다.

참 고 자 료

1. 매매계약서
2. 영수증
3. 각 등기사항전부증명서

2013. 5. 6.

고소인　박 고 소 ㉿

서울서초경찰서장 귀중

등기사항전부증명서(말소사항 포함)-토지

[토지] 서울 종로구 관철동 50-1　　　　　　　　고유번호 3103-1997-341247

【 표 제 부 】　(토지의 표시)					
표시번호	접　수	소재지번	지목	면적	등기원인 및 기타사항
1 (전2)	1997년6월15일	서울 종로구 관철동 50-1	대	300㎡	부동산등기법시행규칙부칙 제3조 제1항의 규정에 의하여 1997년7월 14일 전산이기

【 갑　　구 】　(소유권에 관한 사항)				
순위번호	등기목적	접　수	등기원인	권리자 및 기타사항
1 (전2)	소유권이전	2009년6월4일 제1351호	2009년6월3일 매매	소유자 갑동주식회사 110111-2091124 서울 서초구 서초동 89
				부동산등기법시행규칙부칙 제3조 제1항의 규정에 의하여 1997년7월14일 전산이기
2	소유권이전	2010년4월16일 제1499호	2010년4월15일 매매	소유자 김갑동 53****-1****** 서울 서초구 양재동 751-5

[토지] 서울 종로구 관철동 50-1　　　　　　　　고유번호 3103-1997-341247

【 을　　구 】　(소유권 이외의 권리에 관한 사항)				
순위번호	등기목적	접　수	등기원인	권리자 및 기타사항
1	근저당권설정	2012년3월15일 제5950호	2012년3월15일 설정계약	채권최고액 금 200,000,000원 채무자 김갑동 53****-1****** 서울 서초구 양재동 751-5 근저당권자 박고소 651021-1574258 서울 성북구 동선동 1가 18

서기 2013년 5월 6일

법원행정처 등기정보중앙관리소 전산운영책임관　박수한

등기정보
중앙관리
소전산운
영책임관

등기사항전부증명서(말소사항 포함)-토지

[토지] 서울 구로구 개봉동 353-4 　　　　　　　고유번호 3103-1997-342356

【표 제 부】		(토지의 표시)			
표시번호	접　수	소재지번	지목	면적	등기원인 및 기타사항
1 (전2)	1997년6월15일	서울 구로구 개봉동 353-4	대	500㎡	부동산등기법시행규칙부칙 제3조 제1항의 규정에 의하여 1997년7월14일 전산이기

【갑　　구】			(소유권에 관한 사항)	
순위번호	등기목적	접　수	등기원인	권리자 및 기타사항
1 (전2)	소유권이전	2009년6월4일 제1352호	2009년6월3일 매매	소유자 갑동주식회사 110111-2091124 서울 서초구 서초동 89
				부동산등기법시행규칙부칙 제3조 제1항의 규정에 의하여 1997년7월14일 전산이기
2	소유권이전	2012년5월10일 제1500호	2012년5월9일 매매	소유자 최등기 640524-1019410 서울 송파구 가락동 21-6

[토지] 서울 구로구 개봉동 353-4 　　　　　　　고유번호 3103-1997-342356

【을　　구】			(소유권 이외의 권리에 관한 사항)	
순위번호	등기목적	접　수	등기원인	권리자 및 기타사항
1	근저당권설정	2010년3월15일 제3200호	2010년3월15일 설정계약	채권최고액 금 200,000,000원 채무자 갑동주식회사 110111-2091124 서울 서초구 서초동 89 근저당권자 주식회사 신한은행 110301-1109403 서울 중구 을지로 1가 18

서기 2013년 5월 6일

법원행정처 등기정보중앙관리소 전산운영책임관　박수한

진술조서

성   명 : 박고소 (인적사항 생략)

주민등록번호 : 651021-1574258

직업, 주거, 등록기준지, 직장주소, 연락처는 각각 (생략)

위의 사람은 피의자 김갑동에 대한 배임 등 피의사건에 관하여 2013. 5. 13. 서울서초경찰서 경제범죄수사팀 사무실에 임의 출석하여 다음과 같이 진술하다.

문   진술인이 박고소인가요.

답   예. 그렇습니다.

문   피고소인들과는 어떤 관계인가요.

답   김갑동은 제 고향 형님이고 이을남은 김갑동이 운영하는 갑동주식회사의 경리부장입니다.

문   고소인은 피의자들을 무슨 내용으로 고소한 것인가요.

답   김갑동과 이을남이 위 회사 소유의 토지를 마음대로 처분하여 피해를 입었으니 처벌해 달라는 것입니다.

문   구체적인 고소내용은 무엇인가요.

답   김갑동이 2012. 2.말경에 저를 찾아와 돈을 빌려달라고 했습니다. 제가 담보가 있느냐고 하니 김갑동은 자기 명의로 되어 있는 서울 종로구 관철동 50-1 대 300㎡가 있다고 했습니다. 그 토지의 시가를 알아보니 3억 원 정도 되어서 2012. 3.중순경에 위 토지에 관하여 채권최고액 2억 원의 근저당권을 설정하고 김갑동에게 1억 5,000만 원을 빌려 준 적이 있습니다.

문   근저당권을 설정했으니 고소인이 피해를 입은 것은 없지 않나요.

답   나중에 알고 보니 위 토지는 사실 위 회사 소유였는데, 김갑동이 자기 소유인 것처럼 말한 것이 괘씸하여 처벌해달라는 것입니다.

문   채권최고액은 2억 원인데 1억 5,000만 원을 빌려준 이유는 무엇인가요.

답   제가 돈놀이를 하는 친구들이 좀 있어서 알아보니 개인이 근저당권 채권최고액의 70퍼센트 이상을 빌려주면 후한 것이라고 했습니다. 그래서 김갑동이 제 고향 형님임을 생각해서 2억 원의 75퍼센트인 1억 5,000만 원을 빌려준 것입니다.

문 다른 고소 내용은 무엇인가요.

답 2012. 4.중순경에 김갑동이 회사 운영자금이 급히 필요하다며 시가 6억 원 상당의 회사 소유의 토지인 서울 구로구 개봉동 353-4 대 500㎡를 4억 원에 팔고 싶다고 했습니다. 마침 제가 부동산 재테크를 생각하고 있던 때라서 그 날 즉시 계약금 1억 원, 중도금 2억 원을 현금으로 급히 마련해서 총 3억 원을 김갑동에게 주었습니다. 그런데 2012. 5.경 잔금을 치르러 가 보니 김갑동이 사정이 급해 최등기라는 사람에게 4억 원을 받고 소유권을 넘겼다는 사실을 알게 되었습니다. 그래서 저는 계약금과 중도금 합계 3억 원의 피해를 보았으니 김갑동을 처벌해달라는 것입니다.

> 전문진술을 기재한 서면
> (312조 4항＋316조 2항 요건)
> ➡ 원진술자의 진술 불능 ✕

문 이을남을 고소한 이유는 무엇인가요.

답 김갑동에게 잔금을 치르러 간 날 제가 김갑동이 최등기에게 토지를 넘긴 것을 따지며 돈이라도 돌려달라고 했습니다. 그랬더니 김갑동이 "이을남과 함께 이미 돈을 다 써버리고 없다"고 말하였습니다. 그래서 근저당 건이든 매매 건이든 김갑동과 이을남이 미리 짜고 계획적으로 사기를 친 것이라고 생각해서 함께 고소를 한 것입니다.

> 추측에 불과

문 김갑동이 이을남에게 얼마를 주었다고 하던가요

답 김갑동이 그것까지는 구체적으로 말하지 않았습니다.

> 김갑동 진술의 신빙성?

문 이상의 진술은 사실인가요

답 예. 사실대로 진술하였습니다.

위의 조서를 진술자에게 열람하게 하였던바, 진술한 대로 오기나 증감·변경할 것이 전혀 없다고 말하므로 간인한 후 서명무인하게 하다.

진술자 **박고소** (무인)

2013. 5. 13.

서울서초경찰서

사법경찰리 경장 권장기 ㉑

피 의 자 신 문 조 서

피 의 자 : 김갑동

　위의 사람에 대한 배임 등 피의사건에 관하여 2013. 6. 3. 서울서초경찰서 수사과 경제범죄수사팀 사무실에서 사법경찰관(리) 경장 권장기는(은) 사법경찰관(리) 경사 변동구를(을) 참여하게 하고, 아래와 같이 피의자임에 틀림없음을 확인하다.

문　　피의자의 성명, 주민등록번호, 직업, 주거, 등록기준지 등을 말하십시오.

답　　성명은 김갑동(金甲童)

　　　주민등록번호는 53****-1******

직업, 주거, 등록기준지, 직장주소, 연락처는 각각 (생략)

　사법경찰관(리)은(는) 피의사건의 요지를 설명하고 사법경찰관(리)의 신문에 대하여 「형사소송법」 제244조의3에 따라 진술을 거부할 수 있는 권리 및 변호인의 참여 등 조력을 받을 권리가 있음을 피의자에게 알려주고 이를 행사할 것인지 그 의사를 확인하다.

진술거부권 및 변호인 조력권 고지 등 확인

1. 귀하는 일체의 진술을 하지 아니하거나 개개의 질문에 대하여 진술을 하지 아니할 수 있습니다.
2. 귀하가 진술을 하지 아니하더라도 불이익을 받지 아니합니다.
3. 귀하가 진술을 거부할 권리를 포기하고 행한 진술은 법정에서 유죄의 증거로 사용될 수 있습니다.
4. 귀하가 신문을 받을 때에는 변호인을 참여하게 하는 등 변호인의 조력을 받을 수 있습니다.

문　　피의자는 위와 같은 권리들이 있음을 고지받았는가요.

답　　예. 고지를 받았습니다.

문　　피의자는 진술거부권을 행사할 것인가요.

답   아닙니다.

문   피의자는 변호인의 조력을 받을 권리를 행사할 것인가요.

답   변호사 없이 조사를 받겠습니다.

이에 사법경찰관(리)은(는) 피의사실에 관하여 다음과 같이 피의자를 신문하다.

[피의자의 범죄전력, 경력, 학력, 가족 · 재산 관계 등(생략)**]**

문   피의자는 회사 소유 토지를 임의로 처분한 사실이 있나요.

답   예. 2012. 2.말경에 박고소에게 돈을 빌리러 갔는데 담보를 요구해서 2012.
      3.중순경에 제 명의로 되어 있는 서울 종로구 관철동 50-1 대 300㎡에 관
      하여 박고소 앞으로 채권최고액 2억 원의 근저당권을 설정하고 박고소로
      부터 1억 5,000만 원을 빌린 사실이 있습니다.

문   피의자는 고소인 박고소에게 팔기로 한 토지를 다른 사람에게 판 사실이
      있나요.

답   예. 제가 2012. 4.중순경에 박고소를 찾아가 시가 6억 원 상당의 위 회사
      소유의 서울 구로구 개봉동 353-4 대 500㎡를 매매대금 4억 원에 팔고 싶
      다고 했습니다. 박고소는 그날 바로 계약금 1억 원, 중도금 2억 원을 주었
      습니다. 그런데 급전이 더 필요해서 2012. 5.경에 아는 사채업자인 최등기
      에게 매매대금 4억 원을 받고 그 토지를 넘겼습니다.

문   개봉동 토지를 처분한 돈은 어떻게 했나요.

답   제가 최등기에게 토지를 넘긴 직후인 2012. 5.경에 최등기로부터 받은 4억
      원 중에서 2억 원을 이을남에게 주었고, 나머지 돈은 제가 개인 빚 변제
      등으로 사용했습니다.

문   처음부터 이을남과 짜고 회사 소유 토지를 처분한 것은 아닌가요.

답   그 토지는 명의만 회사로 되어 있을 뿐, 실제로는 제 토지와 마찬가지인
      데, 제가 알아서 팔면 되지 이을남과 짜고 처분할 이유가 없습니다.

문   그렇다면 이을남에게 2억 원이나 준 이유가 무엇인가요.

답   저의 사촌동생인 이을남이 급전이 필요하다고 하여 빌려준 것입니다.

문   더 하고 싶은 말이 있나요.

답   제가 이을남에게 2억 원이나 주었음에도 불구하고 이을남은 배은망덕하게

"신용카드를 주지 않으면 회사 토지를 마음대로 처분한 것을 경찰에 알려 콩밥을 먹게 하겠다. 내게는 힘 좀 쓰는 동생들도 있다."라고 협박해서 어쩔 수 없이 제 신용카드를 주면서 비밀번호도 알려주었습니다. 이을남은 그 다음 날인 2012. 5. 21. 제 카드를 사용해서 100만 원을 인출하였습니다. 어차피 제 잘못이 들통이 난 김에 이을남이 제 신용카드를 빼앗아 이를 사용하여 돈을 인출한 것도 함께 처벌해주셨으면 합니다. 이에 제가 준비해온 고소장과 신한카드 사용내역을 제출하도록 하겠습니다.

이때 피의자가 제출한 고소장과 신한카드 사용내역을 기록에 첨부하기로 하고

문 그 외에 또 이을남에게 빼앗긴 것이 있나요.

답 아니오, 없습니다. 다만 제가 2008. 9.말경에 이을남과 함께 경복궁에 간 적이 있는데, 그때 이을남이 누군가가 벤치 옆에 놓고 간 고급 디지털카메라 1대를 슬그머니 집어 자신의 가방에 넣는 것을 목격한 적도 있습니다. 아주 나쁜 놈입니다. 처벌해 주십시오.

문 이상의 진술은 사실인가요

답 예. 모두 사실입니다.

위의 조서를 진술자에게 열람하게 하였던바, 진술한 대로 오기나 증감 · 변경할 것이 전혀 없다고 하므로 간인한 후 서명무인하게 하다.

진술자 김 갑 동 (무인)

2013. 6. 3.

서울서초경찰서

사법경찰리 경장 권 장 기 [인]

사법경찰리 경사 변 동 구 [인]

고 소 장

서초경찰서 접수인(6633호)(2013.6.3.)

<small>● 고소일</small>

고 소 인   김 갑 동
　　　　　　　인적사항 (생략)

피고소인   이 을 남
　　　　　　　인적사항 (생략)

죄　　명   강도 등

<small>● 범인을 알게된 날</small>

　피고소인은 2012. 5.중순경에 "신용카드를 주지 않으면 회사 토지를 마음대로 처분한 것을 경찰에 알려 콩밥을 먹게 하겠다. 내게는 힘 좀 쓰는 동생들도 있다."라고 협박하여 고소인으로부터 신용카드를 빼앗고, 그 무렵 신한은행 현금인출기에서 위 신용카드를 사용하여 고소인의 예금계좌에서 권한 없이 100만 원을 인출하였으니 처벌해주시기 바랍니다.

　참고로, 고소인이 2008. 9.말경에 피고소인과 함께 경복궁에 간 적이 있는데, 그 때 피고소인이 누군가가 놓고 간 벤치 옆에 있던 고가의 캐논 디지털카메라 1대를 슬그머니 집어간 것을 목격하였습니다. 이 부분도 조사하여 처벌해주시기 바랍니다.

참 고 자 료

신한카드 사용내역

2013. 6. 3.

고소인　　김 갑 동 ㊞

서울서초경찰서장 귀중

압 수 조 서

피의자 이을남에 대한 강도 등 피의사건에 관하여 2013. 7. 5. 09:00경 서울 관악구 봉천동 123 봉천빌라 1동 지하 103호에서 사법경찰관 경위 배압수는 사법경찰리 경장 권장기를 참여하게 하고 별지 목록의 물건을 다음과 같이 압수하다.

압 수 경 위

➡ 216조 1항 2호에 의한 압수
➡ 217조 2항에 의한 압수영장이 있는지?

피의자 이을남에 관한 강도 등 혐의로 피의자의 집에서 피의자를 체포하면서 그곳에 있던 신용카드와 캐논 디지털카메라를 압수하였으며, 또한 피의자의 생활형편 등에 비추어 별도의 범죄행위로 취득하였을 것으로 사료되는 고가의 금목걸이 1개를 별지 압수목록과 같이 압수하다.

참여인	성 명	주민등록번호	주 소	서명 또는 날인
	이을남	63****-1******	서울 관악구 봉천동 123 봉천빌라 1동 지하 103호	이을남

2013년 7월 5일
서울서초경찰서 수사과 경제범죄수사팀
사법경찰관 경위 배 압 수 ㊞
사법경찰리 경장 권 장 기 ㊞

압 수 목 록

번호	품 종	수량	피압수자주거성명				소 유 자 주거 · 성명	비 고
			1 유류자	2 보관자	(3) 소지자	4 소유자		
1	신용카드	1개	서울 관악구 봉천동 123 봉천빌라 1동 지하 103호 이을남				김갑동	가환부
2	캐논 디지털 카메라	1개	상동				성명불상자	
3	금목걸이	1개	상동				상동	

피 의 자 신 문 조 서

피 의 자 : 이을남

위의 사람에 대한 강도 등 피의사건에 관하여 2013. 7. 5. 서울서초경찰서 수사과 경제범죄수사팀 사무실에서 사법경찰관(리) 경장 권장기는(은) 사법경찰관(리) 경사 변동구를(을) 참여하게 하고, 아래와 같이 피의자임에 틀림없음을 확인하다.

문   피의자의 성명, 주민등록번호, 직업, 주거, 등록기준지 등을 말하십시오.

답   성명은 이을남(李乙男)

주민등록번호는 63****-1******

직업, 주거, 등록기준지, 직장주소, 연락처는 각각 (생략)

사법경찰관(리)은(는) 피의사실의 요지를 설명하고 사법경찰관(리)의 신문에 대하여 「형사소송법」 제244조의3에 따라 진술을 거부할 수 있는 권리 및 변호인의 참여 등 조력을 받을 권리가 있음을 피의자에게 알려주고 이를 행사할 것인지 그 의사를 확인하다.

진술거부권 및 변호인 조력권 고지 등 확인

1. 귀하는 일체의 진술을 하지 아니하거나 개개의 질문에 대하여 진술을 하지 아니할 수 있습니다.
2. 귀하가 진술을 하지 아니하더라도 불이익을 받지 아니합니다.
3. 귀하가 진술을 거부할 권리를 포기하고 행한 진술은 법정에서 유죄의 증거로 사용될 수 있습니다.
4. 귀하가 신문을 받을 때에는 변호인을 참여하게 하는 등 변호인의 조력을 받을 수 있습니다.

문   피의자는 위와 같은 권리들이 있음을 고지받았는가요.

답   예. 고지을 받았습니다.

문   피의자는 진술거부권을 행사할 것인가요.

답   아닙니다.

문   피의자는 변호인의 조력을 받을 권리를 행사할 것인가요.

답   변호사 없이 조사를 받겠습니다.

이에 사법경찰관(리)은(는) 피의사실에 관하여 다음과 같이 피의자를 신문하다.

[피의자의 범죄전력, 경력, 학력, 가족 · 재산 관계 등(생략)**]**

문   피의자는 2013. 6. 10. 서울서초경찰서로부터 김갑동이 피의자를 고소한 사건과 관련하여 출석을 요구받았지요.

답   예. 그렇습니다.

문   그 후에도 수차례 출석요구를 받고도 출석을 하지 않았지요.

답   예. 그렇습니다.

문   그 이유는 무엇인가요.

답   제가 김갑동을 협박한 적이 있어서 처벌받을까봐 두려워서 나오지 않았습니다. 죄송합니다.

문   피의자는 고소인인 김갑동과 어떤 관계인가요.

답   예. 김갑동은 제 사촌형님인데 저는 김갑동이 운영하는 갑동주식회사의 경리부장으로 일하고 있습니다. 제가 김갑동과의 친족관계를 증명하는 가족관계증명서들을 제출하겠습니다.

이때 본직이 피의자로부터 가족관계증명서들을 제출받아 조서 말미에 첨부하기로 하고,

문   피의자는 고소인의 돈을 빼앗은 사실이 있나요.

답   예. 2012. 5.경에 김갑동이 개인적으로 위 회사 토지 2필지(서울 종로구 관철동 50-1 대 300㎡, 서울 구로구 개봉동 353-4 대 500㎡)를 처분한 사실을 발견했습니다. 그래서 2012. 5. 20.경 김갑동에게 가서 평소 알고 지내는 건장한 동생들 이야기를 하면서 김갑동의 위와 같은 잘못을 경찰에 알릴 수도 있는데 신용카드를 주면 참겠다고 하였더니 김갑동이 자신의 신용카드를 주면서 비밀번호도 알려주었습니다. 다음 날 그 신용카드를 사용해서 100만 원을 인출하여 생활비로 사용하였습니다.

이때 피의자에게 압수된 카메라와 금목걸이를 보여주면서

문   이 카메라를 취득한 경위는 어떤가요.

답   실은 2008. 9.말경 경복궁에 갔다가 일본인 관광객이 벤치 옆에 놓고 간
      카메라를 몰래 가져온 것입니다.

문   이 금목걸이를 취득한 경위는 어떤가요.

답   예. 2011. 크리스마스 일주일 전 쯤에 제 집 근처에 있는 봉천금은방에 갔
      다가 주인이 잠시 자리를 비운 사이에 진열대 위에 있던 금목걸이를 몰래
      가져온 것입니다.

문   이상의 진술은 사실인가요.

답   예. 모두 사실입니다.

위의 조서를 진술자에게 열람하게 하였던바, 진술한 대로 오기나 증감·변경할
것이 전혀 없다고 말하므로 간인한 후 서명무인하게 하다.

                         진술자 **이 을 남**   (무인)

                2013. 7. 5.

          서울서초경찰서

          사법경찰리   경장   권 장 기 ㉑

          사법경찰리   경사   변 동 구 ㉑

피의자신문조서(대질)

성   명: 김갑동

주민등록번호: 53****-1******

위의 사람에 대한 배임 등 피의사건에 관하여 2013. 8. 5. 서울중앙지방검찰청 901호 검사실에서 검사 구사현은 검찰주사 전주사를 참여하게 한 후, 아래와 같이 피의자임에 틀림없음을 확인하다.

문   피의자의 성명, 주민등록번호, 직업, 주거, 등록기준지 등을 말하시오.

답   성명은   김갑동(金甲童)

주민등록번호, 직업, 주거, 등록기준지, 직장주소, 연락처는 각각 (생략)

검사는 피의사실의 요지를 설명하고 검사의 신문에 대하여 「형사소송법」 제244조의3에 따라 진술을 거부할 수 있는 권리 및 변호인의 참여 등 조력을 받을 권리가 있음을 피의자에게 알려주고 이를 행사할 것인지 그 의사를 확인하다.

진술거부권 및 변호인 조력권 고지 등 확인

1. 귀하는 일체의 진술을 하지 아니하거나 개개의 질문에 대하여 진술을 하지 아니할 수 있습니다.
2. 귀하가 진술을 하지 아니하더라도 불이익을 받지 아니합니다.
3. 귀하가 진술을 거부할 권리를 포기하고 행한 진술은 법정에서 유죄의 증거로 사용될 수 있습니다.
4. 귀하가 신문을 받을 때에는 변호인을 참여하게 하는 등 변호인의 조력을 받을 수 있습니다.

문   피의자는 위와 같은 권리들이 있음을 고지받았는가요.

답   예. 고지받았습니다.

문   피의자는 진술거부권을 행사할 것인가요.

답   아닙니다.

문   피의자는 변호인의 조력을 받을 권리를 행사할 것인가요.

답   아닙니다. 혼자서 조사을 받겠습니다.

이에 검사는 피의자 김갑동 옆에 피의자 이을남을 동석하게 하고 피의자 김갑동을 다음과 같이 신문하다.

〈피의자 김갑동에게〉

문 피의자의 병역, 학력, 가족관계, 재산 및 월수입, 건강상태 등은 경찰에서 진술한 바와 같은가요.

이때 검사는 피의자에게 기록 중 해당 부분을 읽어준 바,

답 예. 사실과 같습니다.

문 피의자는 형사처벌을 받은 사실이 있는가요.

답 아니오. 없습니다.

문 피의자와 갑동주식회사의 관계는 어떤가요.

답 의류제조업체인 갑동주식회사는 2009. 6.경에 제가 자본금 5,000만 원과 시가 3억 원 상당의 서울 종로구 관철동 50-1 대 300㎡, 시가 6억 원 상당의 서울 구로구 개봉동 353-4 대 500㎡를 출연하여 설립한 회사이고, 그때부터 제가 대표이사로서 100퍼센트 주식을 가지고 있으며 단독으로 회사의 모든 의사결정을 해오고 있습니다.

문 그동안 토지들의 시세는 변동이 있었나요.

답 부동산 경기가 좋지 않아서 지금까지 시세는 계속 제자리입니다.

문 피의자 외에 다른 이사나 경영진은 없나요.

답 조그만 회사인데 다른 이사가 무슨 필요가 있나요. 경리부장인 이을남과 총무부장인 전총무만 직원으로 두고 저 혼자서 힘겹게 회사를 꾸려왔습니다.

문 피의자는 위 회사 소유의 토지를 임의로 처분한 사실이 있나요.

답 예. 2012. 2.말경에 고향 동생인 박고소에게 돈을 빌리러 갔는데 담보가 필요하다고 해서 2012. 3.초경에 제 명의로 되어 있는 회사 소유 토지인 서울 종로구 관철동 50-1 대 300㎡에 박고소 앞으로 채권최고액 2억 원의 근저당권을 설정하고 박고소로부터 1억 5,000만 원을 빌린 사실이 있습니다.

문 관철동 토지는 위 매매 당시 피의자 명의로 되어 있는데 어떻게 된 것인가요.

답 원래 회사를 설립할 때 회사 명의로 회사 자산을 매입했던 것인데, 대표이사인 제가 외형상 아무 재산도 없으면 위신이 떨어지는 것 같아서 서류상으로만 매매 형식을 꾸며 명의만 제 앞으로 돌려놓았던 것입니다.

문 회사 소유의 토지를 피의자 앞으로 명의신탁을 했다는 말인가요.

┈┈▶● 2자간 명의신탁

- 38 -

답 예. 그렇습니다.

문 위 토지를 처분하는 과정에서 회사 내부에서 어떤 절차를 거쳤나요.

답 제 회사인데 제 물건 제가 처분하는데 무슨 절차가 필요하나요. 제가 회사 소유의 토지에 근저당권을 설정한 것은 맞지만 그 일로 처벌받는 것은 억울합니다.

문 박고소는 피의자가 위 관철동 토지를 임의로 처분한다는 것을 알고 있었나요.

답 아니오, 박고소는 제 개인 토지에 정당하게 근저당권을 설정하는 줄로만 알았습니다.

문 빌린 돈은 1억 5,000만 원인데 채권최고액을 2억 원으로 설정한 이유는 무엇인가요.

답 개인에게 채권최고액의 70퍼센트 이상을 빌리는 것은 쉽지 않은 일입니다. 그나마 박고소가 제 고향 동생이어서 후하게 빌려준 것입니다.

문 박고소로부터 빌린 1억 5,000만 원은 어떻게 사용하였나요.

답 저희 회사에서 원단 납품업체들에게 돌린 어음 부도를 막기 위해서 모두 사용했습니다.

문 원단 납품업체들에게 돈을 지급한 자료는 있나요.   ➡ 불법영득
                                                                  의사×
답 예. 제가 납품업체들에게 대금을 지급하고 받은 세금계산서들을 가지고 왔으니 제출하겠습니다.

이에 검사는 피의자로부터 위 세금계산서들을 임의 제출받아 본 조서 말미에 첨부하기로 하고,

문 피의자는 고소인 박고소에게 팔기로 한 토지를 다른 사람에게 판 사실이 있나요.

답 예. 2012. 4.중순경에 회사 운영자금이 급히 필요해서 박고소를 찾아가 6억 원 상당의 회사 소유의 서울 구로구 개봉동 353-4 대 500㎡를 4억 원에 팔고 싶다고 했습니다. 박고소가 그 토지를 꼭 원했는지 그날 저녁에 바로 계약금 1억 원, 중도금 2억 원을 현금으로 마련해주었습니다. 그런데 제 개인 형편이 너무 어려워서 2012. 5. 10. 아는 사채업자인 최등기에게 4억 원을 받고 그 토지를 넘겼습니다.

문 박고소와 최등기는 피의자가 회사의 개봉동 토지를 임의로 처분한다는 것을 알고 있었나요.

답 아니오, 두 사람 모두 정당하게 회사 소유의 토지를 사는 줄로만 알았습니다.

문 그렇다면 최등기는 피의자가 이미 개봉동 토지를 박고소에게 매도하고 계약금과 중도금까지 받은 사실을 알고 있었나요.

답 아니오, 제가 알려주지도 않았고, 최등기는 사채업자라서 그것을 알았다면 사지 않았을 것입니다.

이때 검사는 피의자에게 서울 구로구 개봉동 353-4 대 500㎡에 관한 등기사항전부증명서를 보여주면서,

문 이 토지는 2010. 3. 15. 주식회사 신한은행이 채권최고액 2억 원의 근저당권을 설정한 것으로 되어 있는데, 그 내용은 무엇인가요.

답 예. 그 날짜에 회사에서 필요한 물품구입 자금이 필요해서 신한은행으로부터 1억 5,000만 원을 대출받으면서 위 토지에 채권최고액 2억 원의 근저당권을 설정해 준 것입니다. 다행히 이자는 꼬박꼬박 갚아와서 그때부터 현재까지 계속 대출금액에는 변동이 없는 상태입니다. ➡ 피담보채무액수 1억 5,000만원

문 박고소와 최등기로부터 받은 돈은 어떻게 하였나요.

답 최등기로부터 받은 4억 원 중 2억 원을 이을남에게 나누어주고 나머지는 제가 개인 빚이 좀 많아 그 빚을 갚는데 썼습니다.

문 이을남에게는 왜 돈을 나누어 주었나요.

답 사촌동생인 이을남이 급전이 필요하다고 하여 빌려준 것입니다.

문 처음부터 이을남과 짜고 회사 땅을 처분한 것은 아닌가요. •┄┄ 진술의 일관성 ✕

답 (잠시 생각하다가 한숨을 푹 쉬더니) 실은 박고소에게 관철동 토지에 대한 근저당을 설정해 준 것은 저 혼자 한 것이 맞으나, 최등기에게 개봉동 토지를 매도한 것은 이을남과 함께 처분한 것입니다. 그렇지 않다면 아무리 이을남이 사촌동생이라고 해도 2억 원 씩이나 주겠습니까? 경찰에서는 사촌동생이어서 감싸주었으나, 이제는 남보다 못한 사이가 되어 사실대로 말씀드리는 것입니다.

문 이을남과 함께 범행을 한 경위는 어떠한가요.

답 실은 박고소에게 개봉동 토지를 매도한 직후에 이을남이 그 사실을 알고는 제게 와서 예전부터 현금 부자인 최등기가 그 토지에 관심을 많이 가지고 있었는데 아깝다는 말을 했습니다. 그리고 며칠 후에 이을남이 제게 다시 와서 혹시 박고소에게 개봉동 토지의 소유권이전등기까지 넘겼냐고

물어보아서 등기는 아직 제 명의로 남아 있지만 박고소를 위해서 대신 보관만 하고 있을 뿐이고 그 토지는 이미 박고소의 물건이라고 대답했습니다. 그랬더니 이을남이 "형님이나 저나 요즘 형편이 너무 어려운데 최등기는 아직 토지를 박고소에게 넘긴 것을 모르니 최등기에게 팝시다."라고 제안해서 제가 마지못해 승낙했습니다. 그래서 이을남이 최등기에게 가서 토지를 살 의향이 있냐고 물어보자 최등기는 4억 원에 살 용의가 있다고 했습니다. 이을남이 제게 "덤으로 생기는 돈이니 최등기에게 그 토지를 팔아 4억을 반반씩 나누면 2억씩 이득이 되지 않겠느냐."라고 계속 강권하여 형편이 어려운 저로서는 마지못해 받아들였습니다. 그래서 2012. 5. 9. 제 사무실에서 최등기를 직접 만나 개봉동 토지에 대한 매매계약서를 작성하고, 다음 날인 2012. 5. 10. 최등기로부터 4억 원을 받은 즉시 서울남부지방법원 구로등기소에 가서 최등기 앞으로 소유권이전등기를 한 것입니다.

문   이을남에게 피의자 명의의 신용카드를 빼앗긴 사실이 있나요.

답   예, 2012. 5. 20. 이을남이 대낮부터 회사 사무실로 혼자 찾아와 제게 "신용카드를 주지 않으면 회사 토지를 마음대로 처분한 것을 경찰에 알려 콩밥을 먹게 하겠다. 내게는 힘 좀 쓰는 동생들도 있다."라고 협박하여 어쩔 수 없이 제 신용카드(카드번호 : 4***-****-****-****) 1장을 주었습니다.

문   "힘 좀 쓰는 동생들"은 누구를 말하는가요.

답   평소 조폭까지는 아니고 동네 건달 수준으로 보이는 건장한 남자들이 이을남에게 "형님"이라고 깍듯하게 인사하는 것을 본 적이 있습니다. 혹시 이을남 요구를 거절하면 그들을 회사에 데려와 소란을 피울까봐 염려되고 회사 소유의 토지를 임의로 처분한 것이 발각되는 것도 두려워 신용카드를 준 것입니다.

강취×

〈피의자 이을남에게〉

문   피의자의 성명, 주민등록번호, 직업, 주거, 등록기준지 등을 말하시오.

답   성명은   이을남(李乙男)

주민등록번호, 직업, 주거, 등록기준지, 직장주소, 연락처는 각각 (생략)

검사는 피의사실의 요지를 설명하고 검사의 신문에 대하여 「형사소송법」 제244조의3에 따라 진술을 거부할 수 있는 권리 및 변호인의 참여 등 조력을 받을 권리가 있음을 피의자에게 알려주고 이를 행사할 것인지 그 의사를 확인하다.

진술거부권 및 변호인 조력권 고지 등 확인

1. 귀하는 일체의 진술을 하지 아니하거나 개개의 질문에 대하여 진술을 하지 아니할 수 있습니다.
2. 귀하가 진술을 하지 아니하더라도 불이익을 받지 아니합니다.
3. 귀하가 진술을 거부할 권리를 포기하고 행한 진술은 법정에서 유죄의 증거로 사용될 수 있습니다.
4. 귀하가 신문을 받을 때에는 변호인을 참여하게 하는 등 변호인의 조력을 받을 수 있습니다.

문   피의자는 위와 같은 권리들이 있음을 고지받았는가요.

답   예. 고지받았습니다.

문   피의자는 진술거부권을 행사할 것인가요.

답   아닙니다.

문   피의자는 변호인의 조력을 받을 권리를 행사할 것인가요.

답   아닙니다. 혼자서 조사를 받겠습니다.

이에 검사는 피의자 이을남의 피의사실에 관하여 다음과 같이 피의자를 신문하다.

문   피의자의 병역, 학력, 가족관계, 재산 및 월수입, 건강상태 등은 경찰에서 진술한 바와 같은가요.

이때 검사는 피의자에게 기록 중 해당부분을 읽어준 바,

답   예. 사실과 같습니다.

문   피의자는 형사처벌을 받은 사실이 있는가요.

답   아니오. 없습니다.

문   피의자는 김갑동과 어떤 사이인가요.

답   예. 김갑동은 제 사촌형님이고, 저는 김갑동이 운영하는 갑동주식회사의 경리부장으로 근무하여 잘 알고 있습니다.

문   지금까지 김갑동이 하는 말을 들었지요.

답   예. 그렇습니다.

문   김갑동이 위와 같이 회사 소유의 토지들을 처분한 것이 맞나요.

답   김갑동이 정확히 얼마를 챙겼는지는 모르지만, 김갑동이 말한 대로 박고소와 최등기에게 근저당을 설정하거나 소유권을 넘긴 것은 사실입니다.

문   김갑동이 관철동 토지에 관해서 박고소에게 채권최고액 2억 원의 근저당
       권을 설정해주고 1억 5,000만 원을 빌린 것은 적정한 것인가요.

답   김갑동이 회사에서 아무런 절차를 거치지 않고 독단적으로 회사 소유의
       토지에 근저당권을 설정한 것은 잘못이지만, 시중 대출 관행에 비추어 볼 때
       채권최고액 2억 원에 1억 5,000만 원을 빌린 것은 나쁘지 않은 것 같습니다.

문   회사에 김갑동 외에 다른 이사나 경영진이 있나요.

답   영세업체이다 보니 대표이사인 김갑동, 경리부장인 저, 그리고 총무부장인
       전총무 3명이서 회사를 꾸려왔습니다.

문   김갑동이 관철동 토지를 담보로 빌린 돈을 어디에 썼는지 아는가요.

답   예. 당시 회사에서 원단 납품업체들에게 돌린 어음을 급히 막아야 해서 거
       기에 1억 5,000만 원을 쓴 것을 제가 직접 확인한 적이 있습니다. 김갑동
       이 회사의 부채를 갚기 위해서 쓴 것이 맞습니다.

문   혹시 피의자가 김갑동과 같이 위 돈을 나누어 쓰고 지금 거짓말을 하는
       것은 아닌가요.

답   절대 아닙니다. 이미 김갑동과 저는 갈 데까지 간 험악한 사이인데 서로
       감싸줄 이유가 없습니다.

문   피의자는 개봉동 토지를 처분한 돈 중 일부를 김갑동과 함께 나누어 쓴
       사실이 있나요.

답   그런 사실이 없습니다.

문   김갑동은 피의자와 미리 짜고 회사 소유의 토지를 같이 처분했다고 하는데
       어떤가요.

답   절대로 아닙니다. 제가 언젠가 지나가는 말로 김갑동에게 최등기가 개봉동
       토지에 관심이 많이 있다는 말을 한 적은 있습니다. 그리고 2012. 5.초경에
       김갑동이 제게 회사자금이 부족하여 개봉동 토지를 팔아야겠으니 최등기
       에게 가서 현금으로 토지를 살 수 있는지 의사를 타진해보라고 해서 제가
       최등기와 김갑동을 오가며 4억 원에 매매가 성사되도록 한 것은 맞습니다.
       하지만 저와 최등기는 모두 김갑동이 이미 박고소에게 개봉동 토지를 팔
       아먹은 상태에서 최등기에게 토지를 또 팔아먹은 줄은 꿈에도 몰랐습니다.

문   김갑동이 회사 소유의 토지를 개인이 임의로 파는 것에 피의자가 관여한
       것은 잘못이 아닌가요.

답　앞서 말씀드렸듯이 김갑동이 박고소 앞으로 관철동 토지에 근저당을 설정
　　하고 받은 돈 1억 5,000만 원으로 회사 부도를 막은 적이 있습니다. 그래
　　서 저는 개봉동 토지를 최등기에게 팔 때도 김갑동이 회사자금이 필요하
　　다고 해서 그 말만 믿고 매매를 성사시켜준 것 뿐입니다. 그런데 나중에
　　알고보니 김갑동은 개봉동 토지와 관련해서 박고소와 최등기로부터 현금
　　으로 받은 돈을 직접 가지고 있다가 모든 돈을 회사와 무관하게 개인적으
　　로 혼자 다 써버린 것을 알게 되었습니다. 그러고는 이제 책임을 회피하기
　　위해서 저에게 2억 원이나 주었다고 하니 황당할 뿐입니다. 그 인색한 사
　　람이 감옥에 갈지언정 2억 원을 줄 리가 절대 없습니다.

문　피의자의 말을 증명할 증거가 있나요.

답　돈을 받았다면 증거가 있겠지만 받지도 않았는데 무슨 증거가 있겠습니까?

문　피의자는 김갑동을 협박하여 신용카드를 빼앗은 사실이 있는가요.

답　예. 제가 김갑동을 최등기에게 소개를 시켜주어 매매가 성사되었음에도 저
　　에게 고맙다는 말 한마디 없어서 괘씸하게 생각하고 있던 중, 김갑동이 이
　　미 그 토지를 박고소에게 팔고 또다시 최등기에게 팔아서 돈을 받았다는
　　사실을 알게 되었습니다. 그래서 2012. 5. 20. 점심 무렵에 김갑동의 회사
　　사무실에 혼자 점잖게 찾아가 왜 회사 토지를 마음대로 처분하느냐, 경찰에
　　알리겠다고 했더니 김갑동이 겁을 먹었는지, 자신의 신용카드(카드번호 :
　　4***-****-****-****)를 주면서 비밀번호도 알려주었습니다. 그래서 다음 날인
　　2012. 5. 21. 서울 서초구 서초동 456-2에 있는 신한은행 현금자동지급기
　　코너에서 그 카드를 사용하여 김갑동의 예금계좌에서 100만 원을 인출하
　　여 생활비에 사용하였습니다.

문　김갑동에게 신용카드를 달라고 하면서 "콩밥을 먹게 하겠다." "내게는 힘
　　좀 쓰는 동생들도 있다."라고 말한 사실이 있나요.

답　생각해보니 그런 말도 약간 했던 것 같습니다. 그 정도는 말해야 김갑동이
　　겁을 먹지 않겠습니까.

<피의자 김갑동에게>

문　이을남은 피의자로부터 신용카드 외에 2억 원을 받은 사실이 없다고 주장하
　　는데 어떤가요.

답　말도 안 됩니다. 제가 처분한 토지들의 시가를 합치면 무려 9억 원입니다.

제가 얼마를 챙겼는지 정확히 말하지는 않았지만 회사 경리부장인 이을남이 제 수중에 수억 원이 들어왔을 것이라 짐작하는 것은 당연합니다. 그런데 고작 신용카드 한 장만 받아서 100만 원만 인출했겠습니까. 이을남이 자신은 처벌을 적게 받으려고 거짓말을 하는 것입니다.

문 피의자의 주장을 뒷받침할 증거가 있나요.

답 예. 2012. 6.경 총무부장인 전총무가 교통사고를 당해 입원해 있을 때 제가 아끼던 직원이어서 안타까운 마음에 생활비라도 좀 보태주러 병문안을 갔다가 전총무로부터 제가 5만 원짜리 현금 다발 40개 합계 2억 원을 이을남에게 주는 것을 목격하였다는 내용의 증명서를 받은 사실이 있습니다. 전총무는 온 몸에 다발성골절상을 입어 글씨를 쓰기 어려운 상황이었기 때문에 위 증명서는 전총무가 하는 이야기를 병간호를 하고 있던 전총무의 아내 나부인이 전총무가 불러주는 그대로를 받아 적은 것입니다.

신빙성?

이때 검사는 피의자로부터 전총무 명의의 증명서를 제출받아 기록에 첨부하기로 하고,

문 전총무는 지금도 회사에서 근무하고 있는가요.

답 아닙니다. 제가 병문안 갔을 때만 하더라도 정신은 멀쩡했는데, 갑자기 내출혈이 심해져 한 달 정도 뒤 사망했습니다. 전총무가 입원했을 때부터 지금까지도 그랬지만 앞으로도 전총무 가족은 제가 책임지도록 하겠습니다.

<피의자들에게>

문 이상의 진술은 모두 사실인가요

답 (피의자 김갑동) 예. 사실입니다.

(피의자 이을남) 예. 사실입니다.

위의 조서를 진술자들에게 열람하게 하였던바, 진술한 대로 오기나 증감 · 변경할 것이 전혀 없다고 말하므로 간인한 후 서명무인하게 하다.

진술자 김 갑 동 (무인)

진술자 이 을 남 (무인)

2013. 8. 5.

서울중앙지방검찰청

검 사 구 사 현 ㊞

검찰주사 전 주 사 ㊞

증 명 서 ➡ 313조 1항의
· '피고인 아닌 자의 진술서'
or
· '피고인 아닌 자의 진술을 기재한 서류'

저는 갑동주식회사의 총무부장으로서 2012년 5월 10일 경에 회사 사무실에서 김갑동이 이을남에게 5만 원짜리 현금 다발 40개(2억 원)을 주는 것을 목격한 사실이 있습니다.

2012. 6. 5.

전 총 무

피의자신문조서(제2회)

피의자 : 이을남

위의 사람에 대한 절도 등 피의사건에 관하여 2013. 10. 7. 서울중앙지방검찰청 901호 검사실에서 검사 구사현은 검찰주사 전주사를 참여하게 한 후, 아래와 같이 피의자임에 틀림없음을 확인하다.

검사는 피의사실의 요지를 설명하고 검사의 신문에 대하여 「형사소송법」 제244조의3에 따라 진술을 거부할 수 있는 권리 및 변호인의 참여 등 조력을 받을 권리가 있음을 피의자에게 알려주고 이를 행사할 것인지 그 의사를 확인하다.

진술거부권 및 변호인 조력권 고지 등 확인

1. 귀하는 일체의 진술을 하지 아니하거나 개개의 질문에 대하여 진술을 하지 아니할 수 있습니다.
2. 귀하가 진술을 하지 아니하더라도 불이익을 받지 아니합니다.
3. 귀하가 진술을 거부할 권리를 포기하고 행한 진술은 법정에서 유죄의 증거로 사용될 수 있습니다.
4. 귀하가 신문을 받을 때에는 변호인을 참여하게 하는 등 변호인의 조력을 받을 수 있습니다.

문   피의자는 위와 같은 권리들이 있음을 고지받았는가요.

답   예. 고지받았습니다.

문   피의자는 진술거부권을 행사할 것인가요.

답   아닙니다.

문   피의자는 변호인의 조력을 받을 권리를 행사할 것인가요.

답   아닙니다. 혼자서 조사를 받겠습니다.

이에 검사는 피의사실에 관하여 다음과 같이 피의자를 신문하다.

문   피의자는 전회에 사실대로 진술하였나요.

이때 검사는 피의자에게 기록 중 해당부분을 읽어준바,

답　예. 사실대로 말씀드렸습니다.

문　피의자는 다른 사람의 카메라를 몰래 가져간 사실이 있나요.

답　예. 2008. 9.말경 김갑동과 함께 경복궁에 바람을 쐬러 갔는데, 일본인 단
　　체관광객들이 많았습니다. 저는 한적한 곳에 있는 벤치에 앉아 쉬고 있는
　　데 일본인 아주머니가 풍경 사진을 찍다가 제 옆에 와서 앉았습니다. 얼마
　　후 단체관광 가이드가 비행기 시간이 다 되었는지 급히 신호를 하자 제
　　옆에 있던 아주머니가 벤치 옆에 카메라를 놓아둔 채 허겁지겁 달려갔고
　　관광객들이 다 모이자 버스에 타는 즉시 떠났습니다. 저는 김갑동과 함께
　　경복궁 경내를 한바퀴 돌고 왔는데도 그 카메라가 그대로 그 장소에 방치
　　되어 있어서 주변을 둘러보니 경복궁 폐장 시간이 다 되어 보는 사람이
　　없어서 순간적으로 잘못된 마음을 먹고 출입문이 닫히기 직전 슬쩍 가져
　　온 것입니다.

문　김갑동은 피의자가 카메라를 가져가는 것을 보았나요.

답　옆에 있기는 했는데 제가 카메라를 집어 잽싸게 가방에 집어넣었기 때문
　　에 보았는지는 잘 모르겠습니다.

문　그 카메라를 지금까지 집에다 보관해 온 이유는 무엇인가요.

답　제가 몇 번 사용하다가 팔려구 하였지만 혹시 카메라가 절도로 신고되어
　　있었을지 몰라 그냥 집에 둔 것입니다.

문　피의자는 다른 사람의 금목걸이를 훔친 사실이 있나요.

답　예. 2011. 크리스마스 일주일 전쯤에 이웃집에서 돌잔치를 한다고 해서 선
　　물을 사러 봉천금은방에 갔는데, 주인이 진열대 위에서 금목걸이를 닦고
　　있었습니다. 그런데 주인이 휴대폰을 받더니 제가 있는 자리에서 말하기
　　힘든 급한 사정이 있었는지 갑자기 가게 밖으로 뛰쳐나갔습니다. 얘기가
　　길어지는지 5분이 지나도 오지 않아서 순간적으로 잘못된 마음을 먹고 진
　　열대 위에 있던 금목걸이를 몰래 가져와서 지금까지 제가 걸고 다녔습니
　　다. 그런데 이번에 경찰에 체포되면서 제 집에 벗어놓았던 <u>금목걸이를 압</u>
　　<u>수</u>당하였습니다.　　　　　　　　　　　　　　　　**● 위법한 압수**

문　금은방 주인과는 어떤 관계인가요.

답　아무런 관계도 아닙니다. 사실 금목걸이를 가져온 다음날 이를 돌려주고

용서를 빌러 금은방에 찾아갔는데 유리로 된 출입문에는 "폐업"이라는 쪽지가 붙여있고 가게 안은 어수선하게 난장판이 되어 있는 것이 야반도주라도 한 것처럼 보였습니다.

문   이상의 진술은 사실인가요

답   예. 사실입니다.

문   더 할 말이나 유리한 증거가 있는가요

답   없습니다.

위의 조서를 진술자에게 열람하게 하였던바, 진술한 대로 오기나 증감·변경할 것이 전혀 없다고 말하므로 간인한 후 서명무인하게 하다.

진술자 이 을 남   (무인)

2013. 10. 7.

서울중앙지방검찰청

검   사 구 사 현   ㉔

검찰주사 전 주 사   ㉔

기타 법원에 제출되어 있는 증거들

※ 편의상 다음 증거서류의 내용을 생략하였으나, 법원에 증거로 적법하게 제출되어 있음을 유의하여 변론할 것.

○ 부동산매매계약서(2012. 4. 15.자)

- 김갑동이 개봉동 토지를 박고소에게 계약금 1억 원, 중도금 2억 원, 잔금 1억 원에 매도하는 계약서.

○ 영수증(2012. 4. 15.자)

- 김갑동이 박고소로부터 개봉동 토지 매매 계약금과 중도금 합계 3억 원을 수령한 사실을 김갑동이 확인한 내용.

○ 신한카드 사용내역(카드번호 : 4***-****-****-****)

- 2012. 5. 21. 신한은행 현금자동지급기에서 김갑동 명의의 신한카드를 이용하여 100만 원이 인출된 내역.

○ 각 가족관계증명서

- 김갑동과 이을남이 사촌지간이라는 사실의 기재.

○ 피고인들에 대한 각 조회회보서

- 피고인들에 대한 전과 조회로서 각각 특별한 전과 없음.

○ 갑동주식회사 납품업체들이 발행한 각 세금계산서

- 갑동주식회사로부터 합계 1억 5,000만 원을 납품대금으로 받았음.

○ 사망진단서사본

- 전총무가 2012. 7. 1. 사망함.

확 인 ： 법무부 법조인력과장

2. 기록 보면서 작성한 답안

[문제1] 검토의견서

Ⅰ. 피고인 김갑동에 대하여

1. 배임의 점

가. 죄명의 오류

서울 종로구 관철동 50-1 대 300㎡(이하 '관철동 토지'라 함)에 관한 김갑동과 갑동 주식회사(이하 '회사'라고만 함)의 명의신탁 계약은 무효이므로, 관철동 토지의 소유자 는 회사이고, 김갑동은 명의수탁자의 지위에서 관철동 토지의 '보관자'에 해당. (피고 인의 신분)

부동산을 보관 중인 명의수탁자가 신탁관계에 위반하여 이를 담보로 제공하고 근 저당권을 설정하는 경우에는 근저당권설정등기를 마치는 때에 위 부동산에 관한 횡 령죄의 기수가 됨. (법리) 따라서 피고인 김갑동이 관철동 토지에 근저당권을 설정한 행위는 배임이 아니라 횡령(형법 제355조 제1항)에 해당. (사안의 적용)

나. 횡령죄의 성부

횡령죄는 불법영득의 의사가 있어야 성립하고, 횡령죄에서 불법영득의 의사는 타 인의 재물을 보관하는 자가 위탁 취지에 반하여 권한 없이 스스로 소유권자의 처분행 위를 하려는 의사를 의미하므로, 보관자가 소유자의 이익을 위하여 이를 처분한 경우 에는 특별한 사정이 없는 한 불법영득의사를 인정할 수 없음. (법리)

김갑동은 회사에서 원단 납품업체들에게 돌린 어음 부도를 막기 위하여 박고소로 부터 1억 5,000만 원을 빌리면서 그 담보로 관철동 토지에 채권최고액 2억 원의 근 저당권을 설정해 준 것이므로, 김갑동은 소유자인 회사의 이익을 위하여 관철동 토지 에 근저당권을 설정한 것이고, 따라서 김갑동의 불법영득의사를 인정할 수 없음. (사 안의 적용)

다. 소결

배임에서 횡령으로 공소장 변경이 된다는 전제에서 김갑동의 관철동 토지 횡령의 점은 범죄의 증명이 없는 경우에 해당하므로 형소법 제325조 후단에 의하여 무죄를 주장해야 함.

2. 특정경제범죄가중처벌등에관한법률위반(횡령)의 점

가. 피해자 회사에 대한 특경가법위반(횡령)의 점

(1) 죄명의 오류

회사의 대표이사인 피고인이 처음부터 매각대금을 개인적으로 사용할 의도로 회사 소유 명의의 부동산을 매각하였으므로, 이는 타인의 업무를 처리하는 자인 대표이사의 임무위배행위에 해당하여 문제가 되는 죄명은 업무상 횡령이 아니라 배임. (법리 및 적용)

(2) 배임의 이득액 및 회사의 손해액

부동산을 매도한 배임행위에서 이득액은 시가에서 그 부동산이 부담하고 있는 금액을 뺀 금액임. 개봉동 토지 시가가 6억 원이고, 피고인의 배임행위 전에 위 토지에 설정된 신한은행의 근저당권(채권최고액 2억 원)의 피담보채무액이 1억 5,000만 원이므로, 이득액 및 손해액은 4억 5,000만 원임. 따라서 특경가법(배임)이 아닌 형법을 적용해야 함.

(3) 소결

죄명의 오류를 지적한 후, 적용 법률은 특경가법이 아니라 형법 제356조(업무상배임), 제355조 제2항이라고 주장하고, 4억 5,000만 원에 대해 범행을 인정하면서 정상 변론을 할 필요가 있음.

나. 피해자 박고소에 대한 특경가법위반(횡령)의 점

(1) 죄명의 오류

부동산 이중매매에서 선매수자로부터 중도금까지 수령한 매도인은 선매수자의 소유권이전등기의 사무를 처리하는 자에 해당하므로 문제가 되는 죄명은 횡령이 아니라 배임. (법리)

(2) 배임의 이득액 및 박고소의 손해액

부동산 이중매매로 인한 배임죄의 이득액을 계산할 때 시가에서 그 부동산이 부담하는 액수를 제하여야 함. (법리) 피고인의 이득액 및 박고소의 손해액은, 위 가.항에서 본 바와 같이, 시가 6억 원에서 근저당권 피담보채무 1억 5,000만 원을 제한 4억 5,000만 원이므로 특경가법이 아닌 형법이 적용되어야 함. (사안의 적용)

　(3) 소결

　죄명의 오류를 지적한 후 적용 법률이 특경가법위반(횡령)이 아니라 형법 제355조 제2항이라고 주장하고, 4억 5,000만 원에 대해 범행을 인정하면서 정상 변론을 할 필요가 있음.

　다. 죄수

　피해자 갑동주식회사에 대한 업무상 배임죄와 피해자 박고소에 대한 배임죄는 상상적 경합의 관계에 있음.

[문제2] 변론요지서
Ⅱ. 피고인 이을남에 대하여
1. 특정경제범죄가중처벌등에관한법률위반(횡령)의 점

　피고인 이을남에 대한 특경가법위반(횡령)의 점의 공소사실의 요지는 피고인 이을남이 김갑동과 공모하여 6억 원을 횡령하였다는 것입니다. 먼저, 이 사건 공소사실에 대한 적용 법률은 특경가법위반(횡령)이 아닌 형법상 횡령이어야 함은 앞서 말씀드린 바와 같습니다. 그런데 피고인은 공모 사실 자체를 부인하고 있으므로, 아래에서는 피고인의 공모사실을 입증할 증거가 있는지 살펴보고자 합니다. (공소사실의 부인 적시, 쟁점의 도출)

　가. 증거능력 없는 증거

　공소사실에 부합하는 증거 중에서 아래의 증거는 증거능력이 없습니다.

　① 먼저, 이 사건에서 김갑동은 공범인 공동피고인에 해당하는데, 사경 작성 김갑동에 대한 피신조서는 피고인 이을남이 내용부인하였으므로 증거능력이 없습니다.

　② 전총무 명의의 증명서는 형소법 제313조 제1항의 진술서에 해당하는데, 진

술자(전총무)가 자필로 작성한 것이 아니므로 증거능력이 없습니다. 설령 위 증명서를 형소법 제313조 제1항의 '피고인 아닌 자(전총무)의 진술을 기재한 서류'로 보더라도 원진술자인 전총무의 서명 또는 날인이 없으므로 증거능력이 없기는 마찬가지입니다.

③ 사경 작성 박고소에 대한 참고인진술조서에는 박고소가 김갑동으로부터 "(박고소로부터) 받은 돈은 이을남과 다 나눠 써버리고 없다"고 말한 것을 들었다는 내용이 있는데, 위 부분은 전문진술(박고소가 김갑동으로부터 들은 말)을 기재한 서류에 해당합니다. 위와 같은 경우 판례에 의하면 형소법 제313조 제1항과 제316조 제2항의 요건이 모두 충족되어야 증거능력이 있는데, 김갑동이 법정에 나와 있어 원진술자의 진술불능 요건을 충족하지 못하므로, 위 증거도 증거능력이 없습니다.

④ 증인 박고소가 이 법정에서 한 진술은 위 ③과 같은 내용이므로, 박고소의 진술은 형소법 제316조 제2항의 요건을 충족해야 증거능력이 있습니다. 그런데 위 ③과 마찬가지로 원진술자인 김갑동이 법정에 나와 있어 진술불능 요건을 충족하지 못하므로, 박고소의 증언도 증거능력이 없습니다.

⑤ 증인 나부인이 이 법정에서 한 진술 중 남편 전총무가 불러주는 대로 증명서를 작성했다는 부분에서 전총무가 말한 부분(전총무 명의 '증명서'의 내용과 같습니다)은 형소법 제316조 제2항의 요건을 충족하여야 증거능력이 있습니다. 전총무가 사망하였으므로 원진술자의 진술불능 요건은 충족합니다. 그러나 전총무는 당시 김갑동으로부터 경제적 도움을 받고 있었고, 위 '증명서'는 김갑동의 요청에 의하여 작성하였다는 점에서 전총무가 말한 '증명서'의 내용은 '특히 신빙할 수 있는 상태하에서 행하여졌'다고 할 수 없어 증거능력이 없다고 하겠습니다. (증거능력 없는 증거 배척)

나. 증거능력 있는 증거의 증명력

증거능력이 있는 증거라도 신빙성이 없다면 공소사실이 입증되었다고 할 수 없습니다.

앞서 든 증거 중에서 검사 작성 김갑동에 대한 피신조서(대질) 중 김갑동 진술 부분은 공범인 김갑동이 제1회 공판기일에서 증거동의 함으로써 진정성립을 인정하였으므로 증거능력은 있습니다. 위 증거와 김갑동의 이 법정에서의 증언은 공통적으로 김갑동의 진술을 내용으로 하고 있으므로, 김갑동 진술의 신빙성에 대하여 살펴 보겠습니다.

김갑동은 경찰 단계에서 이을남과의 공모 사실을 부인하였다가, 검찰 단계에서부터 공모를 인정하는 등 그 진술에 일관성이 없습니다. 김갑동은 박고소로부터 받은 매매대금 3억 원 중 2억 원을 이을남에게 빌려 주었다고 했다가(경찰 단계), 나중에는 공모의 대가로 주었다고 하였는데(검찰 단계), 김갑동이 이을남에게 2억 원을 주었다는 사실을 입증할 아무런 증거가 없습니다(앞서 보았듯, 전총무의 증명서는 증거능력이 없습니다). 또한 자신이 운영하는 회사의 토지를 판 대가로 받은 돈 중 절반이 넘는 돈을 별 역할을 하지 않은 자에게 주었다는 것은 경험칙에 반하고, 이을남이 김갑동으로부터 돈을 받았다면 이을남도 김갑동의 회사에 대한 업무상 횡령죄의 공범이 된 것인데, 그 직후 이을남이 김갑동의 업무상 횡령의 점을 알리겠다고 협박하면서 김갑동의 신용카드를 갈취하였다는 것은 선뜻 믿기 어렵다고 하겠습니다. 김갑동은 전총무가 교통사고를 당한 때부터 전총무 가족을 경제적으로 많이 도와주었는데(나부인의 증언), 전총무는 신세를 진 김갑동이 갑작스럽게 자신을 찾아와 부탁을 하자 이를 거절하지 못하고 김갑동이 원하는 내용으로 증명서를 작성하여 준 것으로 보입니다. 사정이 이와 같다면 김갑동의 진술을 내용으로 하는 증거들은 신빙성이 없다고 하겠습니다. (증명력 탄핵)

박고소가 작성한 고소장에는 피고인 이을남이 김갑동과 공모하였다고 기재되어 있으나, 박고소는 이 법정에서 "김갑동이 이을남과 함께 돈을 다 써렸다고 해서 처음부터 둘이 공모한 것으로 생각했다"고 말한 바, 고소장의 기재 내용은 박고소의 단순한 추측에 불과하다고 하겠습니다. 덧붙여 위조된 부동산매매계약서, 무통장입금증, 등기사항전부증명서 등을 보태보아도 위 공소사실을 입증하기는 턱없이 부족합니다. (부족증거)

다. 소결

그렇다면 피고인 이을남이 김갑동과 공모하였음을 전제로 하는 이 사건 공소사실은 합리적 의심의 여지 없이 증명되었다고 할 수 없어 '범죄의 증명이 없는 때'에 해당하므로 피고인은 무죄입니다(형소법 제325조 후단).

2. 강도의 점

강도죄에 있어서 협박의 정도는 사회통념상 객관적으로 상대방의 반항을 억압하거나 항거불능케 할 정도의 것이라야 합니다. (판례 법리)

피고인 이을남이 김갑동을 협박한 것은 사실이나, 그 협박의 정도가 김갑동의 반항을 억압하거나 항거불능케 할 정도의 것에 이르렀다고 볼 수는 없습니다. 피고인 이을남은 김갑동이 회사 소유 토지를 처분한 사실을 들어 이를 경찰에 알릴 수도 있는데 신용카드를 주면 참겠다고 하였을 뿐이고, 이에 김갑동은 자신의 범죄 사실을 알리지 말아 달라는 뜻에서 순순히 피고인 이을남에게 자신의 신용카드를 주면서 비밀번호도 알려준 것입니다. 김갑동의 진술에 의하더라도 김갑동은 이을남의 요구를 거절하면 동네 건달들을 회사에 데려와 소란을 피울까 염려되어 신용카드를 준 것인데(기록 41면), 이를 가지고 항거불능의 정도에 이르렀다고 할 수는 없습니다. (적용)

설령 피고인 이을남의 행위가 피해자를 갈취하여 공갈죄에 해당한다고 하더라도, 검사가 피고인 이을남에 대하여 강도죄로 공소를 제기하였고, 예비적으로라도 공갈죄에 대하여 판단을 구한 적은 없는바, 강도죄와 공갈죄는 그 죄질을 달리하므로, 공소장변경절차없이 공갈죄로 처단할 수는 없다고 할 것입니다(한편 이 사건에서 피고인 이을남과 피해자 김갑동은 동거하지 않는 사촌관계에 있고, 공갈죄는 형법 제354, 328조에 의하여 친족 간에는 적법한 고소가 있어야 하는데, 피해자 김갑동은 2012. 5. 20. 피고인의 이 사건 범행을 알았음에도 그로부터 6개월이 지난 2013. 6. 3.에 고소를 하였으므로, 김갑동의 고소는 부적법하기도 합니다). (예비적 주장)

그렇다면 이 사건 공소사실은 범죄의 증명이 없는 때에 해당하므로 형소법 제325조 후단에 의하여 무죄를 선고하여 주시기 바랍니다. (소결)

3. 현금 절도, 여신전문금융업법위반의 점

가. 현금 절도의 점

절도죄의 절취란 타인점유의 재물에 대하여 점유자의 의사에 반하여 그 점유자의

점유를 배제하고 자기의 점유로 옮기는 것을 말합니다. (법리)

　　피고인 이을남이 김갑동으로부터 신용카드를 교부받은 것이 협박에 의한 것이기는 하나, 위 협박이 항거불능의 협박이 아님은 앞서 '강도의 점'에서 말씀드린 바와 같고, 그렇다면 피고인이 비록 김갑동의 하자 있는 의사이기는 하나, 김갑동으로부터 신용카드로 예금을 인출하는 점에 대하여 구체적으로 승낙을 받았다고 보아야 합니다. (적용)

　　따라서 피고인 이을남이 김갑동의 예금계좌에서 100만 원을 인출한 행위를 김갑동의 의사에 반하여 절취한 것이라 볼 수 없습니다. (소결)

　나. 여전법위반의 점

　　여전법 제70조 제1항 소정의 부정사용이라 함은 위조·변조, 도난·분실, 강취·횡령, 편취 또는 갈취한 신용카드를 진정한 카드로서 신용카드 본래의 용법에 따라 사용하는 경우를 말합니다. (법리)

　　그런데 이 사건은 피고인이 김갑동의 신용카드를 현금자동지급기에 넣고 비밀번호 등을 입력하여 신용카드 본래의 용법에 따른 현금서비스를 받은 것이 아니라 피해자의 계좌에 있는 '예금'을 인출한 것이므로, 위와 같은 행위는 여전법 제70조 제1항 소정의 부정사용의 개념에 포함될 수 없습니다. (적용 및 소결)

　다. 소결

　　따라서 피고인의 현금 절도 및 여전법위반의 점은 모두 '피고사건이 범죄로 되지 아니하는 경우'에 해당하므로 형소법 제325조 전단에 의하여 각 무죄를 선고하여 주시기 바랍니다.

　4. 점유이탈물횡령의 점

　　피고인은 2008. 9.말경 공소사실에 해당하는 범죄를 저지른 사실은 인정합니다. (공소사실을 다투지 아니함을 밝힘)

　　점유이탈물횡령죄는 형법 제360조 제1항에 의하면 법정형이 1년 이하의 징역이나 300만 원 이하의 벌금 또는 과료로 되어 있어 형소법 제250조, 형법 제50조, 형

소법 제249조 제1항 제5호에 의하여 공소시효기간이 5년입니다. (공소시효 기간 일반론)

그런데 이 사건 공소는 이 사건 범죄행위가 종료된 때부터 5년이 경과한 2013. 10. 18.에 제기되었습니다. (사안의 적용) 따라서 이 사건 공소는 공소시효가 완성되었을 때에 해당하므로 형소법 제326조 제3호에 의하여 면소를 선고하여 주시기 바랍니다. (소결)

5. 금목걸이 절도의 점

피고인 이을남은 경찰 수사단계부터 이 법정에 이르기까지 2011. 12. 중순경의 금목걸이 절도 범행 사실을 자백하였습니다. (사실관계를 다투지 않음을 밝힘)

그러나 피고인의 자백이 그 피고인에게 불이익한 유일한 증거인 때에는 이를 유죄의 증거로 인정할 수 없으므로(형소법 제310조), 자백의 보강증거가 있는지 살펴보고자 합니다. (자백보강법칙을 매개로 증거관계를 논함)

피고인의 자백 이외 공소사실에 부합하는 증거로는 압수조서의 기재와 금목걸이(증 제3호증)가 있습니다. 그런데 위 압수조서의 기재와 금목걸이는 다음과 같은 이유로 각 위법수집증거에 해당하므로 형소법 제308조의2에 의하여 증거로 할 수 없습니다.

사법경찰관은 체포영장을 발부받아 2013. 7. 5. 피고인을 피고인의 집에서 체포하면서, 피고인의 집에 있던 금목걸이도 압수하면서 압수조서를 작성하였습니다. 사법경찰관이 체포영장에 의한 체포를 할 때 체포현장에서의 압수는 허용되지만, 위와 같이 압수한 물건을 계속 압수할 필요가 있는 경우에는 체포한 때로부터 48시간 이내에 압수수색영장을 청구하여야 합니다(형소법 제217조 제2항). (체포영장에 의한 압수에 대한 법리)

그런데 검사는 위 금목걸이에 대하여 사후 압수수색영장을 청구하지 아니하고, 금목걸이를 계속 압수하여 이 법정에 증거로 제출한 것입니다. 위 금목걸이 압수는 형소법 제217조 제2항에 위반한 압수로서, 헌법과 형사소송법이 규율하고 있는 적법절차의 실질적인 내용을 침해하는 경우에 해당하는 것이라 할 것입니다. 그렇다면 압수조서의 기재와 금목걸이를 이 사건 공소사실에 대한 증거로 사용할 수 없습니다. (보강증거의 증거능력 부인)

따라서 이 부분 공소사실은 피고인의 자백 이외에 공소사실을 증명하는 다른 보강증거가 없는 경우에 해당하므로, 무죄를 선고하여 주시기 바랍니다. (소결)

Ⅳ 제2회 변호사시험 형사법 기록형

1. 기록에 체크, 메모할 부분

2013년도 제2회 변호사시험 문제

시험과목	형사법(기록형)

응시자 준수사항

1. 시험 시작 전 문제지의 봉인을 손상하는 경우, 봉인을 손상하지 않더라도 문제지를 들추는 행위 등으로 문제 내용을 미리 보는 경우 모두 부정행위로 간주되어 그 답안은 영점처리 됩니다.

2. 답안은 흑색 또는 청색 필기구(사인펜이나 연필 사용 금지) 중 한 가지 필기구만을 사용하여 답안 작성 난(흰색 부분) 안에 기재하여야 합니다.

3. 답안지에 성명과 수험 번호를 기재하지 않아 인적사항이 확인되지 않는 경우에는 영점 처리 등 불이익을 받게 됩니다. 특히 답안지를 바꾸어 다시 작성하는 경우, 성명 등의 기재를 빠뜨리지 않도록 유의하여야 합니다.

4. 답안지에는 문제내용을 기재할 필요가 없으며, 답안 내용 이외의 사항을 기재하거나 밑줄 기타 어떠한 표시도 하여서는 아니됩니다. 답안을 정정할 경우에는 두 줄로 긋고 다시 기재하여야 하며, 수정액 등은 사용할 수 없습니다.

5. 시험종료 시각에 임박하여 답안지를 교체요구한 경우라도 시험시간 종료 후 즉시 새로 작성한 답안지를 회수합니다.

6. 시험 종료 후에는 답안지 작성을 일절 할 수 없으며, 이에 위반하여 시험시간이 종료되었음에도 불구하고 **시험관리관의 답안지 제출지시에 불응한 채 계속 답안을 작성하거나 답안지를 늦게 제출할 경우 그 답안은 영점처리** 됩니다.

7. 답안은 답안지 쪽수 번호 순으로 기재하여야 하고, **배부받은 답안지는 백지 답안이라도 모두 제출**하여야 하며, **답안지를 제출하지 아니한 경우 그 시험시간 및 나머지 시험시간의 시험에 응시할 수 없습니다.**

8. 지정된 시간까지 지정된 시험실에 입실하지 아니하거나 시험관리관의 승인을 얻지 아니하고 시험시간 중에 그 시험실에서 퇴실한 경우 그 시험시간 및 나머지 시험시간의 시험에 응시할 수 없습니다.

9. 시험시간이 종료되기 전에는 어떠한 경우에도 문제지를 시험장 밖으로 가지고 갈 수 없고, 시험 종료 후 가지고 갈 수 있습니다.

【문제】

다음 기록을 읽고 피고인 김갑인의 변호인 김힘찬과 피고인 이을해의 변호인 이사랑의 변론요지서를 작성하되, 다음 쪽 변론요지서 양식 중 **본문 Ⅰ, Ⅱ 부분만** 작성하시오.

【작성요령】

1. 시험의 편의상 두 변호인의 변론을 하나의 변론요지서에 작성함.

2. 피고인들 사이에 이해가 상충되는 경우 피고인들 각각의 입장에 충실하게 변론할 것.

3. 학설·판례 등의 견해가 대립되는 경우, 한 견해를 취하여 변론할 것. 다만, 대법원 판례와 다른 견해를 취하여 변론을 하고자 하는 경우에는 자신의 입장에 따른 변론을 하되, 대법원 판례의 취지를 적시할 것.

4. 증거능력이 없는 증거는 실제 소송에서는 증거로 채택되지 않아 증거조사가 진행되지 않지만, 이 문제에서는 시험의 편의상 증거로 채택되어 증거조사가 진행된 것을 전제하였음. 따라서 필요한 경우 증거능력에 대하여도 변론할 것.

【주의사항】

1. 쪽 번호는 편의상 연속되는 번호를 붙였음.

2. 조서, 기타 서류에는 필요한 서명, 날인, 무인, 간인, 정정인이 있는 것으로 볼 것.

3. 증거목록, 공판기록 또는 증거기록 중 '(생략)'이라고 표시된 부분에는 법에 따른 절차가 진행되어 그에 따라 적절한 기재가 있는 것으로 볼 것.

4. 공판기록과 증거기록에 첨부하여야 할 일부 서류 중 '(생략)' 표시가 있는 것, '증인선서서'와 수사기관의 조서에 첨부하여야 할 '수사과정확인서'는 적법하게 존재하는 것으로 볼 것.

5. 송달이나 접수, 통지, 결재가 필요한 서류는 모두 적법한 절차를 거친 것으로 볼 것.

【변론요지서 양식】

변론요지서

사 건   2012고합1277 특정경제범죄가중처벌등에관한법률위반(사기) 등
피고인   1. 김갑인
        2. 이을해

위 사건에 관하여 피고인 김갑인의 변호인 변호사 김힘찬, 피고인 이을해의 변호인 변호사 이사랑은 다음과 같이 변론합니다.

다 음

Ⅰ. 피고인 김갑인에 대하여 (40점)

  1. 사문서위조, 위조사문서행사의 점

  2. 특정범죄가중처벌등에관한법률위반(도주차량)의 점

  3. 도로교통법위반(음주운전)의 점

Ⅱ. 피고인 이을해에 대하여 (60점)

  1. 특정경제범죄가중처벌등에관한법률위반(사기)의 점

  2. 공갈의 점

이 부분만 씀

※ **평가제외사항 – 공소사실의 요지, 정상관계, 피고인 김갑인에 대한 특정경**
             제범죄가중처벌등에관한법률위반(사기) 부분
             (답안지에 기재하지 말 것)

2013. 1. 5.

피고인 김갑인의 변호인 변호사 김힘찬 ㊞
피고인 이을해의 변호인 변호사 이사랑 ㊞

서울중앙지방법원 제26형사부 귀중

기록내용 시작

➡ 공판기록이 먼저 나오고, 수사기록은 뒤에 편철됨

서 울 중 앙 지 방 법 원

구 공 판 **형 사 제1심 소 송 기 록**

	구속만료		미결구금
	최종만료		
	대행 갱신 만 료		

기일 1회기일	사건번호	2012고합1277	담임	제26부	주심	다
12/7 A10 12/21 P3	사 건 명	가. 특정경제범죄가중처벌등에관한법률위반(사기) 나. 특정범죄가중처벌등에관한법률위반(도주차량) 다. 공갈 라. 사문서위조 마. 위조사문서행사 바. 도로교통법위반(음주운전)				
	검 사	정이감	2012형제55511호			
	공소제기일	2012. 10. 19.				
	피 고 인	1. 가.나.라.마.바. **김갑인** 2. 가.다. **이을해**				
	변 호 인	사선 변호사 김힘찬(피고인 김갑인) 사선 변호사 이사랑(피고인 이을해)				

확 정	
보존종기	
종결구분	
보 존	

완결 공람	담임	과 장	국 장	주심 판사	재판장	원장

- 4 -

접 수 공 람	과 장	국 장	원 장
	㊞	㊞	㊞

공 판 준 비 절 차

회 부 수명법관 지정 일자	수명법관 이름	재 판 장	비 고

법정외에서지정하는기일

기일의 종류	일 시				재 판 장	비 고
1회 공판기일	2012.	12.	7.	10:00	㊞	

서울중앙지방법원

목 록		
문 서 명 칭	장 수	비 고
증거목록	8	검사
증거목록	10	피고인 및 변호인
공소장	11	
변호인선임신고서	(생략)	피고인 김갑인
변호인선임신고서	(생략)	피고인 이을해
영수증(공소장부본 등)	(생략)	피고인 김갑인
영수증(공소장부본 등)	(생략)	피고인 이을해
영수증(공판기일통지서)	(생략)	변호사 김힘찬
영수증(공판기일통지서)	(생략)	변호사 이사랑
의견서	(생략)	피고인 김갑인
의견서	(생략)	피고인 이을해
공판조서(제1회)	15	
증거서류제출서	17	변호사 김힘찬
공판조서(제2회)	20	
증인신문조서	22	박병진
증인신문조서	23	안경위

서울중앙지방법원

목 록 (구속관계)		
문 서 명 칭	장 수	비 고
긴급체포서	14	피고인 이을해
석방보고서	(생략)	피고인 이을해

증 거 목 록 (증거서류 등)

2012고합1277

2012형제55511호

① 김갑인
② 이을해
신청인: 검사

순번	증거방법 작성	쪽수(수)	쪽수(증)	증거명칭	성명	참조사항등	신청기일	증거의견 기일	증거의견 내용	증거결정 기일	증거결정 내용	증거조사기일	비고
1	검사	(생략)		피의자신문조서	김갑인	사기 등	1	1	① ○ / ② ×		○		
2	〃	47		피의자신문조서	이을해	사기 등	1	1	② ○ / ① ○				
3	〃	(생략)		사망진단서사본	양신구	사기 등	1	1	①② ○				
4	사경	26		진술조서	박병진	사기,위조등	1	1	① ○ / ② ×		○		
5	〃	30		부동산매매계약서		사기,위조등	1	1	①② ○				
6	〃	(생략)		무통장입금증 2장		사기	1	1	①② ○				
7	〃	(생략)		등기사항전부증명서		사기	1	1	①② ○				
8	〃	31		진술조서	최정오	사기,위조등	1	1	①② ○				
9	〃	33		피의자신문조서	김갑인	사기,위조등	1	1	① ○ / ② ×		×		
10	〃	36		피의자신문조서	이을해	사기	1	1	② × / ① ○	(생략)	× (생략)		
11	〃	38		피의자신문조서	김갑인	도주차량등	1	1	① ○				
12	〃	40		진술서	고경자	도주차량	1	1	① ○				
13	〃	(생략)		진단서	고경자	도주차량	1	1	① ○				
14	〃	(생략)		교통사고실황조사서		도주차량	1	1	① ○				
15	〃	41		주취운전자적발보고서		음주운전	1	1	① ○				
16	〃	42		수사보고서(혈중알콜농도 산출보고)		음주운전	1	1	① 진정성립만 인정				
17	〃	43		자동차종합보험가입사실증명서	김갑인	도주차량	1	1	① ○				
18	〃	44		진술서	강기술	공갈	1	1	② ○				
19	〃	45		피의자신문조서	이을해	공갈	1	1	② ○				
20	〃	(생략)		조회회보서	김갑인	전과	1	1	① ○				
21	〃	(생략)		조회회보서	이을해	전과	1	1	② ○				

(우측 여백 주기)
- 1번 옆: 부동의 ⇒ 김갑인의 동의 + 김갑인에 대한 반대신문
- 4번 옆: 부동의 ⇒ 박병진의 진정성립
- 9번 옆: 실질이 내용부인이므로
- 10번 옆: 내용부인

※ 증거의견 표시 - 피의자신문조서: 인정 ○, 부인 ×
 (여러 개의 부호가 있는 경우, 성립/임의성/내용의 순서임)
 - 기타 증거서류: 동의 ○, 부동의 ×
※ 증거결정 표시: 채 ○, 부 ×
※ 증거조사 내용은 제시, 내용고지

증 거 목 록 (증인 등)
2012고합1277

① 긴갑인
② 이을해

2012형제55511호

신청인: 검사

증 거 방 법	쪽수 (공)	입증취지 등	신청 기일	증거결정 기일	증거결정 내용	증거조사기일	비고
증인 박병진	22	공소사실 1항 관련	1	1	○	2012. 12. 21. 15:00 (실시)	
증거목록 4번 부동의하여 증인으로 나옴							
증인 안경위	23	공소사실 1항 관련	1	1	○	2012. 12. 21. 15:00 (실시)	

※ 증거결정 표시: 채 ○, 부 ×

증 거 목 록 (증거서류 등)
2012고합1277

● 피고인에게 유리한 증거
① 긴갑인
② 이을해
● 신청인: 피고인 및 변호인

2012형제55511호

순 번	증거방법					참조 사항 등	신청 기일	증거의견		증거결정		증거 조사 기일	비고
	작성	쪽수 (수)	쪽수 (공)	증거명칭	성명			기일	내용	기일	내용		
1			18	약식명령등본	긴갑인		2	2	○				
2			19	서적사본	긴갑인		2	2	○				
				● 제1호 면소사유	힌트								
										(생략)		(생략)	

※ 증거의견 표시 - 피의자신문조서: 인정 ○, 부인 ×
　　　　　　　　 (여러 개의 부호가 있는 경우, 성립/임의성/내용의 순서임)
　　　　　　　 - 기타 증거서류: 동의 ○, 부동의 ×
※ 증거결정 표시: 채 ○, 부 ×
※ 증거조사 내용은 제시, 내용고지

서 울 중 앙 지 방 검 찰 청

2012. 10. 19.

사건번호   2012년 형제55511호

수 신 자   서울중앙지방법원

제   목   **공소장**

검사 정이감은 아래와 같이 공소를 제기합니다.

Ⅰ. 피고인 관련사항

1. 피 고 인   김갑인 (52****-1******), 60세

직업 부동산중개업, 010-****-****

주거 경기도 화성시 봉담읍 동화리 25 동화아파트 102동 203호

등록기준지 (생략)

죄   명   특정경제범죄가중처벌등에관한법률위반(사기),／특정범죄가중처벌등

에관한법률위반(도주차량),／사문서위조,／위조사문서행사,／도로교통

법위반(음주운전)

적용법조   특정경제범죄 가중처벌 등에 관한 법률 제3조 제1항 제2호, 형법

제347조 제1항,／특정범죄 가중처벌 등에 관한 법률 제5조의3 제1

항 제2호, 형법 제268조, 도로교통법 제54조 제1항,／형법 제231조,／

제234조,／도로교통법 제148조의2 제2항 제3호, 제44조 제1항,／형법

제30조, 제37조, 제38조

구속여부   불구속

변 호 인   없음

1277

2. 피 고 인   이을해 (52****-1******), 60세

직업 무직, 010-****-****

주거 서울 서초구 양재동 123-12 양재빌라 1동 지하 103호

등록기준지   (생략)

죄   명   특정경제범죄가중처벌등에관한법률위반(사기), 공갈

적용법조   특정경제범죄 가중처벌 등에 관한 법률 제3조 제1항 제2호, 형법

제347조 제1항,／제350조 제1항,／제30조, 제37조, 제38조

구속여부　　불구속

변 호 인　　없음

Ⅱ. 공소사실

1. 피고인들의 공동범행

피고인들은 피고인 이을해의 고등학교 동창인 피해자 박병진(60세)에게서 주유소 부지로 이용하려고 하니 최정오가 소유한 경기도 화성시 봉담읍 동화리 283 대 1,503㎡를 매수해달라는 의뢰를 받고, 토지소유자인 최정오와 매매 교섭을 하는 과정에서 최정오에게서 토지 매매대금으로 3억 원을 제시받자, 피해자 박병진에게 토지 매매대금이 5억 원이라고 부풀려 말하여 그 매매대금을 편취하기로 공모하였다.

피고인 이을해는 2012. 4. 10.경 서울 서초구 서초1동 150에 있는 피해자 박병진의 집에서 피해자에게 "내가 고향친구인 토지 중개업자 김갑인에게 알아보았는데 토지소유자가 5억 원은 주어야 토지를 팔겠다고 하고, 요즘 그 주변 땅 시세가 그 이상 나가니, 5억 원 가량이면 그 땅을 싸게 사는 편이라고 하더라."라고 거짓말을 하였다. 피고인 김갑인도 전화로 피해자에게 "토지소유자가 5억 원 아래로는 안 팔겠다고 한다. 요즘 그 부근 토지 시세를 확인해보았는데 그 토지가격이 5억 원 이상 나가니 안심하고 구입해도 된다."고 거짓말을 하였다.

그러나, 사실은 최정오는 이미 피고인들에게 3억 원을 토지 매매대금으로 제시한 상황이었다.

그럼에도 불구하고 피고인들은 위와 같이 거짓말하여 피해자 박병진에게서 2012. 5. 3. 토지 매매계약금 명목으로 5,000만 원을, 같은 해 5. 18. 잔금 명목으로 4억 5,000만 원을 각각 송금받았다.

이로써 피고인들은 공모하여 위와 같이 피해자를 기망하여 5억 원을 교부받았다.

[여백 손글씨: 편취금액이 5억?]

2. 피고인 김갑인

가. 사문서위조

피고인은 경기도 화성시 봉담읍 동화리 567에 있는 '사구팔 부동산중개소'에서 사실은 위 1.항 기재 토지에 관하여 매도인 최정오와 매수인 박병진 사이에 매매대금을 3억 원으로 한 매매계약서가 이미 작성되었음에도 불구하고, 매매대금을 5억 원으로 하는 매매계약서를 위조하여 박병진에게 교부하기로 마음먹었다.

피고인은 2012. 5. 25.경 위 '사구팔 부동산중개소'에서 부동산매매계약서 용지의 부동산의 표시란에 '경기도 화성시 봉담읍 동화리 283 대 1503㎡', 매매대금란에 '

금 5억 원', 매수인란에 '박병진'이라고 기재한 다음, 박병진 이름 옆에 갖고 있던 박병진의 도장을 찍었다.

이로써 피고인은 행사할 목적으로 권리의무에 관한 사문서인 박병진 명의의 부동산매매계약서 1장을 위조하였다.

나. 위조사문서행사

피고인은 2012. 5. 25.경 서울 서초구 서초1동 150에 있는 박병진의 집에서 위와 같이 위조한 부동산매매계약서를 그 사실을 모르는 박병진에게 마치 진정하게 성립된 것처럼 교부하여 행사하였다.

--● 처벌기준인 0.05%에 근접하므로
   증거 엄격히 볼 필요

다. 도로교통법위반(음주운전), 특정범죄가중처벌등에관한법률위반(도주차량)

피고인은 2012. 9. 18. 21:30경 혈중알콜농도 0.053%의 술에 취한 상태로 59투5099호 제네시스 승용차를 운전하여 서울 서초구 서초동에 있는 교대역 사거리 앞 도로를 서초역 쪽에서 강남역 쪽으로 편도 3차로를 따라 진행하던 중, 전방을 제대로 보지 않은 채 그대로 진행한 업무상 과실로 때마침 횡단보도 앞에서 적색신호에 정차한 피해자 고경자(여, 37세)가 운전하는 33수3010호 YF쏘나타 승용차의 뒷범퍼 부분을 위 제네시스 승용차의 앞범퍼 부분으로 들이받았다.

피고인은 위와 같은 업무상 과실로 피해자에게 약 2주간의 치료를 요하는 경추부 염좌상을 입게 하고도 곧 정차하여 피해자를 구호하는 등의 필요한 조치를 취하지 아니하고 그대로 도주하였다.

3. 피고인 이을해

피고인은 2012. 9. 27. 20:10경 서울 서초구 양재동에 있는 피해자 강기술(45세)이 운영하는 '양재곱창'에서 5만 원어치의 술과 음식을 주문하여 먹었다. 피고인은 같은 날 21:30경 음식 값을 계산하려고 지갑을 꺼내어 보니 가진 현금이 부족한 것을 발견하고, 음식 값의 지급을 면하기 위해서 피해자가 잠시 한눈을 파는 사이에 식당 밖으로 걸어 나갔다. 피고인은 피해자가 이를 발견하고 피고인을 따라와 음식 값을 달라고 요구하자, 피해자의 목을 잡고 손으로 뺨을 4~5회 때려이에 겁을 먹은 피해자로 하여금 음식 값 5만 원의 청구를 단념하게 하였다.

이로써 피고인은 피해자를 공갈하여 재산상 이익을 취득하였다.

Ⅲ. 첨부서류

1. 긴급체포서 1통
2. 석방보고서 1통 (생략)

검사 정이감 ㉑

■ 검사의 사법경찰관리에 대한 수사지휘 및 사법경찰관리의 수사준칙에 관한 규정 [별지 제28호서식]

긴 급 체 포 서

제 2012-1144 호

피의자	성　　　　명	이을해　（李乙亥　）
	주 민 등 록 번　　　　호	(생략)
	직　　　　업	(생략)
	주　　　　거	(생략)
변　　호　　인		

위 피의자에 대한 특정경제범죄가중처벌등에관한법률위반(사기) 피의사건에
관하여 「형사소송법」 제200조의3 제1항에 따라 동인을 아래와 같이 긴급체포함

2012. 10. 2.

서울서초경찰서

사법경찰관 경위 안경위　　　　（인）

체 포 한 일 시	2012. 10. 2. 12:20
체 포 한 장 소	서울서초경찰서 경제팀 사무실 내　➡ 긴급성?
범 죄 사 실 및 체 포 의 사 유	피의자는 김갑인과 공모하여 2012. 5.경 피해자 박병진에게서 토지 매입 의뢰를 받고 매도인이 제시한 토지매매대금을 부풀려 피해자로부터 금 5억 원을 교부받아 편취한 것으로서, 피의자가 범행을 부인하므로 증거인멸의 우려가 있음.
체 포 자 의 관 직 및 성 명	서울서초경찰서 경제팀 경사 강철중
인 치 한 일 시	2012. 10. 2. 12:20
인 치 한 장 소	서울서초경찰서 경제팀 사무실
구 금 한 일 시	
구 금 한 장 소	
구 금 을 집 행 한 자 의 관 직 및 성 명	

210mm×297mm일반용지 60g/㎡(재활용품)

서 울 중 앙 지 방 법 원

공 판 조 서

제 1 회 ➡ 사실을 다투는 죄와 법리를 다투는 죄 구분

사 건	2012고합1277 특정경제범죄가중처벌등에관한법률위반(사기) 등	

재판장 판사   황숙현   기   일: 2012. 12. 7. 10:00

       판사   최지혁   장   소: 제425호 법정

       판사   송하영   공개 여부: 공개

법원사무관   성진수   고 지 된
                                           다음기일: 2012. 12. 21. 15:00

피 고 인   1. 김갑인   2. 이을해   각각 출석
검   사   한준석   출석
변 호 인   변호사 김힘찬 (피고인 1을 위하여)   출석
           변호사 이사랑 (피고인 2를 위하여)   출석

───

재판장

　　피고인들은 진술을 하지 아니하거나 각개의 물음에 대하여 진술을 거부할 수 있고, 이익 되는 사실을 진술할 수 있음을 고지

재판장의 인정신문

　　성   명: 1. 김갑인   2. 이을해
　　주민등록번호: 각각 공소장 기재와 같음
　　직   업: 〃
　　주   거: 〃
　　등록기준지: 〃

재판장

　　피고인들에 대하여

　　주소가 변경될 경우에는 이를 법원에 보고할 것을 명하고, 소재가 확인되지 않을 때에는 피고인들의 진술 없이 재판할 경우가 있음을 경고

검　사

　　공소장에 의하여 공소사실, 죄명, 적용법조 낭독

피고인 김갑인　　　　　　　　● 특가법위반(도주차량) : 축소사실 인정 힌트

　　〈교통사고 당시 술을 마시고 운전하였지만, 피해자의 상태를 확인하고 갔음에도

　　뺑소니로 처벌받는 것은 억울하고,〉나머지 공소사실은 모두 인정한다고 진술

피고인 이을해　　　　　　　　　　　　　●법리다툼

　　〈피고인 김갑인과 공모하여 돈을 편취한 사실이 전혀 없고,〉〈공갈로 처벌받는

　　것은 억울하다〉고 진술　●사실관계 다툼　　　　축소사실
　　　　　　　　　　　　　　　　　　　　　　　　　　인정 힌트

피고인 김갑인의 변호인 변호사 김힘찬

　　피고인 김갑인을 위하여 유리한 변론을 함. 변론기재는 (생략).

피고인 이을해의 변호인 변호사 이사랑

　　피고인 이을해를 위하여 유리한 변론을 함. 변론기재는 (생략).

재판장

　　증거조사를 하겠다고 고지

증거관계 별지와 같음(검사, 변호인)

재판장

　　각각의 증거조사 결과에 대하여 의견을 묻고 권리를 보호하는 데에 필요한

　　증거조사를 신청할 수 있음을 고지

소송관계인

　　별 의견 없다고 각각 진술

재판장

　　변론 속행

2012. 12. 7.

법 원 사 무 관　　　성진수 ㉙

재판장　판 사　　　황숙현 ㉙

증거서류제출서

사 건   2012고합1277 특정경제범죄가중처벌등에관한법률위반(사기) 등
피고인   김갑인

　위 사건에 관하여 피고인 김갑인의 변호인은 위 피고인의 이익을 위하여 다음 증거서류를 제출합니다.

다   음

1. 약식명령등본 1통
1. 서적사본(000 발간, 교통과 형법 제200쪽) 1통

접 수
No. 16857
2012. 12. 20.
서울중앙지방법원
형사접수실

2012. 12. 20.

피고인 김갑인의 변호인
변호사 김힘찬 ㉑

서울중앙지방법원   제26형사부 귀중

수원지방법원

약 식 명 령

● 확정확인

확정일 2012. 11. 29. **수원지방법원** **법원주사 김주사** ㊞

사　　건　2012고약11692 사문서위조,위조사문서행사
(2012년형제24517호)

피 고 인　김갑인 (52****-1******), 부동산중개업
주거　경기 화성시 봉담읍 동화리 25 동화아파트 102동 203호
등록기준지 (생략)

주 형 과　피고인을 벌금 1,500,000(일백오십만)원에 처한다.
부수처분　피고인이 위 벌금을 납입하지 아니하는 경우 50,000원을 1일로 환산한 기간 피고인을 노역장에 유치한다.

범죄사실　피고인은 2012. 5. 25.경 경기도 화성시 봉담읍 동화리 567에 있는 '사구팔 부동산중개소'에서 부동산매매계약서 용지의 부동산의 표시란에 '경기도 화성시 봉담읍 동화리 283 대 1503㎡', 매매대금란에 '금 5억원', 매도인란에 '최정오'라고 기재한 다음, 최정오의 이름 옆에 임의로 새긴 최정오의 도장을 찍었다. 이로써 피고인은 행사할 목적으로 권리의무에 관한 사문서인 [최정오 명의]의 부동산매매계약서 1장을 위조하고, 2012. 5. 25.경 서울 서초구 서초1동 150에 있는 박병진의 집에서 위와 같이 위조한 부동산매매계약서를 그 사실을 모르는 박병진에게 마치 진정하게 성립된 것처럼 교부하여 행사하였다.

적용법령　형법 제231조, 제234조(각 벌금형 선택), 제37조, 제38조, 제70조, 제69조 제2항

검사 또는 피고인은 이 명령등본을 송달받은 날부터 7일 이내에 정식재판의 청구를 할 수 있습니다.

● 약식명령 발령일

2012. 10. 24.

판 사　박 경 순 ㊞

등본임. **2012. 12. 18.** **수원지방검찰청** **검찰주사 김희권** ㊞

[000 발간, 교통과 형법 제200쪽의 일부 사본]

　특정 운전시점부터 일정한 시간이 지난 후에 혈중알코올농도가 측정된 때에는 시간당 혈중알코올의 분해소멸에 따른 감소치에 따라 운전시점 이후의 혈중알코올 분해량을 계산한 후, 측정된 혈중알코올농도에 이를 가산하여 운전시점의 혈중알코올농도를 추정하게 된다. 혈중알코올 분해량은 피검사자의 체질, 음주한 술의 종류, 음주속도, 음주 시 위장에 있는 음식의 정도 등에 따라 개인마다 차이가 있는데 시간당 약 0.008% ~ 0.03%(평균 약 0.015%)씩 감소하는 것으로 알려져 있다.

　……(중략)

　한편, 섭취한 알코올이 체내에 흡수 분배되어 최고 혈중알코올농도에 이르기까지는 피검사자의 체질, 음주한 술의 종류, 음주속도, 음주 시 위장에 있는 음식의 정도 등에 따라 개인마다 차이가 있다. 실험 결과, 혈중알코올농도는 최종 음주시각부터 상승하기 시작하여 30분부터 90분 사이에 최고도에 달하는 것으로 알려져 있다. 따라서 최종 음주시각부터 90분 내에 혈중알코올농도가 측정된 경우에는 피검사자의 혈중알코올농도가 최고도에 이르기까지 상승하고 있는 상태인지, 최고도에 이른 후 하강하고 있는 상태인지 여부를 확정하기 어렵다.

　……(하략)

후단무죄 힌트●

서 울 중 앙 지 방 법 원

공 판 조 서

제 2 회 ➡ 사실을 다투는 죄에 대한 사실관계 정리

사　　　건	2012고합1277 특정경제범죄가중처벌등에관한법률위반(사기) 등	
재판장 판사	황숙현	기　일: 　　2012. 12. 21. 15:00
판사	최지혁	장　소: 　　제425호 법정
판사	송하영	공개 여부: 　　공개
법원사무관	성진수	고 지 된 다음기일: 　　2013. 1. 11. 11:00

피 고 인	1. 김갑인　2. 이을해	각각 출석
검　　　사	한준석	출석
변 호 인	변호사 김힘찬 (피고인 1을 위하여)	출석
	변호사 이사랑 (피고인 2를 위하여)	출석
증　　　인	박병진, 안경위	각각 출석

재판장

　　전회 공판심리에 관한 주요사항의 요지를 공판조서에 의하여 고지

소송관계인

　　변경할 점이나 이의할 점이 없다고 진술

출석한 증인 박병진, 안경위를 각각 별지와 같이 신문하다

증거관계 별지와 같음(검사, 변호인)

재판장

　　각 증거조사 결과에 대하여 의견을 묻고 권리를 보호하는 데에 필요한 증거

　　조사를 신청할 수 있음을 고지

피고인 이을해

　　경찰관 안경위의 증언은 사실과 다르다고 진술

소송관계인

　　별 의견 없으며, 달리 신청할 증거도 없다고 각각 진술

재판장

증거조사를 마치고 피고인신문을 하겠다고 고지 ┈┈●공범인 공동피고인의 법정진술 ➡ 증거능력○

검 사

피고인 김갑인에게

문   피고인은 이을해와 공모하여 피해자 박병진에게서 돈을 편취한 사실이 있는가요.

답   예, 그렇습니다.

문   피고인이 양신구를 통해서 이을해에게 2억 원을 교부한 것인가요.

답   예, 그렇습니다.

문   피고인이 교통사고를 내고 피해자 고경자가 상해를 입은 사실은 인정하는가요.

답   예, 나중에 치료를 받았다고 하므로 변호사님과 상의한 결과 상해를 입힌 부
     분은 인정하기로 하였으므로 다투지 않겠습니다.

피고인 이을해의 변호인 변호사 이사랑 ┈┈┈┈┈●'상해' 부분은 쟁점이 아님

     피고인 김갑인에게

문   피고인은 사기 범행이 발각되자, 중한 처벌을 면하고 편취한 돈의 행방을 감
     추려고 이을해에게 책임을 전가하는 것이 아닌가요.

답   아닙니다.

검 사

     피고인 이을해에게

문   피고인은 김갑인과 공모해서 2억 원을 편취한 사실이 없다는 것인가요.

답   예, 그런 사실이 없습니다.

재판장

     피고인신문을 마쳤음을 고지 ┈┈┈┈●후단무죄 힌트

재판장

     검사에게

문   피고인 김갑인의 음주 최종시각 이후 체내 혈중알콜농도가 하강기에 있는지
     여부를 확인하고 음주측정이 이루어진 것인가요.

답   확인하지 못한 상태에서 음주측정이 이루어진 것으로 보입니다.

재판장

     변론 속행 (변론 준비를 위한 변호인들의 요청으로)

2012. 12. 21.

법 원 사 무 관   성진수 ㊞

재판장 판 사   황숙현 ㊞

서울중앙지방법원
증인신문조서 (제2회 공판조서의 일부)

사　　건　2012고합1277　특정경제범죄가중처벌등에관한법률위반(사기) 등
증　인　이　름　　박병진
　　　　　생년월일 및 주거는 (생략)

재판장

증인에게 형사소송법 제148조 또는 제149조에 해당하는가의 여부를 물어 증인이 이에 해당하지 아니함을 인정하고, 위증의 벌을 경고한 후 별지 선서서와 같이 선서를 하게 하였다. 다음에 신문할 증인은 재정하지 아니하였다.

검사

증인에게 수사기록 중 사법경찰리가 작성한 증인에 대한 진술조서를 보여주고 열람하게 한 후,

　　　　　　　　　　　　　　　　　　　　　　　　　　　증거순번4
　　　　　　　　　　　　　　　　　　　　　　　　　➡ 진정성립
　　　　　　　　　　　　　　　　　　　　　　　　　　　인정

문　증인은 경찰에서 사실대로 진술하고 그 조서를 읽어보고 서명, 무인한 사실이 있고, 그 진술조서는 그때 경찰관에게 진술한 내용과 동일하게 기재되어 있는가요.

답　예, 그렇습니다.

문　증인은 2012. 6. 10.경 죽은 양신구로부터 피고인 이을해에게 2억 원을 전달하였다는 말을 들은 적이 있나요.

답　예, 제가 그때 김갑인과 죽은 양신구를 함께 만나서 왜 매매대금이 2억 원이나 차이가 나는지 따졌는데, 죽은 양신구가 "김갑인의 지시에 따라 이을해에게 현금 2억 원을 전달해주었다"고 분명히 저에게 말하였습니다.

피고인 이을해의 변호인 변호사 이사랑

　　증인에게　　　　　　　　　　　　　　　　　● 316조 2항 요건
　　　　　　　　　　　　　　　　　　　　　➡ 특신상태?

문　피고인 이을해가 증인에게 2012. 6. 1. 빌린 돈을 갚아야 하는데 돈이 없다고 하면서 500만 원을 빌려달라고 한 적이 있지요.

답　예, 그때 500만 원을 빌려 주고 그 돈도 아직까지 받지 못하고 있습니다.

문　김갑인은 2억 원을 일주일 동안 소액 현금으로 분산하여 인출하였는데 증인은 김갑인과 양신구가 서로 나누어 가졌다는 의심은 해보지 않았나요.

답　그런 생각은 해보지 못했습니다.

　　　　　　　　　　2012. 12. 21.　　　　　　● 양신구 진술의 신빙성?

　　　　법 원 사 무 관　　　성진수 ㊞

　　　　재판장 판 사　　　황숙현 ㊞

서울중앙지방법원
증인신문조서 (제2회 공판조서의 일부)

사   건   2012고합1277 특정경제범죄가중처벌등에관한법률위반(사기) 등
증   인   이   름   안경위
          생년월일 및 주거는 (생략)

___

재판장

증인에게 형사소송법 제148조 또는 제149조에 해당하는가의 여부를 물어 증인이 이에 해당하지 아니함을 인정하고, 위증의 벌을 경고한 후 별지 선서서와 같이 선서를 하게 하였다.

검사

증인에게

● 316조 1항
➡ 조사자 증언

문 피고인 이을해가 증인에게 조사를 받으면서 어떤 진술을 하였는가요.

답 피고인은 조사 당시 2012. 4.경 박병진으로부터 주유소 부지를 알아봐달라는 부탁을 받자, 매매대금을 부풀려 차액을 편취하기로 김갑인과 공모하고, 실제로는 최정오가 매매대금으로 3억 원을 제시하였음에도 박병진에게 토지소유자가 5억 원을 달라고 한다고 거짓말하여, 같은 해 5.경 박병진으로부터 5억 원을 송금받았다고 자백하였습니다.

316조 1항 요건
➡ 특신상태?

문 피고인 이을해가 강압적인 분위기에서 조사를 받은 것은 아닌가요.

답 피고인은 당시 자유로운 분위기에서 자발적으로 자백하였습니다. 저는 피고인이 담배를 피우고 싶다고 하기에 담배도 1대 피우도록 건네주었고, 피고인은 당시 자백하면서 피해자에게 죄송하다면서 눈물까지 글썽였습니다.

검사의 '특신상태' 입증노력

피고인 이을해의 변호인 변호사 이사랑

피고인 이을해를 위하여 유니한 신문을 함. 기재는 (생략).

2012. 12. 21.

법원사무관   성진수 ㉑

재판장 판사   황숙현 ㉑

| 제 | 1 | 책 |
| 제 | 1 | 권 |

*여기서부터 수사기록

서울중앙지방법원
증거서류등(검사)

| 사 건 번 호 | 2012고합1277 | 담임 | 제26형사부 | 주심 | 다 |

| 사 건 명 | 가. 특정경제범죄가중처벌등에관한법률위반(사기)
나. 특정범죄가중처벌등에관한법률위반(도주차량)
다. 공갈
라. 사문서위조
마. 위조사문서행사
바. 도로교통법위반(음주운전) |

| 검 사 | 정이감 | 2012년 형제55511호 |

| 피 고 인 | 1. 가.나.라.마.바.   **김갑인**
2. 가.다.   **이을해** | |

| 공소제기일 | 2012. 10. 19. |

1심 선고	20 . . .	항소	20 . . .
2심 선고	20 . . .	상고	20 . . .
확 정	20 . . .	보존	

			제 1 책
			제 1 권

구공판		**서 울 중 앙 지 방 검 찰 청** **증 거 기 록**			
검　　찰	사건번호	2012년 형제55511호	법원	사건번호	2012년 고합1277호
	검　　사	정이감		판　　사	
피 고 인		1. 가.나.라.마.바. 2. 가.다.		**김갑인** **이을해**	
죄　　명		가. 특정경제범죄가중처벌등에관한법률위반(사기) 나. 특정범죄가중처벌등에관한법률위반(도주차량) 다. 공갈 라. 사문서위조 마. 위조사문서행사 바. 도로교통법위반(음주운전)			
공소제기일		2012. 10. 19.			
구　　속		각각 불구속		석　방	
변 호 인					
증 거 물					
비　　고					

진 술 조 서

성   명: 박병진

주민등록번호: 52****-1******   60세

직   업: (생략)

주   거: (생략)

등 록 기 준 지: (생략)

직 장 주 소: (생략)

연   락   처: (자택전화) (생략)   (휴대전화) (생략)

(직장전화) (생략)   (전자우편) (생략)

위의 사람은 피의자 김갑인, 이을해에 대한 특정경제범죄가중처벌등에관한법률
위반(사기) 피의사건에 관하여 2012. 9. 11. 서울서초경찰서 경제팀 사무실에 임
의 출석하여 다음과 같이 진술하다.

1. 피의자와의 관계

피의자들과 아무런 관계가 없습니다.

2. 피의사실과의 관계

저는 피의자들로부터 사기를 당한 사실과 관련하여 고소인 자격으로 출석하였
습니다.

이때 사법경찰리는 진술인 박병진을 상대로 다음과 같이 문답하다.

문   진술인은 2012. 9. 6.경 우리 서에 피의자들을 상대로 사기로 고소한 사실
      이 있지요.

답   예, 그렇습니다.

문   피해 사실이 무엇인가요.

답   제가 피의자들에게 최정오가 소유하는 경기도 화성시 봉담읍 동화리 283
      에 있는 토지를 매수해달라는 의뢰를 하였는데, 토지소유자 최정오가 피의
      자들에게 토지 매매대금을 3억 원으로 제시하였음에도 불구하고, 피의자들
      이 저에게는 매매대금을 5억 원으로 부풀려서 제게서 5억 원을 송금받아

편취하였다는 것입니다.

문   자세한 경위가 어떠한가요.

답   저는 그 동안 다니던 직장을 퇴직하면, 직장에서 받은 퇴직금으로 주유소를 운영해볼 생각이 있었습니다. 2012. 3. 20.경 저와는 고등학교 동창으로서 절친한 친구인 이을해를 만나 함께 술을 마시던 중, 제 계획을 이야기하였더니, 이을해가 자기 고향 일대에 최근 개발 붐이 일어서 아파트들이 많이 들어섰는데 좋은 위치의 땅이 있을 것이니 주유소를 신축해보는 것은 어떻겠냐고 제의하였습니다. 그래서 제가 이을해에게 좋은 부지를 알아봐달라고 하였는데, 며칠 후 이을해로부터 전화가 와서 좋은 땅을 찾았는데 한번 보지 않겠냐고 하는 것이었습니다. 그래서 이을해와 함께 경기도 화성시 봉담읍 동화리 283에 있는 땅을 직접 찾아가보았는데 그 땅 주변에는 아파트 단지들이 많이 들어서 있었고 주변에 큰 도로들이 있는데도 주위에 주유소는 거의 없는 것으로 봐서 주유소를 신축하면 수익성이 높을 것으로 판단되었습니다. 저는 토지 매수에 관해서는 거의 경험이 없어서 예전에 토지 매매 경험이 제법 있었던 이을해에게 그 토지를 매입해줄 것을 의뢰하게 되었습니다. 이을해는 얼마 후인 2012. 4. 10.경 저의 집으로 찾아와서 "내가 고향친구이자 토지 중개업자인 김갑인에게 알아보았는데 토지 소유자가 5억 원은 주어야 토지를 팔겠다고 하고, 요즘 그 주변 땅 시세가 그 이상 나가니, 5억 원 가량이면 그 땅을 싸게 사는 편이라고 하더라."라고 이야기하였습니다. 그래서 제가 김갑인과 직접 이야기해보겠다고 하였더니 그 자리에서 이을해가 김갑인을 전화로 연결시켜 주었는데 김갑인도 "토지 소유자가 5억 원 아래로는 안 팔겠다고 한다. 요즘 그 부근 토지 시세를 확인해보았는데 그 토지가격이 5억 원 이상 나가니 안심하고 구입해도 된다."고 이야기하였습니다. 그래서 저는 피의자들의 말을 믿고 2012. 5. 3.경 위 토지 매매계약금으로 금 5,000만 원을, 같은 해 5. 18.경 중도금과 잔금으로 금 4억 5,000만 원을 각각 송금해주었습니다. 그리고 피의자 이을해에게는 잔금을 보내준 날 따로 수고비로 현금 300만 원을 건네주었습니다. 피의자들이 소유권이전등기절차까지 알아서 처리해주었습니다.

문　그 후 어떻게 되었는가요.

답　제가 김갑인에게 토지매매계약서를 보내달라고 하였더니 김갑인이 2012. 5. 25.경 토지 매도인과의 계약서라고 하면서 토지 매매대금이 5억 원으로 기재되어 있는 매매계약서를 저에게 가져다주었습니다. 그런데 2012. 6. 현충일날 주유소를 신축하기 위해 위 토지 부근의 건설업자들과 접촉하는 과정에서 우연히 그 부근 토지의 시세에 대해 알게 되었는데 제가 만나본 사람들은 그 토지가 5억 원까지는 나가지 않을 것이란 말을 하는 것이었습니다. 그래서 토지 매도인 최정오에게 연락해보았는데 최정오는 토지 매매대금으로 3억 원밖에 받지 않았다고 하였습니다. 그때까지만 해도 저는 친구인 이을해를 의심해볼 생각도 하지 못했고 2012. 6. 10.경 김갑인을 찾아가서 도대체 어떻게 매매대금이 2억 원이나 차이가 나느냐고 따져 물었더니 김갑인은 이을해의 지시에 따라 매매가격을 부풀렸다고 시인하면서 이을해로부터는 수고비로 300만 원을 받았을 뿐 매매대금 차액 2억 원을 모두 이을해에게 현금으로 보내주었다고 하였습니다. 그러면서 김갑인의 사무실 직원인 양신구가 이을해에게 돈을 직접 전달하였다고 하면서 양신구를 제 앞에 데리고 왔는데, 양신구는 저에게 2012. 5. 30.경 2억 원을 가방에 넣어 승용차에 싣고 이을해의 집으로 가서 이을해에게 직접 전달해주었다고 말하였습니다. 저는 절친한 친구였던 이을해에게 배신감이 들어 이을해에게 연락을 해볼 엄두가 나지 않아 고민하다가 고소에 이르게 된 것입니다.

［원진술자 (김갑인) 진술불능요건×］

［원진술자 (양신구) 진술불능요건○ but, 특신상태?］

● 전문진술을 기재한 서면 : 312조 4항 + 316조 2항의 요건

문　계약서가 위조되었다는 것을 언제 알게 되었나요.

답　소유권이전등기는 공시지가대로 이루어진 것으로 알았기 때문에 별 신경을 쓰지 않았고, 나중에 최정오를 만나서 실제 매매대금이 3억 원이라는 말을 듣고서야 비로소 5억 원짜리 계약서가 위조되었다는 사실을 알게 되었습니다.

문　피해사실을 뒷받침할 자료가 있는가요.

답　이 사건 관련 토지 등기부등본 1부, 5억 원을 2회에 걸쳐서 송금한 무통장입금증 2장, 매매대금이 5억 원으로 기재된 위조매매계약서 1부를 제출하겠습니다.

사법경찰리는 진술인에게서 토지 등기사항전부증명서 1부, 무통장입금증 2부, 위조매매계약서 1부를 각각 제출받아 조서 말미에 첨부하다. 등기사항전부증명서와 무통장입금증은 각각 (생략).

문 달리 할 말이 있는가요.

답 순진한 고소인이 평생 모은 돈을 이토록 쉽게 편취한 피의자들이 다시는 죄를 짓지 못하도록 엄벌하여 주시기 바랍니다.

문 이상의 진술은 사실인가요.

답 예, 사실입니다.

위의 조서를 진술자에게 열람하게 하였던바, 진술한 대로 오기나 증감·변경할 것이 전혀 없다고 말하므로 간인한 후 서명무인하게 하다.

진술자 *박 병 진* (무인)

2012. 9. 11.

서울서초경찰서

사법경찰리 경사 강 철 중 [인]

(표준계약서식 제1호)　　　**不 動 産 賣 買 契 約 書**

매도인과 매수인 쌍방은 아래 표시 부동산에 관하여 다음 계약내용과 같이 매매 계약을 체결한다.

　　1. 부동산의 표시 : 경기도 화성시 봉담읍 동화리 283 대 1503㎡

　　2. 계약내용　　 : 소유권이전

제1조 위 부동산의 매매에 있어 매수인은 매매대금을 아래와 같이 지불하기로 한다.

賣買代金	金 5억 원 整(₩500,000,000)	單位	
契約金	金　5천만 원整을 계약시 지불하고		
中渡金	金 원整은 년 월 일 지불하며		
殘　金	金 4억 5천만 원整은 2012년 5월 18일 중개업자 입회하에 지불한다.		

구체적인 계약내용은 (생략).

2012년 5월 3일

약식명령 받은 범죄 •┈┐

매도인	주　　소	경기 화성시 봉담읍 동화리 11				성명	최정오 (최정오 인)
	주민등록번호	56xxxx-xxxxxxx	전화	010-5425-xxxx			
매수인	주　　소	서울 서초구 서초1동 150				성명	박병진 (박병진 인)
	주민등록번호	52xxxx-xxxxxxx	전화	011-634-xxxx			
중개인	사업장소재지	경기 화성시 봉담읍 동화리 567					검인
	상　　호	사구팔 부동산중개소 이 사건 범죄 •┈┐					
	대　　표	긴갑인		전화	010-xxxx-xxxx		
	등 록 번 호	(생략)					

- 30 -

진술조서

성   명: 최정오

주민등록번호: 56****-1******   55세

직업, 주거, 등록기준지, 직장주소, 연락처는 각각 (생략)

위의 사람은 피의자 김갑인, 이을해에 대한 특정경제범죄가중처벌등에관한법률위반(사기) 피의사건에 관하여 2012. 9. 12. 서울서초경찰서 경제팀 사무실에 임의 출석하여 다음과 같이 진술하다.

1. 피의자와의 관계

피의자들과 아무런 관계가 없습니다.

2. 피의사실과의 관계

피의자 김갑인을 통해 제 토지를 매도한 사실과 관련하여 진술인 자격으로 출석하였습니다.

이때 사법경찰리는 진술인 최정오를 상대로 다음과 같이 문답하다.

문   진술인은 진술인이 소유하던 토지를 피의자 김갑인을 통해서 박병진에게 매도한 사실이 있지요.

답   예, 그렇습니다.

문   토지의 매매 경위에 관하여 진술하여 보겠는가요.

답   저는 2012. 5. 3.경 피의자 김갑인을 통해서 제 소유의 경기 화성시 동화리 283에 있는 토지를 박병진에게 매도한 사실이 있습니다. 피의자 김갑인은 저희 마을에서 부동산 중개업소를 운영하는 사람인데, 2012. 4.경 저의 집으로 찾아와서 제 토지를 사려는 사람이 있는데 토지를 팔 생각이 없느냐고 물어보았습니다. 저는 3억 원 정도면 좋다는 결론을 내리고, 3억 원을 제의하였습니다. 그랬더니 며칠 후 피의자 김갑인이 선뜻 매수인 박병진이 그 토지를 3억 원에 사겠다고 하였다면서 계약서를 작성하자고 하였습니다. 그래서 2012. 5. 3. 피의자 김갑인이 매수인 박병진을 대행하여 매매대금을 3억 원으로 하는 계약서를 작성한 후 당일 피의자 김갑인에게서 계약금 5,000만 원을 송금받았습니다. 그리고 같은 달 18.경 피의자 김갑인에게

서 중도금과 잔금으로 2억 5,000만 원을 송금받은 후 아무런 문제없이 소유권이전등기절차까지 마무리되었습니다. 그런데 2012. 6. 현충일 다음날 갑자기 토지 매수인인 박병진으로부터 왜 토지 시세보다 훨씬 많은 5억 원이나 토지 매매대금을 받았느냐는 항의를 받고서, 깜짝 놀라 박병진에게 저는 3억 원밖에 받지 않았다고 이야기하였더니, 박병진이 토지 매매계약서를 들고 저를 찾아왔습니다. 제가 그 매매계약서를 보니 매도인으로 제 이름이 기재되어 있었지만, 매매대금이 5억 원으로 되어 있었습니다. 저는 그런 계약서는 그날 처음 보았습니다. 그래서 피의자 김갑인을 찾아가 어떻게 된 것인지 따져 물었더니, 피의자 김갑인은 실제와 달리 매매대금을 5억 원으로 기재한 매매계약서를 이중으로 작성하여 박병진에게 보여주었다면서, 저에게 1,000만 원을 줄 테니 수사기관에 고소는 하지 말아줄 것을 부탁하였습니다.

> ● 김갑인 진술의 신빙성?

문   이상의 진술은 사실인가요.

답   예, 사실입니다.

위의 조서를 진술자에게 열람하게 하였던바, 진술한 대로 오기나 증감·변경할 것이 전혀 없다고 말하므로 간인한 후 서명무인하게 하다.

진술자 *최 정 오* (무인)

2012. 9. 12.

서울서초경찰서

사법경찰리 경사 *강 철 중* ㊞

피의자신문조서 ➡ 이을해가 부동의
→ 이을해에 대한 증거능력×

　　피의자 김갑인에 대한 특정경제범죄가중처벌등에관한법률위반(사기) 등 피의사건에 관하여 2012. 10. 2. 서울서초경찰서 경제팀 사무실에서 사법경찰관 경위 안경위는 사법경찰리 경사 강철중을 참여하게 하고, 아래와 같이 피의자임에 틀림없음을 확인하다.

문　　피의자의 성명, 주민등록번호, 직업, 주거, 등록기준지 등을 말하십시오.
답　　성명은　김갑인(金甲寅)

　　　주민등록번호는　　　52****-1******　　　직업은 부동산중개업

　　　주거는　　　　　　　(생략)

　　　등록기준지는　　　　(생략)

　　　직장 주소는　　　　(생략)

　　　연락처는　　　　　　자택전화 (생략)　　휴대전화 (생략)

　　　　　　　　　　　　직장전화 (생략)　　전자우편(e-mail) (생략)　　입니다.

　　사법경찰관은 피의사건의 요지를 설명하고 사법경찰관의 신문에 대하여 「형사소송법」 제244조의3에 따라 진술을 거부할 수 있는 권리 및 변호인의 참여 등 조력을 받을 권리가 있음을 피의자에게 알려주고 이를 행사할 것인지 그 의사를 확인하다.

진술거부권 및 변호인 조력권 고지 등 확인

---

1. 귀하는 일체의 진술을 하지 아니하거나 개개의 질문에 대하여 진술을 하지 아니할 수 있습니다.
2. 귀하가 진술을 하지 아니하더라도 불이익을 받지 아니합니다.
3. 귀하가 진술을 거부할 권리를 포기하고 행한 진술은 법정에서 유죄의 증거로 사용될 수 있습니다.
4. 귀하가 신문을 받을 때에는 변호인을 참여하게 하는 등 변호인의 조력을 받을 수 있습니다.

문　　피의자는 위와 같은 권리들이 있음을 고지받았는가요.
답　　예, 고지받았습니다.

문 피의자는 진술거부권을 행사할 것인가요.

답 아닙니다.

문 피의자는 변호인의 조력을 받을 권리를 행사할 것인가요.

답 아닙니다. 혼자서 조사를 받겠습니다.

이에 사법경찰관은 피의사실에 관하여 다음과 같이 피의자를 신문하다.

[피의자의 범죄전력, 경력, 학력, 가족 · 재산 관계 등은 각각 (생략)]

문 피의자는 2012. 3. 하순경 박병진에게서 주유소 부지로 이용하려고 하니 최정오가 소유하는 경기 화성시 봉담읍 동화리 283에 있는 토지를 매입해달라는 의뢰를 받은 사실이 있는가요.

답 예, 이을해를 통해서 박병진으로부터 그런 의뢰를 받은 사실이 있습니다.

문 피의자는 이을해와 공모하여 사실은 토지소유자 최정오로부터 토지 매매대금으로 3억 원을 제시받았음에도 박병진에게는 토지 매매대금이 5억 원이라고 부풀려 말함으로써 이에 속은 박병진으로부터 그 매매대금 5억 원을 송금받아 편취한 사실이 있는가요.

답 예, 박병진에게 거짓말하여 매매대금으로 5억 원을 송금받은 것은 사실입니다만, 저는 이을해의 지시에 따라 그렇게 하였을 뿐이고, 실제 매매대금 3억 원은 토지 소유자인 최정오에게 다시 송금해주었고, 실제 대금과의 차액인 2억 원은 저의 사무소 직원인 양신구를 통해 모두 이을해에게 전달해주었고, 저는 이을해로부터 수고비 명목으로 300만 원을 송금받았을 따름입니다.

문 자세한 경위는 어떠한가요.　　　●신빙성?

답 2012. 4. 초순경 이을해가 저의 중개사무소를 찾아와서 자신의 친구인 박병진이 주유소를 세우기 위해서 최정오의 토지를 사려고 하는데 가격을 좀 알아봐달라고 해서, 제가 토지 소유자인 최정오에게 물어봤더니 최정오는 3억 원을 달라고 하였습니다. 제가 이을해에게 최정오가 3억 원을 부른다고 말했더니, 이을해는 저에게 "박병진은 순진해서 토지 거래에 대해서는 잘 모른다. 그러니 박병진에게는 토지소유자가 부르는 가격보다 부풀려 말해서 이 기회에 한 몫 챙길 생각이다. 나중에 일이 잘 되면 너도 섭섭하지 않게 돈을 나누어주겠다. 너는 나중에 박병진으로부터 연락이 오면 '토지 소유자가 5억 원 아래로는 안 팔겠다고 한다. 요즘 그 부근 토지 시세를 확인해보았는데 그 토지가격이 5억 원 이상 나가니 안심하고 구입해도 된다.'고만 말해달라."고 하였습니다. 그런 후 2012. 4. 10.경 진짜로 박병진으로부터 전화 연락이 왔기에 저는 이을해로부터 부탁받은 그대로 박병진에게 말해주었습니다. 그런 후 2012. 5. 3.경 제가 매수인 박병진을 대행하여 토지 매도인 최정오와 매매대금을 3억 원으로 하는 계약서를 작성하고, 박병진으로부터 계약금 5,000만 원을 송금받아 최정오의 계좌로 송금해주고, 같은 해 5. 18.경 중도금과 잔금 명목으로 4억 5,000만 원을 박병진으로부터 송금받아 그중 2억 5,000만 원은 최정오의 계좌로 송금해준 후 박병진의 앞으로 소유권이전등기를 해주었습니다. 나머지 2억 원은 제 사무소 직원인 양신구를 시켜서 2012. 5. 23.부터 1주일간 소액으로 분산하여 모두 5만 원권 현금으로 인출한 후 2012. 5. 30.경 가방에 넣어 승용차에 싣고 이을해의 집으로 가 전달하게 하였습니다. 그럼에도 불구하고 이을해는 같은 해 5. 19. 수고비로 달랑 300만 원을 저에게 보내주었을 뿐입니다. 그리고 2012. 5. 25.경 박병진이 토지매매계약서를 보내달라고 하기에 같은 날 제가 운영하는 '사구팔 부동산중개소'에서 매매계약서 용지의 부동산의 표시란에 '경기도 화성시 봉담읍 동화리 283 대 1503㎡', 매매대금란에 '금 5억 원', 토지매수인란에 '박병진'이라고 기재한 다음, 박병진의 이름 옆에 갖고 있던 박병진의 도장을 찍어서, 도장과 함께 박병진에게 가져다주었습니다. 신빙성?

문　피의자는 최정오와의 계약을 처리하고, 5억 원을 송금받았으며, 계약서까지 위조하였는데, 왜 2억 원 전액을 추적이 어려운 현금으로 인출하여 이을해에게 교부한 것인가요. 신빙성?

답　이을해의 지시에 따랐을 뿐입니다.

문　이상의 진술내용에 대하여 이의나 의견이 있는가요.

답　없습니다. 죄송합니다. 선처를 부탁합니다.

위의 조서를 진술자에게 열람하게 하였던바, 진술한 대로 오기나 증감·변경할 것이 전혀 없다고 하므로 간인한 후 서명무인하게 하다.

진술자 **김 갑 인** (무인)

2012. 10. 2.

서울서초경찰서

사법경찰관　경위　안 경 위 [인]

사법경찰리　경사　강 철 중 [인]

피의자신문조서 ➡ 독수독과

●위법하게 체포된 날(p.14의 날짜 확인)

피의자 이을해에 대한 특정경제범죄가중처벌등에관한법률위반(사기) 피의사건에 관하여 2012. 10. 2. 서울서초경찰서 수사과 경제팀 사무실에서 사법경찰관 경위 안경위는 사법경찰리 경사 강철중을 참여하게 하고, 아래와 같이 피의자임에 틀림 없음을 확인하다.

문   피의자의 성명, 주민등록번호, 직업, 주거, 등록기준지 등을 말하십시오.

답   성명은 이을해(李乙亥)

주민등록번호는   52****-1******   직업은 무직

주거, 등록기준지, 직장주소, 연락처는 각각 (생략)

사법경찰관은 피의사건의 요지를 설명하고 사법경찰관의 신문에 대하여 「형사소송법」 제244조의3에 따라 진술을 거부할 수 있는 권리 및 변호인의 참여 등 조력을 받을 권리가 있음을 피의자에게 알려주고 이를 행사할 것인지 그 의사를 확인하다.

[진술거부권 및 변호인 조력권 고지함. 그 내용은 (생략)]

이에 사법경찰관은 피의사실에 관하여 다음과 같이 피의자를 신문하다.

[피의자의 범죄전력, 경력, 학력, 가족·재산 관계 등 각각 (생략)]

문   피의자는 2012. 3. 하순경 박병진에게서 주유소 부지로 이용하려고 하니 최정오가 소유하는 경기 화성시 봉담읍 동화리 283 토지를 매입해달라는 의뢰를 받은 사실이 있는가요.

답   예, 박병진으로부터 그런 의뢰를 받은 사실이 있습니다.

문   피의자는 김갑인과 공모하여 사실은 토지소유자 최정오로부터 토지 매매대금으로 3억 원을 제시받았음에도 박병진에게는 토지 매매대금이 5억 원이라고 부풀려 말함으로써 이에 속은 박병진에게서 그 매매대금 5억 원을 송금받아 편취한 사실이 있는가요.

이을해의 자백
➡ 이을해에 대한 증거능력×
(내용부인)

답   예, 그런 사실이 있습니다.

문   자세한 경위는 어떠한가요.

답   2012. 4. 초순경 친구인 박병진에게서 주유소 부지를 알아봐달라는 부탁을 받

- 36 -

고, 고향에서 부동산중개업소를 운영하는 김갑인에게 최정오가 소유하는 경기도 화성시 봉담읍 동화리 283 토지 매입을 의뢰하였습니다. 김갑인이 최정오가 토지 매매대금으로 3억 원을 달라고 한다고 말하기에, 순간적으로 욕심이 나서 박병진에게 최정오가 부르는 가격보다 토지가격을 부풀려 말해서 차액을 챙기자는 김갑인의 제의에 동의하게 되었습니다. 2012. 4. 10.경 박병진의 집으로 찾아가서 박병진에게 "내가 토지 중개업자인 김갑인에게 알아보았는데 토지 소유자가 5억 원은 주어야 토지를 팔겠다고 하고, 요즘 그 주변 땅 시세가 그 이상 나가니, 5억 원 가량이면 그 땅을 싸게 사는 편이라고 하더라."라고 이야기하였고 김갑인도 전화로 "토지 소유자가 5억 원 아래로는 안 팔겠다고 한다. 요즘 그 부근 토지 시세를 확인해보았는데 그 토지가격이 5억 원 이상 나가니 안심하고 구입해도 된다."고 이야기하였습니다. 결국 2012. 5. 3.경 김갑인이 토지 매도인 최정오와 매매대금을 3억 원으로 하여 계약한 후, 박병진으로부터 총 5억 원을 송금받아 그 중 3억 원만 최정오의 계좌로 송금해주고 박병진의 앞으로 소유권이전등기를 마친 것으로 알고 있습니다.

문 이상의 진술내용에 대하여 이의나 의견이 있는가요.

답 없습니다.

위의 조서를 진술자에게 열람하게 하였던바, 진술한 대로 오기나 증감·변경할 것이 전혀 없다고 하므로 간인한 후 서명무인하게 하다.

진술자 이 을 해 (무인)

2012. 10. 2.

서울서초경찰서

사법경찰관 경위 안 경 위 ㊞

사법경찰리 경사 강 철 중 ㊞

피의자신문조서

피의자 김갑인에 대한 특정범죄가중처벌등에관한법률위반(도주차량) 등 피의사건에 관하여 2012. 9. 18. 서울서초경찰서 교통사고조사계 사무실에서 사법경찰관 경위 노교동은 사법경찰리 경장 오경장을 참여하게 하고, 아래와 같이 피의자임에 틀림없음을 확인하다.

문　피의자의 성명, 주민등록번호, 직업, 주거, 등록기준지 등을 말하십시오.

답　성명은　김갑인(金甲寅)

　　주민등록번호는　　　52****-1******　　　직업은 부동산중개업

　　주거, 등록기준지, 직장주소, 연락처는 각각 **(생략)**

사법경찰관은 피의사건의 요지를 설명하고 사법경찰관의 신문에 대하여 「형사소송법」 제244조의3에 따라 진술을 거부할 수 있는 권리 및 변호인의 참여 등 조력을 받을 권리가 있음을 피의자에게 알려주고 이를 행사할 것인지 그 의사를 확인하다.

[진술거부권 및 변호인 조력권 고지함. 그 내용은 (생략)]

이에 사법경찰관은 피의사실에 관하여 다음과 같이 피의자를 신문하다.

[피의자의 범죄전력, 경력, 학력, 가족·재산 관계 등 각각 (생략)]

문　피의자는 술을 마시고 운전하다 교통사고를 낸 사실이 있는가요.

답　예, 그렇습니다.

문　언제, 어디서 그랬는가요.

답　2012. 9. 18. 21:30경 술을 마시고 석 달 전에 새로 뽑은 제 소유의 59투5099호 제네시스 승용차를 운전하여 서울 서초구 서초동에 있는 교대역 사거리 앞 도로를 서초역 쪽에서 강남역 쪽으로 편도 3차로를 따라 진행하던 도중에 잠시 딴 생각을 하다가 횡단보도 앞에서 적색신호에 정차한 앞 차량을 보지 못하고 그대로 들이받았습니다.　　　●음주종료시각

문　술은 언제 어디에서 얼마나 마셨는가요.

답　2012. 9. 18. 21:00경부터 21:20경까지 서울 서초구 서초동에 있는 서초갈비에서 식사하면서 혼자서 소주 3잔 정도 술을 마시고 집으로 내려가려던 중에 사고가 난 것입니다.

문　피의자는 교통사고를 낸 후 그대로 도주한 사실이 있는가요.

답　사고 당시 피해차량 운전자가 차에서 목을 문지르면서 내리더니 일단 차량을 다

른 장소로 이동하자고 하여, 일단 피해차량과 함께 부근 편의점 앞 도로로 이동 ⟹ 도주?
하였습니다. 그곳에서 피해차량을 살펴보니 피해차량의 번호판이 약간 꺾이고 뒷
범퍼에 흠집이 난 것을 확인할 수 있었습니다. 제가 보험처리를 해주겠다고 하였
으나, 피해자가 저로부터 술 냄새가 나는 것 같다고 하더니 경찰에 신고해서 혼
이 좀 나봐야 한다고 하면서 합의금으로 300만 원을 요구하였습니다. 약 40분간
을 옥신각신하다가 피해자가 정말 경찰을 부르려고 전화를 하자 겁이 나서 그냥
차량을 타고 가버렸는데, 가는 도중에 경찰에서 전화가 와서 출석하라는 통보를
받고 고민하다가 자진하여 서울서초경찰서로 출석하여 음주측정을 받았습니다.

문   피의자가 서울서초경찰서 교통사고조사계에 자진출석하였을 때 음주측정을 한
결과 피의자의 혈중알콜농도 0.045%가 검출되었고, 교통사고 시점으로부터 음
주측정시까지 1시간이 경과되었으므로 시간당 감소수치 0.008%를 합산하면 혈
중알콜농도가 0.053%에 해당하는데 이를 인정하는가요.   ┈┈● 엄격한 증명?

답   예, 제가 술을 마시고 음주운전한 것은 틀림없으니 인정하겠습니다.

문   피해자는 사고 후 병원에서 경추염좌 등으로 치료를 받고 진단서를 제출하겠다
고 하는데 피해자가 상해를 입은 사실은 인정하는가요.

답   예, 피해자가 다쳤다고 하면 그게 맞겠지요. 다만 사고 당시에는 피해자가 지나치게 많은
합의금을 요구하고 경찰에 신고하려 하여 가버렸을 뿐 뺑소니를 하려 한 것은 아닙니다.

문   피의자의 차량은 종합보험에 가입되어 있는가요.

답   예, 종합보험에 가입되어 있고 보험회사에 사고신고를 해둔 상황입니다.

문   이상의 진술내용에 대하여 이의나 의견이 있는가요.

답   없습니다. 선처를 부탁합니다.

위의 조서를 진술자에게 열람하게 하였던바, 진술한 대로 오기나 증감·변경할
것이 전혀 없다고 하므로 간인한 후 서명무인하게 하다.

진술자 김 갑 인 (무인)

2012. 9. 18.
서울서초경찰서
사법경찰관   경위   노 교 동 ㉶
사법경찰리   경장   오 경 장 ㉶

진 술 서

성 명   고경자   (75****-2******)

주 소   (생략)

1. 저는 2012. 9. 18. 21:30경 서울 서초구 서초동에 있는 교대역 사거리 앞 도로에서 교통사고를 당한 사실이 있습니다.

1. 저는 그 당시 제 소유의 33수3010호 YF쏘나타 승용차를 운전해서 서초역 쪽에서 강남역 쪽으로 가던 도중에 횡단보도 앞에서 적색신호를 받고 서 있는데 뒤에서 59투5099호 제네시스 승용차에 의하여 들이받혔습니다.

1. 사고 후 가해운전자와 함께 일단 차량을 다른 장소로 이동한 후에 제 차의 번호판이 약간 꺾이고 뒷범퍼에 흠집이 난 것을 확인하였습니다. 거기서 교통사고 합의금 문제로 약 40분간을 옥신각신하였는데 가해자가 음주운전을 하다가 사고를 낸 것이 틀림없음에도 자기는 합의금을 못 주겠다고 하여 제가 경찰을 부르려고 전화하자 허겁지겁 차량을 타고 가버렸습니다.

1. 그래서 제가 경찰에 교통사고를 당하였는데 음주운전 가해자가 59투5099호 제네시스 승용차를 타고 도주하였다고 신고하였습니다.

1. 사고 직후에는 흥분해서 잘 모르고 집에 그냥 갔는데, 집에 돌아가서 다음 날 목과 허리가 좋지 않아서 병원에 갔더니 경추염좌라고 하였습니다.

1. 병원에서 발급해준 요치 2주의 경추염좌상 진단서를 제출하도록 하겠습니다.

1. 피의자의 처벌을 원합니다.
       ⌐‥‥● 교특법 3조 2항 본문

첨부: 진단서(생략)

2012.   9.   20.

진술자   고 경 자   ㉑

주취운전자 적발보고서 No. 2012-9-1119-00001				결재	계장	과장	서장
			●측정 시각				

주취 운전 측정	일시	2012. 9. 18. 22:30		위반유형		
	장소	서울서초경찰서 교통사고조사계 사무실내		☐ 단순음주 ■ 음주사고		
	방법	■ 음주측정기(기기번호 303)			☐ 채혈검사	
	결과	혈중알콜농도 : 영 점 영 사 오 (0.045%)				

최종음 주일시 장소	일시	2012. 9. 18. 21:20	음주 20분 경과 후 측정여부	경과
	장소	서울 서초구 서초동 서초갈비		

구강청정제사용 여부	미사용	입행굼 여부	○

주취 운전자	주소	(생략)		전화	(생략)
	성명	김갑인	주민등록번호	(생략)	
	차량번호	59투5099호	면허번호	(생략)	차종	(승용), 승합, 특수, 건설기계, 이륜

참고인	주소			
	성명		전화	

단속자	소속	서울서초경찰서 교통사고조사계	
	계급	경장	성명	오경장

인수자	소속		계급		성명	

본인은 위 기재내용이 사실과 틀림없음을 확인하고 서명무인함.

운전자 성명 **김갑인** (무인)

확인결재	위와 같이 주취운전자를 적발하였기에 보고합니다. 2012. 9. 18. 보고자 성명 오경장 (인) 서울서초경찰서장 귀하
일시	
확인자	
결재	

서 울 서 초 경 찰 서

2012. 9. 21.

수 신   경찰서장

참 조   교통사고조사계장

제 목   수사보고(혈중알콜농도 산출보고)

피의자 이을해에 대한 도로교통법위반(음주운전) 사건에 관하여 피의자가 2012. 9. 18. 22:30경 서울서초경찰서 교통사고조사계 사무실에 자진출석하여 음주측정한 결과 혈중알콜농도가 0.045%로 측정되었는바, 측정시각으로부터 1시간 전인 교통사고 발생 시점 2012. 9. 18. 21:30경의 피의자의 혈중알콜농도를 계산하기 위하여 아래 위드마크 공식에 따라 위 측정치에 피의자에게 가장 유리한 시간당 감소치인 0.008%를 합산하여 피의자의 혈중알콜농도를 0.053%로 추산하였기에 보고합니다.

※ 위드마크 공식에 의한 혈중알콜농도 산출근거 :

운전시점의 혈중알콜농도 = 혈중알콜농도 측정치 + (시간당 알콜분해량 × 경과시간)

: 통계적으로 확인된, 시간당 알콜분해량은 개인에 따라 최저 0.008%에서 최고 0.03%에 이르는 것으로 알려져 있음

보고자   교통사고조사계 경장 오 경 장 (인)

자동차종합보험 **가입사실증명서** 교특법 4조 1항 본문

제201209797호 **사고접수번호** 201229769

피보험자	성 명	김갑인	자 동 차 등록번호	59투5099호 제네시스
	주소	(생략)		
사 고 내 용	사고일시	2012년09월18일 21:30경	피 해 자	고경자
	사고장소	서울 서초구 서초동 교대역사거리	피 해 물	33수3010호 YF쏘나타
	운전자	김갑인 주민등록번호 : 52＊＊＊＊ - 1＊＊＊＊＊＊		

담보	구분	가입금액	유효기간
담보	대인배상1	자배법	2012. 6. 5. ~2013. 6. 5.
	대인배상2	무한	2012. 6. 5. ~2013. 6. 5.
	대물배상	2,000만원	2012. 6. 5. ~2013. 6. 5.
	자기신체사고	(인당) 3,000만원	2012. 6. 5. ~2013. 6. 5.
	무보험차상해	1인당 최고 2억원	2012. 6. 5. ~2013. 6. 5.

특약 : 연령한정 특약(만 30세 이상), 운전자 한정특약(가족한정)

상기 사항은 사실과 틀림없음을 확인합니다.

대인배상1 및 대물배상담보에 가입한 경우 자동차손해배상보장법 제5조의 규정에 의한 의무보험에 가입하였음을 증명합니다.

자동차보험에 처음 가입하는 자동차의 경우 보험료를 받은 때부터 마지막 날 24시까지(단, 증권상의 보험기간 이전에 보험료를 납입한 경우 그 보험기간의 첫날 0시부터 마지막 날 24시까지) 보험 효력이 발생합니다.

2012년 9월 19일

삼성화재해상보험주식회사

(취급자 박 지 급 ㉑) 대표이사 사장 이 삼 승 [인]

진 술 서

성 명   강 기 술 (67****-1******)

주 소   (생략)

1. 저는 서울 서초구 양재동에서 '양재곱창' 식당을 운영하고 있습니다.

1. 2012. 9. 27. 20:10경 피의자가 저의 식당에 들어와서 5만 원어치의 술과 음식을 주문하여 먹었습니다.   ●폭행

1. 2012. 9. 27. 21:30경 피의자가 음식 값을 계산하지 않고 몰래 식당 밖으로 걸어 나가는 것을 발견하고 뒤따라가 음식 값을 달라고 요구하자, 피의자는 갑자기 저의 목을 잡고 손으로 뺨을 4~5회 때리고 다시 도주하였습니다.

1. 제가 도망가는 피의자를 뒤따라가 피의자의 집이 어디인지 확인한 후에 경찰에 신고를 하였습니다.   음식값 면제해 주지 않았음 → 처분행위가 없음

1. 피의자가 음식 값을 변제하고 용서를 구하고 있고, 제가 다친 부분이 없으므로 피의자의 처벌까지 원하지는 않습니다.

       ●폭행죄(축소사실)에 대한 공소기각 사유

2012.   9.   28.

진술자   강 기 술   ㉑

피의자신문조서

피의자 이을해에 대한 공갈 피의사건에 관하여 2012. 10. 5. 서울서초경찰서 형사과 형사팀 사무실에서 사법경찰관 경위 홍반장은 사법경찰리 경사 조영사를 참여하게 하고, 아래와 같이 피의자임에 틀림없음을 확인하다.

문   피의자의 성명, 주민등록번호, 직업, 주거, 등록기준지 등을 말하십시오.

답   성명은   이을해(李乙亥)

　　　주민등록번호는　　　　52****-1******　　　직업은 무직

　　　주거, 등록기준지, 직장주소, 연락처는 각각 **(생략)**

사법경찰관은 피의사건의 요지를 설명하고 사법경찰관의 신문에 대하여 「형사소송법」 제244조의3에 따라 진술을 거부할 수 있는 권리 및 변호인의 참여 등 조력을 받을 권리가 있음을 피의자에게 알려주고 이를 행사할 것인지 그 의사를 확인하다.

[진술거부권 및 변호인 조력권 고지함. 그 내용은 (생략)]

이에 사법경찰관은 피의사실에 관하여 다음과 같이 피의자를 신문하다.

[피의자의 범죄전력, 경력, 학력, 가족 · 재산 관계 등 각각 (생략)]

문   피의자는 음식 값을 내지 않으려고 식당 주인을 폭행한 사실이 있는가요.

답   예, 그런 사실이 있습니다.

문   그 경위는 어떠한가요.

답   2012. 9. 27. 20:10경 서울 서초구 양재동 집 근처에 있는 '양재곱창'에서 혼자서 5만 원 어치의 술과 음식을 주문하여 먹었습니다. 제가 21:30경 식사를 마치고 음식 값을 계산하려고 지갑을 꺼내보니, 그때서야 소지하고 있는 현금이 3만 원밖에 없다는 것을 발견하게 되었습니다. 어떻게 할까 고민하다가 식당주인이 잠시 한눈을 파는 사이에 식당 밖으로 걸어 나갔습니다. 그런데 식당주인이 저를 발견하고 뒤따라와 음식 값을 달라고 요구하기에, 피해자의 목을 잡고 손으로 뺨을 4~5회 때렸습니다.

여전히 음식값 채무있음
→ 처분행위가 없음

문 그 뒤에 어떻게 되었는가요.

답 제가 도망쳤으나 식당주인이 저의 집에까지 뒤따라와서 저의 집이 어디인

　　지 확인한 후에 경찰에 신고한 것으로 알고 있습니다.

문 이상의 진술내용에 대하여 이의나 의견이 있는가요.

답 없습니다. 죄송합니다.

위의 조서를 진술자에게 열람하게 하였던바, 진술한 대로 오기나 증감·변경할

것이 전혀 없다고 하므로 간인한 후 서명무인하게 하다.

진술자 이을해 (무인)

2012.　10.　5.

서울서초경찰서

사법경찰관　　경위　　홍　반　장 ㊞

사법경찰리　　경사　　조　영　사 ㊞

피의자신문조서

성   명: 이을해

주민등록번호: 52****-1******

위의 사람에 대한 특정경제범죄가중처벌등에관한법률위반(사기) 등 피의사건에 관하여 2012. 10. 16. 서울중앙지방검찰청 제511호 검사실에서 검사 정이감은 검찰주사 한조사를 참여하게 한 후, 아래와 같이 피의자임에 틀림없음을 확인하다.

문   피의자의 성명, 주민등록번호, 직업, 주거, 등록기준지 등을 말하시오.

답   성명은 이을해(李乙亥)

      주민등록번호, 직업, 주거, 등록기준지, 직장주소, 연락처는 각각 **(생략)**

  검사는 피의사실의 요지를 설명하고 검사의 신문에 대하여 「형사소송법」 제244조의3에 따라 진술을 거부할 수 있는 권리 및 변호인의 참여 등 조력을 받을 권리가 있음을 피의자에게 알려주고 이를 행사할 것인지 그 의사를 확인하다.

진술거부권 및 변호인 조력권 고지 등 확인

1. 귀하는 일체의 진술을 하지 아니하거나 개개의 질문에 대하여 진술을 하지 아니할 수 있습니다.
2. 귀하가 진술을 하지 아니하더라도 불이익을 받지 아니합니다.
3. 귀하가 진술을 거부할 권리를 포기하고 행한 진술은 법정에서 유죄의 증거로 사용될 수 있습니다.
4. 귀하가 신문을 받을 때에는 변호인을 참여하게 하는 등 변호인의 조력을 받을 수 있습니다.

문   피의자는 위와 같은 권리들이 있음을 고지받았는가요.

답   예, 고지받았습니다.

문   피의자는 진술거부권을 행사할 것인가요.

답   아닙니다.

문   피의자는 변호인의 조력을 받을 권리를 행사할 것인가요.

답   아닙니다. 혼자서 조사를 받겠습니다.

이에 검사는 피의사실에 관하여 다음과 같이 피의자를 신문하다.

문   피의자의 학력, 경력, 가족관계, 재산정도, 건강상태 등은 경찰에서 사실대로 진술하였나요.

이 때 검사는 사법경찰관 작성의 피의자신문조서 중 해당부분을 읽어준바,

답   예. 그렇습니다.

문   피의자는 2012. 9. 27. 20:10경 서울 서초구 양재동 '양재곱창'에서 5만 원어치의 술과 음식을 먹은 후 그 대금을 면하려고 도망하다가 업주 강기술을 폭행한 사실이 있는가요.

⌐----● 피고인이 주장하는 실제 사실관계

답   예, 그렇습니다.

문   피의자는 김갑인과 공모하여 사실은 토지소유자 최정오에게서 토지 매매대금으로 3억 원을 제시받았음에도 박병진에게는 토지 매매대금이 5억 원이라고 부풀려 말함으로써 이에 속은 박병진에게서 그 매매대금 5억 원을 송금받아 편취한 사실이 있는가요.

답   아닙니다. 그런 사실이 없습니다.

문   피의자는 2012. 3. 하순경 박병진으로부터 주유소 부지로 이용하려고 하니 최정오가 소유하는 경기 화성시 봉담읍 동화리 283 토지를 매입해달라는 의뢰를 받고, 김갑인에게 다시 최정오로부터 위 토지를 매입해달라고 의뢰한 사실은 있는가요.

답   예, 그런 사실이 있습니다.

문   피의자는 그 과정에서 김갑인에게 "박병진은 순진해서 토지 거래에 대해서는 잘 모른다. 그러니 박병진에게는 토지 소유자가 부르는 가격보다 부풀려 말해서 이 기회에 한 몫 챙길 생각이다. 나중에 일이 잘 되면 너도 섭섭하지 않게 돈을 나누어주겠다. 너는 나중에 박병진으로부터 연락이 오면 '토지 소유자가 5억 원 아래로는 안 팔겠다고 한다. 요즘 그 부근 토지 시세를 확인해보았는데 그 토지가격이 5억 원 이상 나가니 안심하고 구입해도 된다.'고만 말해달라."고 한 사실이 없는가요.

답   그런 사실이 없습니다. 저는 김갑인이 저에게 최정오가 5억 원을 매매대금으로 부른다고 하고, 그 주변 땅 시세가 그 이상 된다고 하여, 김갑인의 말을 믿고 박병진에게 김갑인의 말을 전달해주고 김갑인과 통화하도록 해준 사실밖에 없습니다.

●공모×

문   피의자는 김갑인으로부터 양신구를 통해 실제 매매대금 3억 원과의 차액인 현금 2억 원을 전달받은 사실이 없는가요.

답   저는 전혀 그런 사실이 없습니다. 박병진과는 절친한 친구로서 제가 그의

    돈을 받을 수 없다고 생각했기에, 박병진에게서 수고비로 받은 300만 원도 받은 다음 날 전부 김갑인에게 송금해주었고, 이번 일과 관련해서 저는 한 푼도 개인적으로 받은 사실이 없습니다.

문   피의자는 경찰에서는 김갑인과 사기범행을 공모한 사실에 관하여 시인하지 않았는가요.

답   2012. 10. 2. 09:30경 경찰관이 전화로 이 사건과 관련해서 당일 11:00까지 서울서초경찰서로 출석하라고 전화를 하였는데, 당시 제가 반포동에 있는 메리어트 호텔 커피숍에서 현재 구상하고 있는 사업과 관련해서 사람을 만나고 있는 중이니 점심식사를 마치고 그날 오후 02:00경까지 출석하겠다고 대답하였는데, 약 30분 가량 지나서 경찰관 2명이 박병진과 함께 메리어트 호텔 로비로 찾아와서 저에게 서울서초경찰서로 함께 가주어야 하겠다고 하였습니다. 제가 지금 사업상 중요한 이야기를 하고 있으니 끝나고 가겠다고 하였으나 경찰관들은 지금 꼭 가야된다고 하면서 저를 경찰차량에 태워서 서울서초경찰서 경제팀 사무실로 데리고 갔습니다. 그곳에서 박병진과 김갑인을 동석시킨 후 경찰관이 저에게 김갑인과 공모하여 박병진으로부터 토지 매매대금 5억 원을 편취한 것이 아니냐고 묻기에 저는 그런 사실이 없다고 부인하였습니다. 그랬더니 경찰관이 저를 긴급체포하였고, 박병진과 김갑인이 옆에서 이미 저의 범죄를 입증할 증거가 모두 갖추어졌으니 부인해봐야 소용없다고 하면서 지금 자백하고 용서를 구하면 가볍게 처벌받을 수도 있을 것이라고 하여 어쩔 수 없이 경찰관이 말하는 대로 진술하였던 것입니다. 그러나 그 때 진술한 것은 사실이 아닙니다.

[우측 여백: 긴급체포의 '긴급성' 요건×]

[우측 여백: 허위 자백]

문   이상의 진술내용에 대하여 이의나 의견이 있는가요.

답   없습니다.

위의 조서를 진술자에게 열람하게 하였던바, 진술한 대로 오기나 증감·변경할 것이 전혀 없다고 말하므로 간인한 후 서명무인하게 하다.

진술자 이을해 (무인)

2012. 10. 16.

서울중앙지방검찰청

검   사 정이감 ㊞

검찰주사 한조사 ㊞

기타 법원에 제출되어 있는 증거들

※ 편의상 다음 증거서류의 내용을 생략하였으나, 법원에 증거로 적법하게 제출되어 있음을 유의하여 변론할 것.

○ 교통사고실황조사서(2012. 9. 18. 자)

○ 검사 작성의 피고인 김갑인에 대한 피의자신문조서(2012. 10. 12. 자)

- 공소사실 전부와 관련하여는 피고인 김갑인이 경찰에서 한 진술과 동일하므로 내용 생략.

○ 사망진단서사본(양신구가 2012. 9. 28. 교통사고로 사망하였다는 취지)

○ 피고인들에 대한 각 조회회보서(2012. 10. 8. 자)

- 피고인들에 대한 전과 조회로서 각각 특별한 전과 없음.

확 인 : 법무부 법조인력과장

2. 기록 보면서 작성한 답안

Ⅰ. 피고인 김갑인에 대하여

1. 사문서위조, 위조사문서행사의 점

피고인은 이 사건 사문서위조 및 위조사문서행사의 점에 대한 공소사실 자체는 인정합니다. (공소사실을 다투지 않음을 밝힘)

그러나 한편, 피고인은 2012. 10. 24. 수원지방법원 2012고약11692에서 사문서위조 및 위조사문서행사죄로 벌금 150만 원의 약식명령을 받은 사실이 있습니다. 위 약식명령의 범죄사실은 피고인이 2012. 5. 25.경 이 사건 공소사실 2. 가항과 같은 방법을 사용하여 행사할 목적으로 권리의무에 관한 사문서인 최정오 명의의 부동산 매매계약서 1장을 위조하고, 같은 날 그 사실을 모르는 박병진에게 위 계약서를 마치 진정하게 성립된 것처럼 교부하여 행사하였다는 것입니다. 위 약식명령은 2012. 11. 29. 확정되었습니다. (확정판결이 있는 사실 적시)

위 확정된 약식명령의 범죄사실은 매도인인 최정오 명의의 계약서에 대한 것이고, 이 건 공소사실은 매수인인 박병진 명의의 계약서에 대한 것으로 두 사실은 하나의 계약서에 관한 것입니다. 그렇다면 최정오 명의의 사문서위조 및 위조사문서행사죄와 박병진 명의의 사문서위조 및 위조사문서행사죄는 각각 형법 제40조 소정의 상상적 경합 관계에 있고, 이 경우 그 중 1죄에 대하여 이미 확정된 약식명령의 기판력은 다른 죄인 이 사건 공소사실에 대하여도 미친다고 할 것입니다. (확정판결의 기판력이 미침을 논함)

따라서 이 부분 공소사실은 확정판결이 있은 때에 해당하므로 형사소송법 제326조 제1호에 의하여 면소를 선고하여 주시기 바랍니다. (결론)

2. 특정범죄가중처벌등에관한법률위반(도주차량)의 점

피고인이 승용차를 술을 마신 상태에서 운전해 가다가 피해자 고경자를 충격하여 상해를 입힌 사실은 인정하지만, 도주한 것은 아닙니다. (일부 사실관계만을 다툼을 밝힘)

'피해자를 구호하는 등 도로교통법(이하 '도교법'이라 함) 제54조 제1항에 의한 조치를 취하지 아니하고 도주한 때'라 함은 사고운전자가 사고로 인하여 피해자가 사상을 당한 사실을 인식하였음에도 불구하고, 피해자를 구호하는 등 도교법 제54조 제1항에 규정된 의무를 이행하기 이전에 사고현장을 이탈하여 사고를 낸 자가 누구인지 확정할 수 없는 상태를 초래하는 경우를 말합니다. 그러나, 사고의 경위와 내용, 피해자의 상해 부위와 정도, 사고 운전자의 과실의 정도, 사고 운전자와 피해자의 나이와 성별, 사고 후의 정황 등을 종합적으로 고려하여 사고 운전자가 실제로 피해자를 구호하는 등 도교법 제54조 제1항에 의한 조치를 취할 필요가 있다고 인정되지 아니하는 경우에는 사고 운전자가 규정된 의무를 이행하기 이전에 사고현장을 이탈하였다 하더라도 특가법위반(도주차량)죄로 처벌할 수 없습니다. ('도주'에 대한 법리: 일반론)

이 사건에서, 피고인은 충돌 사고 당시 바로 정차하였는데, 피해자가 다른 장소로 이동하자고 하여 일단 피해차량과 함께 이동을 하였고, 현장에서 피해자는 뒷 목을 만지긴 하였으나, 구호조치를 할 필요가 없을 정도로 멀쩡한 상태였습니다. 피해자의 진술에 의하더라도 피해자는 사고 당시에는 그냥 집에 갔는데, 다음 날 목과 허리가 좋지 않아서 병원에 갔더니 경추염좌라고 하였다는 것이고, 병원에서 발급해 준 진단서도 요치 2주에 불과한 경미한 것이었습니다. 또한 피고인이 사고 현장에서 피해자에게 보험처리를 해주겠다고 하였으나, 피해자가 피고인의 음주운전을 빌미로 지나치게 많은 합의금을 요구하면서 경찰을 부르려고 전화를 하였고, 이에 피고인은 음주운전이 발각될 것을 두려워 하여 그냥 차량을 타고 가버렸으나, 가는 도중에 경찰에서 전화가 와서 자진 출석하여 음주측정을 받았습니다. 이러한 점을 종합하여 보면 피해자가 이 사건 사고로 인하여 상해를 입었지만 그로 인하여 피고인으로부터 구호를 받아야 할 필요성이 있다고 보기 어렵습니다. (이 사건이 '도주'에 해당하지 않음: 사안의 적용)

그러므로, 특가법위반(도주차량)의 점에 대하여는 무죄가 선고되어야 하고, 특가법위반(도주차량)의 공소사실에 포함된 교통사고처리특례법위반죄에 대하여는 아래 3.에서 보는 바와 같이 피고인이 사고 당시 운전한 승용차가 자동차종합보험에 가입되어 있고, 음주운전의 점에 관하여는 무죄이므로 이 사건은 교특법 제3조 제2항 단서 제8호 사유에 해당하지 아니합니다. 한편, 피고인의 차량은 삼성화재해상보험주식회사의 자동차종합보험에 가입되어 있는데, 위 보험은 교특법 제4조 제1항에 정하는 종합보험이므로, 이 사건 공소는 교특법 제4조 제1항 본문 규정에 반하여 제기된 것이어서 형소법 제327조 제2호에 의하여 기각되어야 합니다. (결론)

3. 도로교통법위반(음주운전)의 점

피고인은 술에 취한 상태로 운전하였다는 사실 자체는 인정합니다. (사실관계를 다투지 않음을 밝힘)

그러나 범죄구성요건 사실의 존부를 알아내기 위해 과학공식과 같은 경험칙을 이용하는 경우에는 그 법칙 적용의 전제가 되는 개별적이고 구체적인 사실에 대하여는 엄격한 증명을 요하므로, 공소사실이 진실한 것이라는 확신을 가지게 할 수 있는 증명이 필요하다고 할 것입니다. 이와 같은 점은 특히 위드마크 공식에 의하여 산출한 혈중알코올농도가 법이 허용하는 혈중 알코올농도를 근소하게 초과하는 정도에 불과한 경우에 더욱 강조되어야 합니다. (판례 법리)

변호인이 제출한 증거(서적 사본)에 의하면 최종 음주시각부터 90분 내에 혈중알코올농도가 측정된 경우에는 피검사자의 혈중알코올농도가 최고도에 이르기까지 상승하고 있는 상태인지, 최고도에 이른 후 하강하고 있는 상태인지 여부를 확정하기 어렵습니다. (법리) 피고인은 2012. 9. 18. 최종음주시인 21:20경으로부터 10분 정도 지난 21:30경 교통사고를 내고, 그로부터 한 시간 뒤인 22:30경 음주측정 결과 알코올농도가 0.045%로 측정되었는데, 이를 위드마크 공식에 따라 추정한 수치가 음주운전을 처벌하는 기준인 0.05%를 근소하게 초과하는 0.053%였습니다.

앞서 본 법리를 이 사건에 적용해 보면, 음주종료시각과 사고발생 시각과의 시간적 간격(10분)만으로는 사고발생 시각에 혈중알코올농도가 상승기에 있는지 하강기에 있는지 확정할 수 없는 상태인데, 수사기관은 혈중알코올농도가 하강기에 있는 경우에만 적용되는 위드마크 공식에 의한 역추산 방식을 적용하여 위 수치를 산출하였습니다. 이와 같이 산출한 혈중알코올농도가 처벌기준치를 근소하게 초과하고 있으므로, 이 사건 사고 당시 피고인의 혈중알코올농도가 0.05% 이상이었다고 단정할 수는 없습니다. (적용) 그렇다면 위 공소사실은 범죄사실의 증명이 없는 경우에 해당하므

로 형소법 제325조 후단에 의하여 무죄를 선고하여 주시기 바랍니다. (소결)

II. 피고인 이을해에 대하여

1. 특정경제범죄가중처벌등에관한법률위반(사기)의 점

피고인 이을해에 대한 특경가법위반(사기)의 점의 공소사실의 요지는 피고인 이을해가 김갑인과 공모하여 박병진으로부터 5억 원을 편취하였다는 것입니다. 먼저, 검사는 피고인의 편취액을 5억 원으로 산정하여 특경가법위반으로 기소를 하였는데, 설령 피고인이 편취를 하였다고 하더라도 편취금액은 실제 지급한 매매대금과의 차액인 2억 원이므로, 단순 사기죄(형법 제347조 제1항)로 의율하였어야 하였음을 말씀드립니다. 매도인 최정오에게 지급된 3억 원에 대해서는 처음부터 편취 고의조차 없었기 때문입니다. 그런데 피고인은 검찰 수사부터 공판 단계에 이르기까지 위와 같은 공모 사실 자체를 부인하고 있습니다. (공소사실 부인 적시) 피고인 이을해는 절친한 친구 박병진의 돈은 받을 수 없다고 생각했기에, 박병진이 피고인 이을해에게 수고비로 준 300만 원을 김갑인에게 송금해 주었을 뿐입니다.

그렇다면, 위 공소사실을 입증할 증거가 있는지를 살펴보고자 합니다.

가. 김갑인의 진술을 내용으로 하는 증거의 증거능력

먼저 이 사건에서 공범인 다른 피고인 김갑인의 진술을 내용으로 하는 증거의 증거능력을 살펴보겠습니다.

사경 작성 김갑인에 대한 피신조서는 형소법 제312조 제3항의 요건을 충족하여야 하는바, 피고인 이을해가 내용부인하므로 증거능력이 없습니다. (증거능력 없는 증거 배척) 다만 김갑인에 대한 검사 작성 피신조서는 공범인 공동피고인 김갑인이 제1회 공판기일에서 증거동의 함으로써 진정성립을 인정하였기 때문에, 김갑인이 피고인신문 때 한 진술은 피고인 이을해에게 반대신문권이 보장되었기 때문에, 각 증거능력이 있습니다. 위 증거에 관하여는 항을 바꾸어 증명력을 탄핵하고자 합니다. (증거능력 있는 증거는 향후 증명력 배척)

나. 피고인 이을해의 진술을 내용으로 하는 증거의 증거능력

피고인 이을해는 경찰 수사 단계에서 공소사실을 자백한 바 있고, 그 증거로 피고인 이을해에 대한 사경 작성 피신조서와, 증인 안경위의 증언이 제출되어 있습니다. 그러나 피고인 이을해는 검사 수사 단계에서부터 위 진술을 번복하였습니다. 피고인 이을해는 경찰의 위법한 체포에 겁을 먹어, 있지도 않은 사실을 자백한 것입니다.

경찰은 2012. 10. 2. 피고인 이을해를 특경가법위반(사기) 혐의로 긴급체포하였습니다. 형소법 제200조의3에 따르면 긴급체포는 장기 3년 이상의 징역이나 금고에 해당하는 죄를 범하였다고 의심할 만한 상당한 이유가 있고, 긴급을 요할 때 할 수 있습니다. 그런데 피고인 이을해는 2012. 10. 2. 오전 9:30경 경찰로부터 출석 요구 전화를 받고 그날 오후 2시경까지 출석하겠다고 대답하였음에도 불구하고, 경찰이 지금 꼭 가야 한다면서 피고인을 강제로 연행하였습니다. 자진 출두 의사가 명백한 자를 강제연행한 것은 형소법이 정한 '긴급성' 요건을 충족하지 못한 것으로 위법합니다. (긴급체포의 '긴급성' 요건 결여)

이렇게 위법하게 체포된 피고인 이을해는 "범죄를 입증할 증거가 모두 갖추어져 있으니 부인해봐야 소용없다, 지금 자백하고 용서를 구하면 가볍게 처벌받을 수 있다"는 경찰의 말에 어쩔 수 없이 경찰관이 말하는 대로 진술하였던 것입니다.

그렇다면 사경 작성 피고인 이을해에 대한 피신조서는 위법수집증거로서 그 증거능력이 없으며, 또한 위 피고인이 내용부인하여 전문증거로서도 증거능력이 없습니다. 다음으로, 증인 안경위의 증언은, 앞서 본 바와 같이 피고인 이을해의 원진술이 위법한 체포 상태에서 한 진술로 도저히 특신상태가 있다고 할 수 없습니다. 따라서 증인 안경위의 증언은 형소법 제316조 제1항의 요건을 갖추지 못하여 증거능력이 없습니다. (증거능력 없는 증거 배척)

다. 증인 박병진의 전문진술을 내용으로 하는 증거의 증거능력

증인 박병진은 이 법정 및 경찰 수사 단계에서, "죽은 양신구로부터 김갑인의 지시에 따라 이을해에게 현금 2억 원을 전달해 주었다는 말을 들었다"고 진술하였습니다. 위 진술은 전문진술이므로 증인 박병진의 진술은 형소법 제316조 제2항, 그리고

박병진에 대한 사경 작성 참고인진술조서는 형소법 제312조 제4항 및 제316조 제2항의 요건을 모두 충족시켜야 증거능력이 있습니다.

원진술자인 양신구가 교통사고로 사망하였으므로 위 조항들의 '원진술자의 진술불능' 요건은 충족합니다. 그러나 위 조항들에 따르면 원진술이 특히 신빙할 수 있는 상태하에서 행하여졌음이 증명된 때에 한하여 그 증거능력을 인정받을 수 있으므로, 아래에서는 양신구의 진술이 특신상태에서 행하여졌는지 살펴보고자 합니다.

박병진이 양신구로부터 위 말을 전해들은 경위는 다음과 같습니다. 박병진이 김갑인에게 왜 매매대금이 2억 원이나 차이가 나는지 따져 묻자 김갑인이 이을해의 지시에 따라 매매가격을 부풀렸다고 시인하면서, 김갑인의 직원인 양신구를 박병진에게 데려 왔습니다. 그때 양신구는 박병진에게 "2012. 5. 30.경 2억 원을 가방에 넣어 승용차에 싣고 이을해의 집으로 가서 이을해에게 직접 전달했다"고 말했다는 것입니다. 그렇다면 김갑인은 자신의 범죄가 들통나게 되자 변명을 하는 과정에서, 양신구와 미리 말을 짜고 와서 양신구는 김갑인이 시키는 대로 박병진에게 말하였을 가능성이 매우 높다고 하겠습니다. 위와 같은 경위의 진술이라면, 양신구가 자유로운 분위기 속에서 임의대로 말하였다고 보기 어려운 것입니다. 따라서 박병진의 법정진술은 형소법 제316조 제2항의 특신상태 요건을 갖추지 못하여, 박병진에 대한 사경 작성 참고인진술조서는 제314조 제4항 및 제316조 제2항의 특신상태 요건을 갖추지 못하여 각 증거능력이 없습니다. (증거능력 없는 증거 배척)

라. 증거능력 있는 증거의 증명력

공소사실을 입증하는 증거로 남는 것은 김갑인의 진술밖에 없으므로 그 진술에 대하여 그 증명력을 탄핵하겠습니다. 김갑인은 사문서위조와 위조사문서행사를 피고인 이을해와 공모 없이 단독으로 행하였는데, 이상하게도 사기 부분만 피고인 이을해와 함께 하였다고 하고 있는바, 그 말은 여러 가지 정황으로 볼 때 믿을 바가 못 됩니다. (증거능력 있는 증거에 대한 쟁점의 도출)

먼저 박병진으로부터 매매대금 5억 원을 송금받은 이는 김갑인인데, 김갑인은 그 중 3억 원을 매도인 최정오에게 송금하고, 나머지 2억 원을 모두 5만 원권으로 인출하여 양신구를 시켜 피고인 이을해에게 전달하고, 자신은 피고인 이을해로부터 300만 원을 송금받았다고 주장합니다. 김갑인이 피고인 이을해와 위 범죄를 공모하였다면, 자신의 몫은 남겨두고 이을해의 몫만을 이을해에게 전달하는 것이 이치에 맞는 것입니다. 또한 2억 원을 일주일에 걸쳐 굳이 소액으로 분산시킨 이유도 이해하기 어렵습니다.

게다가 김갑인은 최정오가 김갑인에게 매매대금을 따지자 최정오에게 1,000만 원 지급을 제안하면서 고소는 하지 말아 달라고 하였습니다(최정오에 대한 사경 작성 참고인진술조서 참고). 만약 김갑인이 자신의 몫으로 300만 원만 챙겼다면, 최정오에게 고소를 하지 않는 조건으로 자신이 받은 금액의 세 배가 넘는 1,000만 원의 지급을 제안한 행동은 이해하기 힘든 부분입니다. 나아가 김갑인의 말대로 2억 원이 2012. 5. 30. 피고인 이을해에게 전달되었다면, 피고인이 바로 그 다음 날인 2012. 6. 1. '빌린 돈을 갚아야 하는데 돈이 없다'고 하면서 박병진으로부터 500만 원을 빌린 사실(증인 박병진의 증언 참조)은 설명이 되지 않는 부분입니다. (상식에 어긋나는 점을 밝혀 증명력 탄핵)

위와 같은 점을 종합하여 보면, 김갑인의 진술은 신빙성이 없어 그것만으로는 이 사건 공소사실을 증명할 수 없다고 하겠습니다.

가사 앞서 본 증인 박병진의 법정진술과 박병진에 대한 사경 작성 참고인진술조서가 죽은 양신구의 원진술에 특신상태가 인정되어 그 증거능력이 있다고 하더라도, 양신구가 김갑인의 직원인 점, 김갑인이 박병진으로부터 매매대금에 대하여 추궁을 받은 뒤 양신구를 박병진에게 데려 온 점을 종합하면, 양신구의 진술도 김갑인의 진술과 별 다를 바 없이 신빙성이 없다고 할 것이므로, 이 사건 공소사실을 입증할 증거가 없기는 마찬가지입니다. (예비적 주장)

마. 부족 증거

박병진의 나머지 진술, 위조된 부동산매매계약서, 무통장입금증, 등기사항전부증명서 등 나머지 증거만으로는 피고인 이을해가 김갑인과 공모하여 위 범죄를 저질렀다는 점을 입증하기에 턱없이 부족합니다.

사. 소결

그렇다면 피고인 이을해가 김갑인과 공모하여 박병진으로부터 5억 원을 편취하였다는 이 사건 공소사실은 합리적 의심의 여지 없이 증명되었다고 할 수 없어, '범죄의 증명이 없는 때'에 해당하므로 피고인은 무죄입니다(형소법 제325조 후단). (소결)

2. 공갈의 점

피고인은 피해자 강기술의 식당에서 5만 원어치의 술과 음식을 주문하여 먹고 음식값의 지급을 면하기 위해 피해자가 한눈을 파는 사이에 식당 밖으로 나가다가 피고인을 따라온 피해자에게 폭행한 사실은 인정합니다. (일부 사실관계만을 다툼을 밝힘) 그런데 재산상 이익의 취득으로 인한 공갈죄가 성립하려면 공갈행위로 인하여 피공갈자가 재산상 이익을 공여하는 처분행위가 있어야 합니다. (법리) 이 사건에서 피고인이 음식값 지불을 면하기 위하여 도주하였더라도 이는 피해자가 원래라면 얻을 수 있었던 재산상 이익의 실현에 장애가 발생한 것에 불과하고, 피해자가 음식값의 지급에 관하여 수동적 · 소극적으로라도 피고인이 이를 면하는 것을 용인하여 그 이익을 공여하는 처분행위를 하였다고 할 수 없으므로, 피해자가 피고인에게 공여한 재산상 이익이 있다고 할 수 없습니다. (적용) 그렇다면 공갈의 점에서는 무죄이고, 폭행죄만 성립할 뿐인데,(축소사실 인정) 폭행죄는 형법 제260조 제3항에 의하여 피해자의 명시한 의사에 반하여 공소를 제기할 수 없는 죄이고,(축소사실이 반의사불벌죄임을 밝혀 줌) 피해자가 이 사건 공소제기 전인 2012. 9. 28. 피고인의 처벌을 원하지 않는 의사를 표시하였으므로,(공소제기 전 처벌불원 의사가 있었음을 밝혀 줌) 폭행의 점에 관하여는 형소법 제327조 제2호에 의하여 공소를 기각하여 주시기 바랍니다. (소결)

V 제1회 변호사시험 형사법 기록형

1. 기록에 체크, 메모할 부분

2012년도 제1회 변호사시험 문제

시험과목	형사법(기록형)

응시자 준수사항

1. 시험 시작 전 문제지의 봉인을 손상하는 경우, 봉인을 손상하지 않더라도 문제지를 들추는 행위 등으로 문제 내용을 미리 보는 경우 모두 부정행위로 간주되어 그 답안은 영점처리 됩니다.

2. 답안은 흑색 또는 청색 필기구(사인펜이나 연필 사용 금지) 중 한 가지 필기구만을 사용하여 답안 작성 난(흰색 부분) 안에 기재하여야 합니다.

3. 답안지에 성명과 수험 번호를 기재하지 않아 인적사항이 확인되지 않는 경우에는 영점 처리 등 불이익을 받게 됩니다. 특히 답안지를 바꾸어 다시 작성하는 경우, 성명 등의 기재를 빠뜨리지 않도록 유의하여야 합니다.

4. 답안지에는 문제내용을 기재할 필요가 없으며, 답안 내용 이외의 사항을 기재하거나 밑줄 기타 어떠한 표시도 하여서는 아니됩니다. 답안을 정정할 경우에는 두 줄로 긋고 다시 기재하여야 하며, 수정액 등은 사용할 수 없습니다.

5. 시험종료 시각에 임박하여 답안지를 교체요구한 경우라도 시험시간 종료 후 즉시 새로 작성한 답안지를 회수합니다.

6. 시험 종료 후에는 답안지 작성을 일절 할 수 없으며, 이에 위반하여 시험시간이 종료되었음에도 불구하고 **시험관리관의 답안지 제출지시에 불응한 채 계속 답안을 작성하거나 답안지를 늦게 제출할 경우 그 답안은 영점처리** 됩니다.

7. 답안은 답안지 쪽수 번호 순으로 기재하여야 하고, **배부받은 답안지는 백지 답안이라도 모두 제출**하여야 하며, **답안지를 제출하지 아니한 경우 그 시험시간 및 나머지 시험시간의 시험에 응시할 수 없습니다.**

8. 지정된 시간까지 지정된 시험실에 입실하지 아니하거나 시험관리관의 승인을 얻지 아니하고 시험시간 중에 그 시험실에서 퇴실한 경우 그 시험시간 및 나머지 시험시간의 시험에 응시할 수 없습니다.

9. 시험시간이 종료되기 전에는 어떠한 경우에도 문제지를 시험장 밖으로 가지고 갈 수 없고, 시험 종료 후 가지고 갈 수 있습니다.

【문제】

다음 기록을 읽고 피고인 김토건의 변호인 김힘찬과 피고인 이달수의 변호인 이사랑의 변론요지서를 작성하되, 다음 쪽 변론요지서 양식 중 **본문 Ⅰ, Ⅱ 부분**만 작성하시오.

【작성요령】

1. 시험의 편의상 두 변호인의 변론을 하나의 변론요지서에 작성함.

2. 피고인들 사이에 이해가 상충되는 경우 피고인들 각각의 입장에 충실하게 변론할 것.

3. 학설 · 판례 등의 견해가 대립되는 경우, 한 견해를 취하여 변론할 것. 다만, 대법원 판례와 다른 견해를 취하여 변론을 하고자 하는 경우에는 자신의 입장에 따른 변론을 하되 대법원 판례의 취지를 적시할 것.

4. 증거능력이 없는 증거는 실제 소송에서는 증거로 채택되지 않아 증거조사가 진행되지 않지만, 이 문제에서는 시험의 편의상 증거로 채택되어 증거조사가 진행된 것을 전제하였음. 따라서 필요한 경우 증거능력에 대하여도 변론할 것.

【기록 형식 안내】

1. 쪽 번호는 편의상 연속되는 번호를 붙였음.

2. 조서, 기타 서류에는 필요한 서명, 날인, 무인, 간인, 정정인이 있는 것으로 볼 것.

3. 증거목록 중 '기재생략'이라고 표시된 부분에는 법에 따른 절차가 진행되어 그에 따라 적절한 기재가 있는 것으로 볼 것.

4. 공판기록과 증거기록에 첨부하여야 할 일부 서류 중 '(생략)' 표시가 있는 것, 증인선서서와 수사기관의 조서에 첨부하여야 할 '수사과정확인서'는 적법하게 존재하는 것으로 볼 것.

5. 송달이나 접수, 통지, 결재가 필요한 서류는 모두 적법한 절차를 거친 것으로 볼 것.

【변론요지서 양식】

변론요지서

사　건　2011고합1234 특수강도교사 등

피고인　1. 김토건

　　　　2. 이달수

위 사건에 관하여 피고인 김토건의 변호인 변호사 김힘찬, 피고인 이달수의 변호인 변호사 이사랑은 다음과 같이 변론합니다. ┄┄┄┄● 이 부분만 씀

다　음

Ⅰ. 피고인 김토건에 대하여(45점)

Ⅱ. 피고인 이달수에 대하여(55점)

　1. 횡령의 점

　2. 성폭력범죄의처벌등에관한특례법위반(주거침입강간등)의 점

　3. 교통사고처리특례법위반의 점

　4. 사기의 점

※ 평가제외사항 - 공소사실의 요지, 정상관계, 피고인 이달수의 특수강도 부분

　　　　　　 (답안지에 기재하지 말 것)

2012.　1.　4.

피고인 김토건의 변호인 변호사 김힘찬 ㉑

피고인 이달수의 변호인 변호사 이사랑 ㉑

서울중앙지방법원 제26형사부 귀중

기록내용시작

➡ 공판기록이 먼저 나오고, 수사기록은 뒤에 편철됨

구속만료	2012. 1. 15.	미결구금
최종만료	2012. 5. 15.	
대행 갱신 만료		

서 울 중 앙 지 방 법 원
구공판 형 사 제1심 소 송 기 록

기일 1회기일	사건번호	2011고합1234	담임	제26부	주심	다
12/14 A10						
12/28 P2	사 건 명	가. 특수강도교사 나. 특수강도 다. 성폭력범죄의처벌등에관한특례법위반(주거침입강간등) 라. 사기 마. 횡령 바. 교통사고처리특례법위반				
	검 사	명검사	2011형제53874호			
	공소제기일	2011. 11. 16.				
	피 고 인	1. 가 　　　　　김토건 [구속] 2. 나.다.라.마.바. 　이달수				
	변 호 인	사선　변호사　김힘찬(피고인 김토건) 사선　변호사　이사랑(피고인 이달수)				

확 정	
보존종기	
종결구분	
보 존	

완결 공람	담 임	과 장	국 장	주심 판사	재판장	원장

접 수 공 람	과 장	국 장	원 장
	㊞	㊞	㊞

공 판 준 비 절 차

회 부 수명법관 지정 일자	수명법관 이름	재 판 장	비 고

법정외에서지정하는기일

기일의 종류	일 시				재 판 장	비 고
1회 공판기일	2011.	12.	14.	10:00	㊞	

서울중앙지방법원

목 록		
문 서 명 칭	장 수	비 고
증거목록	8	검사
증거목록	10	피고인 및 변호인
공소장	12	
변호인선임신고서	(생략)	피고인 김토건
변호인선임신고서	(생략)	피고인 이달수
영수증(공소장부본 등)	(생략)	
영수증(공소장부본 등)	(생략)	피고인 김토건
영수증(공판기일통지서)	(생략)	변호사 김힘찬
영수증(공판기일통지서)	(생략)	변호사 이사랑
의견서	(생략)	피고인 김토건
의견서	(생략)	피고인 이달수
공판조서(제1회)	15	
증인신청서	(생략)	검사
증인신청서	(생략)	변호사 김힘찬
증거서류제출서	17	변호사 이사랑
공판조서(제2회)	20	
증인신문조서	22	박대우
증인신문조서	23	이칠수
증인신문조서	24	정미희

목록에 공소장 변경허가서가 없으므로 공소장만 확인하면 됨

서울중앙지방법원

목 록 (구속관계)		
문 서 명 칭	장 수	비 고
긴급체포서	(생략)	피고인 이달수
구속영장(체포된 피의자용)	(생략)	피고인 이달수
피의자 수용증명	(생략)	피고인 이달수

증 거 목 록 (증거서류 등)

2011고합1234

2011형제53874호

① 김토건
② 이달수

신청인: 검사

순번	증거방법 작성	쪽수(수)	쪽수(증)	증거명칭	성명	참조사항등	신청기일	증거의견 기일	내용	증거결정 기일	내용	증거조사기일	비고
1	검사	(생략)		피의자신문조서	김토건		1	1	① ○ / ② ○				
2	〃	(생략)		피의자신문조서	이달수		1	1	① × / ② ○	○			부동의 ⇒ 이달수의 진정성립
3	사경	28		진술조서	박대우		1	1	① ○ / ② ○				
4	〃	30		피의자신문조서	이달수		1	1	① × / ② ○	×			실질이 내용부인이므로
5	〃	33		진술조서	정미희		1	1	② ×	○			부동의 ⇒ 정미희의 진정성립 인정
6	〃	35		진술조서 (제2회)	정미희		1	1	② ×	○			
7	〃	37		압수조서 및 압수목록(신발)			1	1	② 진정성립만 인정				
8	〃	39		교통사고보고 (실황조사서)			1	1	② ○	기재 생략		기재 생략	
9	〃	40		진술서	조범생		1	1	② ○				
10	〃	(생략)		진단서	조범생		1	1	② ○				
11	〃	41		진술서	장희빈		1	1	② ○				
12	〃	(생략)		영수증			1	1	② ○				
13	〃	42		피의자신문조서	김토건		1	1	① ○ / ② ○				
14	〃	45		피의자신문조서 (제2회)	이달수		1	1	② ○				
15	〃	48		감정서(신발)			1	1	② 진정성립만 인정				
16	〃	49		조회회보서	이달수		1	1	② ○				
17	〃	(생략)		조회회보서	김토건		1	1	① ○				

※ 증거의견 표시 - 피의자신문조서: 인정 ○, 부인 ×
　　　　　　　　　(여러 개의 부호가 있는 경우, 성립/임의성/내용의 순서임)
　　　　　　　 - 기타 증거서류: 동의 ○, 부동의 ×
※ 증거결정 표시: 채 ○, 부 ×
※ 증거조사 내용은 제시, 내용고지

<table>
<tr><td colspan="8" align="center">증 거 목 록 (증인 등)
2011고합1234</td></tr>
<tr><td colspan="8">2011형제53874호   ① 김토건
② 이달수
신청인: 검사</td></tr>
</table>

증 거 방 법	쪽수 (공)	입증취지 등	신청 기일	증거결정 기일	증거결정 내용	증거조사기일	비고
증인 정미희	24	공소사실 2의 나항 관련	1	1	○	2011. 12. 28. 14:00 (실시)	
나이키 신발		공소사실 2의 나항 관련	1	2	○	2011. 12. 28. 14:00 (실시)	

앞장 증거목록
5, 6번 부동의하여
증인으로 나옴

※ 증거결정 표시: 채 ○, 부 ×

- 9 -

증 거 목 록 (증거서류 등)

2011고합1234

공소기각사유 힌트 ●----- ●면소사유 힌트

① 김토건
② 이달수

2011형제53874호

신청인: 피고인 및 변호인

순번	증거방법 작성	증거방법 쪽수(수)	증거방법 쪽수(증)	증거방법 증거명칭	증거방법 성명	참조사항등	신청기일	증거의견 기일	증거의견 내용	증거결정 기일	증거결정 내용	증거조사기일	비고
1			18	합의서 ●	조범생		2	2	○				②신청
2			19	약식명령 ●	이달수		2	2	○				②신청
3			(생략)	'北건설 주식회사' 하도급규정집			2	2	○	기재생략			②신청
4			(생략)	건설업등록증 (김토건)			2	2	○				②신청

※ 증거의견 표시 - 피의자신문조서: 인정 ○, 부인 ×
   (여러 개의 부호가 있는 경우, 성립/임의성/내용의 순서임)
   - 기타 증거서류: 동의 ○, 부동의 ×
※ 증거결정 표시: 채 ○, 부 ×
※ 증거조사 내용은 제시, 내용고지

증 거 목 록 (증인 등)

2011고합1234

① 김토건
② 이달수

2011형제53874호 신청인: 피고인 및 변호인

증 거 방 법	쪽수 (공)	입증취지 등	신청 기일	증거결정		증거조사기일	비고
				기일	내용		
증인 박대우	22	공소사실 1 범행도구 관련	1	1	○	2011. 12. 28. 14:00 (실시)	①신청
증인 이칠수	23	공소사실 1 관련	1	1	○	2011. 12. 28. 14:00 (실시)	①신청

※ 증거결정 표시: 채 ○, 부 ×

서 울 중 앙 지 방 검 찰 청

2011. 11. 16.

사건번호   2011년 형제53874호

수 신 자   서울중앙지방법원

제   목   **공소장**

검사 명검사는 아래와 같이 공소를 제기합니다.

I. 피고인 관련사항

1. 피 고 인   김토건 (******_*******), 50세

직업 건설업체 사장, ***_****_****

주거 서울특별시 강남구 대치1동 기아아파트 101동 1007호

등록기준지 (생략)

죄   명   특수강도교사

적용법조   형법 제334조 제2항, 제1항, 제333조, 제31조 제1항

구속여부   불구속

변 호 인   변호사 김힘찬

2. 피 고 인   이달수 (******_*******), 40세   1234

직업 무직, ***_****_****

주거 서울특별시 서초구 양재2동 125

등록기준지 (생략)

죄   명   특수강도, 성폭력범죄의처벌등에관한특례법위반(주거침입강간등),

사기, 횡령, 교통사고처리특례법위반

적용법조   형법 제334조 제2항, 제1항, 제333조, 성폭력범죄의 처벌 등에 관한

특례법 제14조, 제3조 제1항, 형법 제319조 제1항, 제297조, 제347조

제1항, 제355조 제1항, 교통사고처리 특례법 제3조 제1항, 제2항 단서

제6호, 형법 제268조, 제37조, 제38조

구속여부   2011. 11. 4. 구속 (2011. 11. 2. 체포)

변 호 인   변호사 이사랑

접수
No. 15775
2011. 11. 16.
서울중앙지방법원
형사접수실

Ⅱ. 공소사실

피고인 김토건은 서울 서초구 서초1동 10에 있는 'D건설'을 운영하는 사람이고, 피고인 이달수는 피고인 김토건의 고향 후배로서 일정한 직업이 없는 사람이다.

1. 피고인들의 범행

피고인 김토건은 피해자 박대우(55세)에게 1억 원을 빌려주었다가 돌려받지 못하고 있었다. 피고인 이달수가 피고인 김토건에게 3,000만 원을 빌려달라고 부탁하자, 피고인 김토건은 피고인 이달수에게 피해자가 빌려 간 돈 1억 원을 받아 오면 그 중 3,000만 원을 빌려주겠다고 하였다. 이에 피고인 이달수는 피해자에게 가서 채무변제를 여러 번 독촉하였다.

가. 피고인 김토건

피고인은 2011. 10. 31. 15:00경 인천국제공항에서 서울로 가는 98허7654호 에쿠스 승용차 안에서 이달수에게 "박대우가 어제 아니면 오늘 공사 기성금을 받은 것으로 알고 있다. 순순히 말해서는 주지 않을 것이니 확실히 받아 와라. 돈을 받아 오면 그 중 일부를 빌려주겠다."라고 말하면서 흉기인 주방용 식칼(칼날 길이 15cm, 손잡이 길이 10cm)이 든 봉투를 건네주어 이달수로 하여금 피해자로부터 금원을 강취할 것을 마음먹게 하였다. ┄┄● 범행도구

이달수는 그 다음 날인 2011. 11. 1. 09:00경 서울 서초구 서초2동 250에 있는 피해자의 집을 찾아가 1억 원의 변제를 독촉하였으나 피해자가 돈이 없다고 거절하였다. 이달수는 집 안을 둘러보다가 안방 화장대 위에 있던 5,000만 원이 든 봉투를 발견하였다. 피해자가 돈 봉투를 집어 가슴에 품은 채 지급을 거절하자, 이달수는 미리 가지고 간 위 식칼을 피해자의 목에 들이대어 반항을 억압한 다음 돈 봉투를 빼앗아 가지고 나왔다.

이로써 피고인은 이달수로 하여금 위와 같이 피해자로부터 5,000만 원을 빼앗게 함으로써 특수강도를 교사하였다.

나. 피고인 이달수

피고인은 위 김토건의 교사에 따라 2011. 11. 1. 09:00경 서울 서초구 서초2동 250에 있는 피해자의 집에서 전항과 같이 피해자로부터 5,000만 원을 빼앗아 강취하였다.

2. 피고인 이달수

가. 횡령

피고인은 2010. 10. 1.경 서울 서초구 서초1동 10에 있는 위 'D건설' 사무실에서 피해자 김토건으로부터 'H건설 주식회사' 계약담당이사 최현대에게 가져다주라는 지시와 함께 현금 4,000만 원을 교부받아 피해자를 위하여 보관하였다. 피고인은 그날 위 4,000만 원을 피고인의 개인 채무 변제에 임의로 사용하여 횡령하였다.

나. 성폭력범죄의처벌등에관한특례법위반(주거침입강간등)

피고인은 2011. 6. 1. 23:00경 서울 서초구 서초3동 130에 있는 피해자 정미희(여, 27세)의 집에 이르러 잠겨 있지 아니한 문간방 창문을 통하여 집 안으로 침입하였다. 피고인은 안방에서 잠들어 있는 피해자를 발견하고 피해자를 간음할 목적으로 피해자의 하의를 벗겼다. 그때 피해자가 깨어나자 피고인은 한 손으로 피해자의 입을 막고 몸으로 피해자를 눌러 반항을 억압한 다음 자신의 바지를 내리고 피해자를 간음하려 하였으나 피해자가 소리치며 격렬히 저항하는 바람에 간음하지 못하고 집 밖으로 도망쳐 나왔다.

이로써 피고인은 주거에 침입하여 피해자를 강간하려다가 미수에 그쳤다.

다. 교통사고처리특례법위반

피고인은 2011. 9. 1. 08:00경 12가3456호 쏘나타 승용차를 운전하고 서울 서초구 서초1동 114에 있는 'S고등학교' 앞길을 방배역 쪽에서 서초역 쪽으로 진행하고 있었다. 그곳 전방에 횡단보도가 있으므로 운전자는 횡단보도 앞에서 일시정지 하는 등으로 보행자를 보호하여야 할 업무상 주의의무가 있었다. 그럼에도 피고인은 그 주의의무를 게을리 한 과실로 때마침 자전거를 타고 횡단보도를 건너던 피해자 조범생(22세)을 위 승용차 앞 범퍼 부분으로 들이받아 그 충격으로 피해자가 약 4주간의 치료가 필요한 왼쪽 다리 골절 등의 상해를 입게 하였다.

● '보행자'의 개념

라. 사기

피고인은 2011. 10. 10. 23:00경 서울 서초구 서초2동 119에 있는 피해자 장희빈이 운영하는 '룰루' 유흥주점에서 마치 술값 등을 제대로 지급할 것처럼 행세하며 술 등을 주문하여 이에 속은 피해자로부터 100만 원에 해당하는 술과 서비스 등을 제공받았다. 그러나 피고인은 현금 2만 원만 가지고 있어 그 대금을 지급할 의사나 능력이 없었다.

● p.19 상습사기죄의 확정판결의 효력이 미치는지 여부

Ⅲ. 첨부서류

1. 긴급체포서 1통 (생략)
2. 구속영장(체포된 피의자용) 1통 (생략)
3. 변호인선임신고서 2통 (생략)
4. 피의자수용증명 1통 (생략)

검사 명검사 [인]

서 울 중 앙 지 방 법 원

공 판 조 서

제 1 회 ➡ 사실을 다투는 죄와 법리를 다투는 죄 구분

사 건	2011고합1234 특수강도교사 등			
재판장 판사	배현일	기 일:	2011. 12. 14. 10:00	
판사	김 석	장 소:	제418호 법정	
판사	문현주	공개 여부:	공개	
법원사무관	국영수	고 지 된 다음기일:	2011. 12. 28. 14:00	

피 고 인	1. 김토건 2. 이달수	각 출석
검 사	강선주	출석
변 호 인	변호사 김힘찬 (피고인 1을 위하여)	출석
	변호사 이사랑 (피고인 2를 위하여)	출석

재판장

　　피고인들은 진술을 하지 아니하거나 각개의 물음에 대하여 진술을 거부할 수 있고, 이익 되는 사실을 진술할 수 있음을 고지

재판장의 인정신문

　　성　　　명: 1. 김토건　　2. 이달수

　　주민등록번호: 각 공소장 기재와 같음.

　　직　　　업:　　　〃

　　주　　　거:　　　〃

　　등록기준지:　　　〃

재판장

　　피고인들에 대하여

　　주소가 변경될 경우에는 이를 법원에 보고할 것을 명하고, 소재가 확인되지 않을 때에는 그 진술 없이 재판할 경우가 있음을 경고

검　사

　　공소장에 의하여 공소사실, 죄명, 적용법조 낭독

피고인 김토건

　　피고인 이달수에게 강도를 교사한 사실이 없다고 진술

피고인 이달수

　　피해자 정미희에 대한 공소사실은 인정할 수 없고, 나머지 공소사실은 인정
　　한다고 진술　　　　　　　●┄┄┄▶ 사실관계를 다툼　　　　　　　　●┄┄▶ 법리를 다툼

피고인 김토건의 변호인 변호사 김힘찬

　　피고인 김토건이 피고인 이달수에게 피해자 박대우가 빌려 간 돈을 받아 오면
　　그 돈을 빌려주겠다고 말한 사실과, 피해자 박대우가 공사 기성금을 받아 돈을
　　갖고 있을 것이라고 알려 준 사실은 있으나, 칼을 주면서 강도를 교사하지는
　　않았다고 진술　　　　　　　　　　　　●┄┄┄▶ 사실관계를 다툼

피고인 이달수의 변호인 변호사 이사랑

　　피고인 이달수는 피해자 정미희를 알지 못한다고 진술
　　　　　　　　　　●┄┄┄▶ 사실관계를 다툼

재판장

　　증거조사를 하겠다고 고지

증거관계 별지와 같음(검사, 변호인)

재판장

　　각 증거조사 결과에 대하여 의견을 묻고 권리를 보호하는 데에 필요한 증거
　　조사를 신청할 수 있음을 고지

소송관계인

　　별 의견 없다고 각각 진술

재판장

　　변론속행

2011. 12. 14.

법 원 사 무 관　　　　국영수 ㊞

재판장　판　사　　　　배현일 ㊞

증거서류제출서

사건번호 2011고합1234 특수강도교사 등

피고인 이달수

위 사건에 관하여 피고인 이달수의 변호인은 피고인의 이익을 위하여 다음 증거서류를 제출합니다.

다 음

1. 합의서 1통 ● 공소기각사유 힌트
1. 약식명령 1통 ● 면소사유 힌트
1. 'H건설 주식회사' 하도급규정집 (생략)
1. 건설업등록증(김토건) (생략)

접 수
No. 16857
2011. 12. 20.
서울중앙지방법원
형사접수실

2011. 12. 20.

피고인 이달수의 변호인
변호사 이사랑 ㊞

서울중앙지방법원 제26형사부 귀중

합의서

가해자 성명: 이달수

　　　주소: (생략)

피해자 성명: 조범생

　　　주소: (생략)

피해자는 2011. 9. 1. 08:00경 서울 서초구 서초1동 114에 있는 'S고등학교' 앞 길 횡단보도에서 가해자가 운전하는 12가3456호 쏘나타 승용차에 부딪혀 약 4주간의 치료가 필요한 왼쪽 다리 골절 등의 상해를 입었습니다. 피해자는 가해자에게서 치료비 등 일체의 손해를 변상받고 합의하였습니다. 이에 피해자는 가해자의 처벌을 원하지 아니하고, 이후 민형사상 일체의 이의를 제기하지 않을 것을 확인합니다.

> 교특법 3조 2항 본문

2011. 12. 16.

피해자 조범생 ㊞

첨부: 인감증명 1통(생략)

춘천지방법원 강릉지원

약 식 명 령

2011. 12. 17. **확정**
검찰주사보 황참여 ㊞

사 건 2011고약692 상습사기
(2011년형제3577호)

피 고 인 이달수 (******-*******), 무직
주거 서울 서초구 양재2동 125
등록기준지 (생략)

주 형 과 피고인을 벌금 3,000,000(삼백만)원에 처한다.
피고인이 위 벌금을 납입하지 아니하는 경우 금 50,000(오만)원을 1일로 환산한 기간 피고인을 노역장에 유치한다.

범죄사실 피고인은 2009. 10. 30. 서울중앙지방법원에서 상습사기죄로 벌금 3,000,000원의 약식명령을 받는 등 동종전력 3회가 있는 자로서, 상습으로,
수중에 현금이나 신용카드 등 다른 대금지급 수단이 없어 술값 등을 지급할 의사나 능력이 없었음에도, 2011. 10. 25. 23:00경 강릉시 경포동 113에 있는 피해자 이미순이 운영하는 '경포' 유흥주점에서 마치 술값 등을 제대로 지급할 것처럼 행세하며 술 등을 주문하여 이에 속은 피해자로부터 80만 원에 해당하는 술과 서비스를 제공받았다.

p.14 공소사실 2의 라.항

적용법령 형법 제351조, 제347조 제1항 (벌금형 선택), 제70조, 제69조 제2항

검사 또는 피고인은 이 명령등본을 송달받은 날부터 7일 이내에 정식재판의 청구를 할 수 있습니다.

2011. 11. 20.

판 사 이 원 철 ㊞

서 울 중 앙 지 방 법 원

공 판 조 서

제 2 회 ➡ 사실을 다투는 죄에 대한 사실관계 정리

사 건	2011고합1234 특수강도교사 등		
재판장 판사	배현일	기 일:	2011. 12. 28. 14:00
판사	김 석	장 소:	제418호 법정
판사	문현주	공개 여부:	공개

법원사무관	국영수	고 지 된	
		다음기일:	2012. 1. 4. 10:00

피 고 인	1. 김토건 2. 이달수	각 출석
검 사	강선주	출석
변 호 인	변호사 김힘찬 (피고인 1을 위하여)	출석
	변호사 이사랑 (피고인 2를 위하여)	출석
증 인	박대우, 이칠수, 정미희	각 출석

재판장

　　전회 공판심리에 관한 주요사항의 요지를 공판조서에 의하여 고지

소송관계인

　　변경할 점이나 이의할 점이 없다고 진술

출석한 증인 박대우, 이칠수, 정미희를 별지와 같이 신문하다

증거관계 별지와 같음(검사, 변호인)

재판장

　　각 증거조사 결과에 대하여 의견을 묻고 권리를 보호하는 데에 필요한 증거
　　조사를 신청할 수 있음을 고지

소송관계인

　　별 의견 없으며, 달리 신청할 증거도 없다고 각각 진술

재판장

　　증거조사를 마치고 피고인 신문을 하겠다고 고지

- 20 -

검　사

　　피고인 김토건에게

문　피고인 이달수에게 "순순히 주지 않을 것이니 확실히 받아 와라."라는 말을 하였는가요.

답　예.

문　그 말은 결국 강제로라도 돈을 빼앗아 오라는 뜻이 아닌가요.

답　아닙니다.

　　피고인 이달수에게

문　피해자 박대우를 협박한 칼은 피고인 김토건에게서 받은 것인가요.　공범의 법정진술

답　예.　➡ 증거능력 ○

이때 검사는 수사기록에 편철되어 있는 사법경찰관이 각각 작성한 피고인 이달수에 대한 피의자신문조서와 검사가 작성한 동인에 대한 피의자신문조서를 각각 제시하여 읽어보게 한 다음

　　·······● p.8 순번 2　　●p.8 순번 4

문　피고인이 수사기관에서 진술한 대로 기재되어 있음을 확인하고 서명무인 하였나요.

답　예, 그렇습니다.　진정성립, 임의성 인정

문　당시 자유로운 분위기 속에서 임의로, 충분히 진술하였나요.

답　예.

이때 검사는 나이키 신발 1켤레를 제시하고

문　이 신발이 피고인의 것이 맞는가요.

답　예, 맞습니다.

피고인 김토건의 변호인 변호사 김힘찬

　　피고인 이달수에게

문　피해자 박대우를 협박한 칼은 왜 버렸나요.

답　20㎝ 이상이 되는 주방용 식칼을 계속 가지고 다니기에는 부담스러웠습니다.

재판장

　　피고인신문을 마쳤음을 고지

재판장

　　변론속행 (변론 준비를 위한 변호인의 요청으로)

2011. 12. 28.

법 원 사 무 관　　국영수 ㊞

재판장 판 사　　배현일 ㊞

서울중앙지방법원

증인신문조서 (제2회 공판조서의 일부)

사   건   2011고합1234   특수강도교사 등

증   인   이   름   박대우

생년월일   ****. **. **.

주   거   서울 서초구 서초2동 250

재판장

　　증인에게 형사소송법 제148조 또는 제149조에 해당하는가의 여부를 물어 증인이 이에 해당하지 아니함을 인정하고, 위증의 벌을 경고한 후 별지 선서서와 같이 선서를 하게 하였다. 다음에 신문할 증인은 재정하지 아니하였다.

피고인 김토건의 변호인 변호사 김힘찬

　　증인에게

문   당시 피고인 이달수가 증인에게 칼을 보여주며 협박한 것은 사실인가요.

답   예, 피고인 이달수가 점퍼 안주머니에서 칼을 꺼내어 저의 목에 들이대는 순간 접힌 칼날이 '척' 소리를 내며 펼쳐졌습니다.

문   피고인 김토건의 처벌을 원하는가요.

답   예, 처벌을 원합니다.

　　　　　　　　　　　　　● 범행도구

2011. 12. 28.

법 원 사 무 관　　　국영수 ㊞

재판장 판 사　　　배현일 ㊞

서울중앙지방법원

증인신문조서 (제2회 공판조서의 일부)

사   건   2011고합1234 특수강도교사 등
증   인   이 름   이칠수
              생년월일   ****. **. **.
              주 거   서울 서초구 양재동 100 호성빌라 305동 102호

재판장

　　증인에게 형사소송법 제148조 또는 제149조에 해당하는가의 여부를 물어
　　증인이 이에 해당하지 아니함을 인정하고, 위증의 벌을 경고한 후 별지
　　선서서와 같이 선서를 하게 하였다. 다음에 신문할 증인은 재정하지 아니하였다.

피고인 김토건의 변호인 변호사 김힘찬

　　증인에게

문　　증인은 2011. 11. 1. 이달수에게서 3,000만 원을 송금받은 사실이 있나요.

답　　예, 그날 오전에 저에게 송금하였다고 전화하여 확인하였습니다.

문　　증인이 그 돈을 송금받을 이유가 있었나요.

답　　예, 제가 1년 전에 고교 동창인 피고인 이달수에게 3,000만 원을 빌려주었다가
　　돌려받지 못하고 있던 중 저의 아내가 큰 수술을 받게 되어 피고인 이달수에게
　　돈을 갚아달라고 최근에 독촉하여 받은 돈입니다.

검사

　　증인에게

문　　그 돈이 어떻게 마련된 것인지 아는가요.

답　　예, 그날 밤 피고인 이달수가 저의 집으로 찾아 와서 "김토건 선배의 채권을
　　받아다 주고 그 돈을 빌렸다. 김토건 선배가 칼을 주면서 꼭 받아오라고
　　하길래 한 번 사고를 쳤다."라고 말해서 알았습니다.

　　　전문진술
　　　§ 316②
　　→ 증거능력×

　　　　　　　　　　　　　　　　　　　2011. 12. 28.

　　　　　　　　　　법 원 사 무 관　　　국영수 ㊞

　　　　　　　　　　재판장 판 사　　　배현일 ㊞

- 23 -

서울중앙지방법원

증 인 신 문 조 서 (제2회 공판조서의 일부)

사　　건　　2011고합1234 특수강도교사 등
증　　인　　이　름　　정미희
　　　　　　생년월일　　****. **. **.
　　　　　　주　거　　서울 서초구 서초3동 130

재판장

증인에게 형사소송법 제148조 또는 제149조에 해당하는가의 여부를 물어 증인이 이에 해당하지 아니함을 인정하고, 위증의 벌을 경고한 후 별지 선서서와 같이 선서를 하게 하였다.

검사

증인에게

문　증인은 2011. 6. 1. 23:00경 증인의 집에서 강간 피해를 당할 뻔한 적이 있었고, 그 사실에 대하여 경찰에서 진술한 사실이 있지요.

답　예, 그렇습니다.

이때 검사는 수사기록에 편철된 사법경찰리가 각각 작성한 증인에 대한 2011. 6. 2.자 및 2011. 11. 2.자 진술조서를 각각 제시하여 읽어보게 한 다음

문　증인은 경찰에서 진술한 대로 기재되어 있음을 확인하고 서명무인 하였나요.

답　예, 그렇습니다.

문　당시 자유로운 분위기 속에서 임의로, 충분히 진술하였나요.

답　예.

진정성립,
임의성
인정

피고인 이달수의 변호인 변호사 이사랑

이때 변호인은 피고인 이달수의 얼굴을 들게 하고

문　피고인 이달수가 범인이 맞는가요.

답　예, 그렇습니다.

2011. 12. 28.

법 원 사 무 관　　　국영수 ㉛

재판장 판 사　　　배현일 ㉛

- 24 -

제	1	책
제	1	권

서울중앙지방법원
증거서류등(검사)

사 건 번 호	2011고합1234	담임	제26형사부	주심	다

사 건 명	가. 특수강도교사 나. 특수강도 다. 성폭력범죄의처벌등에관한특례법위반(주거침입강간등) 라. 사기 마. 횡령 바. 교통사고처리특례법위반

검 사	명검사	2011년 형제53874호

피 고 인	1. 가 **김토건** 구속 2. 나.다.라.마.바. **이달수**

공소제기일	2011. 11. 16.

1심 선고	20 . .	항소	20 . . .
2심 선고	20 . .	상고	20 . . .
확 정	20 . .	보존	

	제 1 책
	제 1 권

구공판	**서 울 중 앙 지 방 검 찰 청**				
	증 거 기 록				

검 찰	사건번호	2011년 형제53874호	법원	사건번호	2011년 고합1234호
	검 사	명검사		판 사	

피 고 인	1. 가 **김토건**
	구속 2. 나.다.라.마.바. **이달수**

죄 명	가. 특수강도교사
	나. 특수강도
	다. 성폭력범죄의처벌등에관한특례법위반(주거침입강간등)
	라. 사기
	마. 횡령
	바. 교통사고처리특례법위반

공소제기일	2011. 11. 16.	
구 속	2. 2011. 11. 4. 구속(2011. 11. 2. 체포)	석 방
변 호 인	1. 변호사 김힘찬	
	2. 변호사 이사랑	
증 거 물	있음	
비 고		

증 거 목 록 (증거서류 등)

2011고합*1234*

2011형제53874호 신청인: 검사

순번	증거방법 작성	쪽수(수)	쪽수(증)	증거명칭	성명	참조사항등	신청기일	증거의견 기일	내용	증거결정 기일	내용	증거조사기일	비고
1	검사	(생략)		피의자신문조서	이달수								
2	〃	(생략)		피의자신문조서	김토건								
3	사경	28		진술조서	박대우								
4	〃	30		피의자신문조서	이달수								
5	〃	33		진술조서	정미희								
6	〃	35		진술조서(제2회)	정미희								
7	〃	37		압수조서 및 압수목록(신발)									
8	〃			나이키 신발	이달수								
9	〃	39		교통사고보고(실황조사서)									
10	〃	40		진술서	조범생								
11	〃	(생략)		진단서	조범생								
12	〃	41		진술서	장희빈								
13	〃	(생략)		영수증									
14	〃	42		피의자신문조서	김토건								
15	〃	45		피의자신문조서(제2회)	이달수								
16	〃	48		감정서(신발)									
17	〃	49		조회회보서	이달수								
18	〃	(생략)		조회회보서	김토건								

진술조서

성   명: 박대우

주민등록번호: ******-*******   55세

직   업: K건설 운영

주   거: 서울특별시 서초구 서초2동 250

등록기준지: (생략)

직장주소: (생략)

연 락 처: (자택전화) (생략)   (휴대전화) (생략)

           (직장전화) (생략)   (전자우편) (생략)

위의 사람은 피의자 이달수에 대한 특수강도 피의사건에 관하여 2011. 11. 1.
서울서초경찰서 형사팀 사무실에 임의 출석하여 다음과 같이 진술하다.

1. 피의자와의 관계

피의자는 저와 아무런 관계가 없습니다.

2. 피의사실과의 관계

저는 피의자에게 5,000만 원을 빼앗긴 사실과 관련하여 피해자 자격으로 출석
하였습니다.

이때 사법경찰리는 진술인 박대우를 상대로 다음과 같이 문답하다.

문   진술인은 오늘 진술인의 집에서 피의자 이달수에게 5,000만 원을 빼앗겼다고
     하였지요.

답   예, 그렇습니다.

문   그 경위에 대하여 자세히 진술하시오.

답　오늘 2011. 11. 1. 09:00경 서울 서초구 서초2동 250에 있는 저의 집으로 이달수가 찾아왔습니다. 제가 약 3년 전에 동종의 건설업체를 운영하는 김토건으로부터 1억 원을 빌려 갚지 못하고 있었는데, 최근 이달수가 김토건 대신 저를 찾아와 돈을 갚을 것을 요구하여 이달수를 알게 되었습니다.

이달수는 집 안으로 들어오더니 다짜고짜 "기성금을 받았다는데 돈을 갚아야 할 것이 아니냐."라고 하였습니다. 제가 어제 기성금 2억 원을 받은 것은 사실이나 이미 1억 5,000만 원은 하도급 업체에 공사대금으로 지급하였고, 딸의 전세보증금 지급을 위하여 5,000만 원(100만 원권 자기앞수표 50장)만 봉투에 담아 안방 화장대 위에 놓아두고 있었습니다.

제가 "이미 돈을 다 써버려 갚을 돈이 없다."라고 하자 이달수가 돈을 찾는지 집안을 둘러보다 안방에 있는 봉투를 쳐다보았습니다. 저는 순간 봉투를 집어 가슴에 품었고 "이건 딸의 전세보증금이니 줄 수 없다."라고 하였습니다. 그러자 이달수는 <u>칼을 저의 목에 들이대면서</u> 봉투를 <u>빼앗아 갔습니다.</u>
　　　　　　　　　　　　　　　　　　　　　　　 •------• 범행도구

문　이달수의 처벌을 원하는가요.

답　엄한 처벌을 원합니다.

문　이상의 진술은 사실인가요.

답　예, 사실입니다. (무인)

위의 조서를 진술자에게 열람하게 하였던바, 진술한 대로 오기나 증감·변경할 것이 전혀 없다고 말하므로 간인한 후 서명무인하게 하다.

　　　　　　　　　　　　진술자　박 대 우　(무인)

　　　　　　　　　　2011.　11.　1.

　　　　　　　　　서울서초경찰서

　　　　　　　　　사법경찰리　경사　강 철 중　㊞

피의자신문조서

피의자 이달수에 대한 특수강도 피의사건에 관하여 2011. 11. 2. 서울서초경찰서 형사과 형사팀 사무실에서 사법경찰관 경위 홍반장은 사법경찰리 경사 강철중을 참여하게 하고, 아래와 같이 피의자임에 틀림없음을 확인하다.

문   피의자의 성명, 주민등록번호, 직업, 주거, 등록기준지 등을 말하십시오.
답   성명은   이달수(李達洙)

      주민등록번호는   ******-*******   직업은 무직

      주거는   서울 서초구 양재2동 125

      등록기준지는   (생략)

      직장 주소는   없음

      연락처는   자택전화 (생략)   휴대전화 (생략)

                  직장전화 없음   전자우편(e-mail) (생략)   입니다.

  사법경찰관은 피의사건의 요지를 설명하고 사법경찰관의 신문에 대하여 「형사소송법」 제244조의3에 따라 진술을 거부할 수 있는 권리 및 변호인의 참여 등 조력을 받을 권리가 있음을 피의자에게 알려주고 이를 행사할 것인지 그 의사를 확인하다.

진술거부권 및 변호인 조력권 고지 등 확인

1. 귀하는 일체의 진술을 하지 아니하거나 개개의 질문에 대하여 진술을 하지 아니할 수 있습니다.
2. 귀하가 진술을 하지 아니하더라도 불이익을 받지 아니합니다.
3. 귀하가 진술을 거부할 권리를 포기하고 행한 진술은 법정에서 유죄의 증거로 사용될 수 있습니다.
4. 귀하가 신문을 받을 때에는 변호인을 참여하게 하는 등 변호인의 조력을 받을 수 있습니다.

문   피의자는 위와 같은 권리들이 있음을 고지받았는가요.
답   예, 고지받았습니다.

문   피의자는 진술거부권을 행사할 것인가요.

답   아닙니다.

문   피의자는 변호인의 조력을 받을 권리를 행사할 것인가요.

답   아닙니다. 혼자서 조사를 받겠습니다.

이에 사법경찰관은 피의사실에 관하여 다음과 같이 피의자를 신문하다.

[피의자의 범죄전력, 경력, 학력, 가족·재산 관계 등은 생략]

문   피의자는 박대우로부터 5,000만 원을 빼앗은 사실이 있는가요.

답   예, 그런 사실이 있습니다.

문   언제, 어디에서인가요.

답   2011. 11. 1. 09:00경 서울 서초구 서초2동 250에 있는 피해자의 집에서입니다.

문   그 경위는 어떠한가요.

답   저의 고향선배 김토건이 'D건설'을 운영하는데 박대우에게 1억 원을 빌려
      주고 돌려받지 못하고 있었습니다. 제가 김토건에게 3,000만 원을 빌려
      달라고 부탁하였는데 처음에는 거절하다가 박대우가 빌려 간 돈을 대신
      받아 오면 그 돈을 빌려주겠다는 것입니다. 그래서 몇 번 박대우를 찾아
      갔는데 번번이 돈이 없다는 것입니다.
      그런데 2011. 10. 31. 오전에 김토건이 전화하여 지금 일본에서 한국으로
      들어가고 있는데 자신의 에쿠스 승용차(**허****호)를 가지고 14:00까지 인
      천국제공항으로 마중 나오라고 하였습니다. 인천국제공항에서 김토건을 마
      중하여 서울로 오는 차 안에서 김토건이 "박대우가 어제 아니면 오늘 공
      사 기성금을 받은 것으로 알고 있다. 순순히 말해서는 주지 않을 것이니 확
      실히 받아 와라. 돈을 받아 오면 그 중 일부를 빌려주겠다."라고 말하였습
      니다. 그때 휴대용 서류 가방에서 봉투를 꺼내 주었는데 그 속에 주방용 식 ┐다투는
      칼이 들어 있었습니다.   ┘부분
      다음날 09:00경 서울 서초구 서초2동 250에 있는 박대우의 집에 찾아가
      박대우에게 1억 원을 갚으라고 하였더니 돈이 없다는 것입니다. 그래서
      돈을 숨겨놓지 않았나 집 안을 둘러보던 중 안방 화장대 위에 봉투가 놓여

있어 살펴보려고 하니 박대우가 먼저 봉투를 집어 가슴에 품으면서 딸의 전세보증금이라는 것입니다. 박대우가 너무 완강해 보여 그냥 받을 수 없을 것 같아 제가 미리 점퍼 안주머니에 넣어 둔 주방용 식칼을 꺼내어 박대우의 목에 들이대면서 봉투를 빼앗았습니다. 그 후 바로 김토건의 사무실로 가서 봉투 안에 든 5,000만 원 중에서 3,000만 원을 빌리고 2,000만 원을 김토건에게 주었습니다. · 범행도구 / 진술의 신빙성 의심

문   그 칼은 지금 어디에 있는가요.

답   박대우 집을 나온 뒤 길거리에서 버렸는데 어디에 버렸는지는 정확히 기억나지 않습니다.

문   그 칼은 어떻게 생겼는가요.

답   주방용 식칼인데 손잡이는 검고, 칼날은 15cm, 손잡이는 10cm 정도입니다.

문   김토건이 돈을 어떻게 받아 왔는지 묻지 않았는가요.

답   김토건이 묻지 않아서 굳이 설명하지 않았습니다.

문   피의자가 가져간 3,000만 원은 어떻게 하였는가요.

답   바로 사채를 갚았습니다.

문   피의자는 어떻게 체포되었는가요.

답   신고된 사실을 알고 도망가기 위하여 옷가지라도 챙기러 집에 들어가려다가 새벽 4:00경에 긴급체포 되었습니다.

문   이상의 진술내용에 대하여 이의나 의견이 있는가요.

답   없습니다. (무인)

위의 조서를 진술자에게 열람하게 하였던바, 진술한 대로 오기나 증감·변경할 것이 전혀 없다고 하므로 간인한 후 서명무인하게 하다.

진술자   이 달 수 (무인)

2011. 11. 2.

서울서초경찰서

사법경찰관   경위   홍 반 장 ㉑

사법경찰리   경사   강 척 중 ㉑

진술조서

성   명: 정미희

주민등록번호: ******-*******   27 세

직   업: 회사원

주   거: 서울 서초구 서초3동 130

등 록 기 준 지: (생략)

직 장 주 소: (생략)

연 락 처: (자택전화) (생략)   (휴대전화) (생략)

(직장전화) (생략)   (전자우편) (생략)

위의 사람은 피의자 성명불상자에 대한 성폭력범죄의처벌등에관한특례법위반
(주거침입강간등) 피의사건에 관하여 2011. 6. 2. 서울서초경찰서 형사팀 사무실에
임의 출석하여 다음과 같이 진술하다.

1. 피의자 및 피의사실과의 관계

저는 성명불상의 피의자로부터 강간을 당할 뻔한 사실과 관련하여 피해자
자격으로 출석하였습니다.

이때 사법경찰리는 진술인 정미희를 상대로 다음과 같이 문답하다.

문   진술인은 어제인 2011. 6. 1. 23:00경 서울 서초구 서초3동 130 진술인의
집에서 강간당할 뻔하였다고 하였지요.

답   예, 그렇습니다.

문   그 경위에 대하여 자세히 진술하시오.

답   예, 저는 다세대주택의 1층에 세 들어 살고 있습니다. 엊저녁에 안방에서
잠을 자고 있는데 이상하여 눈을 떠보니 어떤 남자가 제 하의를 벗기고
있었습니다. 제가 소리를 치면서 몸을 밀어내려 하자 남자는 한 손으로
제 입을 막고 몸으로 눌러 움직이지 못하게 하면서 자신의 바지를 내리는
것이었습니다. 이대로 있다가는 당하겠구나 하는 생각에 계속해서 몸부림

치면서 소리치자 당황한 남자가 문간방을 통하여 바로 도망갔습니다. 정신을 차리고 보니 문간방 창문이 열려 있었고 창문 턱에 신발자국이 남아 있었습니다. 아마 제가 창문 잠그는 것을 잊어버렸나 봅니다.

문 범인의 인상착의 등 특징에 대하여 기억나는 대로 진술하시오.

답 저는 침대 스탠드 보조등을 켜놓고 잠을 자는데 그 빛으로 어느 정도 볼 수 있습니다. 범인은 30~40대로 보이고, 짧은 곱슬머리에 얼굴이 각이 졌고 눈썹이 짙었습니다. 도망갈 때 보니 키는 중간 정도였고, 짙은 색 계통의 점퍼와 트레이닝복 바지를 입고 있었습니다.

진실의 신빙성

문 범인의 처벌을 원하는가요.

답 꼭 처벌해 주십시오.

문 이상의 진술은 사실인가요.

답 예, 사실입니다. (무인)

위의 조서를 진술자에게 열람하게 하였던바, 진술한 대로 오기나 증감·변경할 것이 전혀 없다고 말하므로 간인한 후 서명무인하게 하다.

진술자 정 미 희 (무인)

2011. 6. 2. ➡ 뒷장 날짜와 비교

서울서초경찰서

사법경찰리 경장 송 민 철 ㊞

- 34 -

진술조서(제2회)

성   명: 정미희

주민등록번호: ******-*******   27 세

직   업: 회사원

주   거: 서울 서초구 서초3동 130

등록기준지: (생략)

직 장 주 소: (생략)

연 락 처: (자택전화)   (생략)   (휴대전화)   (생략)

                 (직장전화)   (생략)   (전자우편)   (생략)

위의 사람은 피의자 이달수에 대한 성폭력범죄의처벌등에관한특례법위반(주거침입강간등) 피의사건에 관하여 2011. 11. 2. 서울서초경찰서 형사팀 사무실에 임의 출석하여 다음과 같이 진술하다.

1. 피의자와의 관계

피의자와 아무런 관계가 없습니다.

2. 피의사실과의 관계

저는 피의자로부터 강간을 당할 뻔한 사실과 관련하여 피해자 자격으로 출석하였습니다.

이때 사법경찰리는 진술인 정미희를 상대로 다음과 같이 문답하다.

문   진술인은 2011. 6. 1. 23:00경 서울 서초구 서초3동 130 진술인의 집에서 강간당할 뻔한 사실이 있어 2011. 6. 2. 우리 경찰서에서 피해자로서 진술한 사실이 있지요.

답   예, 그렇습니다.

2011. 6. 2. 작성된 피해자에 대한 진술조서를 제시하여 읽어보게 한 다음

문 이때 사실대로 진술하였는가요.

답 예, 그렇습니다.

● 범인식별절차 미준수

문 진술인은 오늘 12:00경 피의자 이달수의 얼굴을 확인하였지요.

답 경찰관이 용의자 한 명을 한 쪽에서만 볼 수 있는 유리창 너머에 세워 놓고 저에게 확인시켰습니다. 첫눈에 범인이라는 생각이 들었습니다.

● 진술의 신빙성 의심

문 피의자의 처벌을 원하는가요.

답 예, 엄히 처벌해주시기 바랍니다.

문 이상의 진술은 사실인가요.

답 예, 사실입니다. (무인)

위의 조서를 진술자에게 열람하게 하였던바, 진술한 대로 오기나 증감・변경할 것이 전혀 없다고 말하므로 간인한 후 서명무인하게 하다.

진술자 정 미 희 (무인)

2011. 11. 2. ➡ 피해일로부터 5개월이나 지남

서울서초경찰서

사법경찰리 경장 송 민 철 [인]

압 수 조 서

피의자 이달수에 대한 특수강도 등 피의사건에 관하여 2011년 11월 2일 17시00분경 서울 서초구 양재2동 125 이달수의 집에서 서초경찰서 형사과 형사팀 사법경찰관 경위 최경수는 사법경찰리 경장 송민철을 참여하게 하고 별지 목록의 물건을 다음과 같이 압수하다.

압 수 경 위

2011. 11. 2. 04:00 피의자 이달수를 특수강도 혐의로 긴급체포하여 서울서초경찰서 형사과 형사팀 사무실로 인치하였는데, 피의자의 인상착의가 당서에서 수사 중인 2011. 6. 1.자 주거침입 강간미수사건의 용의자와 유사하여 피해자 정미희를 당서로 불러 피의자를 보여준 결과 범인이 맞다고 한다. 이에 피의자의 주거지를 수색한 결과 용의자의 신발자국과 유사한 신발을 발견하고 형사소송법 제217조 제1항에 따라 긴급체포한 지 24시간 이내에 압수하다. ➡ 사후영장 있는지 체크

참여인	성 명	주민등록번호	주 소	서명 또는 날인
	박숙자 (동거녀)	(생략)	피의자와 동일	(생략)

2011년 11월 2일
서 울 서 초 경 찰 서
사법경찰관 경위 최 경 수 ㉑
사법경찰리 경장 송 민 철 ㉑

			압 수 목 록					
번호	품 종	수량	피 압 수 자 주 거 성 명				소 유 자 주 거·성 명	비 고
			1	2	3	(4)		
			유류자	보관자	소지자	소유자		
1	나이키 신발	1켤레	서울 서초구 양재2동 125 이달수				이달수	

교 통 사 고 보 고
(실황조사서)

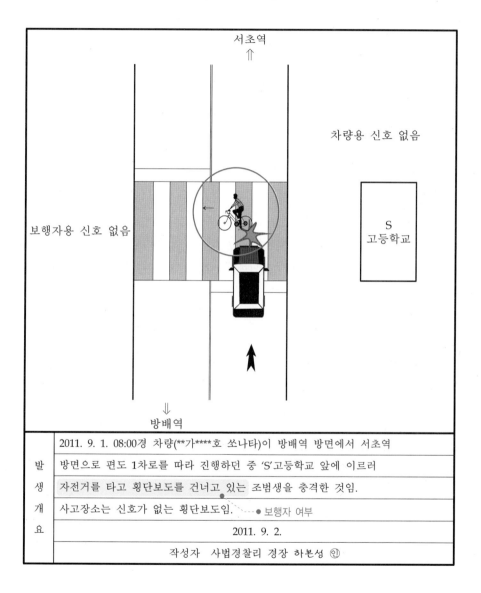

발생개요	2011. 9. 1. 08:00경 차량(**가****호 쏘나타)이 방배역 방면에서 서초역
	방면으로 편도 1차로를 따라 진행하던 중 'S'고등학교 앞에 이르러
	자전거를 타고 횡단보도를 건너고 있는 조범생을 충격한 것임.
	사고장소는 신호가 없는 횡단보도임. ----●보행자 여부
	2011. 9. 2.
	작성자 사법경찰리 경장 하본성 ㊞

진 술 서

성 명   조범생 (******_*******)

주 소   서울 서초동 이하 생략

1. 저는 2011. 9. 1. 08:00경 서울 서초구 서초1동 114 'S고등학교' 정문 앞 횡단보도
   에서 교통사고를 당한 사실이 있습니다.

1. 제가 자전거를 타고 신호등이 없는 횡단보도를 건너는데 **가****호 쏘나타 승
   용차가 저와 자전거 왼쪽을 들이받아 길바닥에 넘어지면서 다리가 골절되는 등
   상해를 입었습니다.

1. 가해자 차량은 종합보험에 가입되지 않은 것으로 알고 있습니다. ─┐ 교특법
                                                                        │ 3조 2항 본문,
1. 아직 가해자가 피해를 배상하지 아니하여 처벌을 원합니다. ──────┘ 4조 1항 검토

1. 진단서를 제출하겠습니다.

첨부: 진단서(생략)

2011. 9. 3.

진술자   조 범 생 ㉙

진 술 서

성 명   장희빈 (******-*******)

주 소   서울 동대문구 이문동 333

1. 저는 서울 서초구 서초2동 119에서 '룰루' 유흥주점을 운영하고 있습니다.

1. 저는 2011. 10. 10. 23:00경 무전취식의 피해를 당한 사실이 있습니다.

1. 이달수가 혼자 들어와 호기롭게 술 등을 주문하여 돈이 없는 줄 몰랐습니다.
   도우미 1명을 부르고 21년 산 양주 2병을 마셨습니다. 대금이 100만 원이 나와
   지급을 요구하니까 외상으로 하자고 하여 바로 경찰에 신고하였습니다.

1. 경찰이 출동하여 확인해 보니 수중에 현금 2만 원만 있고, 신용카드도 없었습니다.

1. 술값만 지급하면 처벌을 원하지는 않습니다.

1. 영수증을 제시하겠습니다.

첨부: 영수증(생략)

2011.   10.   11.

진술자   장 희 빈 ㉑

피의자신문조서

피의자 김토건에 대한 특수강도교사 피의사건에 관하여 2011. 11. 3. 서울서초경찰서 형사과 형사팀 사무실에서 사법경찰관 경위 홍반장은 사법경찰리 경사 강철중을 참여하게 하고, 아래와 같이 피의자임에 틀림없음을 확인하다.

문   피의자의 성명, 주민등록번호, 직업, 주거, 등록기준지 등을 말하십시오.
답   성명은 김토건(金土建)

　　　주민등록번호는 ******-*******　　　직업은 건설업체 사장

　　　주거는 서울 강남구 대치1동 기아아파트 101동 1007호

　　　등록기준지는 (생략)

　　　직장 주소는 서울 서초구 서초1동 10

　　　연락처는　　　자택전화 (생략)　　　휴대전화 (생략)

　　　　　　　　　직장전화 (생략)　　　전자우편 (e-mail) (생략)　　　입니다.

　사법경찰관은 피의사건의 요지를 설명하고 사법경찰관의 신문에 대하여 「형사소송법」 제244조의3에 따라 진술을 거부할 수 있는 권리 및 변호인의 참여 등 조력을 받을 권리가 있음을 피의자에게 알려주고 이를 행사할 것인지 그 의사를 확인하다.

[진술거부권 및 변호인 조력권 고지함. 그 내용은 생략]

[피의자의 범죄전력, 경력, 학력, 가족·재산 관계 등 생략]

문   피의자는 2011. 10. 31. 15:00경 이달수를 시켜 박대우가 빌려 간 돈 5,000만 원을 받아 오게 한 사실이 있지요
답   예, 그렇습니다.

문　그 경위를 진술하시오.

답　제가 3년 전에 박대우에게 빌려준 1억 원을 받지 못하고 있었습니다. 그러던 중 제 고향후배인 이달수가 저에게 3,000만 원을 빌려달라고 조르기에 박대우에게서 돈을 받아 오면 3,000만 원을 빌려주겠다고 하면서 박대우의 연락처, 사무실과 집 위치를 가르쳐주었습니다.

　　2011. 10. 31.경 일본 출장 중이었는데 거래처와 통화하던 중 박대우가 원청으로부터 기성금을 수억 원 받는다는 이야기를 들었습니다. 이때 받지 않으면 당분간 못 받을 것 같아서 바로 이달수에게 전화하여 오후에 귀국하니까 제 차를 가지고 공항에서 대기하라고 하였습니다. 그리고 인천국제공항에서 서울로 들어오는 길에 이달수에게 "박대우가 어제 아니면 오늘 공사 기성금을 받은 것으로 알고 있다. 순순히 말해서는 주지 않을 것이니 확실히 받아 와라. 돈을 받아오면 그중 일부를 빌려주겠다."라고 말하였습니다. 다음날 오전에 이달수가 박대우의 집을 찾아가서 5,000만 원을 받아 왔기에 그중 3,000만 원을 빌려주었습니다. 속으로 용케 받아 왔구나 생각하고 더 이상 묻지 않았습니다.

문　이달수는 피의자가 인천공항에서 서울로 오는 자동차 안에서 주방용 식칼이 든 봉투를 서류가방 속에서 꺼내 주어 그 식칼로 범행을 하였다고 진술하는데 어떠한가요. ⌐다투는 부분⌐

답　말도 안 됩니다.

이때 피의자가 추가로 진술할 내용이 있다고 하다.

문　추가로 진술할 내용에 대하여 말하시오.

답　저는 2010. 9.경에 'H건설 주식회사'에서 시공하는 낙동강 창녕-함안보 공사를 하도급 받으려고 시도하였습니다. 그런데 저희 업체는 건설업체로서 보 공사 관련 전문면허와 공사 실적이 없어 하도급에 참여할 수 없었습니다. 그래서 'H건설 주식회사'의 내부 규정에 반하지만 어떤 식으로든지 공사의 하도급을 맡게 해 달라는 취지로 'H건설 주식회사' 이사 최현대에게 4,000만 원을 주려고 하였습니다.　●불법원인급여와 횡령죄의 성부검토

- 43 -

2010. 10. 1. 저의 사무실에서 이런 내용을 알고 있는 이달수에게 현금 4,000만 원을 주면서 최현대에게 주고 오라고 심부름을 시켰는데 이달수가 그 돈을 마음대로 써버렸습니다.

지금까지 참고 있었는데 이 사건에 저를 끌어들이기까지 하여 진술을 하는 것입니다. 처벌해주시기 바랍니다.

문   이상의 진술내용에 대하여 이의나 의견이 있는가요.

답   없습니다. (무인)

위의 조서를 진술자에게 열람하게 하였던바, 진술한 대로 오기나 증감·변경할 것이 전혀 없다고 하므로 간인한 후 서명무인하게 하다.

                         진술자   김 토 건 (무인)

             2011.   11.   3.

             서울서초경찰서

             사법경찰관   경위   홍 반 장 ⑪

             사법경찰리   경사   강 철 중 ⑪

피의자신문조서(제2회)

피의자: 이달수

　위의 사람에 대한 특수강도 등 피의사건에 관하여 2011. 11. 3. 서울서초경찰서에서 사법경찰관 경위 홍반장은 사법경찰리 경사 강철중을 참여하게 한 후, 피의자에 대하여 다시 아래의 권리들이 있음을 알려주고 이를 행사할 것인지 그 의사를 확인하다.

[진술거부권 및 변호인 조력권 고지함. 그 내용은 생략]

[피의자의 범죄전력, 경력, 학력, 가족·재산 관계 등 생략]

[횡령]

문　피의자는 2010. 10. 1.경 김토건이 'H건설 주식회사' 계약담당이사 최현대에게 전해주라며 받은 4,000만 원을 가져다주지 않고 임의로 사용한 사실이 있는가요.

답　예, 그렇습니다.

문　그 경위를 진술하시오.

답　김토건은 2010. 9.경에 'H건설 주식회사'에서 시공하는 낙동강 창녕-함안보 공사를 하도급 받으려고 시도하였습니다. 그런데 김토건의 사업체는 건설업체로서 보 공사 관련 전문면허와 공사 실적이 없어 하도급에 참여할 수 없었습니다. 그래서 'H건설 주식회사'의 내부 규정에 반하지만 어떤 식으로든지 공사의 하도급을 맡게 해 달라는 취지로 'H건설 주식회사' 이사 최현대에게 4,000만 원을 주라고 하였습니다. 그런데 그날 제 개인 채무 변제에 써버렸습니다.　●불법원인급여

[성폭력범죄의처벌등에관한특례법위반(주거침입강간등)]

문　피의자는 2011. 6. 1. 23:00경 서울 서초구 서초3동 130에 있는 피해자 정미희의 집에 들어가 피해자를 강간하려 한 사실이 있는가요.

답　없습니다.

문   피해자는 피의자의 얼굴을 확인하고 피의자가 범인이 맞다고 하는데요.

답   억울합니다.

문   범행 장소가 김토건의 사무실과 가까운데 범행 장소에 가본 적이 있는가요.

답   어디인지 모릅니다.

이때 피의자의 집에서 압수해 온 나이키 신발과 피해자의 집 창문 턱에 난 신발
자국 사진을 제시하며

문   피의자가 신고 다니는 나이키 신발이 맞지요.

답   예, 제가 가끔 신는 것입니다.

문   피해자 집 창문 턱에 난 신발자국과 피의자의 나이키 신발 바닥 무늬가
       육안으로 같아 보이는데 어떻게 된 것인가요.

답   같은 나이키 신발을 신는 사람이 어디 한두 명이겠습니까? 저는 인정할 수
       없습니다.

문   피의자는 이전에도 주거에 침입하여 강간한 전력이 있는데요.

답   오래 전 젊었을 때의 일입니다. 전과만으로 용의자로 몰리는 것은 억울합니다.

[교통사고처리특례법위반]

문   피의자는 2011. 9. 1. 08:00경 서울 서초구 서초1동 114 'S고등학교' 정문
       앞 횡단보도에서 교통사고를 낸 사실이 있는가요.

답   예, 그렇습니다.

문   그 경위를 진술하시오.

답   제가 12가3456호 쏘나타 승용차를 운전하다가 횡단보도를 통과하면서
       자전거를 타고 횡단보도를 건너던 피해자를 뒤늦게 발견하고 제 승용차
       앞 범퍼 부분으로 자전거를 들이받아 피해자가 넘어지면서 다리가 골절되는
       상해를 입혔습니다.
       제 차는 종합보험에 가입되어 있지 않고, 아직 합의하지 못하고 있습니다.

       ┄┄● 교특법 4조 1항 적용×   ┄┄● 현재까지는 교특법
                                                    3조 2항 본문 적용×

[사기]

문　피의자는 2011. 10. 10. 23:00경 서울 서초구 서초2동 119에 있는 피해자 장희빈이 운영하는 유흥주점에서 100만 원에 해당하는 술과 서비스를 제공받고, 그 대금을 지급하지 아니한 사실이 있지요.

답　예, 그렇습니다.

문　당시 술값을 지급할 수 있었는가요.

답　당시 수중에 2만 원밖에 없어 지급할 수 없었습니다.

문　피의자는 상습사기와 사기로 여러 번 처벌받은 전력이 있는데 모두 무전취식인가요.　●------● 면소사유 힌트

답　예, 모두 무전취식입니다.

문　피해자 장희빈에게 변제하였는가요.

답　아직 변제하지 못하였습니다.

문　이상의 진술내용에 대하여 이의나 의견이 있는가요.

답　없습니다. (무인)

위의 조서를 진술자에게 열람하게 하였던바, 진술한 대로 오기나 증감·변경할 것이 전혀 없다고 하므로 간인한 후 서명무인하게 하다.

진술자　이 달 수 (무인)

2011.　11.　3.

서울서초경찰서

사법경찰관　경위　홍 반 장 ㊞

사법경찰리　경사　강 철 중 ㊞

국 립 과 학 수 사 연 구 원

1. 형사과-8342호 (1122-165)(2011-M-46804 경장 송민철)와 관련된 것입니다.

2. 위 건에 대한 감정결과를 회보합니다.

3. 문서처리자는 각 담당자에게 열람을 요청합니다.

4. 비밀번호 조회는 http://pwd.nisi.go.kr 에서 로그인 후 확인 바랍니다.

감정결과: 창문 턱에 있는 신발자국과 피의자 이달수의 나이키 신발의 바닥 무늬와
크기가 일치함. 끝.

국 립 과 학 수 사 연 구 원

수신자

전결 11/6

00연구관   정00   00분석과장   홍00
협조자
시행   00분석과-5229(2011.11.3)   접수   (2011.11.3)
우 158-707   서울 양천구 신월7동 국립과학수사연구원   / http://www.mopas.go.kr
전화 02-2600-****   전송 02-2600-****   /*****@****.**.**   /비공개

조회회보서

제2011-5231호
  2011. 11. 2.
☐ 조회대상자

성명	이달수	주민등록번호	******-*******	성별	남
지문번호	*****-75***	주민지문번호	*****-758**	일련번호	********
주소	서울 서초구 양재2동 125				
등록기준지	(생략)				

☐ **주민정보 - (생략)**

☐ **범죄경력자료**

연번	입건일	입건관서	작성번호	송치번호	형제번호
	처분일	죄명		처분관서	처분결과
1	2000. 9. 2.	서울강동경찰서	003323	2000-131	****-***-*****
	2001. 1. 22.	성폭력범죄의처벌및피해자보호등에관한법률위반(주거침입강간등)		서울지방법원 동부지원	징역 3년 집행유예 5년
2	2006. 3. 26.	서울강남경찰서	003421	2006-3877	****-***-*****
	2006. 5. 21.	사기		서울중앙지방법원	벌금 100만 원
3	2007. 9. 2.	서울강남경찰서	004323	2007-9900	****-***-*****
	2007. 11. 22.	상습사기		서울중앙지방법원	벌금 200만 원
4	2009. 9. 2.	서울강남경찰서	004357	2009-9999	****-***-*****
	2009. 10. 30.	상습사기		서울중앙지방법원	벌금 300만 원

☐ **수사경력자료 (생략)** ☐ **지명수배내역 (생략)**

위와 같이 조회 결과를 통보합니다.

조 회 용 도 : 접수번호 2011-**** 수사
조회의뢰자 : 형사팀 경위 홍반장
작 성 자 : 형사팀 경사 김주용

서울서초경찰서장 [인]

기타 법원에 제출되어 있는 증거들

※ 편의상 다음 증거서류의 내용을 생략하였으나, 법원에 증거로 적법하게 제출되어 있음을 유의하여 변론할 것.

○ **검사 작성의 피의자 이달수에 대한 피의자신문조서(2011. 11. 9.)**

- 경찰에서의 진술과 동일한 취지로 내용 생략

○ **검사 작성의 피의자 김토건에 대한 피의자신문조서(2011. 11. 10.)**

- 경찰에서의 진술과 동일한 취지로 내용 생략

○ **김토건에 대한 조회회보서(2011. 11. 3.)**

- 범죄경력이 없는 초범으로 내용 생략

확 인 : 법무부 법조인력과장

2. 기록 보면서 작성한 답안

ㅣ. 피고인 김토건에 대하여

피고인 김토건에 대한 특수강도교사의 점의 공소사실의 요지는 피고인이 이달수에게 식칼을 건네주면서 박대우를 협박하여 돈을 받아오라는 것입니다. 그러나 피고인은 경찰 이래 이 법정에 이르기까지 일관하여 이달수에게 "(박대우가) 순순히 주지 않을 것이니 확실히 받아 와라"고 말한 것은 말한 것은 사실이나, 식칼을 건네준 적은 없다고 진술하고 있습니다.

그렇다면 피고인이 이달수에게 식칼을 건네준 것을 것이 사실인지 여부가 이 사건 공소사실의 쟁점이라고 할 것이므로, 이를 입증할 증거가 있는지를 살펴보고자 합니다.

가. 증거능력 없는 증거

① 증인 이칠수의 증언은 피고인 아닌 자(이달수)의 피고인(김토건)의 진술을 내용으로 하는 전문진술로서 그 증거능력을 인정받기 위하여는 형소법 제316조 제2항의 요건을 충족하여야 합니다. 그러나 원진술자인 이달수가 이 법정에 출석하여 있는 이상 이달수의 소재불명 요건을 충족할 수 없으므로, 위 증언은 증거능력이 없습니다.

② 사경 작성 이달수에 대한 피의자신문조서는 피고인이 내용부인하므로 증거능력이 없습니다. (증거능력 없는 증거 배척)

나. 이달수 진술의 신빙성

이달수의 제2회 공판기일에서의 진술은 피고인 신문시의 진술이나, 이달수와 피고인은 공범관계에 있으므로, 일단 증거능력은 있습니다. 검사 작성 피고인에 대한 피의자신문조서도 이달수가 진정성립을 인정하였으므로 증거능력이 있습니다. 위 두 증거는 이달수의 진술을 공통적으로 하고 있으므로 한꺼번에 그 진술의 신빙성을 살펴보고자 합니다. (증거능력 있는 증거의 증명력 탄핵)

이달수는 경찰 단계에서부터 일관되게 김토건이 준 칼은 주방용 식칼이며, 그 식칼로 피해자 박대우를 협박하였다고 진술하였고, 이 사건 공소사실도 이달수의 진술과 일치합니다. 그러나 박대우는 이 법정에서 "이달수가 점퍼 안주머니에서 칼을 꺼내어 자신의 목에 들이대는 순간 접힌 칼날이 '척' 소리를 내며 펼쳐졌다"고 진술하였습니다. 이달수가 사용한 칼이 주방용 식칼이 아니라는 것입니다. (공소사실에 부합하는 증거와 모순된 증거 거시하여 증명력 탄핵)

또한 20cm가 넘는 칼을 점퍼 안주머니에 넣어 둘 수 있는지 의문입니다. 더구나 이달수는 김토건이 준 칼을 버렸다고 하면서도 어디에 버렸는지 모른다고 하고 있는 바, 이와 같은 상황은 상식적으로 이해하기 힘듭니다. 즉 이달수가 김토건을 공범으로 끌어들이기 위하여 거짓말을 하였다고밖에 볼 수 없는 것입니다. 이처럼 이달수의 진술은 공소사실을 증명하기에 신빙성이 없다고 할 것입니다. (상식에 어긋나는 점을 밝혀 증명력 탄핵)

다. 부족증거

한편 피고인 김토건은 이달수에게 피해자 박대우가 빌려 간 돈을 받아 오면 그 돈을 빌려주겠다고 말한 사실, 피해자 박대우가 공사 기성금을 받아 돈을 갖고 있을 것이라고 알려준 사실이 있다고 인정하고 있습니다만, 위 피고인 진술만으로는 피고인이 김토건이 이달수에게 돈을 강취해 오라고 지시한 강도교사의 고의를 입증하기에 부족합니다. (부족증거)

라. 소결

그렇다면 김토건이 이달수에게 주방용 식칼을 건네주며 강도를 교사했다는 이 사건 공소사실은 합리적 의심의 여지 없이 증명되었다고 할 수 없어, '범죄의 증명이 없는 때'에 해당하므로 피고인은 무죄입니다(형소법 제325조 후단).

II. 피고인 이달수에 대하여

1. 횡령의 점

피고인은 김토건으로부터 'H건설 주식회사' 계약담당이사 최현대에게 가져다주라는 지시와 함께 현금 4,000만 원을 교부받아 보관하여오다 위 4,000만 원을 피고인의 개인 채무 변제에 임의로 사용한 사실 자체는 인정합니다. (공소사실을 다투지

않음을 밝힘)

김토건은 자신이 운영하는 건설업체가 'H건설 주식회사'에서 시공하는 낙동강 창녕-함안보 공사를 하도급 받으려고 시도하던 중 보 공사 관련 전문면허와 공사 실적이 없어 하도급에 참여할 수 없게 되자 'H건설 주식회사'의 내부 규정에 반하지만 어떤 식으로든지 공사의 하도급을 맡게 해달라는 취지로 위 돈을 전달하라고 한 것입니다.

최현대는 'H건설 주식회사'의 이사로서 타인의 사무를 처리하는 자의 지위에 있는 자이므로, 'H건설 주식회사'의 내부 규정에 반하는 하도급을 맡게 해달라는 청탁은 그 임무에 관한 부정한 청탁이라고 할 것입니다.

그렇다면 위 돈은 김토건이 배임증재(형법 제357조 제2항)의 목적으로 전달하여 달라고 교부한 금전으로 불법원인급여물에 해당합니다. 민법 제746조에 따르면 불법의 원인으로 재산을 급여한 때에는 그 이익의 반환을 청구하지 못하므로, 김토건이 피고인에게 건넨 위 돈의 소유권은 피고인에게 귀속되었습니다. 따라서 피고인이 위 금전을 최현대에게 전달하지 않고 임의로 소비하였다고 하더라도 피고인은 "타인의 재산을 보관하는 자"에 해당할 수 없으므로 횡령죄가 성립하지 않습니다. (불법원인급여물에 대한 법리와 사안의 적용)

그러므로 횡령의 점에 관하여는 형소법 제325조 전단에 따라 무죄를 선고하여 주시기 바랍니다. (소결)

2. 성폭력범죄의처벌등에관한특례법위반(주거침입강간등)의 점

피고인은 경찰 이래 이 법정에 이르기까지 이 사건 공소사실의 범죄를 저지른 바 없다고 부인하고 있습니다. (공소사실을 다툼을 밝힘) 그렇다면 피고인의 범죄사실을 인정할 증거가 있는지에 관하여 살펴보겠습니다. (쟁점의 도출)

이 사건 공소사실에 부합하는 증거로는 정미희의 이 법정에서의 진술, 정미희의 진술조서, 압수조서 및 압수목록(신발), 감정서(신발) 및 나이키 신발이 있습니다.

가. 압수조서 및 압수목록(신발), 나이키 신발의 증거능력 (1차 위수증)

경찰은 2011. 11. 2. 04:00경 피고인을 특수강도 혐의로 긴급체포하여 경찰서에 인치하던 중 이 사건 용의자로 피고인을 지목하여 같은 날 17:00경 피고인의 집에서 나이키 신발을 압수하였습니다. 경찰은 형소법 제217조 제1항에 따라 피고인을 긴급 체포한 지 24시간 이내에 위 신발을 압수하였으나, 그 후 사후영장을 받지 않고 위 신발을 국립과학수사연구원에 감정을 위해 보냈습니다. 그렇다면 위 압수조서 및 압수목록과 나이키 신발은 특수강도 혐의와 관련성이 없는 압수여서 영장주의의 예외에 해당하지 않고, 형소법 제217조 제2항에 따르지도 않은 위법한 것입니다. (위법한 압수)

대법원 판례는, 위법하게 수집된 증거의 증거능력을 원칙적으로 부정하되, 수사기관의 절차위반행위가 적법절차의 실질적인 내용을 침해하는 경우에 해당하지 아니하고 오히려 그 증거의 증거능력을 배제하는 것이 헌법과 형사소송법이 형사소송에 관한 절차조항을 마련하여 적법절차의 원칙과 실체적 진실규명의 조화를 도모하고 이를 통하여 형사사법정의를 실현하려 한 취지에 반하는 결과를 초래하는 것으로 평가되는 예외적인 경우에는 유죄 인정의 증거로 사용할 수 있다고 보고 있습니다. (위수증 일반론: '제주지사' 전합판결 요지)

그런데 위 증거들은 강제수사 규제의 핵심을 이루는 영장주의의 본질을 침해하는 것이므로 형소법 제308조의2(위법수집증거 배제)에 따라 증거로 쓸 수 없습니다. (위수증 일반론에 이 사안을 적용)

나. 감정서(신발)의 증거능력과 증명력 (1차 위수증에 기초한 2차 증거)

적법한 절차에 따르지 아니하고 수집한 증거를 기초로 하여 획득한 2차적 증거는 절차에 따르지 아니한 증거 수집과 2차적 증거 수집 사이 인과관계가 희석 또는 단절되었다든지 하는 특별한 사정이 없는 한 원칙적으로 증거능력이 없습니다. (2차 위수증 일반론: '제주지사' 전합판결 요지) 1차 증거인 나이키 신발이 위법수집증거이고, 이를 감정한 감정서(신발)는 이른바 '독수독과'에 해당하나, 국립과학수사연구소의 과학적인 분석은 영장주의를 위반한 1차 증거와는 인과관계가 없어 증거능력을 가질 수 있습니다. (2차 위수증 일반론에 이 사안을 적용 – 증거능력 인정)

그러나 나이키 신발은 워낙 대중적인 신발이어서 피고인이 위 신발을 신었다는 것만으로는 이 사건 공소사실을 입증할 수 없습니다. 국립과학수사연구원의 감정서 (신발)는 창문 턱에 있는 신발자국과 당시 피의자 이달수의 나이키 신발의 바닥 무늬와 크기가 일치한다는 것에 불과할 뿐이기 때문입니다. (부족증거)

다. 정미희 진술의 신빙성

정미희의 진술(이 법정에서의 진술과 경찰에서의 진술의 내용이 같으므로 이를 함께 살펴봅니다)은 피고인이 자신을 강간하려고 한 남자와 인상착의가 비슷하다는 내용입니다.

일반적으로 용의자의 인상착의 등에 의한 범인식별 절차에 있어 용의자 한 사람을 단독으로 목격자와 대질시키거나 용의자의 사진 한 장만을 목격자에게 제시하여 범인 여부를 확인하게 하는 것은 사람의 기억력의 한계 및 부정확성과 구체적인 상황하에서 용의자나 그 사진상의 인물이 범인으로 의심받고 있다는 무의식적 암시를 목격자에게 줄 수 있는 가능성이 있습니다. 따라서 그러한 방식에 의한 범인식별 절차에서의 목격자의 진술은, 그 용의자가 종전에 피해자와 안면이 있는 사람이라든가 피해자의 진술 외에도 그 용의자를 범인으로 의심할 만한 다른 정황이 존재한다든가 하는 등의 부가적인 사정이 없는 한 그 신빙성이 낮다고 보아야 합니다. 이러한 취지에서 판례는 범인식별 절차에 있어 목격자의 진술의 신빙성을 높게 평가할 수 있게 하려면,

1) 범인의 인상착의 등에 관한 목격자의 진술 내지 묘사를 사전에 상세히 기록화한 다음,

2) 용의자를 포함하여 그와 인상착의가 비슷한 여러 사람을 동시에 목격자와 대면시켜 범인을 지목하도록 하여야 하고,

3) 용의자와 목격자 및 비교대상자들이 상호 사전에 접촉하지 못하도록 하여야 하며,

4) 사후에 증거가치를 평가할 수 있도록 대질 과정과 결과를 문자와 사진 등으로 서면화하는 등의 조치를 취하여야 할 것을 요구하고 있습니다. (범인식별 절차에 대한 법리)

정미희는 피해를 당한 다음 날인 2011. 6. 2. 경찰에서 "범인은 30~40대로 보이고, 짧은 곱슬머리에 얼굴이 각이 졌고 눈썹이 짙었고, 키는 중간 정도였고, 짙은 색 계통의 점퍼와 트레이닝복 바지를 입고 있었다"고 진술하였습니다(제1회 진술조서). 경찰은 피고인을 긴급체포하여 경찰서에 인치하던 중 위 범죄의 용의자와 유사하다고 하여 2011. 11. 2. 피고인 한 명만을 한 쪽에서만 볼 수 있는 유리창 너머에 세워 놓고 정미희에게 확인을 하게 하였고, 정미희는 "첫눈에 범인이라는 생각이 들었다"고 진술하였습니다(제2회 진술조서).

피해자가 진술한 인상착의는 너무나 전형적인 30~40대 남자로서 범인을 특정하기에 턱없이 부족합니다. 그런데도 경찰은 피고인 단 한 명만을 내세워 범인을 지목하도록 하는 우를 범하였습니다. 여기에, 피해자가 새벽에 침대 스탠드 보조등 빛으로 범인을 보았을 뿐인데도 5개월이 지난 시점에 피고인을 대면하여 "첫 눈에 범인인 것 같았다"고 말한 사정까지 더해 보면 피해자의 진술은 믿기 어렵다고 할 것입니다. (위 법리에 사안을 적용하여 신빙성 탄핵)

라. 소결

지금까지 본 바와 같이 이 사건 공소사실은 합리적 의심 없이 증명되었다고 할 수 없으므로 입증할 증거가 없으므로 이 사건에 대하여는 형소법 제325조 후단에 의하여 무죄를 선고하여 주시기 바랍니다.

3. 교통사고처리특례법위반의 점

피고인은 자전거를 타고 횡단보도를 건너던 피해자를 차로 들이받아 상해를 입게 하여 교특법 제3조 제2항 단서 중 제6호를 위반한 것으로 공소가 제기되었습니다. 제6호는 "「도로교통법」 제27조 제1항에 따른 횡단보도에서의 보행자 보호의무를 위반하여 운전한 경우"를 규정하고 있는데, 도로교통법 제27조(보행자의 보호) 제1항은 "보행자(제13조의2 제6항에 따라 자전거에서 내려서 자전거를 끌고 통행하는 자전거 운전자를 포함한다)가 횡단보도를 통행하고 있을 때에는 보행자의 횡단을 방해하거나 위험을 주지 아니하도록 그 횡단보도 앞(정지선이 설치되어 있는 곳에서는 그 정지선을 말한다)에서 일시정지하여야 한다"고 규정하고 있고, 동법 제13조의2(자전거의 통행방법의 특례)

제6항은 "자전거의 운전자가 횡단보도를 이용하여 도로를 횡단할 때에는 자전거에서 내려서 자전거를 끌고 보행하여야 한다"고 규정하고 있습니다. (법조문 규정 찾아 씀)

결국 피고인이 피해자 조범생을 차로 들이 받아 상해를 입혔다 하더라도 위 피해자는 도교법 제13조의2에서 정한 통행방법을 위반하였으므로 교특법 제3조 제2항 단서 제6호의 보호대상인 '보행자'에 해당하지 않는다고 할 것입니다. (법조문 규정에 이 사건을 적용)

한편 조범생은 공소제기 후인 2011. 12. 16. 피고인에 대하여 처벌불원의사를 밝혔습니다(기록 18면). 그렇다면 이 사건 공소는 처벌의사를 전제로 하는 사건에 처벌의사가 철회된 경우로 형소법 제327조 제6호 사유에 해당하므로 공소기각의 판결을 내려주시기 바랍니다. (소결)

4. 사기의 점

피고인은 2011. 10. 10. '룰루' 유흥주점에서 그 대금을 지급할 의사나 능력이 없었음에도 불구하고 마치 술값 등을 제대로 지급할 것처럼 행사하여 100만 원에 해당하는 술과 서비스 등을 제공받았다는 이 사건 사기의 점에 대한 공소사실 자체는 인정합니다. (공소사실 인정)

그러나 피고인은 2011. 11. 20. 춘천지방법원 강릉지원 2011고약692에서 상습사기죄로 벌금 3백만원의 약식명령을 받은 사실이 있습니다. 위 약식명령의 범죄사실은 피고인이 상습으로, 수중에 현금이나 신용카드 등 다른 대금 지급 수단이 없어 술값 등을 지급할 의사나 능력이 없었음에도, 2011. 10. 25. 이른바 '무전취식'을 하였다는 것입니다. 위 약식명령은 2011. 11. 20. 발령되었고, 2011. 12. 17. 확정되었습니다. (확정판결이 있는 사실)

위 확정된 약식명령의 범죄사실과 그 판결 선고 전에 범한 이 사건 사기의 공소사실은 그 범행수단과 방법, 범행기간과 피고인의 전과 등에 비추어 모두 피고인의 무전취식 습벽의 발현에 의하여 저질러진 것입니다. 그렇다면 위 약식명령이 있었던 상습사기죄의 범죄사실과 그 판결 선고 전의 이 사건 사기의 공소사실은 포괄일죄의 관계에 있습니다. (확정판결의 효력이 이 사건 공소사실에 미침)

따라서 약식명령의 효력은 이 사건 사기의 공소사실에 대하여도 미치므로, 결국 이 부분 공소사실은 확정판결이 있은 때에 해당하오니 형사소송법 제326조 제1호에 의하여 면소를 선고하여 주시기 바랍니다. (소결)

저자 약력

■ **정혜진** (itsmehyejin@hanmail.net)

경북대학교 영어교육과 졸업

영남일보 기자(1994~2008)

MA in Cultural Studies, Goldsmiths College, University of London(영국외무성 ·
한국언론재단 공동지원 장학생)

강원대학교 법학전문대학원 졸업(2012. 2)

제1회 변호사시험 합격(2012. 3)

서울고등법원 재판연구원(2012. 4~2014. 2)

현 수원지방법원 국선전담변호사

≫ 저서

『태양도시: 에너지를 바꿔 도시를 바꾸다』(2004, 그물코)

『착한 도시가 지구를 살린다』(2007, 녹색평론사)

『골목을 걷다: 이야기가 있는 동네 기행』(2008, 이매진 '우리강산 푸르게 푸르게
총서 제9권', 공저)

『변호사시험 기록형문제 대비 Quality Tips [공법 · 민사법 · 형사법]』(2012, 법문사)

QT 형사법 - reloaded -

2012년 7월 17일   초 판 발행
2013년 6월 30일   제2판 발행
2014년 6월   5일   제3판 발행
2016년 9월 10일   신판 1쇄 발행

저 자	정	혜		진
발행인	배	효		선

발행처 도서출판 **法 文 社**

주 소   10881 경기도 파주시 회동길 37-29
등 록   1957. 12. 12 / 제2-76호 (윤)
TEL 031)955-6500~6 **FAX** 031)955-6525
e-mail (영업): bms@bobmunsa.co.kr
      (편집): edit66@bobmunsa.co.kr
홈페이지 http://www.bobmunsa.co.kr

조 판 광 암 문 화 사

정가 30,000원   ISBN 978-89-18-09064-1